스마트 시대의 위험과 대응방안

나남
nanam

나남신서 1850

스마트 시대의 위험과 대응방안

2015년 12월 31일 발행
2015년 12월 31일 1쇄

지은이 • 김동욱 外
발행자 • 趙相浩
발행처 • (주) 나남
주소 • 413-120 경기도 파주시
회동길 193
전화 • (031) 955-4601(代)
FAX • (031) 955-4555
등록 • 제 1-71호(1979.5.12)
홈페이지 • http://www.nanam.net
전자우편 • post@nanam.net

ISBN 978-89-300-8850-3
ISBN 978-89-300-8001-9 (세트)
책값은 뒤표지에 있습니다.

이 책은 2014년 정부(교육부)의 재원으로 한국연구재단의 지원을 받아
수행된 연구임 (NRF-2014S1A3A2044645).

SSK 스마트사회연구단 총서 1

스마트 시대의 위험과 대응방안

김동욱 外 지음

Policy Advice on the Smart Information Society

by

Dong Wook, Kim

and Associates

nanam

머리말

연구의 필요성

최근 몇 년간 스마트지식사회는 기존의 정보사회와는 다른 기술적 진보와 그에 따르는 기회의 창출 및 위험의 심화를 동시에 보여 주고 있다. 빅데이터(*Big Data*), 사물인터넷(*Internet of Thing*) 및 클라우드 컴퓨팅(*Cloud Computing*)으로 대표되는 스마트 기술의 등장은 언제 어디서나 네트워크로 연결되는 초연결사회로 나타나고 있다. 새로운 기술의 등장은 민간 공공 부문에서 소셜 네트워크 서비스(*Social Network Service*), 위치정보 기반서비스(*Location Based Service*), 개인맞춤형 서비스(*Customized Service*), 클라우드 컴퓨팅 서비스(*Cloud Computing Service*) 등을 보편화시켰으며, 국내적으로는 삶의 질 향상, 국제적으로는 한국의 국제적 경쟁력 강화를 위한 새로운 기회를 제공하고 있다. 하지만 기술의 진화는 새로운 위험을 등장시키거나 기존의 위험을 강화시키기도 한다. 최근 금융권과 인터넷 기업들의 개인정보 유출 사례에서 볼 수 있듯이 스마트 지식사회에서는 정보사회에 비하여 개인정보의 침해가 빈번하고 그 규모가 확대되고 있다. 또한 스마트 기기, SNS 등 개인의 정보를 담고 공유하는 기기들과 서비스들은 빅데이터 기술과 결합하여 파편화된 개인정보를 통해서 개인을 감시하고 감독할 수 있는 감시사회의 위험을 가져왔다.

스마트 기술과 위험 간의 관계는 국내외적인 다양한 요인들과 영향을 주고받으면서 그 양상이 더욱 복잡해진다. 이러한 상황에서 정책과 제도의 역할은 기술 진화가 가져오는 긍정적인 효과를 극대화하고 부정적인 효과를 예방하고 교정하는 것이다. 그럼에도 불구하고 스마트 기술의 진화가 급격하고 스마트 기술과 위험 간 관계의 복잡성으로 인하여 정책과 제도적 대응이 적절하게 이루어지기 어렵다. 즉, 스마트 기술이 발전하고 이에 따른 기회와 위험이 증가하는 스마트지식사회가 위험사회로서 도래하고 있지만 이에 대응하여 국가와 사회의 지속가능성을 확보하려는 노력은 미진한 상황이다.

연구 진행 과정

지난 2011년부터 서울대학교의 스마트사회연구팀과 서울과학기술대학의 위험정보사회연구팀은 한국연구재단의 지원을 받아서 '위험사회의 도래와 지속가능성'이라는 동일한 연구의제(*agenda*)를 수행하여 왔다. 그 동안 스마트사회연구팀은 거시적인 관점에서 스마트 지식사회의 전반적인 동향과 다양한 변화를 기회와 도전의 관점에서 조망하고, 정책방안 마련을 통해 구체화하여 왔다. 위험정보사회연구팀은 빅데이터 시대의 위험이라는 보다 구체적인 주제에 초점을 맞추어 보안, 프라이버시 위협에 주목하여 왔다.

양 팀은 각자의 영역에서 소기의 성과를 거두어 왔지만, 두 팀 간의 결합을 통해 연구주제의 연속성을 유지하면서도 변화의 시너지 효과를 만들 수 있을 것으로 확신하여, 2014년부터 두 팀을 통합하여 스마트사회연구단을 출범시켰다. 연구주제 면에서 두 팀의 결합은 스마트 사회에 대한 미시적·거시적 관점을 통합할 수 있는 기회가 될 것이다. 양 팀의 결합은 스마트 시대의 새로운 이슈들을 발굴하면서도 각각의 이슈들에 대한 깊이 있는 고민을 나눌 기회를 제공해 주었다. 따라서 양 팀은 행정학(정책학)이라는 공통의 영역을 가지면서도 각각 경영학과 법학, 미디어학의 새로운 분야를 공유하게 되었다. 이를 통해 사회과학 전반을 보다 폭넓게 고찰하면서 스마트 사회의 변화를 다양한 시각으로 고찰할 수 있게 되었다.

이제까지 스마트사회연구단은 '지속가능한 스마트 지식사회의 구현을 위한 사회과학적 역량 강화'라는 비전을 달성하기 위하여 구체적 연구 목표와 추진계획을 다음과 같이 마련하였다. 첫째, 스마트사회연구단은 (1) 스마트 기술의 변화가 미치는 기회와 위험을 선제적으로 확인하고, (2) 이로 인해 심화되는 위험을 다차원적인 측면에서 분석하여, (3) 지속가능한 스마트 사회의 발전을 위한 체계적 대응 방안을 증거기반의 학술적 연구를 통해 공고히 하고자 하였다. 구체적으로 ① 빅데이터와 사물인터넷, 클라우드 컴퓨팅 등의 특성과 영향력을 국내외적 사례분석과 비교연구, 이론적 모형의 적용을 통해 검토하였다. ② 기술의 발전과 제도적 대응의 격차로 인해 심화되는 스마트 위험을 정보보안, 개인정보 보호, 감시사회, 정보격차의 4가지 차원으로 나누어 변화 양상과 영향력의 차원에서 분석하고 있다. 이를 위해 법이론적 고찰(잊힐 권리), 이론모형적 접근(기술수용모형, 정책수용모형, 사회관계망 분석), 정책과정적 접근(정책흐름모형, 정책옹호연합모형, 정책네트워크모형 등)과 같은 다양한 접근법을 통해 사례를 축적하고, 이를 통해 장기적으로 스마트 사회에 대한 모형화를 시도할 것이다. ③ 스마트 사회의 새로운 기회와 위험이 가지는 초국경적 특징을 반영하여 이를 체계적으로 관리하고 대응할 국내외적 정책방안을 모색할 것이다. 구체적으로 국내외적 협력의 새로운 시도가 요구되는 국제이슈 분야를 인터넷 거버넌스, 국제협력, 사이버보안, 국제 데이터 유통(TDF), 중국의 부상과 같은 5개 주제로 나누어 살펴볼 예정이다.

책 내용 소개

이 책은 스마트사회연구단의 공동연구 첫 번째 산물이다. 스마트사회연구단의 연구원들은 앞에서 소개한 스마트 기술과 위험에 대한 연구를 진행하는 과정에서 다양한 연구 결과물들을 발표하였고, 이러한 연구 내용들 가운데서 중요한 논문들 11편을 묶어서 총서의 1권으로 출간하게 되었다. 이러한 11편의 논문들 가운데 송효진 교수와 신영진 교수의 논문은 본인들이 스마트사회연구단 소속은 아니지만 연구 주제들이 부합하여 함께 펴내게 되었다. 이러한 스마트사회연구단의 연구 결과물 정리작업은 내년 말까지 이어져서 모두 10권의 총서로 발간될 예정이다.

1부는 우선 이론적 접근으로 스마트 사회의 다양한 연구 주제들을 포괄하고 있다. 현재 급속하게 변화하는 글로벌 ICT 환경은 스마트 기술 발전과 위험에 영향을 미치고 있다. 글로벌 ICT 경쟁이 가속화되면서 기술개발 속도는 더욱 빨라졌고 기술의 보호를 위한 국제적 갈등도 더욱 첨예해지고 있다.

1장의 "스마트 사회와 정부신뢰"에서는 정부와 시민(기업) 간에 형성되는 정부신뢰에 초점을 맞추어 논의를 진행하고 있다. 먼저 정부신뢰의 개념과 주요 내용을 살펴본 이후에, 스마트 사회의 다양한 주제들, 예컨대 온라인 민원서비스, 빅데이터, 프라이버시, 정보보안, 투명성, 시민참여, 정보공개, 데이터 개방 등과 정부신뢰가 어떠한 관련을 갖고 있는가를 살펴본다. 다음으로, 이러한 주제들이 야기하는 정부신뢰의 증대와 약화 가능성을 모두 살펴보고, 정부신뢰를 증진시키기 위한 정책적 함의들을 제시한다. 마지막으로 스마트 사회의 도래와 함께 정부신뢰를 위협하는 여러 가지의 요인들을 분석하고 있다. 구체적으로 개인정보 침해, 사생활 침해, 감시사회의 도래, 온라인 여론조작, 정보시스템의 오류와 붕괴 가능성, 변화의 지연과 혁신의 실패, 투명성의 확대와 부패적발의 증가, 정보의 홍수와 데이터 스모그, 사이버 병리현상의 증가 및 공공데이터의 품질문제 등을 분석하고 있다.

2장의 "한국 IT산업과 국가-기업관계"에서는 국내 IT기업들의 국제적 확장에 착안하여 그것의 국제·정치·경제적 의미를 따져 보기 위한 문제의식을 가지고 출발하였다. 이 글은 생산 세계화와 글로벌한 범위로 짜인 생산네트워크에 통합되어 움직이는 우리나라 IT산업에서 국가-기업 관계와 국가 역할이 어떻게 변화하고 있는가를 분석하고 있다. 구체적으로 글로벌 생산네트워크의 시각을 검토하고 또한 글로벌 생산네트워크에 대한 논의와 IT산업에 관한 정치경제학적 연구들을 분석하여 국가-기업 관계를 분석할 수 있는 개념 틀을 제시하였다. 그리고 이러한 분석틀을 토대로 휴대폰 생산부문의 글로벌 생산네트워크를 분석하여 글로벌 생산네트워크 내에서 우리나라 기업들의 전략적 연결과 가치획득의 양상을 도출하여 국가-기업 관계의 변화를 분석하였다.

3장의 "중국 ICT 발전과 한국에의 정책적 시사점"에서는 ICT 분야에서 중요한 위치를 차지하고 있는 중국의 ICT 산업 현황을 상세하게 설명하고 있다. 최근 중국의 ICT 산업 부문의 급속한 성장으로 인하여 우리나라는 대중국 ICT 협력 관계에 있어 많은 변화를 요구받고 있다. 중국의 거대한 내수시장, 이를 바탕으로 한 활발한 창업과 세계시장 도전, 중국 정부의 적극적인 ICT 정책 등은 중국이 짧은 시간 안에 ICT 부문에서 미국에 이어 세계 2위가 될 수 있었던 중요한 요인들이라고 할 수 있다. 이 글은 이러한 요인들을 분석하고 한국에의 정책적 시사점을 제시하고 있다. 구체적으로 텐센트, 알리바바, 바이두, 샤오미, 화웨이 및 레노버 등과 같은 중국의 ICT 글로벌 기업을 분석하고 중국의 ICT 관련 창업 및 혁신을 소개하기 위해서 중관춘, 선전, 상하이 등의 현황을 설명하고 있다. 이어서 중국 ICT 관련 정부조직과 정책을 정리하여 향후 한중 협력이 나아가야 할 방향에 대해서 제시하고 있다.

4장의 "정보격차에 대한 연구와 성과 그리고 한계"에서는 2000년대 이후 국내의 정보격차에 대한 선행연구들을 통하여 국내의 정보격차 연구와 성과를 살펴보고 있다. 구체적으로 정보통신기술(ICT)이나 서비스에 있어서 접근격차(*access divide*)와 이용격차(*usage divide*), 이용

정보가 얼마나 유용하게 활용되었는지에 대한 질적 격차인 관여(*engagement*), 정보격차의 성과와 결과(*outcome, consequence*)의 측면으로 구분해서 그동안의 국내연구 결과를 정리하였다. 이어서 ICT 개념의 재정립, ICT 접근과 사용 간의 관계에 대한 범위 재정립, 정보격차(*digital divide*) 연구의 활용 재검토의 측면에서 그동안 국내의 정보격차 연구들의 한계를 정리하였다.

2부는 전자감시 사회의 가능성과 개인정보 보호의 중요성에 대한 연구주제들을 담고 있다. 인터넷의 진화와 정보화의 진전으로 도래한 스마트 지식사회에서는 정보 생산과 유통이 확대되고 이용이 촉진되고 있다. 그럼에도 불구하고 정보보호 및 정보보안 관련사항은 법제도적 근거가 체계적으로 정비되어 있지 못한 실정이다. 공공정보 공유 및 기업의 정보 수집과 활용은 정보보호에 관한 필요성이 급증하는 데 비하여 관련 입법과 제도에서는 이를 반영하고 있지 못한 실정이다. 따라서 스마트 지식사회의 도래에 따라 전자감시 사회 및 개인정보 보호와 관련된 법제와 이론에 대한 재검토가 필요하다.

5장의 "포스트-판옵티콘 시대 감시 연구, 새로운 지형"에서는 제레미 벤담의 '판옵티콘'(*panopticon*)에 기댄 전통적인 감시 형식에 대한 주장이나 타인의 시선으로부터 '홀로 남겨질 권리'를 주장하던 고전적인 프라이버시 논의가 오늘날 더 이상 유효한 모델로 간주되기 어려워지고 있다고 주장한다. 왜냐하면 언제 어디서든 개인 신체의 활동과 '데이터 배설'(*data exhausts*)이 부지불식간에 그리고 때로는 자발적으로 데이터와 로그 형태로 생산, 기록되고 있기 때문이다. 전통적 시각 권력의 응시를 넘어서서 이제 개인 신체는, 기술적으로 데이터의 유동성(정주에서 유목으로), 편재성(유비쿼터스), 대규모성/실시간성(빅데이터)의 능력이 추가되거나 특정 인공지능 사물을 통해서 직·간접적으로 그리고 우리의 대규모 데이터 배설활동이 통제되면서 감시체제를 새로운 단계로 끌어올리고 있다. 이 글은 오늘날 새롭게 형성되는 감시 기법의 변화와 이에 따라 달리진 감시 연구의 새로운 동향과 영역을 설명하고 있다.

6장의 "클라우드 서비스 확산에 따른 개인정보 보호정책과제"에서는 새롭게 부상하고 있는 클라우드 환경하에서 개인정보 보호에 대한 정책과제들을 제시하고 있다. 현재 클라우드 서비스를 제공함에 따라서 발생할 수 있는 개인정보의 수집 및 유통이 증가하고 있고, 그로 인한 위협요인도 함께 높아지고 있는 실정이다. 따라서 이를 해결하기 위한 개인정보 보호정책들이 정보보호와 함께 추진되고 있으며, 클라우드 정보보호를 위한 관련 법률, 지침, 규정 등을 비롯하여 보안기술의 개발이 지속적으로 이루어지고 있다. 이에 따라 개인정보 보호에 관한 종합적인 개선을 위한 정책기준을 마련하여 개인정보 보호의 일정수준을 유지하고 그에 따른 안전성을 확보해 나가도록 지원해야 한다. 구체적으로는 개인정보 보호에 관한 법규와 지침, 기존 연구논문, 연구보고서, 개인정보 보호점검체계, 클라우드 보안점검항목 등을 종합하여 클라우드 서비스를 제공할 때 개인정보 보호의 일정수준을 갖추도록 하는 정책기준과 과제를 도출하였다.

7장의 "미국과 영국의 개인정보 활용정책 비교와 정책적 시사점"에서는 개인데이터 활용 정책을 우리나라보다 앞서 시행하고 있는 영국과 미국의 사례를 추진배경, 목적 및 내용, 관련 제도, 활용사례 등을 중심으로 비교·분석하고 우리나라에의 적용가능성을 도출하였다. 개인정보의 활용과 관련하여 제기될 수 있는 질문들은, 개인이 자신에 대한 데이터를 활용하여 실질적인 혜택을 창출할 수 있는가? 어떤 분야에서 어떤 과정을 거쳐서 개인이 자신의 데이터를 활용하여 합리적인 의사결정을 할 수 있는가? 개인데이터의 활용을 위해 정부와 민간의 역할은 무엇이며 데이터 생태계에서 어떤 상호작용을 할 수 있는가? 등이다. 이 연구는 이러한 질문들에 대한 해답을 탐색하기 위해 두 해외정책 간의 공통성과 차별성을 중심으로 분석하고, 이를 통해 우리나라 상황에서 개인정보를 활용하는 정책을 도입하는 데에 고려해야 할 시사점을 도출하였다.

8장의 “공공 부문 CCTV 운영의 개선을 위한 정책 방안”에서는 공공 부문 CCTV 통합관제센터의 효과적인 운영 및 활용을 위하여 시민과 유관기관과의 원활한 협조를 위한 거버넌스 측면, CCTV 도입에 따른 부작용 최소화 및 예방을 위한 법·제도 측면, 운영상의 효과와 정책의 지속적 추진을 위한 관리·운용 측면 등의 분야에서 정책 방안을 도출하였다. CCTV 통합관제센터의 거버넌스 측면에서 가장 중요하게 부각되는 부분은 향후 민간 부문의 CCTV를 활용하는 방안을 마련하는 것이다. 이를 위해서는 우선적으로 민간 CCTV 데이터베이스의 구축이 선행되어야 한다. 또한 CCTV 통합관제와 관련하여 개인영상정보에 관한 법률 체계를 재편할 필요가 있으며, CCTV 통합관제센터 관리와 협력에 관한 규정과 이에 따른 조직화가 요망된다. 마지막으로 광역자치단체의 지역정보 통합센터가 산하 기초자치단체들의 통합관제센터와 연계하여 각각의 통합관제센터에서 생성되는 영상정보를 전송 받아서 종합관리하고, 백업 및 연계 검색 등의 기능을 수행하는 방향으로 보다 통합된 영상정보 관리 거버넌스 방안을 마련해야 한다는 정책 방안을 제시하고 있다.

3부는 스마트 사회에서 발생하는 다양한 문제점들에 대한 연구 주제들을 포함하고 있다.

9장의 “스마트 시대 디지털콘텐츠 플랫폼의 진화”에서는 스마트 기기가 도입된 이후 2010년부터 2014년까지 스마트 미디어 이용의 확산과 디지털콘텐츠의 유료 구매와의 관계에 관하여 연구하였다. 연구의 분석을 위해 정보통신정책연구원(KISDI)에서 실시한 한국미디어패널 설문조사의 2010년~2014년의 5년 간 자료(*data*)를 사용하였다. 분석의 결과 디지털콘텐츠의 유료 구매에 있어 대체로 남성이 여성보다, 20~30대의 젊은층이, 대학 이상의 고학력층이, 월 소득 400만 원의 소득층이, 무직보다는 직업을 가진 사람이, 기혼보다는 미혼이 영화/영상, TV프로그램, 음악 등의 온라인상 콘텐츠를 많이 구매하고 있는 것으로 나타났다. 둘째, 분석 결과 스마트 기기 사용자와 미사용자 사이에 유료 콘텐츠 구매액에 있어 유의미한 차이를 보여 주고 있다. 따라서 디지털콘텐츠의 유통 플랫폼은 아날로그 플랫폼에서 온라인 플랫폼으로, PC중심에서 모바일과 스마트폰 중심의 플랫폼으로 이동하고 있음을 보여 주고 있다.

10장의 "전파자원 관리 및 규제의 법적 쟁점"은 국가의 전파 관리·규제의 정당성 또는 헌법적 근거, 그리고 전파관리 법률과 정책의 연혁적 특성 등을 검토하여 현행 주파수 공동사용 제도의 법적 문제점과 발전방향에 대해 정리하였다. 전파자원은 그간 국민의 편익의 증진과 국가경제발전을 지탱하는 근간이 되어 왔고, 앞으로도 전파의 이용범위는 단순한 라디오나 TV수신과 이동전화, 무선인터넷을 넘어 더욱 다양한 차세대 기술에 활용될 것이다. 나아가 우리가 예상하는 초연결시대에는 전파가 기술과 인간을 이어주는 연결자 역할을 하게 될 것이고, 인간의 삶도 전파를 통해 설명이 가능한 시대가 도래할 것이다. 전파자원은 그 가치와 중요성이 날로 부각됨에 따라 이를 관리하는 제도 또한 마찬가지로 큰 관심을 받고 있다.

전파자원 관리와 이용을 규율하는 규제의 근거는 전파자원의 가치와 중요성을 기초로, 효율적 전파자원 관리를 통한 공익의 실현에 의하여 타당성을 얻을 수 있다. 또한 우리 헌법은 공적 자원이 올바르게 관리·분배되어 국민과 사회적 효용이 최대한 보장되는 방향으로 제도를 설계하고 운용할 것을 국가와 지방자치단체에 명하고 있다. 따라서 전파자원을 관리하는 정책의 목표는 국민 중심의 공익과 사회적 효용, 그리고 사회 구성원의 전반에 걸친 공론과 평등한 희생이 존중되는 방향으로 설계되어야 한다.

11장의 "IT ODA를 통한 개도국 정치체제의 민주적 전환 가능성과 실제"에서는 공적개발원조(ODA: *Official Development Assistance*)를 통한 IT이전이 개도국의 정치적 변화에 유의한 영향을 미치는지 살펴보고 있다. 좀더 구체적으로, IT 확산을 추구하며 IT ODA에 대한 수요가 높은 권위주의 국가들이 민주화의 정치적 압력에 직면하고, 결국 정치체제의 전환을 선택하게 될 것이라고 믿는 민주화가설을 객관적으로 검증해 보고자 하였다.

구체적으로는 ODA를 통해 지원 규모가 지속적으로 커지고, 전체 ODA분야에서 차지하는 비중이 늘고 있는 IT가 개도국의 정치적 민주화를 이끄는지, 그리고 이것이 국가의 상이한 상황이나 조건, 특성 등과 상관없이 모든 개도국에서 수용될 수 있는 것인지를 통계자료와 계량적 분석을 통해 확인해 보았다. 연구의 결과는 다음과 같이 정리된다. 첫째, ODA를 통한 선진국의 기술 이전은 수원국의 IT 확산에 긍정적으로 기여하는 것으로 나타났다. 둘째, IT 확산과 정치적 민주화에 대한 상관관계 분석 결과에서 유의한 상관성을 확인할 수 있어 선진공여국의 낙관적 기대는 지지받는 듯했다. 그러나 회귀분석 결과에서 개도국의 정치적 민주화를 이끄는 보다 강력한 동인으로 나타난 것은 '경제자유화'였고, IT 확산은 오히려 부(-)의 영향을 미치는 것으로 나타났다. 이는 IT를 중립적인 기술로 보면서 그 영향으로 권위주의 체제와 민주주의 체제가 상호 독립적이거나 대립적인 형태로 발전될 수 있다고 보는 도구주의 관점을 지지하는 것으로 볼 수 있으며, 낙관적 기술결정론을 따르는 민주화 가설이 수정되어야 함을 시사한다. 셋째, 수원국에 있어 IT 확산의 정치적 효과는 경제성장 정도나 경제적 자유화, 부패 수준, 그리고 지역적 특성 등의 사회경제적 구조나 맥락에서 상이한 결과를 보였다. IT 확산은 수원국의 경제적 성장 수준이 높고, 자유로운 활동이 보장되며 교육수준이 높을수록, 그리고 부패의 심각성은 낮을수록 정치적 민주화에 상대적으로 강한 정(+)의 영향을 가지는 것으로 나타났다. 결론적으로 연구의 결과는 IT만으로는 정치적 민주화의 압력을 만들어낼 수 없으며, 시민사회의 형성과 발전을 제약하는 권위주의 국가에서 이의 정치적 영향력은 제한적으로 나타날 수밖에 없다는 것을 보여 주고 있다.

이제까지 모두 11개의 논문 내용들을 살펴보았다. 앞으로 연구자들이 각자의 분야에서 보다 심층적인 연구를 수행하고, 다른 연구자들의 연구 성과와의 융합을 통하여 지속적으로 SSK 연구총서가 발간될 수 있기를 기대해 본다. 스마트사회연구단에서는 앞으로 연구성과들을 묶어서 2016년 말까지 모두 10권의 총서를 발간할 것을 약속드린다.

SSK 스마트지식사회연구단 집필진 일동

SSK 스마트사회연구단 총서 1

스마트 시대의 위험과 대응방안

차 례

2부 스마트 사회의 개인정보 보호

3부 스마트 사회의 문제점들

1부

스마트 사회의 연구주제들

01
스마트 사회와 정부신뢰

윤상오 (단국대학교 교수)

1. 서 론

정보기술의 급속한 발달로 도래한 현대사회를 일컫는 말은 '정보화 사회', '지식정보 사회', '유비쿼터스 사회', '모바일 사회', '빅데이터 사회', '스마트 사회' 등 다양하다. 정보화의 진화에 맞춰 새로운 기술이나 트렌드가 등장할 때마다 새로운 용어를 부여했기 때문이다. 최근 전 세계적으로 스마트폰을 중심으로 한 스마트 기술이 유행하면서 최근 사회를 스마트 사회라고 하지만 사실상 빅데이터 사회나 모바일 사회 또는 지식정보 사회나 지식 사회라고 해도 무방하다. 이하에서는 편의상 현대사회를 스마트 사회라고 부르면서 논의를 진행한다.

인류 역사의 진화과정 또는 패러다임의 변화 과정에는 반드시 핵심적인 기술의 등장이 있었다. 기술이 사회의 진화를 이끌었는지 또는 사회의 필요에 의해서 기술이 진화했는지의 논쟁은 접어 두자. 적어도 한 사회에서 다른 사회로 패러다임이 변화할 때에는 핵심적인 기술이 반드시 동반되었음은 사실이다. 문자의 발명이나 바퀴의 발명, 농사기술의 발명이 원시사회를 농업사회로 이끌었고, 증기기관을 필두로 한 기계기술의 발명이 산업사회를 주도했으며, 정보기술과 통신기술의 발명이 정보사회를 이끌었다. 자연스러운 귀결로 스마트 사회를 이끌어 가는 핵심 기술은 스마트 기술이다.

기술이 초래하는 모든 사회는 두 얼굴을 가지고 있다. 기술 자체는 중립적이라 하지만 인간과 사회가 그것을 채택하고 활용하는 과정에서 긍정적인 효과와 부정적인 효과를 동시에 유발하기 때문이다. 기계기술의 발달과 함께 도래한 산업사회는 생산성 폭발로 풍요와 번영을 안겨 줬지만 빈부격차, 환경파괴, 양극화, 전쟁, 테러 등 다양한 부작용을 가져왔다. 스마트 기술을 동반한 스마트 사회도 시간과 공간의 장애를 극복하고 과거에는 상상할 수 없었던 생산성, 효율성, 편리성 등을 안겨 주지만, 그 이면에는 감시의 증가와 프라이버시의 침해, 사이버 테러나 사이버 전쟁에 의한 시스템 붕괴, 디지털 빈부격차의 심화, 각종 디지털 또는 스마트 매체에 대한 중독과 병리현상 등의 부작용을 유발하고 있다.

정부의 역할은 현대사회가 갖고 있는 문제점을 극복하고 보다 나은 사회를 만들어 나가기 위해서 정책적으로 스마트 기술을 적극적으로 채택하고 활용하는 것이며, 이 과정에서 스마트 기술이 유발하는 긍정적 효과를 극대화하고 부정적 효과를 최소화해야 한다. 스마트 사회가 유발하는 다양한 이슈들 중의 하나가 신뢰이다. 스마트 사회는 정부와 시민 간, 정부와 기업 간, 시민과 기업 간, 시민과 시민 간 신뢰에 새로운 기회와 도전을 던져 주고 있다. 물론 스마트 사회 이전에도 신뢰의 문제는 핵심적인 이슈 중의 하나였으며, 후진국은 물론이고 많은 선진국들에서 신뢰의 지속적 하락 또는 신뢰의 위기를 겪어 왔다. 이러한 문제를 해결하기 위하여 적극적으로 스마트 기술을 채택·활용하고 있지만 이것은 한편으로 신뢰를 증진시키기도 하지만 다른 한편으로는 신뢰를 약화시키기도 한다.

예를 들어, 정부의 느리고 복잡한 대국민 서비스로 인한 시민들의 불만과 불신을 극복하기 위하여 도입한 스마트 기술 기반의 고객지향적

원스톱 서비스 시스템은 신속하고 편리한 공공서비스를 제공해 줌으로써 정부신뢰를 증진시키지만, 개인정보 유출과 오남용으로 인한 정부불신을 증가시키기도 한다. 각종 정보시스템과 데이터베이스를 활용한 업무처리는 조직의 생산성과 효과성을 증대시키지만 해커나 바이러스 또는 사이버 테러, 천재지변, 기술적 오류 등으로 시스템 붕괴나 정지를 일으키고, 이것은 엄청난 혼란과 손실을 유발하고 정보기술과 시스템은 물론이고 조직과 사회 전반에 대한 신뢰의 위기를 야기한다. 다양한 개인 간 시간과 공간을 초월하여 실시간으로 소통하는 소셜 미디어는 개인 간의 소속감이나 유대감 증진을 통하여 신뢰를 높이기도 하지만 사이버 폭력, 허위사실 유포, 인신공격, 명예훼손, 집단따돌림 등으로 불신을 높이기도 한다.

신뢰의 본질은 주관과 감성이므로, 그것을 구축하는 데는 많은 시간과 노력이 필요하지만 그것의 붕괴는 한순간에 발생할 수 있다. 또한 한번 위기에 처한 신뢰를 이전 수준으로 회복하는 데는 훨씬 더 많은 시간과 노력이 든다.

의식주가 개별 인간이 살아가는 데 필수 조건이라면 신뢰는 개인과 개인, 개인과 정부, 개인과 기업 등 사회를 구성하는 주체 간의 관계형성과 유지를 위한 필수조건이다. 서로 믿지 못하는 대상과 사적이든 공적이든 관계를 맺고 유지해 나간다는 것이 얼마나 힘들고 어려운 일인가? 부부관계, 친구관계, 사제관계 등에서 신뢰가 없다면 얼마나 힘들고 외롭겠는가? 기업과 기업 간, 개인과 기업 간, 정부와 시민 간 등에서 신뢰가 없다면 어떻게 소통과 교류를 하고 협상과 거래를 할 수 있겠는가?

이하에서는 스마트 사회의 신뢰 중에서도 정부와 시민(기업) 간에 형성되는 정부신뢰에 초점을 맞추어 논의를 진행하고자 한다. 먼저, 정부신뢰의 개념과 주요 내용을 살펴본다. 다음으로, 스마트 사회의 다양한 주제들, 예컨대 온라인 민원서비스, 빅데이터, 프라이버시, 정보

보안, 투명성, 시민참여, 정보공개, 데이터 개방 등과 정부신뢰가 어떠한 관련을 갖고 있는가를 살펴본다. 다음으로, 이러한 주제들이 야기하는 정부신뢰의 제고와 약화 가능성을 모두 살펴보고, 정부신뢰를 제고시키기 위한 정책적 함의들을 제시한다.

2. 정부신뢰의 개념

1) 신뢰의 개념과 특징

우리나라 국어사전에 신뢰(信賴)란 '굳게 믿고 의지함'으로 나와 있다. IT 용어사전에는 '다른 실체가 자신이 기대하는 바와 똑같은 행동을 하리라고 가정할 수 있는 믿음'이라 정의하고 있다. 주체가 객체 행동에 대해 거는 기대 또는 믿음이 신뢰라는 것이다. 위키대백과사전에서는 '타인의 미래 행동이 자신에게 호의적이거나 또는 최소한 악의적이지는 않을 가능성에 대한 기대와 믿음'을 신뢰라고 한다. 결국 신뢰란 주체와 객체 사이의 관계에서 형성되는 것이며, 주체가 객체에 대해서 거는 기대나 믿음이라고 할 수 있다. 이것은 주체가 바라는 대로 객체가 행동하는 것 또는 호의적이거나 악의적이지 않도록 행동하는 것을 모두 포함한다.[1]

신뢰는 주체와 객체 사이의 관계에서 형성되는 것이므로 신뢰에 영향을 미치는 요인은 본질적으로 주체적 요인과 객체적 요인이 있으며, 여기에 외부 환경요인이 작용한다(김철회, 2011). 주체 요인이란 신뢰

1 신뢰를 뜻하는 영어 단어 trust의 어원은 '편안함'을 의미하는 독일어의 trost에서 연유된 것이라고 한다. 모든 주체는 누군가를 믿을 때 마음이 편안해진다. 혹시 상대방이 배신을 저지르진 않을까 염려할 필요가 없기 때문에 마음이 편안해질 뿐만 아니라 배신의 예방에 들여야 할 시간과 노력을 줄일 수 있기 때문이다(《세계문화사전》, 2005).

주체의 특성에 따라 신뢰가 달라질 수 있는 것으로서, 개인의 경우 성격이나 자존감에 따라서 객체에 대한 신뢰수준이 달라질 수 있고 기업의 경우 조직의 전통이나 문화 또는 관리기법에 따라서 객체에 대한 신뢰수준이 달라질 수 있다. 객체 요인은 신뢰의 대상이 되는 객체의 역량이나 성과에 따라서 신뢰가 달라질 수 있는 것으로서, 높은 성과를 보이거나 높은 직위나 좋은 직장에 있을 경우 신뢰가 상대적으로 높아진다. 환경적 요인은 주체와 객체를 둘러싸고 있는 사회경제적 또는 정치적 · 문화적 · 역사적 요인들이 주체와 객체 사이의 신뢰에 영향을 미치는 것이다. 오랫동안 형성되어 온 공동체 문화, 사회자본, 역사와 전통, 관행 등에 따라서 신뢰가 달라질 수 있다는 의미이다.

신뢰의 중요성은 프란시스 후쿠야마(Francis Fukuyama, 1996)의 《신뢰》(*Trust*)라는 저서에 잘 나타나 있다. 그에 따르면 한 나라의 경쟁력은 그 나라가 고유하게 갖고 있는 신뢰의 수준에 의해 결정된다. 비교적인 관점에서 보자면 미국 · 일본 · 독일은 고신뢰 사회고, 프랑스 · 중국 · 이탈리아는 저신뢰 사회이다. 우리나라는 미국 · 일본 · 독일 등의 선진국에 비해 저신뢰 사회이기 때문에 국가경쟁력이 낮고 향후 발전가능성도 제한되어 있다는 것이 핵심 요지이다.

2) 정부신뢰의 개념과 중요성

신뢰의 개념을 정부신뢰에 적용해 볼 때 정부신뢰의 주체는 시민이나 기업 등이고 객체가 정부이다. 정부신뢰의 개념을 주체의 입장에서 볼 때는 시민이나 기업 등이 정부를 얼마나 믿고 기대하는가를 의미한다. '정부가 산출하는 각종 결과물에 대한 평가 또는 정부가 국민들의 정상적인 기대에 부응하여 잘 운용되고 있는가에 대한 기본적인 평가의 정향'(Hetherington, 1998: 71)이 신뢰이다. 좀더 구체적으로 살펴보면, 정부에 대한 시민들의 기대는 두 가지로 나눌 수 있다. 첫째, 능력 차원의 역할 수행에 대한 기대이다. 정부가 어느 정도로 미래를 정확하게 예측하고 일관성 있게 정책을 추진하여 국민의 기대수준에 부응하는 성과를 가져올 수 있느냐에 관한 것이다. 두 번째는 윤리적 기대로서 정부가 어느 정도나 국민의 이익을 우선시하고 국민에게 정직하도록 노력하며 윤리적 의무를 다할 것인가에 관한 것이다.

객체의 입장에서 볼 때는 정부가 시민들의 기대에 어느 정도나 부합하는가가 정부신뢰이다. '정부의 운영이 국민의 규범적 기대에 부응하는 정도'(Miller, 1974), '정부가 역할기대의 내용에 따라서 행동할 확률'(이종범, 1986), '국민이 선호하는 산출물을 가져올 가능성'(Gamson, 1968) 등이 정부신뢰이다.

정부신뢰는 주체와 객체의 입장 모두에서 그 중요성을 갖는다. 주체인 시민의 입장에서 볼 때 정부신뢰가 낮을 경우 정부와의 각종 거래에서 발생하는 비용이 급격히 증가한다. 예를 들어, 수시로 변하는 정부의 대학입시 정책에 대한 불신이 커질 경우 시민들은 정부정책과 별개로 자녀의 대학입학을 위한 전략을 수립하고 시행하는 데 상당한 추가 비용을 지불할 수밖에 없다. 무상보육이나 노령연금 등 정부와 정치인들이 내거는 공약을 믿고 이에 기초해서 지출계획을 세웠던 시민들은 선거 이후 이러한 정책들의 폐지나 후퇴 때문에 상당한 혼란과 배신감 그리고 불신을 갖고 새로운 지출계획을 짜서 실천해야만 한다.

객체인 정부의 입장에서도 마찬가지이다. 정부신뢰는 정부기관과 시민을 연결하는 협력적 가치를 증진시킴으로써 정부효과성을 증진시키고(Evan, 1996: 1130), 정책수용성 제고, 거래비용 절감 등의 중요한 역할을 수행한다(김병섭, 1984; Bromiley & Cummings, 1996; Jones, 1995 등). 시민의 신뢰를 상실한 정부는 인적・물적 자원을 제대로 지원받을 수 없고, 정책에 대한 호응을 이끌어내지 못하여 효과적이고 안정된 정부 기능 수행에 어려움을 겪게 된다(박천오, 1999; 이종범, 1991: 200). 정부신뢰는 법규준수, 정책순응, 나아가 정부와 국민

사이의 소통과 협력을 촉진시키는 중요한 매개요인이며, 행정의 민주성과 효율성의 기반임과 동시에 국가경쟁력의 초석이다(박통희 외, 2011).

3) 정부신뢰의 결정요인

왜 시민들은 정부를 신뢰하거나 신뢰하지 못하는가? 또는 시민들은 무엇에 근거해서 정부를 신뢰하는 정도를 결정하는가? 이 질문에 대한 가장 근본적인 대답은 정부가 시민들의 기대에 부합할수록 정부신뢰가 증가한다는 것이다. 시민은 근본적으로 국가의 구성요소이고, 납세를 통해서 정부재정을 책임지는 주체이며 대통령과 국회의원을 비롯한 대표자를 선출하여 임명하는 등 권력의 원천이다. 시민과 정부 간 관계는 권력의 주인과 대리인의 관계, 또는 주인과 종의 관계라 할 수 있다. 종이 주인의 의지대로 움직일수록 또는 주인의 기대대로 움직일수록 주인은 종을 신뢰하게 된다.

첫째, 납세자로서의 시민은 자신들이 낸 세금이 적절하게 활용되어 높은 성과를 내기를 기대한다. 즉, 정부정책의 성과는 정부신뢰를 결정하는 가장 중요한 요소이다. 정부가 각종 정책에서 높은 성과를 거둘수록 시민들은 정부를 신뢰한다(Easton, 1975; Silver, 1987; North, 1990; 김철회, 2011; 김왕식, 2011). 하지만 공공문제 해결을 위한 정책추진에서 의도한 성과를 내지 못한 정부실패는 시민들의 정부에 대한 신뢰를 저하시키는 가장 중요한 요소가 된다.

또한 고객으로서의 시민은 정부로부터 양질의 공공서비스를 기대한다. 시민들은 적절한 요금을 지불하고 사적 서비스를 향유하듯이, 자신에게 부과된 세금을 내고 자신에게 필요한 공공서비스를 향유하기를 기대한다. 공공서비스가 신속하고 편리할수록, 요구하는 바를 정확하게 충족시켜 줄수록 시민들은 정부를 신뢰하게 된다. 공공서비스가 고압적이고 권위적일수록, 시간이 많이 걸리고 불편할수록, 번거롭고 복잡할수록, 원하는 바와 일치도가 떨어질수록 시민들은 정부를 신뢰하지 않게 된다.

둘째, 주권자로서의 시민은 정부가 공정하게 운영되기를 기대한다. 정부정책이나 서비스가 공정하지 못하고 편파적이어서 특정한 집단이나 지역 또는 계층의 이익만을 대변한다면 대다수 시민들은 정부를 신뢰하지 않는다. '유전 무죄, 무전 유죄', '가진 자들만의 잔치', '특정 지연·학연의 권력독점', '부와 권력 세습' 등은 정부신뢰를 무너뜨리는 불공정의 대명사이다.

또한 주권자로서의 시민은 정부정책에 대한 객체로서뿐만 아니라 주체로서 직접 참여하고 싶어 한다. 시민들은 자신과 관련된 일에 참여하고 싶어 하고, 참여할 권리가 있다. 정부가 시민들에게 주요 의사결정이나 정책결정 과정을 공개하고 참여할 수 있는 기회를 제공할수록 시민들의 참여가 증가하고 신뢰도 증가한다.

셋째, 감시자로서의 시민은 정부가 투명하고 깨끗하게 운영되기를 기대한다. 시민들은 정부가 하는 일을 알고 싶어 하고 알 권리가 있다. 정부는 시민들에게 모든 일을 투명하게 공개하고 검증받아야 할 의무가 있다. 정부가 시민들에게 무엇이든 감추고 숨길수록 시민들은 정부를 불신하게 된다. 더욱 심각한 문제는 투명성이 떨어질수록 부정부패가 만연하게 되고 이는 정부신뢰를 더욱 악화시키는 결정적인 요인이 된다는 점이다. 대다수의 후진국들의 공통적인 특징은 정치인과 관료 등 정부와 공공부문의 부패가 만연해 있다는 것이고 이것은 정부에 대한 낮은 신뢰로 직결된다.

넷째, 정부의 동반자로서의 시민은 정부와 소통하기를 희망한다. 원활한 소통은 신뢰의 근간이다. 대화와 소통의 단절은 관계의 단절을 의미하고, 관계의 단절은 신뢰의 단절을 의미한다. 시민들이 언제 어디서나 쉽고 편리하게 자신들의 의견을 정부에 묻거나 전달할 수 있고,

정부로부터 원하는 답을 얻을 수 있어야 한다. 때로 시민들이 정부와 주요한 사안에 대해서 수시로 토론하고 논쟁할 수 있어야 한다. 정부가 시민들에게 일방적으로 하고 싶은 말만 하고 듣고 싶은 말만 듣는다면 시민들은 정부를 신뢰할 수 없다.

한편 OECD(2015)는 정부신뢰의 결정요인을 6가지로 제시하고 있다.[2] 첫째는 정부정책에 대한 신뢰도(*reliability of government*)이다. 정부는 경제적·사회적·정치적 환경의 불확실성을 최소화해서 정책에 대한 일관성과 예측가능성 그리고 안정성을 높여야 한다. 재정위기나 경제위기, 자연재해나 재난(*disaster*) 등은 정부에 대한 시민들의 신뢰를 위협하는 중요한 요소이다. 정부가 각종 사회경제적 위기나 자연재해에 대해 보다 잘 준비하고 있을수록, 그리고 이러한 위기나 재난이 발생했을 때 보다 유연하게 잘 대처할수록 정부신뢰는 증가한다. 예를 들어, 정부가 적절한 재정관리(*fiscal management*)를 통해서 예산을 적절하게 편성하고 배분하고 활용할수록, 그리고 예산과정 혁신을 통해서 투명하고 깨끗하게 운영할수록 정부신뢰는 증가한다. 정부가 재해나 재난으로부터 시민들의 안전(*security*)과 안녕(*safety*)을 보장해 줄수록 정부신뢰는 증가한다.

둘째는 대응성(*responsiveness*)이다. 정부신뢰는 공공서비스를 받는 시민들의 경험에 의해서 결정된다. 정부가 제공하는 공공서비스가 시민들의 기대에 부응하는 정도에 의해서 정부신뢰가 달라진다는 것이다. 따라서 정부는 시민들의 기대에 적절히 대응하기 위해서 공공서비스 전달과정을 개선해야 하고, 계속해서 빠르게 변화하는 시민들의 요구와 기대에 대응하기 위해서 공공부문을 지속적으로 혁신해야 하며, 시민들과의 파트너십과 거버넌스 체계를 구축하여 시민들의 요구와 기대를 적절하게 수용하고 대응해야 한다.

2 http://www.oecd.org/gov/trust-reliability.htm.

셋째는 개방성(*openness*)이다. 개방성이란 정부 정보에 대한 접근성부터 시민참여(*citizen engagement*)에 이르기까지를 포괄하는 것이다. 시민들이 정부가 보유한 자료와 정보에 언제 어디서나 접근 가능하고, 이러한 정보를 바탕으로 정부와 소통과 교류를 할 수 있고, 정부정책이나 의사결정에 참여할 수 있는 것이 개방성이다.

넷째는 좋은 규제(*better regulation*)이다. 정부신뢰를 형성하고 유지하고 공고히 하기 위해서는 좋은 규제를 실행해야 한다. 좋은 규제 시스템은 시민들에게 정의, 공정, 법의 지배를 심어 주고, 기업에게는 투자와 성장을 위한 안정감과 자신감을 갖게 한다.

다섯째는 청렴성(*integrity*)과 공정성(*fairness*)이다. 부패를 방지하고 높은 행동규범을 촉진하기 위한 청렴성은 정책결정 관련자들의 신용도(*credibility*)와 준법성(*legitimacy*)을 강화시켜 주고, 정책결정과정에서의 자신감을 회복시키는 데 중요하다. 또한 지속적으로 증가하고 있는 갈등(*conflict*)에 효과적으로 대응하기 위해서는 정부의 공정성이 가장 중요한 요소가 되고 있다.

여섯째는 포괄적 정책결정(*inclusive policy making*)이다. 정책의 성패를 단지 정책결과에 대한 측정뿐만 아니라 정책의 설계나 집행과정까지 포괄적으로 고려하는 것이 정부신뢰의 중요한 요소가 된다. 특히 정책결정과정 자체가 개방되고, 참여적이며, 공정할수록 시민들의 정부에 대한 신뢰는 증가한다.

정부신뢰에 영향을 미치는 요소를 다른 관점에서 찾을 수도 있다. 정부신뢰는 정부에 대한 객관적인 경험이나 성과에 근거하는 경우도 있지만, 본질적으로는 시민들의 주관적 인식에 의해서 결정된다(OECD, 2015). 따라서 정부신뢰는 해당 국가의 사회적·문화적·역사적 맥락과 밀접한 관련을 갖는다. 특히, 시민들이 정부가 투명하다고 인식할수록 그리고 정부와 시민 간의 관계가 민주적이고 개방적일수록 정부에 대한 신뢰가 증가한다(Kim & Lee, 2012; Adrian & Smith, 2006;

Christensen & Lagreid, 2005). 따라서 시민들이 정부를 신뢰하는 정도는 정부가 보여 주는 객관적인 성취나 성과 자체가 아니라 이를 바라보는 시민들의 욕구, 기대수준, 관점 등에 의해서 결정된다. 동일한 성과를 이룬 국가라 할지라도 시민들의 정부에 대한 신뢰수준은 다를 수 있으며, 심지어 높은 성과와 청렴성, 개방성, 참여 등을 보이는 선진국보다 보통 이하의 성과와 청렴성, 개방성, 참여 등을 보이는 중진국이나 후진국의 정부신뢰가 더 높은 경우도 있다.

4) 정부신뢰의 위기

그동안의 다양한 연구에 의하면 정부신뢰는 지속적으로 하락하여 왔다. 정부신뢰 위기의 원인으로는 여러 가지가 제기된다. 근본적으로 정부가 시민들의 기대에 부응하지 못함으로써 신뢰의 위기가 발생하고 있는데, 가장 일반적인 원인은 정부와 관료의 부정부패이며(박중훈, 1999; 남궁근, 2000; 박흥식, 2000; 한인섭, 2000; La Porta et al., 1998)이며, 정부의 무능과 재정낭비 또는 성과부족도 중요한 원인이 된다. 또한 민주적 가치에 대한 시민의 열망을 정부제도와 정치지도자가 제대로 수용하지 못함으로써 신뢰위기를 초래하기도 하고(McAllister, 1999), 정부의 일하는 방식이나 정책추진방식이 독선적이고 일방적인 경우에도 신뢰를 상실하게 된다(양건모, 2007).

더욱 심각한 문제는 그동안 정부신뢰가 계속 낮았던 후진국들뿐만 아니라 고신뢰 사회로서 높은 정부신뢰를 유지하고 있던 선진국들에서도 정부신뢰가 지속적으로 하락하고 있다는 점이다. 2015년 OECD의 한눈에 보는 정부(Government at a Glance) 발표에 의하면 선진국 클럽이라 할 수 있는 OECD 국가들도 정부를 신뢰하는 시민들은 40% 정도에 불과한 것으로 나타났다. 또한 2007년 OECD 국가들의 정부신뢰 평균이 45.2%였는데 2014년에는 41.8%로 평균 3.3%가 하락하였다

(OECD, 2015).[3]

이 보고서에 의하면 우리나라의 정부신뢰는 심각하게 낮은 수준이다. 정부를 신뢰하는 시민들이 34%에 불과해 10명 중 7명 정도가 정부를 신뢰하지 않는 것으로 나타났다. 이는 인도나 러시아보다도 낮은 수준이다. 2014년 결과에서는 국민의 23%만이 정부를 신뢰한다고 응답하였다. 조사대상국 중 정부신뢰 순위가 2015년 41개국 중 29위에 불과하다. 특히 2014년 결과를 보면 조사대상국 평균은 39%로 나타나 우리나라 시민들의 정부에 대한 신뢰가 얼마나 낮은지를 단적으로 보여 주고 있다.

정부신뢰의 위기 원인에 대해서 OECD는 다양한 요인들을 제시하고 있는데, 예컨대 경제상황과 전망, 정치적 변화와 리더십, 재해·재난, 부정부패 등이 대표적이다. 특히 정부에 대한 시민들의 기대는 점점 더 빨리 증가함에 비해서 정부의 대응속도가 느리고 대응능력이 떨어지는 것이 신뢰하락의 중요한 요인이 되고 있음을 지적하였다.

3. 스마트 사회와 정부신뢰: 긍정적 관계

스마트 사회는 정부신뢰와 어떠한 관련을 갖고 있는가? 스마트 기술은 정부신뢰의 원인변수인가 결과변수인가? 스마트 기술로 대표되는 정보기술의 도입과 활용, 각종 정보화 정책은 정부신뢰를 촉진시키는가? 이러한 질문에 답하기 위해서는 스마트 기술 또는 정보기술에 대한 이해가 선행되어야 한다. 앞서 제시한 바와 같이 기술은 가치중립적이다. 기술 자체가 긍정적 효과나 부정적 효과를 유발하는 것이 아니라

---

3 이 기간 중 정부신뢰가 크게 하락한 나라는 슬로베니아(30% 하락), 핀란드(29% 하락), 스페인(27% 하락), 포르투갈(22% 하락)이며, 크게 상승한 나라는 독일(25% 상승), 이스라엘(22% 상승), 아이슬란드(22% 상승) 등이다(OECD, 2015).

인간 또는 사회가 그것을 채택하고 활용하는 의도와 방식에 따라서 긍정적 효과를 유발하기도 하고 부정적 효과를 유발하기도 한다. 따라서 정보기술 자체는 독립변수가 아니라 인간과 조직에 의해서 좌우되는 종속변수라 할 수 있으며, 조직과 인간에 따라서 좋은 쪽으로도 나쁜 쪽으로도 활용될 수 있는 양날의 칼이다. 결국 스마트 기술은 정부신뢰를 향상시키는 방향으로 활용될 수도 있고, 더 악화시키는 방향으로 활용될 수도 있다. 따라서 스마트 기술과 정부신뢰와의 관계는 고정된 관계라기보다는 유동인 관계이고, 검증된 관계라기보다는 가설적 관계이며, 일방적 관계라기보다는 서로 영향을 주고받는 쌍방향적 관계라 할 수 있다.

스마트 기술이 정부신뢰에 긍정적인 영향을 미친다는 것은 정부가 스마트 기술을 도입하고 활용함으로써 시민들의 기대에 적절히 부응한다는 것을 의미한다. 정부가 스마트 기술을 적극적으로 채택한 근본적인 이유는 몇 가지로 나누어 볼 수 있다. 첫째, 스마트 기술의 도입은 정부운영의 효율성을 제고하기 위해서이다. 정보기술과 시스템을 도입하고 활용함으로써 정부운영의 효율성과 생산성을 대폭 제고시킬 수 있다. 정부운영의 효율성과 생산성 제고는 국민들이 낸 세금을 낭비하지 않고 잘 활용하고 있다는 의미이고, 또한 정부성과의 제고라는 의미를 가진다. 예산운용의 효율성과 정부성과 제고는 직접적으로 정부에 대한 시민들의 신뢰에 긍정적인 영향을 미친다.

둘째, 스마트 기술의 도입과 활용은 정부정책의 효과성 제고에도 기여한다. 광범위한 데이터베이스의 구축과 빅데이터 분석기술의 활용으로 정책결정에 필요한 정확한 자료와 정보를 생산해 낼 수 있으며 이는 과거에는 불가능하던 목표를 달성가능하게 해 준다. 각종 CCTV와 빅데이터를 활용한 범죄발생률 감소와 범인 검거율 증가가 대표적인 예이다. 이러한 정책효과성 제고는 당연히 정부신뢰에 긍정적인 영향을 미친다.

유사한 맥락에서 스마트 기술의 도입과 활용은 정부 운영과 정책결정의 과학성 제고에도 기여할 수 있다. 빅데이터 분석기법을 활용하여 정책결정에 필요한 각종 자료와 정보를 신속하게 수집하고 분석함으로써 정책결정의 품질제고에 기여할 수 있다. 또한 시민들의 관심이 높고 이해관계가 걸려 있는 정책에 대해서 소셜 빅데이터 분석을 통해서 여론과 시민들의 요구를 정확하게 파악함으로써 정책결정의 적실성을 높일 수 있다. 정책결정의 과학성과 품질 제고는 시민들의 정부에 대한 신뢰 제고에 긍정적인 역할을 한다.

셋째, 스마트 기술의 도입과 활용은 정부운영의 투명성을 증진시켜 준다. 〈공공기관의 정보공개에 관한 법률〉에 의거해서뿐만 아니라 정부 스스로가 자발적으로 모든 자료와 정보를 시민들에게 실시간으로 공개하고, 시민들은 스마트 기술을 활용하여 정부가 하는 모든 일들을 투명하게 들여다볼 수 있게 되며, 이는 시민들의 정부에 대한 신뢰를 제고하는 데 기여한다.

넷째, 스마트 기술은 정부운영의 민주성에도 기여한다. 과거 관료제 정부에서는 정책결정과정에 대한 시민들의 참여가 매우 형식적이고 제한되어 있었지만, 전자정부에서는 스마트 기술을 활용하여 시민들이 언제 어디서나 정책결정과 관련된 정보를 열람하고 의견을 개진하며 토론과 논쟁을 벌이고 정책결정에도 적극적으로 참여할 수 있다. 정책결정과정에의 시민참여의 보장과 확대는 궁극적으로 정부에 대한 시민들의 신뢰 증가로 나타난다.

다섯째, 스마트 기술은 정부가 보유한 공공정보와 데이터의 공개를 통한 시민들의 가치창출에도 기여한다. 정부는 〈공공데이터의 제공 및 이용활성화에 관한 법률〉에 의거해서뿐만 아니라 자발적으로 막대한 잠재적 부가가치를 갖고 있는 공공데이터를 민간에 개방하고 활용을 촉진함으로써 기업과 개인의 가치 창출과 경쟁력 강화에 기여할 수 있고, 이것은 정부에 대한 시민들의 신뢰에도 긍정적인 영향을 미친다.

여섯째, 스마트 기술은 정부와 시민 간의 소통의 증가를 가져온다. 정부 웹사이트, 블로그, 소셜 미디어 등을 통해서 정부와 시민들이 실시간으로 각종 이슈에 대해서 의견을 주고받고 토론과 논쟁을 벌임으로써 정부와 시민간의 소통을 증진시켜 줄 수 있다. 또한 이러한 소통의 증가는 정부와 시민 간 상호 이해를 증진시킴으로써 궁극적으로 정부신뢰 제고에 기여할 수 있다.

일곱째, 스마트 기술은 정부권력에 대한 시민들의 통제성을 강화해준다. 스마트 사회에서는 시민들이 각종 스마트 기술을 활용하여, 정부가 공개하는 각종 자료와 정보를 바탕으로 정부와 관료들을 감시하고 통제하는 역량을 대폭 강화시킬 수 있다. 특히 정부의 정책결정이나 예산운용 등과 관련한 각종 자료와 정보를 수집하고, 이해관련 시민 간 실시간으로 공유하며, 집단지성을 활용하여 이를 분석하고 문제점을 찾아낼 수 있으며, 더 나아가 정부에게 올바른 대안까지 제시해 줄 수 있다. 정부에 대한 시민들의 감시와 통제의 증가는 정부와 관료들의 권력남용이나 부정부패를 어렵게 만들고 결국 이것은 시민들의 정부에 대한 신뢰 증진으로 나타날 수 있다.

여덟째, 정보기술은 공공서비스의 품질과 편의성을 제고시킨다. 정부가 보유하고 있는 시민들에 대한 각종 자료와 정보를 분석하고 활용함으로써 시민들의 기대와 욕구를 실시간으로 파악하고, 선제적으로 찾아가는 맞춤형 서비스를 제공해 줄 수 있다. 고객지향적인 맞춤형 서비스의 제공은 시민들의 공공서비스에 대한 만족도를 제고시키고 이는 궁극적으로 정부신뢰의 향상으로 나타날 수 있다.

아홉째, 정보기술의 활용은 시민들의 안전성을 제고시켜 줄 수 있다. 정보기술과 빅데이터를 활용하여 독감이나 메르스, AI, 사스 등 각종 전염병, 태풍이나 지진, 가뭄, 홍수 등 자연재해, 교통사고나 범죄 등을 정확하게 예측하고 대응방안을 마련함으로써 국민들의 재산과 생명의 안전을 제고시켜 줄 수 있다. 또한 정부가 시민들의 안전을 보장해 주는 정도가 높을수록 시민들은 정부를 신뢰하고 따르게 될 것이다.

열째, 정보기술의 활용은 정부부처 간 네트워크 체계의 강화를 촉진한다. 정보기술과 시스템을 통해서 유관 부처 간 업무 네트워크를 구축함으로써 주요 이슈가 발생할 때마다 관련 기관들이 유기적인 소통과 협력을 통해서 문제를 해결해 나갈 수 있다. 복지서비스 제공을 위한 복지관련 기관 간의 네트워크, 전염병 예방과 대응을 위한 보건관련 기관 간의 네트워크 등은 과거와는 비교할 수 없을 정도로 빠르고 정확한 대응을 통해서 문제해결을 촉진할 수 있다. 그리고 이것들은 정부신뢰 제고에 긍정적인 영향을 미친다.

4. 스마트 사회와 정부신뢰: 부정적 관계

스마트 사회의 도래는 정부신뢰를 증진시킬 수 있는 다양한 가능성과 함께 정부신뢰를 저하시킬 수 있는 가능성도 함께 가져왔다. 또한 실제로 정보사회의 진전과 함께 지속적으로 정부신뢰가 하락하여 왔다는 점을 주목할 필요가 있다. 정부신뢰 하락의 모든 원인을 스마트 기술로 돌릴 수는 없겠지만, 정보사회의 진전과 함께 정부신뢰 하락이 일관성 있게 진행되어 왔다는 점은 무시할 수 없다. 이하에서는 스마트 사회의 진화와 함께 스마트 기술이 정부신뢰를 저하시킬 수 있는 다양한 가능성과 실제를 살펴보고자 한다.

1) 개인정보 또는 사생활 침해

스마트 사회의 도래와 함께 정부신뢰를 위협하는 가장 중요한 요인은 개인정보 침해 또는 사생활 침해이다. 스마트 기술의 급속한 확산과 함께 폭발적으로 증가하는 개인정보 또는 개인데이터는 더 이상 개인의 사생활 보호를 불가능하게 만들고 있다. 개인의 일거수일투족이 모두 드러나는 '발가벗겨진 사회'(*naked society*, Parkard & Perlstein, 2014) 또는 '프라이버시 종말(*the end of privacy*)의 사회'가 된 것이다(Podesta, 2014). 과거로부터 현재까지 정부에 의해서 가장 광범위하고 포괄적으로 수집되어 온 정보가 바로 개인정보이다. 정부는 합법적으로 개인에 관한 주민등록, 주택, 자동차, 병역, 질병, 납세, 범죄, 출입국 등 모든 정보를 수집하여 관리해 왔다. 특히 개인맞춤형 서비스 제공 또는 찾아가는 선제적 서비스 제공을 위해서 또는 공공정책 수립과 집행을 위해서는 개인정보의 수집과 관리가 필수적이다. 이러한 현상은 스마트 기술의 보급으로 빅데이터 시대가 열리면서 더욱 더 가속화되고 있다. 빅데이터 중에서도 증가속도가 가장 빠르고 규모가 가장 큰 데이터가 개인데이터이다.[4] 개인데이터는 기존의 정형화된 개인속성 데이터뿐만 아니라 개인들이 다양한 스마트 기기와 SNS를 통하여 자발적으로 생산해내는 소셜데이터, 개인의 활동이 CCTV나 센서 등에 포착되고 기록되는 관찰데이터, 이러한 모든 데이터들이 결합되어 만들어지는 추론데이터 등으로 확대됨에 따라서 그 규모가 기하급수적으로 증가하고 있기 때문이다(BIS, 2012: 5; WEF, 2011: 14).

개인데이터는 침해될 경우 개인의 사생활과 인권, 명예나 신뢰의 손상뿐만 아니라 경제적이고 금전적인 손실을 유발할 수 있다. 기업에 의한 개인데이터 유출이나 오남용은 기업 이미지 훼손, 대규모 소송에 따른 피해보상, 기업에 대한 고객의 신뢰저하 등의 심각한 문제를 유발한다. 정부기관에 의한 개인데이터 유출이나 침해는 정부에 대한 불신을 넘어 시민들의 저항이나 반발을 일으키기도 한다. 개인데이터 유출과 오남용의 가장 근본적인 문제는 개인과 기업 간, 개인과 정부 간, 개인과 개인 간 신뢰를 약화시킴으로써 정부경쟁력이나 산업경쟁력을 넘어

4 전 세계적으로 생성되는 데이터의 75% 이상이 개인들에 의해서 생성되는 데이터이다(IDC, 2014).

국가경쟁력까지 약화시킬 수 있다는 점이다(WEF, 2012).

그러나 개인정보 또는 개인데이터는 막대한 잠재가치를 갖고 있기 때문에 보호에만 치중할 수 없는 상황이다. 데이터는 본질적으로 활용을 전제로 수집되고 분석되고 관리된다. 개인데이터는 다른 어떠한 데이터보다도 막대한 잠재가치를 가지고 있다. 기업들이 고객의 트렌드와 욕구를 읽고 새로운 비즈니스 모델과 상품을 개발하거나 고객맞춤형 서비스를 개발하는 데 개인데이터의 활용이 필수적이다. 정부도 시민들의 욕구와 맥락을 읽고 찾아가는 선제적 서비스를 제공하거나 맞춤형 서비스를 제공하기 위해서 개인데이터의 수집과 활용이 필수적이다(관계부처 합동, 2013; Bain & Company, 2010). 개인데이터가 갖고 있는 이러한 막대한 잠재력 때문에 개인데이터를 산업사회의 원유(*oil*)이나 금맥(*gold rush*)로까지 비유하고 있으며, 개인데이터를 어떻게 공유하고 활용하는가에 따라서 가치창출은 물론 기업과 정부 그리고 국가의 경쟁력까지 좌우된다(Gartner, 2011; Bell, 2011; WEF, 2011; 2012; 2013).

따라서, 개인데이터의 활용을 통한 사회적·경제적 편익과 개인데이터의 보호를 통한 개인의 사생활과 인권보호라는 가치는 딜레마적 상황을 유발한다(Culnan & Bies, 2003; Cavoukian & Green, 2013). 보호를 강화할 경우 활용이 제한되고, 활용을 강화할 경우 보호가 약해질 수 있기 때문이다. 그럼에도 불구하고 프라이버시란 다른 어떠한 가치들에 의해서도 희생될 수 없는 가장 핵심적인 인격권 또는 자유권으로서 반드시 보호되어야 하며, 공익실현이나 기업활동 보장 등의 이유로 프라이버시가 침해되어서는 안 된다(Samuelson, 2000). 또한 개인데이터 활용으로 인한 프라이버시 침해는 일단 발생하면 돌이키기가 어렵고, 그 피해가 특정 개인으로부터 불특정 다수에 이르기까지 광범위하여 막대한 사회적 비용을 유발하며, 침해주체인 기업과 정부에 대한 신뢰기반을 약화시켜 궁극적으로 기업의 발전은 물론 사회통합과 국가경쟁력에도 부정적인 영향을 미친다(윤상오, 2009).

개인정보 또는 사생활 침해와 정부신뢰 간의 관계는 다음과 같은 측면에서 좀더 구체적으로 살펴볼 수 있다. 현대사회에서 시민들은 정부가 개인정보를 광범위하게 수집하고 활용하는 것에 대해서 암묵적으로 동의하고 있다. 보다 편리하고 신속한 맞춤형 공공서비스를 제공받기 위해서, 정확한 데이터와 정보에 기반한 품질 높은 정책결정과 집행을 위해서, 범죄나 질병 등을 예방하고 대응하는 등 시민들의 안전과 행복을 위해서 개인정보의 수집과 활용은 필수적이기 때문이다. 개인의 소득, 가족사항, 장애여부, 질병 등에 대한 정확한 정보가 제공되어야 이에 맞는 복지서비스를 받을 수 있고, 개개인의 복지서비스 수요가 종합되었을 때 정부의 복지정책 수립과 예산 편성이 가능해지며, 적절한 복지정책의 수립되고 시행되어야 시민들의 안녕과 삶의 질이 보장될 수 있기 때문이다. 따라서 시민들은 정부가 광범위한 개인데이터를 수집하고 활용하는 것 자체에 반대하거나 이것 때문에 정부에 대한 신뢰를 떨어뜨리지는 않을 것이다.

그러나 시민들은 정부에 대해서 분명한 기대를 갖고 있다. 그것은 정부가 개인정보를 적절하게 잘 보호하고, 애초의 수집 목적대로 정확하게 활용한다는 것이다. 그러나 정부가 의도적이건 비의도적이건 개인데이터에 대한 시민들의 기대를 저버리게 될 경우 정부신뢰는 위기를 맞게 된다. 정부가 개인정보 또는 사생활 보호와 관련하여 가장 일반적으로 범하게 되는 오류는 개인정보의 관리소홀로 인한 유출이다.[5] 여기에는 허술한 보안장치를 뚫고 들어와 개인정보를 탈취해 가는 해킹으로부터 폐기해야 할 개인정보를 함부로 방치해 유출시키는 사례까지 다양하다. 또 다른 유형으로는 공무원이나 내부 구성원에 의한 의도적인 오용이나 남용이다. 내부 구성원들이 직위나 업무관계를 활용하여

---

5 2015년 국정감사에 의하면 2011년부터 2015년 7월까지 모두 9,060건의 개인정보 침해 사건이 발생하여 하루 평균 5.4건의 빈도를 보였다(〈연합뉴스〉, 2015.10.5).

불법으로 개인정보에 접근하고 열람하고 유출하는 것이 대표적이다.[6]

개인정보 침해는 정부에 의한 경우뿐만 아니라 민간기업이나 단체에 의한 경우에도 궁극적으로 정부신뢰에 부정적인 영향을 미친다. 개인정보를 적절하게 보호하고 이를 위반했을 경우의 대응과 보상 등에 대한 법률과 제도를 만들고 시행하는 것은 정부의 책임이기 때문이다. 따라서 민간기업에 의한 개인정보 침해나 유출사례가 발생할 때마다 직접적으로는 유출 당사자인 기업의 신뢰가 저하되지만 좀더 거시적으로는 이를 효과적으로 방지하지 못한 정부의 신뢰까지도 하락하게 된다.

2) 사찰 및 감시

사생활 침해와 유사한 맥락에서 감시사회의 도래도 정부신뢰를 위협하는 중요한 요인이 된다. 조지 오웰(George Orwell)이 《1984년》에서 '빅브라더'에 의한 감시사회를 제기한 이래 스마트 사회의 가장 심각한 문제 중의 하나가 정부의 시민들에 대한 감시이다. 개인정보 유출이나 사생활 침해가 감시와 다른 점은 정부의 의도성과 지속성 여부에 있다. 개인정보 유출이나 사생활 침해의 가장 일반적인 사례는 정부가 의도하지 않은 실수로 개인정보를 침탈당하거나 유출시키는 것이다. 또한 정부 공무원에 의해 일정한 의도를 갖고 이루어지는 개인정보 오·남용의 경우에도 대부분 단편적 정보에 대해서 일회성 또는 산발적으로 이루어지는 경우가 많다.

---

6 2015년 국정감사에 따르면 2012년부터 2014년까지 최근 3년간 공공기관에서 개인정보를 무단으로 제공하거나 사적으로 열람해 징계를 받은 공무원과 공공기관 직원이 410명에 달하는 것으로 나타났다. 위반 내용별로 보면 '사적 열람'이 160명(39%)으로 가장 많았고 '무단 제공' 130명(31.7%) 순이었고 외부유출도 11건에 달했다. 징계건수도 2012년 88명에서 2013년 154명, 2014년에는 168명으로 2012년 대비 90% 증가했다. 그러나 징계수준은 매우 약했다. 총 징계인원 중 43%에 달하는 178명은 단순 경고에 그쳤고, 파면이나 해임, 강등 등 중징계는 21명(5.1%)에 불과했다. 이외에 견책 109명, 감봉 63명, 정직 39명 순이었다(〈머니투데이〉, 2015.9.30).

반면에 정부에 의한 감시사회의 도래는 개인정보 침해와는 근본적으로 그 성격을 달리한다. 첫째, 정부나 공공기관이 특정한 의도나 목적을 가지고 특정 시민들이나 단체들을 감시한다는 것이다. 가장 일반적인 사례는 정부나 집권여당, 국정원, 경찰 등 권력기관이 정치적 반대 집단이나 개인, 정적이나 대항세력을 통제하고 억압하거나 선거에서 떨어뜨리기 위한 목적으로 감시를 하는 것이다. 둘째는 감시가 지속적이고 장기적이며 포괄적으로 이루어진다는 특징을 갖는다. 감시대상의 일거수일투족 모두를 감시하고, 감시목적이 달성되거나 사라질 때까지 장기간에 걸쳐서 지속적으로 감시가 이루어진다. 셋째, 감시가 조직이나 단체 등에 의해서 치밀한 계획하에 이루어진다는 것이다. 기관 내에 전담 팀이나 조직을 구성하여 운영하는 것이 가장 일반적이다.

정부에 대한 시민 감시의 가장 대표적인 사례는 권력기관이나 정보기관에 의한 민간인 불법 도청이나 불법 사찰이다. 과거 우리나라에서 정보기관에 의한 정치인 사찰과 도·감청은 일상적으로 이루어지는 일이었고, 지금도 후진국에서는 여전히 이러한 일들이 진행되고 있다. 문제는 후진국에서뿐만 아니라 우리나라나 미국에서도 정치적 반대파나 정적에 대한 불법사찰과 도·감청이 계속되고 있다는 점이다.[7] 미국의 에드워드 스노든(Edward Snowden)에 의해 폭로된 민간인 사찰 사례를 보면 미국 국가안보국(NSA)이 영국, 호주, 뉴질랜드 캐다나 등 5개국과 협력하여 전 세계의 민간인들을 무차별적으로 사찰해 왔다는 것이다. 테러를 막는다는 명분으로 전 세계인을 대상으로 이루어지는 불법사찰과 도·감청은 감시사회가 국가라는 경계를 뛰어넘어 세계

7 우리나라는 2015년 국정원에 의한 불법 도감청 사건이 첨예한 이슈가 되었다. 국정원이 2012년 이탈리아 소프트웨어 업체로부터 전방위 해킹이 가능한 프로그램을 구입하여 활용한 것이 드러났기 때문이다. 이 프로그램을 사용하면 스마트폰 사용자의 문자와 전화를 도·감청할 수 있는 것은 물론이고, 스마트폰 카메라나 녹음기를 몰래 작동시켜 정보를 빼내는 것도 가능하다. 국정원은 대북 정보전에만 사용했다고 했지만 국내에서 사용된 흔적이 곳곳에서 나타나 논란을 더욱 키웠다(〈일요시사〉, 2015. 7. 26).

화되고 있다는 것을 나타내 준다. 최근에는 스마트 기술의 광범위한 보급에 따라서 전문적인 도·감청 장비를 갖춘 정보기관에 의해서뿐만 아니라 대부분의 공공기관들이 불법사찰을 할 수 있는 역량을 보유하게 되었다. 이것은 정치인이나 반정부 세력뿐만 아니라 정부에 의견을 개진하거나 시정을 요구하는 일반 시민단체나 노동조합까지 감시의 폭과 대상이 확대될 수 있다는 것을 의미한다.[8]

범죄예방이나 범인 검거, 테러방지, 국가안보 등 긍정적인 목적을 위해 도·감청이나 사찰 등 감시가 이루어진다면 정부신뢰를 제고하는 데 기여할 수 있다. 그러나 이것이 특정 정파나 계급 또는 권력자나 권력기관의 이익을 위해서 이루어진다면 정부신뢰에 치명적인 악영향을 끼칠 수도 있다.

3) 온라인 여론조작

스마트 기술의 광범위한 보급과 활용은 정부와 시민 사이의 소통과 협업의 가능성과 기회를 대폭 확대시켜 주는 동시에 여론을 선도하거나 더 나아가 조작할 수 있는 가능성을 높여 준다. 과거에 여론의 주요 형성매체가 신문과 방송이었다면 스마트 시대의 여론 형성의 주요 매체는 SNS 등의 소셜 미디어이다. 시민들은 언제 어디서나 자기의 생각과 감정, 정부정책이나 사업에 대한 찬반의견, 정치인이나 정당에 대한 선호나 반감 등을 페이스북, 트위터, 밴드, 카카오톡 등 다양한 소셜 미디어에 제기할 수 있다. 그리고 이러한 개인들의 의견은 소셜 미디어상에서 서로 관계를 맺고 있는 수많은 개인들에게 급속도로 전파

---

8 2015년 국정감사에 의하면 정부세종청사 CCTV가 공공비정규직 노동조합 충남세종지부의 조합장과 조합원들의 선전전 활동을 지속적으로 불법사찰해 온 것으로 드러났다. 청사 앞에서 집회나 선전전이 있을 때마다 CCTV 카메라 화면을 참석자들의 얼굴에 맞춰 참석자를 식별하고 사찰해 왔다는 것이다(〈브레이크 뉴스〉, 2015. 9. 20).

되어 나간다. 소셜 미디어상에서 불특정 다수 시민들의 다양한 의견들이 실시간으로 생성되고 전파되고 공유되면서 사회 전체적으로 여론을 형성해 나가는 것이다.

따라서 정부는 소셜 미디어상에서 유통되는 다양한 자료와 정보들을 수집하고 빅데이터 분석기법을 활용한 분석을 통해서 과거의 서베이 기법에 바탕을 둔 여론조사보다 더 정확한 정보를 더 빠르고 값싸게 확보할 수 있다. 또한 이를 바탕으로 보다 신속하고 정확하며 적실성 높은 정책과 사업을 시행할 수도 있게 되었다.

문제는 정부가 시민들의 의견을 여론으로서 수렴하고 정책에 반영하는데 머물지 않고 이를 조작하거나 호도하려는 데서 발생한다. 2008년 미국 대통령 선거에서 오바마 대통령을 당선시키는 데 가장 큰 공헌을 한 것이 소셜 미디어를 활용한 SNS 선거전략이었다는 것은 유명한 사실이다. 정치인들이 자신의 인지도를 높이고 정견을 널리 전파하며 지지자를 결집하고 우호 여론을 형성하는 데 가장 효과적으로 사용할 수 있는 수단이 소셜 미디어이기 때문이다. 따라서 정부도 시민들에게 정부 정책이나 사업을 널리 알리고 시민들의 관심과 참여를 촉진하며 우호 여론을 형성하는 데 소셜 미디어를 적극 활용할 수 있다. 그러나 정부가 특정 정당이나 후보자를 위하여 소셜 미디어를 활용하여 여론을 조작하는 것은 민의를 왜곡하고 민주주의를 파괴하는 행위이다. 가장 일반적인 여론 조작의 방법은 SNS를 활용한 과장과 허위사실의 유포이다. 특정 후보자를 떨어뜨리거나 정당 또는 정책에 대해서 반대여론을 형성하기 위하여 악의적으로 허위사실을 지속적으로 퍼뜨리는 행위, 후보자 개인의 사생활에 관한 사항을 폭로하는 행위, 특정 후보자에 대한 부정적인 의견만을 수집하여 집중적으로 퍼뜨리는 행위 등이 대표적이다. 반대로 특정 후보자의 당선이나 지지율 상승을 위하여 우호적인 허위사실을 유포하거나 우호적인 의견만을 모아서 집중적으로 퍼뜨리는 행위도 마찬가지이다.

우리나라에서 이에 대한 가장 최근의 사례로는 지난 18대 대통령 선거에서 국가정보원, 국군기무사령부 등이 SNS를 통하여 새누리당 박근혜 후보에 대해서는 우호적인 의견을, 문재인 민주당 후보에 대한 부정적인 의견을 집중적으로 퍼뜨린 사건이다.[9] 이것은 공무원의 정치적 중립과 선거개입 금지를 규정한 〈헌법〉과 〈국가공무원법〉, 〈국가정보원법〉 등을 위반한 것일 뿐만 아니라 민의를 왜곡하고 선거결과를 왜곡하며 더 나아가서는 민주주의와 헌법질서를 어지럽히는 것으로서 정부신뢰에 심각한 악영향을 끼쳤다.

---

9 국가정보원 여론 조작 사건(國家情報院輿論操作事件) 또는 대선 개입 사건(大選介入事件)은 2012년 대한민국 대통령 선거기간 중 대한민국 국가정보원 소속 심리정보국 소속 요원들이 국가정보원의 지시에 따라 인터넷에 게시글을 남김으로써 국가정보원이 대한민국 제 18대 대통령 선거에 개입한 사건을 일컫는다. 당시 야당인 민주통합당은 2012년 12월 11일 국가정보원의 정치개입에 대한 문제를 제기했다. 해당 국가정보원 직원인 김하영이 활동한 인터넷 사이트인 오늘의 유머에서 다른 국가정보원 직원의 활동한 흔적이 확인되고 당시 국가정보원장이었던 원세훈이 국정원 내부 인트라넷을 통해 직원들에게 수년 동안 정치에 개입하는 인터넷 활동을 지시한 내용이 확인되고, 15개 이상의 사이트에서 국가정보원 직원들이 게시글을 남긴 사실이 확인되어 사건이 확대되었다. 2013년 4월 18일까지 서울수서경찰서가 김하영과 관련 인물의 인터넷 여론 조작 활동을 수사하여 국가정보원법 위반 기소의견으로 검찰에 송치했다. 서울지방검찰청 특별수사팀이 원세훈의 정치 개입에 대해 수사한 결과 원세훈을 정치적 여론 조작 활동과 대통령 선거 후보 중 박근혜에 우호적인 여론을 조성하고 야권 후보를 비방한 사실, 김용판 서울지방경찰청장이 대통령 선거 직전 수사에 외압을 넣고 허위의 중간수사 결과를 발표한 사실을 확인하여 둘을 공무원으로서 부당한 직무를 행사한 죄와 불법 선거운동을 한 〈공직선거법〉을 위반한 공무원의 선거운동행위로 기소했다. 대통령 선거 직전의 국가정보원의 주장과 다르게 정치 비방활동을 한 것이 확인되었고 서울지방경찰청이 국정원 직원의 여론 조작 활동을 발견하였음에도 김용판 서울지방경찰청장의 지시에 따라 대선 3일 전 흔적을 찾지 못했다고 허위 발표하였다. 국가 기관이 여론 조작에 앞장선 것에 대한 비판과 경찰이 사건을 은폐하는 허위의 발표를 한 것 등이 논란이 되고 있다. 또한 2013년 12월 기준으로 국군사이버사령부 직원들이 대선에 개입하는 글을 올린 것과 국가정보원 심리전단에서 트위터에 수십만 건 이상의 정치·대선개입활동을 한 사실이 확인되어 사건이 더욱 확대되었으며 박근혜 대통령에 대한 퇴진 요구까지 제기되고 있다(위키백과, 2015. 10. 5).

4) 시스템 오류와 붕괴

스마트 사회가 성숙해 감에 따라서 정부의 모든 업무처리가 스마트 기술을 활용한 온라인으로 이루어지고 있다. 정보시스템과 DB와 네트워크에 기반을 둔 업무처리는 정부의 생산성과 효율성을 극대화시키고 정책결정의 품질을 제고하며 편리하고 신속한 공공서비스를 제공해 준다는 측면에서는 정부신뢰를 증가시켜 줄 수 있다. 그러나 정부의 업무처리에 대한 기슬의존도가 높아질수록 기술이 근본적으로 내포하고 있는 취약점에 노출될 가능성도 커지게 된다. 현재 스마트 기술에 기반을 두지 않는 업무는 거의 없다. 공항, 철도, 도로뿐만 아니라 댐, 핵발전소, 병원 등도 정보시스템에, 정부의 보고, 결재, 문서교환 등도, 조세나 부동산, 조달, 자동차, 복지, 연금 및 보험 등도, 전기나 가스, 수도 등도 정보시스템에 기반을 두고 있다. 만약 기술적 오류나 고장에 의해서 이러한 시스템들이 정지하게 된다면 우리사회는 그 자체로 마비상태에 빠지게 될 것이다.

첫째, 태풍, 지진, 홍수 등 자연재해나 화재, 정전 등으로 인한 재난이 발생하여 정부의 모든 업무시스템이 고장·파괴·정지될 경우 그 피해는 상상을 초월한다. 자연재해나 인위재난은 인간의 노력으로 완벽하게 예측하거나 대비하는 것이 불가능하며 언제든지 발생할 수 있기 때문이다.[10] 이런 일이 반복되면 시민들은 정부의 스마트 기반 업무처리의 일관성과 안전성에 대해서 불안해하고 불신하게 된다.

둘째, 해킹, 바이러스, 웜 등에 의한 사이버 테러나 사이버 전쟁(*cyber war*)도 정보시스템의 안전성을 위협하는 중요한 요인이다. 또한

---

10 1989년 3월 발생한 태양풍(*solar wind*)은 캐나다 퀘벡 주의 송전시설을 9시간 동안 마비시켜 이 지역의 전력공급을 완전히 끊어 놓았다. 또한 2013년 발생할 태양풍은 전 세계적으로 GPS 위성, 병원장비, 서버시스템, 공항관제시스템, 방송기기 등 전기·통신시설을 마비시켜 그 피해가 전 세계적으로 2조 달러에 달하는 것으로 예측되었다(〈파이낸셜 타임즈〉, 2011. 2. 20).

사이버 테러나 사이버 전쟁은 자연재해와 달리 정부의 노력에 의해서 충분히 예방이 가능하다는 점에서 사건이 발생했을 때 정부에 대한 신뢰는 더 낮아지게 된다.[11]

보다 심각한 것은 자연재해나 재난과 달리 사이버 테러나 사이버 전쟁에 의한 정부시스템 공격과 마비이다. 이러한 경향은 스마트 사회가 성숙되어 감에 따라 점점 더 빈번하게 발생하고 있고 이로 인한 피해도 점점 더 늘어나고 있다. 가장 대표적인 예는 북한의 테러부대로 추정되는 단체에 의한 우리나라 주요 정보통신망에 대한 사이버 테러 공격이다. 2008년 이명박 정부 출범 이후 북한의 대남 사이버 테러가 본격화된 것으로 추정되는데 2009년부터 거의 매년 1건 이상의 사이비 테러가 발생하여 우리나라에 엄청난 피해를 입히고 있다.[12] 가장 최근의 사건

---

11 2015년 국정감사 자료에 의하면 2010년부터 2014년까지 국가 공공기관을 대상으로 일어난 사이버 사고는 총 76,669건에 달했다. 21,245건에 달했던 2010년에 비해 2014년은 6,286건으로 많이 줄기는 했지만 그래도 결코 낮은 수치가 아니다. 유형별로는 웜 감염사고가 43,503건, 해킹사고가 33,166건으로 나타났다. 컴퓨터 시스템을 파괴하거나 작업을 지연 또는 방해하는 악성프로그램인 웜 감염사고는 해를 거듭할수록 감소한 반면 해킹건수는 연도별로 오르락내리락할 뿐 꾸준한 수치를 기록했다. 특히 2010년 웜 감염건수(13,267건)가 해킹 사례(7,978건)보다 압도적으로 많았으나 2014년에는 해킹 건수(5,125건)가 웜 감염(1,161건)의 5배 가까이 높은 것이 눈에 띈다. 단순히 악성 프로그램을 전파하여 공격하는 웜 감염과 달리 네트워크의 취약점을 찾아내 고의로 유해한 영향을 끼치는 해킹 건수가 많다는 것은 사이버 보안 수준이 심각하다는 것을 의미한다(〈데일리안〉, 2015.7.20).

12 북한은 2009년 7월 7일부터 사흘 간 한국과 미국의 주요기관을 포함한 총 35개의 웹사이트에 대한 디도스 공격을 감행했다. 총 네 차례에 걸친 공격에 청와대와 국회 등 정부기관을 비롯한 주요 포털사이트 68개에 장애가 발생했다. 2011년 3월 4일, 국내 40개 사이트(정부 공공기관 24개, 금융기관 9개, 쇼핑몰 7개)를 상대로 디도스 공격을 실행했다. 이로 인해 국내 40개 사이트의 접속이 불량해졌고 일부 PC의 하드디스크가 파괴되기도 했다. 2011년 4월 12일에는 금융기관을 상대로 한 해킹 공격을 감행해 농협 금융전산시스템 273대가 파괴됐고 전산 장애가 발생해 큰 혼란을 겪었다. 2012년 6월 9일에는 중앙일보 홈페이지가 북한에 의해 해킹을 당해 50여 대의 서버데이터가 삭제되는 피해를 입었다. 2013년 3월 20일 KBS, MBC, YTN 등 방송사와 신한은행, 농협, 제주은행 등으로 공격대상이 증가했고, 방송 금융 6개사 4만 8천여 대의 서버, PC, ATM 등의 하드디스크 파괴로 PC 부팅이 불가해져 금융서비스가 정상적으로 진행되지 못했다. 2013년 6월 25일에도 우리 정부기관과 언론사 등 69여 개 기관과 업체를 향해 해킹과 디도스를 혼용하여

으로는 2015년에 지하철 1~4호선을 운영하는 서울메트로의 컴퓨터 서버가 북한으로 추정되는 해커에 의해 최소 5개월 동안 장악당해 왔다는 사실이다(〈한국경제신문〉, 2015. 10. 5).

사이버 테러나 사이버 전쟁이 점점 증가함에 따라서 각국은 이에 대응하는 전략과 방안을 적극적으로 모색하고 있다. 북대서양 조약기구(NATO)는 적대국의 사이버 테러에 대응하기 위한 사이버 교전수칙[13]을 2013년부터 작성하여 운영하고 있으며, 냉전 이후 새로운 적대관계로 부상하고 있는 중국과 미국도 사이버 테러나 사이버 전쟁으로 인한 양국의 피해규모가 증가함에 따라서 사이버 군축까지 논의하고 있는 상황이다. 이것은 사이버 테러나 사이버 전쟁으로 인한 피해규모가 그만큼 크다는 것을 의미하며, 이러한 상황이 발생할 경우 이를 적절히 예방하거나 대응하지 못한 정부에 대한 시민들의 불신은 가중될 수밖에 없다는 것을 의미한다.

5) 변화의 지연과 혁신의 실패

'새 술은 새 부대에 담아야 한다'는 말과 같이 정부의 법률과 제도와

전 방위적 사이버 공격을 퍼부어 방송 신문사 등 155대 서버를 파괴시키고 해당 웹사이트 접속에 큰 장애가 발생했다. 2014년에는 한국수력원자력(한수원)이 당했는데, 한수원 해킹 조직은 2013년 12월 15일부터 2014년 1월 12일까지 모두 여섯 차례에 걸쳐 한수원 관련 자료를 공개하며 원전 가동을 중단하라고 협박했다. 해커는 본격적인 협박 이전인 지난해 12월 9일부터 나흘간 한수원 직원 3,571명에게 5,986통의 악성코드(파괴형) 이메일을 발송해 PC 디스크 등의 파괴를 시도하기도 했다(〈데일리안〉, 2015. 7. 20).

13 북대서양조약기구(NATO)는 동맹국 간 정책·기술 협력, 정보교류, 인적자원 활용을 바탕으로 활발한 사이버방위 정책을 펴고 있다. 2012년 나토는 사이버공격 발생 시 회원국과 함께 수행해야 할 활동을 명확히 설정했고 군사작전 일환으로 대응절차를 수립했다. 사이버방위 활동 원칙은 △예방활동 강화 △피해 최소화와 신속한 복구 △회원국 간의 중복기능은 피한다는 것이다. 나토는 이를 바탕으로 2013년 3월 사이버교전규칙 탈린 매뉴얼(Tallinn Manual)을 발표했는데, 2007년 4월 에스토니아 수도 탈린에서 발생한 디도스 공격으로 기간 네트워크가 마비된 사건이 계기가 됐다(〈전자신문〉, 2015. 9. 29).

규제도 시대의 변화에 따라 변화해야 한다. 스마트 기술의 광범위한 보급과 확산으로 우리사회는 엄청난 변화의 속도를 경험하고 있다. 과거 농업사회에서 지식이나 기술의 생명주기가 한 세기 이상이었다면 최근의 지식이나 기술의 생명주기는 길어야 2~3년이고 짧으면 6개월을 넘기지 못한다. 지속적으로 변화하고 혁신해야만 생존이 가능한 시대가 도래한 것이다. 이와 같은 상황에 가장 잘 적응하고 있는 조직이 기업이다. 그러나 정부와 정치권 그리고 법과 제도는 변화의 속도에 따라가지 못하고 있는 상황이다. 앨빈 토플러(Toffler & Toffler, 2006)는 기업이 시속 160㎞의 속도로 변화하고 있다면, 정부 관료조직은 40㎞, 정치조직은 5㎞, 법은 1.5㎞로 변화하고 있다고 하면서 이러한 상황을 정확하게 지적하였다.

하나의 국가는 정부와 기업과 시민이라는 3개의 바퀴로 굴러가는 삼륜차에 비유할 수 있다. 개인이나 기업에 비해서 정부라는 바퀴의 속도가 너무 느릴 경우 이것은 나머지 바퀴의 속도까지도 저하시키는 결과를 초래한다. 정부가 시민들과 기업들의 경쟁력을 약화시키는 주요 원인이 된다는 것이다.

정부도 이러한 상황을 인지하고 있다. 따라서 정보화와 전자정부 초기부터 정보기술의 도입과 활용을 정부혁신과 결합시켜 정부를 근본적으로 바꾸려는 노력을 지속적으로 펼쳐 왔다. 그러나 민간기업이나 개인이 선택의 여지없이 생존 차원에서 변화와 혁신을 위해 필사적으로 노력하고 있다면, 정부나 공공부문은 마지못해 어쩔 수 없이 등 떠밀림식의 혁신을 하고 있는 상황이다. 정부나 공공부문은 경쟁자 없이 독점의 지위를 누리고 있고, 망할 가능성이 거의 없으며, 성과와 보상이 직접 연결되지 않기 때문이다. 따라서 대부분의 정부혁신은 구호만 거창하고 실속은 없는 보여 주기식에 그치는 경우가 많다. 성공한 정부혁신을 찾아보기 힘든 이유가 여기에 있다. 빅데이터 시대의 도래와 함께 데이터 과학자(*data scientist*) 부족현상이 심화되고 장기적으로 산업과 국가경쟁력에 장애가 될 가능성이 큼에도 불구하고 데이터 과학자 육성정책을 제대로 만들지 못하고 있는 것이나, 개인데이터의 무한한 잠재가치가 있음에도 불구하고 여전히 보호에만 치중하고 활용에 관한 정책을 수립하지 못하고 있는 것 등 그 예는 수없이 많다.

정부혁신의 실패가 정부에 대한 시민들의 신뢰에 부정적인 영향을 미치는 직접적인 이유는 몇 가지로 설명할 수 있다. 첫째, 혁신의 실패는 정부정책의 실패나 성과달성의 실패와 귀결되는 경우가 많다. 시민들이 정부를 신뢰하는 중요한 요소 중의 하나가 정부성과라 할 때 투입하는 예산에 비해서 성과가 낮은 정부를 신뢰하기는 어렵다. 둘째, 정부혁신의 실패는 정부에 대한 시민들의 기대와 현실 사이의 격차를 더욱 더 크게 만들고 이것은 신뢰의 저하로 연결된다. 스마트 시대의 시민들은 과거에 비해서 훨씬 더 많은 정보를 갖고 있고, 훨씬 더 고품질의 서비스를 민간으로부터 받고 있기 때문에 정부에 대한 기대수준도 매우 높고 계속 높아지고 있다. 그러나 정부가 과거의 관행에 사로잡혀서 여전히 제자리걸음을 할 경우 시민들의 기대와 현실 사이의 격차는 심화되고 이는 시민들의 정부에 대한 불평불만을 넘어 불신으로까지 이어지게 된다. 셋째, 혁신의 실패는 정부에 대한 시민들의 이미지를 더욱 더 악화시키고 이는 정부신뢰에도 악영향을 끼친다. 민간기업이 생존을 위한 치열한 경쟁과 혁신을 하고 있는 시점에서 정부는 '복지부동', '무사안일', '철밥통', '신의 직장' 이라는 이미지가 계속 떠돈다면 시민들의 정부에 대한 신뢰는 계속 낮아질 수밖에 없다.

6) 투명성의 확대와 부패적발의 증가

아는 것이 힘이 될 수도 있지만 병이 될 수도 있다. 몰랐을 때는 아무런 감정이 없었는데 알고 나니 더 좋아질 수도 있지만 더 싫어질 수도 있는 것이다. 스마트 사회에서 시민과 정부 간의 관계도 마찬가지이다. 스마트 기술의 광범위한 보급이 이루어짐에 따라서 시민들은 정부에 대해서 과거에는 몰랐던 사실들을 더 많이 알게 되고 이것은 정부에 대한 신뢰를 증가시키기도 하지만 저하시키기도 한다.

스마트 사회의 진전은 정부가 시민들을 감시하고 통제할 수 있는 가능성을 증가시킨 것 못지않게 시민들의 정부에 대한 감시와 통제도 강화시켜 주었다. 1996년 〈공공기관의 정보공개에 관한 법률〉 제정 이후에 시민들은 '알 권리' 차원에서 그리고 주권자이자 납세자로서 정부가 하는 일에 대해서 정보공개를 청구하여 감시 및 통제 기능을 강화시켜 왔다. 이러한 경향은 스마트 사회의 진전과 함께 더욱 강화되었는데 그 이유는 몇 가지로 나누어 살펴볼 수 있다. 첫째, 시민들의 정보공개 청구에 앞서 정부가 자발적으로 대부분의 정부를 온라인을 통해서 공개하고 있다는 것이다. 이것은 전자정부에서 주장하는 투명한 정부, 열린정부 구현 노력의 일환으로 이루어진 것이다. 둘째, 정부와 시민 간의 관계가 일방향에서 쌍방향으로 바뀌고 있다는 점이다. 과거에는 정부가 일방적으로 정보와 자료를 시민들에게 공개하여 왔는데 공개정보의 선택은 전적으로 정부의 몫이었다. 그러나 정부와 시민 간의 관계가 수평적인 쌍방향 관계로 바뀜에 따라서 시민들이 적극적으로 필요한 정보를 요청하게 되고 이에 따라 정부의 공개정보 선별권이 사라지고 모든 정보를 공개하는 방향으로 바뀌게 된 것이다. 셋째, 초기 정보화 사회에서 정보공개 및 공유의 창구가 웹사이트와 이메일로 한정되었다면 현재의 정보공개 및 공유는 스마트폰 등으로 확산되었다. 이것은 정보공개 및 공유가 컴퓨터와 인터넷 중심에서 시간과 장소 그리고 매체를 뛰어넘어 모든 것으로 확산되었다는 것을 의미한다. 넷째, 과거에는 정보의 확산속도가 상대적으로 느리고 소통과 공감이 쉽지 않았다면 현재는 소셜 미디어를 통해서 실시간으로 급속히 확산될 뿐만 아니라 수많은 사람들과 대화하고 소통하고 토론하고 논쟁하는 것이 가능해졌다는 것이다.

이러한 변화는 정부에 대한 시민들의 감시기능을 더욱 강화시켰고, 정부의 부정이나 부패, 무능이나 실수를 더 많이 찾아내는 결과를 가져왔다. 2008년 이명박 정부 출범과 함께 발생한 미국산 쇠고기 수입 파동은 시민들의 정부에 대한 견제기능의 강화를 단적으로 보여 주는 예이다. 광우병 위험물질이 포함된 쇠고기를 수입하기로 하면서 정부가 미국과 체결한 수입협상에 대해서 시민들은 집단지성을 활용하여 조목조목 문제점을 찾아내고 시정을 요구함으로써 결국 재협상을 하도록 만들었기 때문이다. 이제 시민들이 정부보다 똑똑한 시대가 되었고, 정부의 부정과 부패, 무능과 실수는 더욱 더 발각될 가능성이 커졌다. 그리고 정부의 무능이나 부패가 발각될수록 정부에 대한 시민들의 신뢰는 떨어지게 된다. 확실한 근거는 없지만 서구 선진국에서 지속적으로 경제적 풍요와 삶의 질이 향상되고 있음에도 불구하고 정부신뢰가 하락하는 요인에는 객관적인 부정부패나 정책실패가 증가했기 때문이 아니라 정부에 대한 시민들의 감시기능 강화로 사소한 실수나 잘못들까지도 쉽게 적발되기 때문일 가능성이 크다. 과거에 비해서 정부신뢰를 확보하기는 점점 더 어려워지고 잃기는 점점 더 쉬워지고 있다.

7) 정보의 홍수와 데이터 스모그

스마트 사회가 본격화됨에 도래한 정보의 홍수 시대 또는 데이터 스모그[14] 시대에서 검증된 정보는 의사결정의 불확실성을 줄이고 품질을

---

14 위키백과(2015. 10. 5)에 의하면 《데이터 스모그》(*Data Smog*)는 미국의 저널리스트 데이비드 셍크(David Shenk)가 1997년에 펴낸 저서의 제목이자, 해당 저서에서 주장한 용어이다. 셍크는 해당 저서에서 인터넷의 발달, 특히 SNS의 활성화로 정보의 유통속도가 빨라지기는 했지만 불필요한 정보나 허위 정보들이 마치 대기오염의 주범인 스모그처럼 가상공간을 어지럽히고 있다고 지적하며 "더 많은 정보는 반드시 좋은 것인가?"라는 의문을 제기하고 이러한 정보들이 지나치게 많이 유포되는 현상을 데이터 스모그라는 용어로 정의내리고, 과거에는 정보 부족에 시달렸지만 지금은 정보 과잉의 시대에 살고 있는 만큼 데이터 스모그 현상에서 올바른 정보를 찾을 수 있는 능력을 갖춰야 하며 전문가들은

높이는 데 기여하지만 검증되지 않는 정보는 오히려 불확실성을 증가시키고 비용을 높이며 품질을 떨어뜨린다. 정보홍수 중에서도 정부 신뢰에 가장 큰 영향을 미치는 요인은 정부와 대통령, 정치인, 정당 등 공공영역에 대한 검증되지 않은 정보, 왜곡정보, 또는 허위사실, 비방 등이다. 정부에 대한 검증되지 않은 정보의 범람은 정부에 대한 시민들의 이미지를 악화시키는 데 중요한 역할을 하고 이는 결국 정부신뢰를 떨어뜨리게 된다.

과거와 달리 스마트 사회로 접어들면서 정부에 대한 검증되지 않은 정보가 범람하는 가장 큰 이유는 다음과 같다. 첫째, 과거 지식과 정보 생산의 주체가 공신력을 가진 조직이나 기관 또는 학자나 연구원, 기자 등 전문성과 권위를 인정받는 사람이었다면 현재의 지식과 정보 생산의 주체는 불특정 다수의 일반시민으로 확대되었다. 합리적 이성으로서의 시민들은 각자가 가진 자료와 정보를 교환하고, 상호토론 및 학습 등을 통해서 전문가 못지않은 전문지식을 만들어내지만, 감성적 존재로서의 시민들은 즉흥적이고 감정적으로 검증되지 않은 주장을 마치 사실은 것처럼 일방적으로 퍼뜨리고 있다. 개인의 생각과 의견을 자유롭게 제시하는 '표현의 자유'와 검증되지 않은 사실이나 허위사실, 비방 등을 무차별적으로 퍼뜨리는 행위를 혼동하고 있기 때문이다. 특히 스마트 기술의 급속한 보급으로 1인 미디어, 1인 방송의 시대가 본격화됨으로써 이러한 현상은 더욱 가속화되고 있다.

둘째, 정부에 대한 허위사실이나 비방정보는 과거와는 비교할 수 없을 만큼 빠른 속도로 확산되면서 정부에 대한 이미지에 악영향을 미친다. 과거에는 정보와 자료를 교환할 수 있는 매체가 전화나 팩스, 이메일 등으로 한정되어 정보가 퍼져 나가는 데 상당한 시간이 필요했다. 그러나 스마트 기기의 급속한 발달로 거의 모든 국민들이 스마트 기기

그를 위해 '정보를 위한 정보'를 찾아야 한다고 주장했다.

를 보유하고 있고 소셜 미디어를 통해서 복잡한 거미줄처럼 연결되어 있기 때문에, 한 곳에서 시작된 정보는 순식간에 전 국민에게 퍼져나가게 된다.

셋째, 정부에 대한 허위사실이나 왜곡정보는 스마트 기기를 활용하여 빠른 속도로 퍼져 나갈 뿐만 아니라 확대 재생산된다는 것이다. 허위사실이나 왜곡 정보는 트위터나 페이스북 등을 통해서 급속히 확산되고, 그 과정에서 수많은 사람들이 댓글을 달면서 순식간에 확대되고 재생산된다. 따라서 처음의 왜곡정보나 허위정보보다 훨씬 더 심각한 수준으로 악화되어 정부신뢰를 떨어뜨릴 수 있다.

8) 사이버 병리현상의 증가

스마트 사회는 기존의 산업사회와는 다른 다양한 사회문제와 병리현상을 유발하고, 정부가 이에 적절하게 대응하지 못할 경우 정부신뢰는 약화된다. 근본적으로 사회의 질서와 치안을 유지하고 국민의 생명과 안전을 도모하며 경제활동과 사회활동의 자유를 보장하는 것은 정부의 책임이다. 시민들의 활동이 오프라인에 한정되었던 산업사회에서 높은 범죄율이나 질병이 정부에 대한 비난의 소재가 된 것과 마찬가지로, 스마트 사회에서 발생하는 다양한 사회문제와 병리현상이 커질수록 정부에 대한 시민들의 신뢰는 떨어지게 된다.

스마트 사회의 병리현상으로 가장 많이 지적되는 것 중의 하나는 사이버 범죄이다. 앞서 제시한 개인정보 침해나 감시 이외에도 사이버 사기, 절도, 모욕, 명예훼손, 불건전 정보 유통 등은 심각한 사회문제이다. 개인이 직접 물건을 생산하고 판매하고 소비하는 프로슈머(*prosumer*)가 폭발적으로 증가함에 따라서 개인과 개인 간의 거래에서 발생하는 온라인 사기행위가 계속 증가하고 있다. 스마트폰을 활용한 보이스피싱도 전 국민을 불안하게 하는 심각한 범죄행위이며, 최근에는 사이버상에서 상대방에 대한 허위사실 유포, 비방, 명예훼손 등으로 기소되거나 처벌되는 건수도 계속 증가하고 있다. 정부가 법과 제도를 혁신하여 이러한 문제에 신속하게 대응하지 못할 경우 온라인상에서의 시민들의 활동이 위축되고 불신이 가중되고 이것은 정부신뢰에도 부정적인 영향을 미치게 된다.

사이버상의 범죄는 아니지만 심각한 사회문제로 지적되는 것 중에는 사이버 중독도 있다. 과거 알코올 중독이나 약물 중독과 달리 사이버 중독은 사이버상에서 이루어지는 다양한 활동에 집착함으로써 나타나는 현상으로 가장 대표적인 예는 게임 중독, 음란물 중독, 쇼핑 중독 등이다. 중독은 청소년들의 학습과 대인관계, 성인들의 근무태도와 업무실적, 가족관계 및 대인관계 등에 심각한 악영향을 미친다. 최근의 조사에 따르면 스마트폰에 중독된 청소년이 전체의 20%이며(미래창조과학부, 2013)[15] 직장인 3명 중 1명도 스마트폰에 중독되어 있다는 사실(Research News, 2014)은 문제의 심각성을 잘 나타내 준다.

기존의 컴퓨터 및 인터넷 시대와 비교하여 스마트 시대의 본격 도래와 함께 많이 완화되기는 했지만 디지털 디바이드(*digital divide*)의 문제도 여전히 심각한 병리현상으로 제기된다. 다만 기존의 디지털 디바이드와는 양상을 달리한다는 차이점이 있다. 정보화 시대 초기의 디지털 디바이드는 정보기기에 대한 접근성과 활용성의 차이가 핵심이었다. 컴퓨터 등 정보기기가 고가이고, 이를 활용하기 위해서는 일정한 수준의 교육을 받아야 하기 때문에 저소득층이나 장애인 그리고 노인, 농어촌 지역 주민은 상대적으로 소외되었다. 그러나 스마트폰 시대가 되면서 접근성의 문제와 활용성의 문제는 거의 사라지고 있다. 스마트폰 자체가 전화와 컴퓨터, 인터넷, 사진기, 게임기 등 모든 전자매체를 하나로 통합시켜 놓은 복합기계일뿐만 아니라 가벼운 터치나 음성으로도

15 미래창조과학부(2013). 2012년 인터넷 중독 실태조사의 일부 내용이다.

조작이 가능하여 남녀노소 누구나 쉽게 이용할 수 있기 때문이다. 또한 휴대폰 보급률이 2015년 초에 이미 4천만 대를 넘어서 거의 국민의 3/4 이상이 스마트폰을 갖는 보편화 시대가 되었다. 현재의 문제는 스마트 기기의 보유와 활용능력이 아니라 어디에 어떻게 활용하는가와 관련된다. 최근의 경향을 보면 스마트폰 중독은 저소득 청소년들일수록 심각한 것으로 나타났다(〈서울신문〉, 2015. 6. 25). 저소득층은 부모들이 대부분 맞벌이를 하고 생계 때문에 자녀들을 돌볼 시간이 없고 사교육도 시키기 어렵기 때문에 대부분의 자녀들은 방과 후나 휴일에 스마트폰을 가지고 놀게 되고, 이것이 중독을 유발한다는 것이다. 반면에 고소득자들은 자녀를 직접 양육하거나 학원이나 과외 등 사교육에 맡기고 휴대폰 사용시간이나 컴퓨터 사용기간을 부모가 엄격히 통제하기 때문에 중독증상이 별로 발생하지 않는다는 것이다. 이른바 '新 디지털 디바이드'의 탄생이다. 이러한 계층 간 격차의 심화는 궁극적으로 정부신뢰에 부정적 영향을 미칠 수밖에 없다.

9) 공공데이터의 품질 문제

스마트 사회의 성숙과 함께 데이터 경제시대가 도래함에 따라서 데이터 활용이 화두가 되고 있다. 특히 지금까지 수집하여 쌓아 두는 데 초점을 두었던 막대한 공공데이터를 적극 활용하여 부가가치를 창출해야 할 필요성이 점점 커지고 있다. 이에 따라서 우리나라를 비롯한 미국이나 영국 등 대다수의 선진국에서는 정부가 보유하고 있는 각종 공공데이터를 민간에 무료로 개방하여 시민과 기업들이 자유롭게 활용하도록 함으로써 새로운 데이터 산업을 육성하고, 다양한 데이터 분석을 통한 비즈니스와 가치 창출을 도모하고 있다.

특히 우리나라는 2014년 〈공공데이터의 제공 및 이용활성화에 관한 법률〉을 제정하여 시행하면서 본격적으로 정부가 보유한 공공데이터를 민간에 개방해 오고 있고, OECD(2015)의 2015년도 평가에 의하면 OECD의 30개국 중에서 공공데이터의 개방과 활용 및 재활용 분야에서 1위를 차지한 것으로 나타났다.[16]

문제는 정부가 공개하는 데이터의 양이 아니라 질이다. '소문난 잔치에 먹을 것 없다'라는 말과 같이 정부가 시민들에게 많은 공공데이터를 제공하고 있지만 실제로 활용가능한 데이터는 많지 않다는 뜻이다. 가장 심각한 문제는 데이터의 품질 문제이다. 현재 공공기관에서 보유하고 있는 상당수의 데이터는 외환위기 당시 공공근로사업을 통해 구축되기 시작한 것들이 많으며, 짧은 시간에 급속한 DB화 과정에서 데이터 오류가 많다.[17] 정부가 제공하는 데이터의 오류는 정부신뢰에 직접적으로 악영향을 미친다.

또 다른 심각한 문제는 각 부처가 수집하여 보유하고 있는 데이터들이 서로 표준이 달라서 기업이나 시민들이 이를 받아서 곧바로 활용하는 것이 어렵다는 점이다. 활용을 위해서는 각 기관에서 받은 데이터들의 표준을 맞춰 주는 재가공 작업이 필요하며 여기에는 많은 시간과 비용이 요구된다. 실제 정부가 운영하고 있는 공공데이터 포털(www.data.go.kr)에 올라온 정보는 대부분 재가공이 필요한 상태다. 교육, 국토관리, 공공행정 등 분야별로 각 부처, 공공기관이 올려놓은 정보는 개별적인 현황 파악은 가능하지만, 교차분석을 위해서는 분석할 수

16 OECD(2015)가 발간한 Government at a Glance의 'Open Government Data' 분야에서 우리나라는 조사대상국 중 1위를 차지하였다. 이것은 공공데이터에 대해서 Open, Useful, Reusable Government data Index(OURdata Index) 조사를 통해서 도출된 것이다. 조사결과를 보면 공공데이터 개방지수에서 우리나라는 98점으로 OECD 평균 58점보다 압도적으로 높은 1위이다. 미국 9위나 일본 14위보다도 훨씬 높은 수준의 데이터 개방성을 나타내고 있다.

17 정부3.0 정책에 따른 공공데이터 개방이 활성화되기 이전에는 공공데이터 평균 오류율은 5.19%에 이르렀다. 민간데이터 오류율이 2.1%인 것을 고려하면 두 배 이상 높은 수치다. 더욱이 데이터베이스(DB) 구조가 제대로 이뤄져 있는지를 의미하는 데이터 완전성 오류는 9.81%다(〈전자신문〉, 2014.1.22).

있는 형태로 변환이 필요하다는 것이다(〈디지털타임스〉, 2015. 9. 30).

정보가 부분적으로 공개되거나 단편적으로 공개되어 활용이 어려운 경우도 있다. 필요한 모든 정보가 다 공개되어야 분석과 활용이 가능한데, 필요정보 중 일부는 공개되고 일부는 공개되지 않을 경우 부분적인 정보만으로는 분석과 활용이 제한되거나 어려운 경우가 많기 때문이다.[18]

시민들의 수요가 높은 정보나 데이터가 충분히 축적되어 있지 않은 경우도 문제가 된다. 시민들은 창업 등 경제적 목적, 이사나 진학, 여행 등 다양한 목적으로 공공정보를 원하게 되는데 이러한 정보들이 지속적으로 체계적으로 축적되어 있지 않고 단편적으로 또는 일회성으로 되어 있는 경우 공개가 되어도 활용상의 의미가 없다.[19]

5. 결론: 신뢰기반의 성숙한 스마트 사회를 향하여

스마트 사회의 성숙은 기존의 산업사회나 정보화 사회가 가지고 있던 다양한 문제들을 해결함과 동시에 새로운 문제들을 야기하고 있다. 스마트 기술 활용이 가져다주는 다양한 긍정적 효과 중에서 가장 큰 것은 시간과 공간의 장애를 뛰어넘는 경제적 효율성의 증대와 사회

---

18 2015년 국정감사에 따르면 2014년부터 2015년 7월까지 중앙정부 및 지방자치단체 등이 등록한 결재문서(원문정보)는 894만 7,087건이지만, 이 중에서 원문이 공개된 문서는 47.6%에 그쳤다. 제목은 있으나 내용이 없어 활용이 불가능한 것이다. 특히 고급 정보를 담고 있는 중앙부처의 결재문서 원문정보 공개율은 34.9%에 불과했고, 공공기관 정보공개를 주도하는 기획재정부의 공개율은 18.9%에 머물렀다(〈이투데이〉, 2015. 9. 28).

19 미국 대부분의 시청 웹사이트는 모든 시내 음식점의 위생 점검 결과가 공개된다. 우리나라 식당 위생 점검은 개업 때 한 번 하고, 대부분 5년 후에 다시 한다. 많은 식당이 5년 내 폐업한다면 위생 점검 데이터는 한 번, 그것도 위생 상태가 가장 좋을 때 하는 셈이다. 상시 단속이 불가능하여 부정기적 기획 단속만 하는 식품 위생 내역 정보나 상시 모니터링하는 장비가 설치되지 않은 골목 단위별 공기 오염도 정보도 비슷하다(〈조선일보〉, 2015. 9. 23).

적 연결성의 확대일 것이다. 첨단 스마트 기술과 데이터를 활용한 기업과 정부의 생산성과 효율성의 향상은 경이롭다고까지 표현할 수 있으며, SNS 등을 활용해 언제 어디서나 서로 연결되어 소통하고 교류하는 세상의 도래는 우리의 삶을 근본적으로 변화시키고 있다. 그러나 빛이 밝으면 그림자가 짙고 산이 높으면 계곡이 깊듯이 스마트 사회는 기존 사회와는 다른 심각한 위험과 도전을 던져 주고 있는데, 그중 하나가 신뢰이다. 사회의 발전단계 초기일수록 경제적이고 물질적인 요건들이 중요하다면 고도화되고 성숙될수록 심리적이고 정신적이며 문화적인 요건들이 중요해지는데, 그중에서도 가장 대표적인 것이 신뢰이다. 특히 정부신뢰는 스마트 사회가 성숙해 감에 따라서 점점 더 하락하는 경향을 보인다는 점에서 더욱 더 심각한 문제로 대두하고 있다.

이 연구에서는 스마트 사회의 성숙과 함께 광범위하게 보급되고 활용되고 있는 스마트 기술이 정부신뢰에 미치는 긍정적 효과와 부정적 효과를 그 가능성과 실제 측면에서 살펴보았다. 특히 스마트 사회가 정부신뢰에 던져 주는 도전과 위험에 보다 많은 관심을 기울였다. 그 이유는 대부분의 연구나 사회적 관심이 긍정적 효과에 맞춰져 있고 긍정적 사례를 많이 보여 주고 있지만, 부정적 측면에 대해서는 그 심각성에 비해서 연구나 관심도 적고 인지도도 낮기 때문이다. 대부분의 경우 개인정보 침해나 사생활 침해, 감시사회의 도래 등에 대해서만 심각하게 인식할 뿐 나머지 대부분의 위협요인에 대해서는 잘 모르거나 무시하고 있는 듯하다. 이러한 현상이 발생하는 이유는 스마트 사회의 도전이나 위험에 대한 관심이 대부분 직접적이고 가시적인 1차적 현상들, 예를 들어 사이버 테러나 사이버 전쟁, 기술적 오류, 데이터 품질, 개인정보 침해, 시민들에 대한 감시와 통제 등에 초점을 맞출 뿐 이것이 2차적으로 정부신뢰에 부정적 영향을 미치고 이는 궁극적으로 스마트 사회의 신뢰기반을 약화시켜 산업경쟁력과 정부경쟁력은 물론이고 국가경쟁력까지 약화시킨다는 사실을 간과하고 있기 때문이다. 또 다른 이유는 스마트 기술로 정부 생산성이나 효율성 그리고 민주성과 투명성, 개방성 등이 증가하면 이는 당연히 정부신뢰의 증가로 연결된다는 낙관론적 결정론에 입각해 있기 때문이다.

다시 근본으로 돌아와 생각해 보면, 기술은 물질적 풍요로움을 가져다주는 데는 큰 기여를 하지만 정신적 풍요로움에 대해서는 다양한 가능성과 도전을 제시해 줄 뿐이다. 결국 기술의 효과는 기술 자체가 아니라 그것을 사용하는 사람과 조직에 따라 결정된다. 우리나라는 그동안 정부주도의 강력한 정보화정책을 통해서 단기간에 세계 최고수준의 스마트 사회에 진입하였다. UN의 전자정부 지수, OECD의 공공데이터 개방지수, UN의 온라인 참여지수 등에서 전 세계 1위를 차지하는 등 그 성과도 괄목할 만하다. 그러나 정보화의 성과에 비해서 국가경쟁력은 여전히 20위권에서 30위권에 머물러 있고, 정부정책결정의 투명성은 2008년 44위에서 2015년 123위까지 추락하여 세계 최하위권이며,[20] 공공부문의 부패수준도 175개국 중 43위에 머물고 있다.[21] 앞서 정부신뢰의 위기에서 제시했듯이 정부신뢰 역시 OECD 국가 중 최하위권으로서 10명 중 7~8명이 국민이 정부를 신뢰하지 않는 상황이다.

스마트 사회의 성숙을 위해서는 그동안 가시적이고 물질적인 인프라와 하드웨어 중심의 정보화 정책에서 벗어서 실질적이고 구체적인 성과중심의 정책으로 이동해야 한다. 특히 정보화 정책의 궁극적 목표인 정부경쟁력과 국가경쟁력 제고를 위해서는 경제적 측면의 효율성에서 벗어나 투명성, 민주성, 신뢰 등을 제고하는 데 초점을 맞추어야 할 것이

20 WEF(2015), Global Competitiveness Report에 의하면 우리나라의 2015년 국가경쟁력은 2014년과 동일하게 세계 140개국 중 26위를 차지하였고, 정부정책의 투명성은 123위로 세계 최저 수준으로 나타났다.

21 Transparency International(2014)에 의하면 2014년 우리나라의 부패수준은 세계 175개국 중 43위로 나타났다.

다. 특히 정부신뢰는 정부와 시민 간 관계의 근간이 되며 투명성이나 민주성과도 직접적으로 관계되므로 그 중요성이 더하다. 따라서 이 장에서 제시한 바와 같이 스마트 기술이 정부신뢰에 미치는 긍정적 효과는 더욱 키우고, 부정적 효과에 대해서는 적절한 대응책을 강구하여 최소화시키는 노력이 필요하다. 정부의 존재 이유가 시민이고 시민을 위해서 봉사하는 것이 핵심 임무라 할 때 정부와 시민 간 관계의 가장 근간이 정부신뢰임을 절대 잊어서는 안 될 것이다.

참고문헌

관계부처 합동(2013), 정부3.0 추진 기본계획.

김병섭(1984), 정책수용성 제고를 위한 행정의 신뢰성 확보, 〈현대사상연구〉, 1, 61~88.

김왕식(2011), 정부신뢰에 영향을 주는 요인, 한국행정학회 2011년 하계학술대회 발표논문.

김철회(2011), 국가재정의 건전성과 정부신뢰, 한국행정학회 2011년 추계학술대회 발표논문.

남궁근(2000), 반부패활동을 위한 국내 NGO 활동분석, 한국행정학회 학술세미나 발표논문.

박중훈(1999), 한국의 부패실태 및 요인분석, 국무조정실, 심사평가조정관실 용역보고서.

박천오(1999), 정부관료제에 대한 시민의 불신원인과 처방에 관한 이론적 고찰, 〈행정논총〉, 37(2), 47~71.

박통희·김기헌(2011), 인터넷정보의 질에 대한 인식이 정부신뢰에 미치는 영향, 한국행정학회 2011년 추계학술대회 발표논문집.

박흥식(2000), 부패지향적 기업문화의 해소 방안, 한국행정학회 추계학술세미나 발표논문.

양건모(2007), 정부신뢰 개념의 이론적 논의 및 타당성 검증, 한국행정학회 2007년 하계 학술대회 발표논문.

윤상오(2009), 전자정부 구현을 위한 개인정보보호 정책에 관한 연구: 정부신뢰 구축의 관점에서, 〈한국지역정보화학회지〉, 12(2), 1~29.
이종범(1983), 《국민과 관료제》, 고려대학교 출판부.
한인섭(2000), 권력형 부패에 대한 법적 통제: 검찰의 역할과 한계를 중심으로, 한국행정학회 추계세미나 발표논문.

Accenture(2006), Leaderships in Customer Service: Building the Trust.
Andrain, Charles F. & James T. Smith(2006), *Political Democracy, Trust, and Social Justice: A Comparative Overview*(*Northeastern Series on Democratization and Political Development*), Boston: Northeastern University Press.
Bain & Company Industry Brief(August. 16. 2010), Using Data as a Hidden Asset.
Barber, B. (1998), *The Logic and Limits of Trust*, NJ: Rutgers University Press.
Bell, T. (2011), Big Data: An Opportunity in search of metaphor.
BIS & Cabinet Office(2011), Better Choices: Better Deals-Consumers Powering Growth.
BIS(2012. 7), Midata Company Briefing Pack.
Bromiley, P. & Cummings, L. L. (1996), The Organizational Trust Inventory(OTI): Development and Validation, In R. M. Kramer & T. R. Tyler(eds.), *Trust in Organizations: Frontiers of Theory and Research*, 302~330, Sage Publications.
Cavoukian, A. (2012), Privacy by Design and the Emerging Personal Data Ecosystem, Office of the Information and Privacy Commissioner, Ontario, Canada.
Christensen, T. & Per Laegrein(2005), Trust in Government: the Relative Importance of Service Satisfaction, Political Factors, and Demography, *Public Performance and Management Review*, 28(4), 259~271.
Culnan, M. J. & Bies, R. J. (2003), Consumer Privacy: Balancing Economic & Justice Considerations, *Journal of Social Issues*, 59(2), 323~342.
Easton, D. (1975), A Re-Assessment of the Concept of Political Support,

British Journal of Political Science, 5, 435~457.

Evans, P. (1996). Government Action, Social Capital and Development: Reviewing the Evidence on Synergy, *World Development*, 24(6), 1119~1132.

Fukuyama, Fr. (1996), *Trust: The Social Virtues and the Creation of Prosperity*, Free Press.

Gamson, W. A. (1968), *Power and Discontent*. Homewood: Dorsey Press.

Gartner(2007), What Does Web 2.0 Mean to Government, Gartner Group, http://www.gartner.com.

______(2011), How to Plan, Participate and Prosper in the Data Economy.

Hetherington, M. J. (1998), The Political Relevance of Political Trust, *American Political Science Review*, 92(4), 791~808.

Jones, T. M. (1995), Instrumental Stakeholders Theory: A Synthesis of Ethics and Economics, *Academy of Management Review*, 20(2), 404~437.

Kim, S. H. & Lee, J. H. (2012), E-Participation, Transparency, and Trust in Local Government, *Public Administration Review*, November/December 2012.

La Porta, Rafael, Florencio Lopez-de-Silanes, Andrei Schleifer, Robert W. Vishny, (1998), Law and Finance, *Journal of Political Economy*, 106(6), 1113~1155.

McAllister(1995), Affect and Cognition-based Trust as Foundations for Interpersonal Cooperation in Organizations, *Academy of Management Journal*, 38(1), 24~59.

Miller, A. H. (1974), Political Issues and Trust in Government: 1964-1970, *The American Political Science Review*, 68(3), 951~972.

North, Douglass C. (1990), Institutions, institutional change and economic performance, New York: Cambridge University Press.

OECD(2015), Government at a Glance.

Roe, M. J. (ed.) (2005), Corporate Governance: Political and Legal Perspectives, Edward Elgar, UK.

Samuelson, P. (2000), Privacy as Intellectual Property?, *Stanford Law Review*, 52, 1125.

Silver ,B. (1987), Political Beliefs of Soviet Citizens: Sources of Support for Regime Norms, In James R. Millar(Ed.), *Politics, Work Nad Daily Life in the USSR: A Survey of Former Citizens,* 100~141, Cambridge, UK: Cambridge University Press.

Toffler, A. & Toffler, H. (2006), The Revolutionary Wealth, 김종웅 옮김, 《부의 미래》, 청림출판.

WEF(2011), Personal Data: The Emergence of a New Asset Class.

______(2012), Rethinking Personal Data: Strengthening Trust. World Economic Forum Industry Agenda.

______(2013), Unlocking the Value of Personal Data: From Collection to Usage.

______(2015), Global Competitiveness Report.

02

한국 IT산업과 국가-기업관계: 글로벌 생산네트워크의 관점*

조현석 (서울과학기술대학교 행정학과 교수)

1. 문제의식과 연구목적

모바일 인터넷의 빠른 확산과 생산 세계화를 배경으로 세계 IT산업이 변동하면서 한국의 IT산업도 큰 변혁기를 맞고 있다. 한국의 IT기업들은 1980년대 초반 IT산업에 진출한 초창기부터 자본력을 바탕으로 투자와 기술개발을 주도해 왔고 IT산업의 생산 세계화를 배경으로 국제적으로 생산 활동의 범위를 넓혀 왔다. 메모리 반도체와 LCD 산업에서는 국내 IT기업들이 글로벌 생산 활동을 주도적으로 조직하고 주요 부품의 공급 기업으로서 국제적인 생산네트워크에 활발하게 참여하고 있다.

이 글은 이러한 국내 IT기업들의 국제적 확장에 착안하여 그것의 국제・정치・경제적 의미를 따져 보기 위한 문제의식을 가지고 있다. 특히 글로벌하게 전개되는 생산네트워크의 확장 속에서 IT산업의 핵심 주체인 기업들이 어떻게 대응하고 국가-기업 관계가 어떻게 변화하고 있는지를 중점적으로 살펴본다. IT산업에서 생산네트워크의 전개는 국제적으로나 국내적으로 산업의 재편을 야기함으로써 국제・정치・

* 이 장은 〈21세기정치학회보〉(2014년 제 24집 1호)에 실린 저자의 논문(모바일 인터넷 혁명과 한국 IT산업의 세계화: 국제정치경제학적 고찰)을 보완한 글이다.

경제적 영향을 미치기 때문이다.

이 장은 이론적 배경으로 글로벌 생산네트워크(*global production network*)의 시각을 검토하며 국내적 차원을 분석하기 위한 개념 틀을 위해 국가-기업 관계와 국가 역할의 변화에 관한 정치경제학적 문헌들을 활용한다. 글로벌 생산네트워크의 개념은 세계 IT산업의 국제적 차원을 분석하기 위한 것이며 국가-기업 관계의 논의는 세계 IT산업 변화와 맞물려 있는 국내적 차원을 분석하기 위한 것이다.

이 장의 연구목적은 생산 세계화와 글로벌한 범위로 짜인 생산네트워크에 통합되어 움직이는 우리나라 IT산업에서 국가-기업 관계와 국가 역할이 어떻게 변화하고 있는가를 분석하는 데 있다. 국가-기업 관계에 대한 논의는 주로 국내적 맥락에서 이루어져 왔으나 이 글에서는 안과 밖을 망라하는 맥락에서 이 주제를 다루고자 한다.

이러한 연구목적의 달성을 위해 이 장에서는 글로벌 생산네트워크의 문헌에서 논의되는 산업 고도화(*industrial upgrading*) 내지 경제적 고도화(*economic upgrading*)의 이슈를 검토한다(Barrientos, Gerrefi & Rossi, 2011; Gerrefi, 2014). 이러한 논의에 의하면 글로벌 생산네트워크는 참여하는 기업들에게 더 나아가 국가들 사이에 불균등한 발전 효과를 낳는다고 인식된다. 글로벌 생산네트워크에의 참여가 산업 고도화의 기회와 경로를 창출하지만 부정적 영향도 야기할 수 있고 심하게는 산업공동화의 계기가 될 수 있다는 것이다(Yeung, 2104).

글로벌 생산네트워크 분석의 이러한 국제정치경제적 함의에도 불구하고 글로벌 생산네트워크 분석이 경제지리학, 경영학, 경제학, 그리고 사회학 일부에서 주도됨으로써 연구의제의 확장에 한계를 보이고 있다. 글로벌 생산네트워크 시각의 분석 수준과 단위가 기본적으로 세계체제 수준과 기업 단위로 설정되어 있기 때문이다. 최근 글로벌 생산네트워크에 대한 국제정치경제학적 논의들은 이러한 문제점을 인식하고 국민 국가를 분석단위로 수용하고 국가의 역할과 국가-기업 관계를 분석하는 연구의제를 제시하고 있다(Yeung, 2014).

글로벌 생산네트워크의 시각은 국내적 맥락에서 주로 논의되어 온 국가-기업 관계를 새롭게 조명할 수 있는 이론적 자원을 제공한다. 생산의 세계화는 국가와 기업 간에 긴장을 야기하는 요인으로 작용할 수 있기 때문이다. 발전의 정치경제학적 논의에서는 국민경제 안에서 국가와 기업 간 이해관계는 대체로 수렴하는 것으로 인식되어 왔다. 이러한 전제에서 국가가 시장에 개입하거나 기업을 지원하고 기업은 국가 정책에 호응하는 것으로 인식했다. 그러나 생산의 세계화와 생산네트워크의 국제적 확장이 심화되면서 이러한 전제를 받아들이기 어려워졌다. 생산 세계화의 맥락에서 국가와 기업의 이익이 수렴되기도 하지만 갈라질 수도 있기 때문이다. 글로벌 생산네트워크의 문헌에서 다루어지고 있는 경제적 고도화와 산업 고도화 이슈는 바로 이러한 주제에 관한 논의에 도움을 준다. 예를 들어서 모바일통신 산업의 생산네트워크에 참여하는 기업 간에 가치획득이 불균등하게 나타난다면 국가는 이에 대해 어떻게 대응해야 하는가? 이 부분에서 국가-기업 관계와 국가 역할을 논의해야 할 필요가 생긴다. 이 글에서는 이러한 이슈들을 경험 연구가 어느 정도 축적되어 있는 휴대폰 생산부문의 생산네트워크를 사례로 분석한다.

이 장의 연구 질문은 두 가지이다. 첫째, 생산 세계화의 전형적인 사례인 휴대폰 부문에서 글로벌 생산네트워크의 구체적인 동태와 그 결과가 어떻게 나타나고 있는가? 이러한 결과가 한국 IT기업들의 전략적 연결과 생산네트워크 내의 위상과 가치획득에 어떤 영향을 미치는가?[1] 둘째, 이러한 점은 세계 IT산업의 변화와 상호작용하면서 발전하고 있는 우리나라 휴대폰 생산부문에서 국가-기업 관계와 국가의 역할에 어

---

1 전략적 연결(*strategic coupling*)은 생산네트워크 내 선도 기업과 참여기업들이 맺고 있는 기업 간 관계의 성격과 동태성을 포착하기 위해 Yeung(2014)이 제안한 개념이다. 2절 이론적 배경 참조.

떤 영향을 주는가?

글로벌 생산네트워크 시각은 이론적으로는 세계 IT산업의 변화를 포착하고 이것의 국내적 차원을 분석하는 데 유용하다. 그러나 자료 접근의 어려움으로 경험적 연구는 많지 않다. 이런 점에서 이 연구는 모바일통신 산업 중에서 휴대폰 생산부문을 주요 사례로 검토한다. 휴대폰 생산부문은 글로벌 생산네트워크가 잘 발달되어 있고 경험적 사례분석이 어느 정도 이루어지고 있는 분야이기 때문이다.

이 글은 위의 연구 질문에 답하기 위해 다음과 같이 구성된다. 서론에 이어 2절에서는 우선 글로벌 생산네트워크 시각을 중심으로 이론적 배경과 기존 연구를 검토한 다음, 기존 문헌의 분석을 통해서 국가-기업 관계의 분석을 위한 개념 틀을 제시하고 이를 토대로 국가 역할의 유형을 제시한다. 3절에서는 이론적 배경에서 제시된 개념 틀로 세계 IT산업을 분석하고 4절에서는 세계 IT산업의 변화와 상호작용하는 IT산업의 국내적 차원을 분석하면서 국가 역할이 어떻게 나타나는지 분석할 것이다. 이러한 분석을 배경으로 결론에서 요약과 함께 이러한 분석의 이론적, 정책적 함의를 논의한다.

2. 이론적 배경

1) 글로벌 생산네트워크의 시각

세계 IT산업은 태동기부터 크게 3단계의 변화를 겪었다(Cowhey & Aronson, 2009). 1960년대부터 1980년대 초중반 사이 메인 프레임의 시대에서 1980년대 중반 이후 미니컴퓨터와 PC, 서버 등에 의해 주도된 분산 컴퓨팅 시대를 거쳐 2000년대 들어 클라우드 컴퓨팅과 모바일 인터넷 시대로 들어왔다. 이른바 '모바일 인터넷 혁명'이 시작된 것이다. 이 글은 셋째 단계에서 모바일 통신 산업을 중점적으로 분석한다. 이 산업부문에서는 글로벌 IT 대기업들이 세계 IT시장의 주도권을 장악하기 위해 치열하게 각축을 벌이고 있다.

글로벌한 범위에서 초국경적인 현상으로 전개되어 IT산업의 변화를 이해하는 데는 글로벌 생산네트워크의 개념이 유용하다. 글로벌 생산네트워크의 개념은 국제적인 생산의 파편화 현상과 조직화된 복합적 성격을 포착하기 위해서는 제시되었다(Henderson et al., 2002; Hess & Coe, 2006).[2] 이러한 시각에 의하면 글로벌 생산네트워크는 제품의 여러 생산단계와 생산구성품의 제조가 수직적 대기업에 의해서 자체적으로 이루어지지 않고, 공간적으로 여러 지역과 국가에 걸쳐 산재되어 있는 기업들에 의해서 분산적으로 이루어지는 것을 말한다(Henderson et al., 2002; 배영자, 2005).

생산의 세계화는 최근의 현상만은 아니다. 전자산업의 경우 1960년대부터 미국 반도체 기업들은 노동집약적인 조립 공정은 아시아 국가들에 하청을 주었다(Ernst & Ravenhill, 1999). 그런데 1990년대 이후 정보기술의 활용이 본격화되는 가운데 특히 인터넷 등 정보통신기술의 확산으로 생산, 판매 등에서 국경을 넘는 경제활동의 거래비용과 조정비용이 감소하면서 생산, 판매 활동의 초국가화 현상이 질과 양에 걸쳐 새롭게 두드러지게 되었다(Baldwin, 2012).[3] 글로벌 생산네트워크의 전개는 다양한 요인에 의해서 이루어지는데 이것을 추진요인과 유발요인으로 구분할 수 있다(Ernst & Ravenhill, 1999). 전자는 노동 및 금융비용의 증가, 시장 확대의 중요성과 비용 분담 등이 대표적이고 후자의

---

2 글로벌 생산네트워크 외에도 글로벌공급사슬(*global supply chain*)과 글로벌가치사슬(*global value chain*)의 용어가 사용되고 있다(Gereffi, 2014). 이 개념들은 각각 뉘앙스가 다르나 공통점이 크므로 구별하지 않고 관련 문헌들을 활용한다.

3 Baldwin(2012)은 1980년대 이전의 생산 세계화를 첫 번째 생산의 해체(*unbundling*)라고 하고 저렴한 정보통신비용이 촉진한 1990년대 이후의 생산의 세계화를 두 번째 생산의 해체라고 한다. 두 번째 생산 세계화는 훨씬 광범위하고 심화된 형태로 나타난다고 주장한다.

경우에는 고용창출, 기술혁신과 학습의 기회, 선진국 시장 진출 등 다양한 동기가 존재한다. 무엇보다 유발요인이 중요하다는 것은 글로벌 생산네트워크에 참여하는 다양한 기업들이 단지 수동적 위치에 있지 않다는 것을 의미한다.

기술발전의 속도가 매우 빠른 IT산업의 경우에는 지식 이전과 학습, 기술혁신이 글로벌 생산네트워크에 참여하는 중요한 유인이 되고 있다. 이러한 글로벌 생산네트워크는 판매 중심 형태와 생산 중심 형태로 구분되는데 전자는 브랜드를 중심으로 하는 것이고 후자는 플랫폼을 중심으로 하는 것이다(홍장표 · 이대식, 2006). 그러나 이러한 구분도 점차 모호해져 두 가지 형태가 혼합된 방식도 생겨났다. 애플의 아이폰이 판매와 플랫폼과 표준 방식이 혼합된 대표적인 세 번째 형태이다(*Economist*, Jan. 23. 2012). 글로벌 생산네트워크는 브랜드나 플랫폼을 중심으로 선도 기업과 계열사, 제조전문 기업, 부품공급 기업, 그리고 다양한 종류의 공급 기업으로 구성된다. 네트워크 조직자로서 선도 기업은 가치사슬을 다양한 기능으로 분할하고 이를 지역별, 국가별로 분산 배치하고 네트워크 참여자들을 수평적, 수직적으로 통합 관리한다.

브리즈니츠(Breznitz, 2005; 2007)는 IT산업을 사례로 이스라엘, 대만, 아일랜드, 대만과 같은 신흥국가들이 글로벌 생산네트워크에 적극적이고 다양한 형태로 참여한다는 점을 보여 주고 있다. 그는 신흥국가에 대한 글로벌 생산네트워크의 영향을 분석하기 위해 크게 두 가지의 개념, 즉 생산단계별 규모경제와 범위경제의 정도와 생산단계별 전문화의 정도를 제시한다. 전자는 분절되고 구분될 수 있는 생산의 각 단계에서 지역공급 기업들이 경쟁력을 유지할 수 있는 메커니즘을 의미하고 후자는 각 생산단계나 구성품 생산에서 유지할 수 있는 전문적 제조능력과 혁신능력의 정도를 의미한다. 예를 들어 대만의 반도체 기업인 TSMC의 반도체 제조능력은 생산단계별 규모경제와 범위경제의 정도가 매우 높고 생산단계별 전문화의 정도도 매우 높다고 평가된다는 것이다. 이러한 개념화는 신흥국가들이 IT산업과 같은 첨단산업에 어떻게 진입할 수 있는지를 보여 주는 파라미터로 활용될 수 있다.

글로벌 생산네트워크의 전개에서 개도국 내지 후발국의 기업과 국가는 단순한 수동적 행위자가 아니다. 경제적 고도화와 산업 고도화를 모색하는 전략적 행위자들이다. 특히 지역 기업은 국민경제의 맥락에서 국가와 전략적 연결을 추구하고 생산의 세계화 맥락 속에서도 글로벌 대기업과 전략적 연결을 모색하는 전략적 행위자들이다(Yeung, 2014). 후발국 기업과 국가들이 포착할 수 있는 기업의 상향 이동과 산업 고도화의 방식은 크게 제품 고도화, 공정 고도화, 기능 고도화, 사슬 올라가기 등 4가지가 있다(Gerrefi, 2014). 제품과 공정 고도화는 기업 수준에서 전개된다고 하면 기능 고도화와 사슬 올라가기는 국가 수준에서 산업 고도화에 해당된다. 이것은 생산단계별 규모경제와 범위경제의 능력과 생산단계별 전문화의 능력을 축적할 수 있는 기회와 관련이 된다.

이와 같이 글로벌 생산네트워크를 통한 참여 기업들과 국가들의 산업 고도화 이슈는 국제 정치경제학적 연구의제로 논의 대상이 되고 있다. 글로벌 생산네트워크에의 참여는 여러 기업 간 더 나아가 국가 간 경제적 이익 배분에 영향을 미치기 때문이다. 이에 대한 실증연구가 상당히 어렵지만 애플의 아이폰 등 휴대폰 생산부문을 대상으로 사례 연구들이 나오기 시작하고 있다(Gerrefi, 2014; Dedrick, Kramer & Linden, 2011). 생산네트워크는 여러 단계로 구성되는데 조금 단순화시켜 보면 생산 이전 단계, 생산 및 제조 단계, 생산 후 단계로 구분된다. 생산 이전 단계는 개념, 연구개발, 디자인, 부품의 생산과 구매활동이 포함되며 생산은 최종재의 제조와 조립이 포함되고 생산 후 단계는 유통, 마케팅, 소비자 서비스 등이 포함된다(OECD, 2013: 208~215). 일반적으로 생산 이전 단계와 생산 이후 단계에서 가치의 창출과 배분이 크고 생산의 단계에서는 상대적으로 낮다. OECD(2013)에 의하면 1980년대 이전보다 2000년대 이후에는 생산 단계, 즉 제조와 조립 공정에서 가치 배분이 생산 이전 단계와 생산 이후 단계의 가치 배분보다 크게 감소했다. 연구개발과 디자인, 핵심부품의 조달, 판매망의 관리 등에서는 가치획득이 커지는 반면 저임금에 의존하는 제조와 조립단계에는 가치획득이 오히려 크게 낮아졌다. 글로벌 생산네트워크 구조 내에서 산업 고도화를 위한 여러 국가와 기업들의 전략적 움직임이 바로 이러한 맥락에서 중요성을 띠며 이러한 점은 무엇보다 국가-기업 관계에도 영향을 미칠 수 있다.

2) 국가-기업 관계와 국가 역할에 관한 분석틀

국가-기업 관계에 대한 논의는 Yeung(2014)의 연구에서 시작할 수 있다. 그는 글로벌 생산네트워크의 분석에 국민국가를 분석단위로 포함해야 한다고 주장한다. 그는 동아시아 지역 IT기업들, 특히 대기업들이 글로벌 선도 기업과의 전략적 연결을 추진함으로써 이 결과 자신의 국적 국가와의 관계를 재조정하게 된다는 점을 시사하고 있다. 이러한 점은 기업의 전략적 연결의 방식과 정도에 따라 국가-기업 관계도 변화할 수 있다는 것을 의미한다. 동아시아에서 각 국가들은 IT산업의 생산 세계화가 심화되면서 자신의 역할을 재조정하는 도전에 직면하게 된 것이다. 문제는 이론적으로 이러한 국가-기업 관계의 변화를 어떻게 분석할 수 있는가 하는 점이다.

이 글에서는 먼저 〈그림 2-1〉과 같이 Yeung(2014)이 제시한 전략적 연결의 개념과 생산네트워크 내에서 발생하는 가치획득의 정도가 국가-기업관계에 영향을 미친다고 상정한다. 우선, 전략적 연결의 개념은 기업들이 글로벌 생산네트워크 내 통합되거나 배태된 정도를 반영하는 것인데 이것은 구체적으로 기업전략과 기업조직 모델 등의 요인에 의해 규정될 수 있다. 국제적인 생산네트워크 안에서 기업들은 기본적으로 전략적으로 행동한다. 국내외적으로 기업 간 관계에서 기업들의 전

〈그림 2-1〉 국가-기업 관계 분석틀

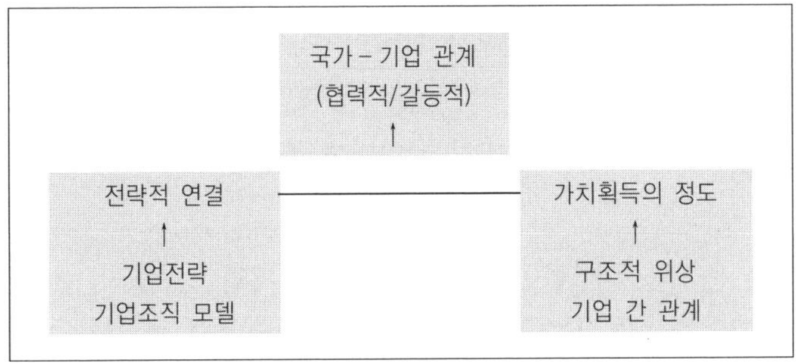

략적 움직임이 글로벌 생산네트워크의 전개에 큰 영향을 미치는 것이다. 예를 들면 애플은 아이폰의 전량을 제조전문기업들에게 위탁생산하는 전략을 취하고 삼성은 위탁생산보다 국내 생산이나 생산기지의 해외 이전을 선호한다(김용균 외, 2011). 애플은 전략적 연결의 정도가 높고 삼성은 낮다고 할 수 있다.

다음, 글로벌 생산네트워크 내 가치획득의 정도는 생산네트워크 내 기업들의 구조적 위상과 기업 간 관계에 의해서 규정된다고 상정할 수 있다. Gerrefi, Humphrey & Sturgeon(2005)의 글로벌공급사슬의 거버넌스에 관한 논의가 시사점을 준다. 이들은 글로벌공급사슬 내 기업 간 관계를 조정하는 거버넌스를 논의하면서 이것은 비대칭적인 권력관계를 포함하는 것이며 가치획득의 정도를 반영한다고 말한다. 우선, 구조적 위상은 생산단계별로 분화되어 있는 직무의 중요도를 가지고 높고 낮음의 정도를 파악할 수 있다. 또 기업 간 관계는 수평적/수직적 기준과 경쟁/협력의 정도로 파악될 수 있다. 구글의 핸드폰 운영체제인 안드로이드에 의존하고 있는 삼성은 구글과의 기업 간 관계에서는 수직적/협력적 관계를 맺고 있다고 볼 수 있다. 독자적인 운영체제를 보유하고 있고 개념, 설계 등 생산 이전 단계와 브랜드 마케팅과 판매를 포함하는 생산 이후 단계를 장악하고 있는 애플과 같은 선도 기업은 생산네트워크의 정점에서 네트워크를 조직하고 관리하며 기업 간 관계에서 큰 권력을 누리고 가치획득의 정도도 높다고 볼 수 있다. 애플은 IT산업에서 국제적인 생산네트워크에 다양한 방식으로 참여하고 있는 동아시아 국가들의 IT기업들과는 달리 글로벌 생산네트워크를 조직하고 통제하는 능력을 구비하고 있다고 볼 수 있다(Ning, 2009: 126~129).

이러한 분석틀에 의하면 대만의 제조전문기업인 혼하이는 애플 등 선도 기업의 물량을 수주하여 제조하는 기업전략과 구조를 가지고 있다는 점에서 전략적 연결의 정도는 높지만 가치획득의 정도가 매우 낮아 선도 기업과의 권력관계가 매우 비대칭적이라고 할 수 있다. 대만에서는 1990년대 중반 이후 제조전문기업들이 크게 성장하였고 대만 IT산업의 한 축을 이루고 있다. 이러한 기업들은 혼하이의 경우처럼 대만의 다른 IT기업들과는 달리 국가의 산업정책과는 떨어져 성장하였다. 대만에서 제조전문기업들의 성장에 대한 평가는 긍정적이지만 않다. 대만의 산업공동화에 기여한다는 우려가 생기고 있다는 것이다(Yeung, 2014).

이런 점에서 보면 생산 세계화의 확대 속에서 동아시아 산업화 과정에서 형성되어 온 협력적 국가-기업 관계를 당연시할 수 없는 국내외 환경변화가 일어나고 있다는 것을 알 수 있다. 동아시아 지역에서 진화하고 있는 국가-기업 관계를 재조명할 필요가 있다. 그러나, IT 산업분야에 국한해서 보아도, 대부분의 정치경제적, 제도적 분석들은 협력적 국가-기업 관계를 상정하고 있다. 국가-기업 관계와 국가 역할에 관한 논의 구조가 여전히 국가-기업 관계에 대한 오래된 가정은 그대로 둔 채 단순히 발전국가가 어떤 형태로 변화하고 있는가 하는 점에 초점을 두고 있는 것이다. 최근의 예로 Kim(2012)과 Larson & Park(2014)의 연구를 들 수 있다. 전자는 협력적 국가-기업 관계가 DMB의 성공적인 상업화에 중요 요인이 되었다고 보고 후자는 발전국가 모델이 네트워크 국가 모델로 진화하고 있다고 주장한다.

그러나 기업들의 글로벌 생산네트워크에의 참여가 국민경제에 항상 긍정적이지만 않다면 생산 세계화의 확대 속에서 국가-기업 관계에 대한 새로운 논의가 필요하다. 이러한 점들을 논의하기 위해 이 글은 국가-기업 관계에 대한 초보적인 개념 틀을 제시한다. 기업들의 가치획득의 정도가 높으면 국가-기업 관계가 협력적인 성격을 띠고 가치획득의 정도가 낮으면서 전략적 연결의 정도가 높으면 국가-기업 관계가 협력적 성격이 약해지고 갈등적 성격이 나타날 수 있다고 본다. 왜냐하면 글로벌 생산네트워크 내에서 기업들의 가치획득의 정도가 높을 때는 산업 고도화의 기회를 활용한다고 볼 수 있으므로 국가-기업 간 갈등이 적은 반면 글로벌 생산네트워크에의 참여가 낮은 정도의 가치획득을 가져오면 국가와 기업의 목표가 갈등관계에 놓인다고 상정할 수 있기 때문이다. 이럴 때 기업의 전략적 연결의 정도가 높을수록 갈등이 커진다고 볼 수 있다.

이러한 국가-기업 관계의 변화는 국가 역할에 영향을 미친다. 이러한 점을 논의하기 위해 〈표 2-1〉의 개념 틀을 제시한다. 앞서 언급한 Kim(2012)과 Larson & Park(2014)은 발전국가의 틀을 비판하고 있는데, 용어를 어떻게 사용하든 촉진자(*facilitator*)로서 국가의 역할을 상정하는 것으로 보인다. 국가의 발전목표를 설정할 수 있는 국가의 자율성은 상대적으로 유지되는 반면 정책능력과 수단은 시장 적응적, 수직적 수단을 사용하는 것으로 이해된다. 시장 적응적이란 보호관세, 특혜융자, 수출보조와 같은 직접적이고 개입적인 성격의 정책수단이

〈표 2-1〉 국가-기업 관계와 국가 역할

차원 / 국가역할	전략적 개입자	촉진자	매개자	촉매자
국가-기업 관계	협력적	협력적	협력적	갈등적
국가의 자율성	높다	제약된 자율성	제약된 자율성	유동적
정책능력과 수단	시장 형성적, 수직적	시장 적응적, 수직적	시장 적응적, 수직적/수평적	시장 적응적, 수평적

아닌 연구개발 지원, 인력양성, 인프라 지원과 같은 간접적인 정책수단을 의미하고 수직적 수단이란 특정 기업 형태나 산업부문에 특별한 혜택이 돌아가는 정책수단을 의미한다.

Lee, Heo & Kim(2014)은 우리나라 LCD 산업을 글로벌 생산네트워크의 틀로 분석하고 있다. LCD 산업의 발전을 위한 국가의 역할을 여러 힘 간의 매개자(*inter-scala mediator*)로 설정하고 있다. 여기에서 여러 힘이란 국내외 기업, 중앙 정부기관, 지방정부 등의 힘을 의미한다. 이것을 매개자로서 국가 역할이라고 개념화할 수 있는데 촉진자로서 국가 역할과 구별되는 부분은 수평적 정책수단을 주로 사용한다는 점이다. 여기에서 수평적 정책수단이란 특정 산업이나 기업에 혜택이 특별히 돌아가지 않고 모든 산업부문에 차별을 두지 않고 영향을 미치는 정책수단이라는 의미이다.

또한 〈표 2-1〉에서 보는 바와 같이 촉매자(*catalyst*)로서 국가의 역할을 설정할 수 있다(Yeung, 2014). IT산업에 대한 외국 평가기관에 의하면 우리나라 IT정책은 여전히 대기업 편향적이다. 연구개발의 자금이 대기업에 편중 지원되고 있으며 특정산업 부문에 선별적으로 지원되는 방식의 개입주의 정책을 시행하고 있고 제도적으로나 법적으로 불확실성이 상당히 높다는 것이다(Business Software Alliance / Economist Intelligence Unit, 2011). 생산 세계화 속에서 국가-기업 간, 기업 간 이해관계가 갈등할 수 있다는 점에서 촉매자로서 국가 역할은 특정 기업이나 산업 부문에 비차별적인 수평적 정책수단을 사용한다고 설정한다.

3. IT산업과 글로벌 생산네트워크의 전개

모바일 인터넷 혁명 속에서 세계 IT산업을 선도하고 있는 모바일통신 산업의 경우 2000년대 들어 경쟁구조가 급격하게 변화하고 있다. 이 부문은 생산 부문과 통신서비스 부문을 망라하고 있는데 IT산업 중에서 시장이 가장 크고 높은 성장률을 보이며 산업경쟁이 치열하다. 우선 모바일통신 가입자가 2009년 45억 명에서 2014년 말 70억 명에 달해 세계인구에 거의 근접하고 있다. 지난 5년간 개발국가 지역의 가입자 수는 10억 명을 조금 상회하는 수준에서 크게 증가하지 않은 반면 증가의 대부분은 개도국 지역에서 나왔다. 가입률을 보면 중국과 인도가 포함된 아시아-태평양 지역은 가입률이 89%이며 아프리카도 69%에 이르고 있다. 2000년대 초반 보급이 시작된 무선광대역 가입자도 2014년 23억 명에 달해 유선광대역 가입자 7억 명을 훨씬 넘어섰다. 보급률은 개발도상국이 개발국에 비해 1/4 수준으로 여전히 낮지만 모바일 기기로 인터넷에 접근하는 모바일 인터넷 시대가 더욱 성숙되고 있다고 볼 수 있다.[4]

여기에서는 운영체제와 생산 부문으로 나누어 산업경쟁의 변화를 개관한다. 우선 모바일통신 산업과 통신서비스의 핵심 플랫폼인 운영체제 부문에서는 2000년대 중반까지의 복잡한 경쟁구조가 안드로이드 대 애플의 보다 아주 단순한 구조로 단순화되었다. 2009년 운영체제별 시장 점유율은 노키아의 심비안 46%, 블랙베리 21%, iOS 18%, 윈도우폰 8.8%, 안드로이드 6.2%였다. 2015년 2분기에는 안드로이드 82.8%, iOS 15.2%, 윈도우모바일 3.3%, 블랙베리 0.3%, 기타 0.4% 등이다.[5]

---

4 International Telecommunication Union, ICT Facts and Figures(2009; 2014).

5 International Telecommunication Union, ICT Facts and Figures(2009; 2013) 및 2015년 통계는 http://www.idc.com/prodserv/smartphone-market-share.jsp 참조(2015.

휴대폰 생산부문의 경쟁은 보다 다원적 구조를 보이는데 먼저 스마트폰을 살펴본다. 우선 스마트폰 생산에서는 2009년에는 노키아 39.7%, 블랙베리 18.8%, 아이폰 12.2%, 삼성 3.3%, 후지쯔 2.7%, 모토로라 2.5%였다. 2015년 2분기에는 삼성 21.4%, 애플 13.9%, 화웨이 8.7%, 샤오미 5.6%, 레노버 4.7%, 기타 45.7%인데 한국의 LG는 2013년 4.7%에서 점유율이 크게 하락하고 화웨이, 샤오미, 레노버 등 중국 기업들의 진출이 두드러졌다. 불과 5년 사이에 경쟁구도가 크게 변했다. 2013년 이후 삼성과 애플이 선두그룹을 이루는 가운데 전통적인 모바일기기 생산기업이 급속히 쇠퇴하고 중국 기업들(화웨이, 샤오미, 레노버 등)의 진출이 위협적이다.[6]

일반 휴대폰과 스마트폰을 포함한 핸드폰의 전체 생산 부문의 경쟁구조는 약간 다르다. 주요 판매기업의 시장 점유율을 보면 2009년 삼성 19.5%, 노키아/MS 36.4%, LG 10.1%, 애플 2.1%, ZTE 1.3%, 화웨이 1.1%, 블랙베리 2.8%, 모토로라 4.8%, 소니-에릭슨 4.5%, 기타 17.4%이다. 2014년에는 기업별 시장 점유율이 크게 변동을 보였다. 삼성 20.9%, 노키아/MS 9.9%, LG 4%, 애플 10.2%, ZTE 2.9%, 화웨이 3.8%, TCL 3.4%, 소니-에릭슨 2%, 샤오미 3%, 레노버 4.5%, 기타 35.4%이다. 노키아의 쇠퇴와 애플의 약진, 그리고 중국 기업들의 대거 진출이 두드러진 변동을 이룬다. 기타의 비율이 2014년 크게 증가한 것은 개도국 지역의 시장을 겨냥한 중저가 시장에 군소 제조업체들이 난립하고 있음을 반영한다고 볼 수 있다.[7]

세계 IT산업의 국제적인 생산네트워크에 관한 연구들은 대부분 사례연구들이다. 여기에서는 글로벌 공급사슬 혹은 글로벌 가치사슬의 틀

9.19 접근). 스마트폰 OS 부문에서 애플과 구글의 지배에 대해서는 Kusida (2015) 참조.

6 출처는 위와 같음.

7 세계 휴대폰 시장의 통계는 The Statistics Portal, http://www.statista.com/statistics 참조(2015.9.19 접근).

에서 다뤄진 것도 포함시킨다. 우선 개략적인 전개과정과 주요 변화들을 살펴보고 모바일 기기 산업을 중심으로 글로벌 생산네트워크의 전개와 변화 그리고 그것의 의미를 분석한다.

IT산업에서 글로벌 생산네트워크는 1960년대와 70년대에는 단순한 형태의 생산자 중심 구조로 형성되었다. 예를 들면 페어차일드가 한국과 대만에 반도체 조립공장을 운영하였다. 1980년대 개인용 컴퓨터 수요가 증가하면서 컴퓨터산업에서도 국제적인 생산네트워크가 형성되기 시작했다. 일본의 경우 1980년대 중반 플라자협정으로 인해 엔고 현상이 지속되면서 일본 IT 대기업들은 해외 이전을 본격적으로 추진하였다. 동남아시아와 동아시아에 걸쳐 부품 생산, 조립, 컴퓨터 주변기기 생산, 컴퓨터 조립 단계를 중심으로 지역 생산네트워크가 형성되었다(임혜란, 2013). 일본의 지역 생산네트워크는 1960년대 이후 동아시아 지역에 진출한 미국의 생산네트워크와 대조된다. 일본의 지역 생산네트워크는 미국과는 달리 폐쇄적인 구조를 띠었다. 일본 내 전자대기업들의 수직계열형 기업구조가 일본을 넘어서 지역적인 범위로 적용되었다고 볼 수 있다. 이러한 변화 속에서 1980년대 중반 이후 한국과 대만이 반도체 생산과 조립, 컴퓨터 주변기기 생산, 컴퓨터 제조 부문에 진출하게 되었다.

1980년대 중반 이후 일본의 반도체 기업들에 의해 시장 지위가 위협받았던 미국의 반도체 기업들은 PC의 대규모 보급에 힘입어 컴퓨터산업의 선도 부문, 즉 소프트웨어와 비메모리 반도체에 투자를 집중하였고 다른 부문, 즉 메모리 반도체, 컴퓨터 주변기기, 컴퓨터 조립에서는 해외생산이나 외주를 추진했다(Hart & Kim, 2002). 컴퓨터 및 전자제품 부문에서 시장경쟁이 격화됨에 따라 미국의 컴퓨터 등 전자제품 생산기업들은 1990년대에 들어 제조부문을 떼어내었고 이 결과 제조전문기업들이 생겨났다.

Sturgeon(2002)의 분석에 따르면 1980년대 말경부터 이러한 변화가 나타나기 시작했는데 미국은 물론 유럽과 일본의 기업들도 컴퓨터, 네트워크 장비, 통신기기, 핸드폰 기기 등 전자제품의 효율적 생산을 위해 이러한 제조전문 기업들에게 생산시설을 매각하고 외주로 전환했다. 미국에서는 IBM, 애플, 휴렛 팩커드, 시스코 등 유수의 기업들과 유럽과 일본에서는 에릭슨, 노키아, 일본 전기 등이 여기에 해당되었다. 이러한 IT 생산기업들은 세계 여러 지역에 산재해 있는 생산시설을 매각하고 외주 생산을 확대했다. 이러한 결과 미국에서 제조전문기업들이 크게 늘어났고 급격하게 성장했다. 이들은 회로보드 생산과 제조에 특화된 기업들로 턴키 공급 기업의 기능을 했다. 예를 들면 솔렉트론 등 5대 제조전문기업들은 1995년~2002년 사이 평균 연 40% 이상 크게 성장했다. 솔렉트론은 1988년 실리콘밸리에 공장 하나가 겨우 있었다. 규모는 고용규모 3천5백 명, 연 매출 2억 5천만 달러였는데 2000년에는 미국 등 세계 50여 개 지역에 걸쳐 생산시설을 운영했고 고용 8만 명과 연 매출 200억 달러에 달하는 규모로 급성장했다(Gerrefi, Humphrey & Sturgeon 2005, 94~95).

솔렉트론은 생산단계별 규모와 범위의 이점과 생산단계별 전문화의 이점을 토대로 세계 여러 지역에 생산시설을 운영했다. 미국 전 지역에 24개, 유럽에 영국, 프랑스, 독일, 스웨덴 등 11개 지역, 아시아에 대만, 싱가포르, 말레이시아, 중국, 호주, 인도, 일본 등 12개 지역에 생산시설 등을 운영했다. 지역에 따라 다르지만 기본적인 생산시설 외에 소재 및 부품 구매, 관리센터, 신제품 도입센터, 판매 후 서비스 기능 등 다양한 기능을 수행했다.

이러한 제조전문기업들이 추진한 공급사슬의 분화와 글로벌 분산은 IT산업의 산업경쟁이 미국 내에서는 물론 국제적으로 격화된 결과로서 IT산업의 생산네트워크의 확장에 크게 기여했으며 1990년대 초반 이후 미국 IT산업의 중흥에 크게 기여했다(Sturgeon, 2002; Hart & Kim, 2002).

2000년대에 들어와 세계 IT산업에서 새로운 변화가 시작되었다. 여기에서는 글로벌 생산네트워크의 시각에서 두 가지로 나누어 모바일산업의 글로벌 생산네트워크의 변화를 추적한다. 하나는 여러 가지 모바일 운영체제를 채택하여 휴대폰을 생산하는 선도 기업들이 구축하고 있는 생산네트워크에 대한 것인데 여기에서는 노키아, 애플 등 유럽과 미국의 휴대폰 생산기업, 동아시아 국가들의 생산기업들을 대상으로 한다. 다른 하나는 조금 전에 언급한 제조전문기업들을 중심으로 조직화되고 있는 생산네트워크의 변화 부분이다. 휴대폰 생산부문은 가치사슬의 분화와 글로벌 분산이 가장 뚜렷하게 나타나고 있는 부문으로 가치사슬의 분화 정도의 경우 휴대폰은 연구개발, 설계, 부품 공급, 가공, 조립, 마케팅 등 거의 모든 생산단계에 걸쳐 가치사슬의 분화가 나타나고 생산단계별 생산 활동도 글로벌 분산의 형태를 띤다(복득규 외, 2008).

첫째, 2000년대에 들어 휴대폰 생산기업들의 생산네트워크는 상당히 분절되어 있다. 그러나 기업별로 정도는 다르다. 한 통계를 보면 소니-에릭슨은 2006년 국내외에 걸친 외주가 66%고 모토로라는 2006년 30%에서 2010년 45%로 증가하였다. 애플은 2010년 모든 생산을 외주에 의존하고 있고 노키아는 2006년 20%에서 2010년 32%로 증가했다. LG는 2006년 3%에서 2010년 6%로 증가했다. 삼성은 2000년대 중반 이후 생산시설의 해외 이전을 추진해 왔다. 조금 더 구체적으로 보기 위해서 삼성과 노키아의 경우를 보고 애플은 그 후에 다룬다.[8]

우선 노키아는 1980년대 한국에 대한 투자를 시작으로 1990년대 들어 중국의 두 지역, 멕시코, 브라질, 헝가리에, 2000년대 들어 인도와 베트남에서 조립 생산을 시작했다. 물론 부품의 구매도 유럽의 여러 지역에 걸쳐 이루어졌다. 삼성의 경우 2011년 지역별, 국가별 휴대폰 기

8 자료는 Lee & Gerrefi(2013)를 참조.

기의 생산이 분산되어 나타난다. 중국의 네 군데 지역이 합쳐서 51%, 베트남 29%, 인도 7%, 브라질 4%, 한국의 구미 공단 9%이다. 노키아와 삼성의 이러한 국제적인 생산네트워크의 확장은 휴대폰 수출 국가들의 구성과 비중에도 영향을 미치고 있다. 2001~2011년 사이 독일, 핀란드, 미국, 스웨덴의 수출 비중이 크게 하락하고 가장 높은 정도로는 중국이 부상하며 인도, 루마니아, 베트남이 새로운 수출국으로 부상하였다.

둘째, 세계 휴대폰 수출시장에서 중국의 압도적인 위치는 휴대폰 생산부문의 글로벌 생산네트워크의 변화와 밀접한 관계를 가지고 있다. 앞서 솔렉트론 등 미국의 제조전문기업들이 1990년대에 걸쳐 급성장했다고 언급했지만 2000년대에 들어와서 휴대폰 생산부문의 글로벌 생산네트워크는 구조변화를 겪었다. 미국의 제조전문기업들이 등장한 이후 대만에서도 혼하이, 에이서 등 제조전문기업들이 나타났다. 이러한 대만계 기업들이 중국에 진출하여 휴대폰 등 전자제품의 조립과 제조부문을 차지함으로써 미국의 제조전문기업들이 크게 쇠퇴했다. 특히 중국이 WTO에 가입한 2001년 이후 이러한 변화가 두드러지게 나타났다. 세계 위탁생산 시장의 대부분을 차지했던 미국의 제조전문기업들의 시장 점유율이 2000~2010년 사이 급격히 낮아지고 중국 내 대만계 기업인 팍스콘이 50% 이상의 시장 점유율을 보였다(Lee & Gerrefi, 2013). 이러한 결과 일본이 주요한 역할을 했던 동아시아의 지역 생산네트워크에도 변화가 생겼다(임혜란, 2013).

팍스콘의 모기업인 혼하이의 사례가 유용하다(Yeung, 2014, 88~90). 1980년대 다양한 종류의 전자 부품을 생산하는 기업으로 출발한 혼하이는 2000년대에 들어 중국에 진출하면서 급성장했다. 1996년 매출 5억 달러 규모에서 2010년 고용인원 50만 명, 연 매출 1천억 달러에 달하는 거대 제조기업으로 급성장했다. 이러한 급성장은 혼하이가 전자제조서비스(EMS)를 기반으로 제조전문기업으로 변신한 데 기인한다. 이러한 기업전략과 전문능력을 바탕으로 혼하이는 애플을 위시하여 델, 휴렛 팩커드, 인텔, 모토로라, 노키아, 소니, 도시바 등 세계 유수의 IT기업들의 제조 물량을 수주하였다. 팍스콘은 애플의 모든 아이폰을 조립 생산하고 있다(*Economist*, Jan. 23. 2012). 혼하이의 성장은 동아시아 지역에서 중국의 경제적 부상과 지역 생산네트워크의 변화와 밀접한 관계를 가지고 있다. 한국이나 대만 등 동아시아 기업들의 성장은 정부의 산업정책과 지원에 힘입은 바가 크지만 혼하이는 국가의 지원으로 설명할 수 없는 사례로 평가되고 있다. 세계 IT 대기업들과의 전략적 연결 전략의 결과로서 글로벌 생산네트워크에 의해 열려진 기회의 창을 활용한 대표적인 사례이다(Yeung, 2014: 89~90).

휴대폰 생산 부문은 상대적으로 글로벌 생산네트워크가 잘 발달되어 있다고 평가되고 있다(복득규 외, 2008). 가치사슬의 분화 정도의 경우 휴대폰 생산부문은 연구개발, 설계, 부품 공급, 가공, 조립, 마케팅 등 거의 모든 생산단계에 걸쳐 가치사슬의 분화가 나타나고 생산단계별 생산 활동도 글로벌 분산의 형태를 띤다. 이러한 휴대폰 생산부문의 특성은 글로벌 생산네트워크의 참여가 경제적 고도화의 가능성을 열어준다는 점과 연결된다.

이러한 점, 즉 글로벌 생산네트워크에서의 이익 배분과 경제적 고도화 이슈에 대해서 구체적으로 분석할 필요가 있다. 생산네트워크는 생산 이전 단계, 생산 및 제조 단계, 생산 후 단계로 구분될 수 있다. 생산 이전 단계는 연구개발, 디자인, 핵심구성품의 생산과 구매활동이 포함되며 생산은 최종재의 제조와 조립이 포함되고 생산 후 단계는 배분, 마케팅, 소비자 서비스 등이 포함된다(OECD, 2013, 208~215). 일반적으로 생산 이전 단계와 생산 이후 단계에서 가치의 창출과 배분이 크고 생산의 단계에서는 상대적으로 낮다. 이전보다 2000년대 이후에는 생산 단계, 즉 제조와 조립 공정에서 가치 배분이 생산 이전 단계와 생산 이후 단계의 가치 배분보다 크게 감소했다. 연구개발과 디자인, 핵심부품의 조달, 판매망의 관리 등에서는 가치획득이 커지는 반면 저임금에 의존하는 제조와 조립단계에는 가치획득이 오히려 크게 낮아졌다.

Lee & Gerrefi(2013)는 가치사슬 내 경제적 고도화를 두 가지 기준으로 나누어 분석한다. 하나는 시장 점유율의 기준이고 다른 하나는 수출의 평균 단위 가치의 기준이다. 그에 의하면 "한 국가가 수출의 평균 단위 가치의 감소 없이 시장 점유율을 높인다면 그 산업 부문에서 경제적 고도화가 발생했다"고 볼 수 있다는 것이다(p. 7).

이런 기준으로 휴대폰 생산 부문에서 여러 국가들이 경제적 고도화를 이루었는지 혹은 이루지 못했는지 수출 통계를 가지고 분석한다. 2001~2005년과 2005~2010년을 비교하는데 중국의 경우 시장 점유율은 15% 정도 크게 늘었으나 단위가치의 수준은 거의 달라지지 않았다. 경제적 고도화가 제한된 수준에서 일어났다는 것이다. 이것은 홍진영·이준엽(2012)의 분석과도 어느 정도 통한다. 또한 이러한 결과는 팍스콘과 같은 제조전문기업들이 미세한 마진을 대규모 물량으로 보전한다는 분석과도 일맥상통한다. 독일, 프랑스, 스웨덴과 같은 유럽의 국가들은 두 기간 사이에 단위가치의 수준과 시장 점유율이 크게 낮아져 휴대폰 수출국가의 지위가 크게 쇠퇴했다는 것을 보여 준다. 특히 핀란드의 경우 두 가지 기준 모두에서 크게 하락하였다. 이는 노키아의 쇠퇴를 반영한다. 반면 헝가리는 두 기간 동안 시장 점유율도 늘어났고 단위가치의 정도도 높아졌다. 휴대폰 수출대국인 한국은 경제적 고도화는 크게 긍정적으로 나타나지 않은 것으로 분석되었다. 두 기간 동안 두 가지 기준이 비교적 긍정적으로 나타났으나 2005~2010년간 시장 점유율의 증가는 미미했다. 휴대폰의 해외 생산이 증가한 것과 관련이 있을 것이다.

기업별로는 삼성, 애플, 중국 기업들의 시장 점유율이 높아진 반면 전통적인 휴대폰 생산기업인 노키아, 모토로라, 소니-에릭슨의 시장 점유율은 크게 낮아졌다. 휴대폰 생산부문의 생산네트워크가 지역적으로 동아시아에 집중되고 생산네트워크상에서는 몇몇 기업에 의해 공고화되는 현상을 보이고 있다. 또 주목할 것은 휴대폰 시장에서 이윤의 배분이 매우 불균등하게 나타나고 있다는 점이다. 2007~2011년 사이 애플 75%, 삼성 24%를 차지해 두 기업이 휴대폰 생산부문의 전체 이윤의 99%를 차지했다. 애플은 독자 운영체제로 연구개발, 개념 도출, 디자인 등 가치 사슬의 생산 이전 단계와 마케팅과 판매 등 생산 이후 단계에서 경쟁력을 확실하게 확립했다는 것을 의미한다. 삼성은 안드로이드 운영체제를 주로 채택하는데 생산 단계를 포함한 생산네트워크의 전체에 걸쳐서 경쟁력을 확보하려고 노력하고 있다.

휴대폰의 글로벌 생산네트워크에서 부가 가치의 창출과 배분이 어떻게 일어나는지에 관한 양적인 분석은 거의 이루어지지 못하고 있지만 애플 등 몇몇 기업에 관한 사례 분석은 몇몇 있다. 우선 모토로라, 팜(Palm), 블랙베리의 경우를 분석한 Dedrick, Kramer & Linden(2011)에 따르면 팍스콘과 같은 제조전문기업들에 의한 조립과 시험공정은 휴대폰 공장가격의 4~7%에 불과하다. 전체 부품이 차지하는 생산비의 경우를 따로 보면 10여 개의 고기술 부품업이 70~80% 정도, 기타 1백여 개의 저기술 부품은 14~28%를 점유했다.[9] 고기술 부품은 디스플레이 모듈, 메모리 반도체, 기초 프로세서 등으로 미국, 일본, 한국, 독일의 공급 기업으로부터 조달되는 것이다. 다른 노키아의 휴대폰 사례도 유사한 내용을 보여 주고 있다(Lee & Gerrefi, 2013: 15). 대당 소매가격 546유로 중에서 조립생산은 2%, 여러 부품은 33%, 유통과 판매가 14%, 소프트웨어와 라이센스가 4%, 마지막으로 노키아의 최종 조립, 지원기능, 이윤이 49%를 차지했다. 애플의 경우 아이폰의 단위 가격 178.96달러 중에서 조립공정을 담당하는 팍스콘은 3.5%인 6.5달러를

9 이 수치는 부품만을 따로 보았을 때 고기술 부품과 저기술 부품의 상대적인 가치 비율을 말한다.

가져간다.

글로벌 생산네트워크 내에서 기업들이 차지하고 있는 위상에 따른 이러한 가치 배분은 국가별 가치의 배분과도 깊은 관계를 가지고 있다. 조립 공정을 주로 담당하는 중국이 가장 낮은 가치를 차지하고 고기술 부품을 공급하는 일본, 한국, 독일, 미국의 기업들은 상대적으로 더 높은 가치를 차지한다. 미국은 특히 연구개발, 설계, 마케팅의 단계를 장악하여 가장 많은 가치를 점유한다. Kramer, Linden & Dedrick(2011)에서 보면 아이폰의 경우 가치 배분은 이윤을 기준으로 애플 58.5%, 한국 5.3%, 일본 0.5%, 대만 0.5%, EU 1.1%, 부품 및 재료 투입 21.9%, 중국의 노동 투입 1.8% 등으로 나타난다. 한국의 경우 삼성과 LG가 메모리 반도체와 디스플레이를 공급하는 데서 발생하는 이윤이다. 중국에서 조립되는 노키아 휴대폰의 예로 보면 핀란드와 유럽 국가들이 각각 부가가치의 39%와 12%를 가져가고 미국이 28%, 아시아 국가들이 16%를 차지한다(Lee & Gerrefi, 2013: 15). 이러한 불균등의 심화는 선도 기업들의 전문능력과 플랫폼 장악능력에 기인한다. 이러한 분석은 생산네트워크는 기업 수준에서나 국가 수준에서 이익의 배분이 불균등하게 나타나고 있다는 것을 어느 정도 실증한다고 볼 수 있다. 이러한 맥락에서 기업뿐만 아니라 국가 역할이 의미를 갖게 된다고 볼 수 있다.

4. 글로벌 생산네트워크, 한국 IT산업, 국가-기업 관계의 변화

1) 글로벌 생산네트워크와 한국 IT산업

휴대폰 생산부문에서 글로벌 생산네트워크의 전개가 한국 IT산업에 어떤 영향을 주는지에 대해 분석하기 위해 여기에서는 우선 삼성을 사례로 생산네트워크 내 한국 기업들의 위상을 검토한다. 다음에는 이러한 위상이 생산네트워크 내 한국 기업들과 글로벌 선도 기업들을 포함한 다른 기업들과의 기업 간 관계에 어떻게 나타나는지를 살펴본다. 마지막으로 이것이 글로벌 생산네트워크 내 가치획득과 산업 고도화와 어떤 관련이 있는지를 논의한다.

첫째, 우선 앞의 분석에서 알 수 있는 바와 같이 모바일통신 산업의 글로벌 생산네트워크에서 우리나라 IT 대기업들의 위상은 복합적이다. 삼성은 휴대폰 생산부문에서 브랜드 제조기업으로 선도 기업의 위상을 차지하고 있지만 경쟁의 플랫폼인 운영체제는 구글의 안드로이드와 부분적으로 MS의 윈도우폰에 의존하고 있다.[10] 핵심적인 플랫폼인 독자적인 운영체제의 성공은 불확실하다. 선도 기업으로서의 위상이 애플에 비해 낮다는 것이다. 또 삼성은 휴대폰 생산을 제조전문기업들에게 위탁생산하는 정도가 매우 낮고 대부분 직접 생산하고 있다(김용균 외, 2011). 2000년대에 들어 베트남, 중국 등에 생산시설을 이전하고 있다(Lee & Gerrefi, 2013). 국내에서는 구미 공단에서 고급 스마트폰을 주로 생산하는데 비중은 9% 정도에 머물고 있다. 휴대폰 생산부문에서는 삼성의 기업조직 모델은 수직적 계열형에 속한다고 볼 수 있다. 주요 부품을 외주로 조달하고 생산의 전량을 제조전문기업들에게 위탁생산하는 등 가치사슬의 분화 정도와 글로벌 분산의 정도가 높은 애플의 글로벌 생산네트워크 모델과는 다르다.[11] 또한 삼성은 선도 기업인 애플, MS 등이 주도하는 글로벌 생산네트워크에 참여하는데 메모리 반도체와 디스플레이와 같은 주요 부품을 공급한다. 공급 기업으로서의 삼성의 위상은 중간 정도 된다고 볼 수 있다. 그러나 생산시설의 해외

---

10 삼성이 개발한 운영체제로 바다가 있고 인텔과 같이 타이젠을 개발하였으나 아직 상업적 성공은 불확실하고 바다를 탑재한 휴대폰의 시장 점유율은 거의 미미하다.

11 복득규 외(2008)는 산업모델을 가치사슬의 분화와 글로벌 분산의 정도가 높은 순으로 수직적 통합형, 수직적 계열형, 글로벌 생산네트워크 형으로 구분한다.

이전이 급증하고 있는 것은 주목해야 할 부분이다.

둘째, 삼성과 LG 등 한국 IT기업이 맺고 있는 선도 기업들과의 기업 간 관계도 다양하다. 주요 선도 기업들 중에서 애플과의 기업 간 관계는 운영체제의 경우 수평적이고 경쟁적인 관계에 있고 메모리 반도체와 디스플레이와 같은 주요 부품의 공급 기업으로서는 수직적이고 협력적인 관계에 있다. 수직적이란 예를 들어 애플에 대한 한국 기업들의 협상력이 크지 않다는 것을 의미한다. 메모리 반도체보다 디스플레이에서 협상력이 더 크지 않을까 생각한다. 구글과의 관계는 수직적이고 협력적이라고 할 수 있다. 그러나 구글의 모토로라 통신사업의 인수에서 보는 바와 같이 협력적 관계가 언제까지 계속될지 불확실하다. 적은 규모이지만 삼성은 MS의 윈도우폰을 휴대폰 생산에 탑재하고 있다. 삼성은 또한 제조전문기업을 활용하여 경쟁력을 높이고 있는 중국의 휴대폰 생산기업들과의 경쟁적인 관계도 중시할 필요가 있다. 장기적으로 수직적 계열 모델의 지속으로 경쟁력을 지속할 수 있는지가 이러한 점과 연결된다(복득규 외, 2008).

셋째, 휴대폰 생산부문의 글로벌 생산네트워크에서 차지하고 있는 한국 IT기업들의 위상과 기업 간 관계의 특성은 또한 가치사슬 내 가치획득과 산업 고도화의 이슈와 연결된다. 2000년대 들어 노키아가 급락하는 등 급격히 변화하는 경쟁 구도 안에서 삼성은 세계 휴대폰 기업의 강자로 자리를 잡았다. 시장 점유율과 수출의 점차적인 증대가 이를 말해준다. 이른바 '스마트폰 충격'으로 노키아와 함께 모토로라, 블랙베리 등이 쇠퇴하는 가운데 삼성은 애플과 비견되는 경쟁자로 부상한 것이다. 이런 점에서 보면 양적으로는 산업 고도화의 정도가 높아졌다고 볼 수 있다. 애플의 스마트폰 출시 이후 대부분의 휴대폰 생산기업들과는 달리 삼성은 시장변화에 빨리 적응하였다.

그러나 가치획득의 정도로 파악되는 질적인 측면에서는 삼성은 상대적으로 높은 우위에 있지 않고 전망이 밝은 편이 아니다. 앞의 분석에서 본 바와 같이 삼성의 이윤 점유율은 생산규모 기준에서 애플에 비해 크게 낮다. 삼성의 생산규모가 애플보다 훨씬 크다는 것을 감안하면 삼성의 상대적인 수익률은 낮다고 볼 수 있다. 휴대폰 생산부문에서 삼성의 영업수익률은 전체적으로 5~10% 수준으로 평가되고 있다. 또한 공급 기업으로서 삼성이 가져오는 가치획득의 정도도 높지 않다고 평가된다. 애플의 아이폰에 관한 사례연구를 보면 애플은 50% 이상 차지하는데 삼성은 5~10% 수준이다. 물론 이것은 조립공정의 가치획득보다는 높지만 개념, 설계, 브랜드, 운영체제 플랫폼을 통해 높은 수익을 차지하는 애플과는 비교가 되지 않는다. 가치획득의 정도에서 볼 때 삼성은 심각한 도전에 직면해 있는 것이다.

또한 주목할 이슈는 삼성의 생산시설이 해외로 대대적으로 이전되고 있다는 점이다. 생산규모의 90% 이상이 중국 등 해외 생산기지에서 생산되고 있다. 이러한 변화에서 중요한 것은 산업 고도화의 질적 측면이 영향을 받는다는 점이다. 이러한 해외 이전으로 삼성은 휴대폰의 생산과 수출이 증가하고 있어도 국내 고용은 오히려 감소하고 있다는 어려움에 처해 있다. 생산의 글로벌 분산이 확대될수록 국가-기업 관계에 긴장을 야기하는 요인이 될 것이다. 국가 역할의 논의에서 협력적 국가-기업관계라는 전제가 흔들리게 되는 부분이다.

2) 한국 IT산업과 국가-기업 관계의 변화

모바일 통신산업에서 글로벌 생산네트워크의 이러한 변화가 한국의 IT산업에 어떠한 영향을 주고 국가-기업 관계와 국가 역할의 변화에 어떻게 영향을 주고 있는가? 1960년대와 70년대에도 페어차일드 등 미국 반도체 기업들의 하청을 받아 반도체칩 조립생산이 이루어졌지만 1980년대 초반에 기업 주도에 의해 반도체산업의 육성이 본격적으로 시작되었다(홍성걸, 2006). 반도체산업은 전략산업으로 인식되고 대규모 자본이 소요되는 장치산업의 특성을 지니고 있어서 당시 우리나라 유수의 재벌 기업들이 모두 반도체산업에 의욕을 보였다. 한국 기업들은 대량생산 표준화 제품의 특성을 지니는 메모리 부문에 투자하는 특화전략을 선택했다. 투자는 민간 대기업들이 주도하였지만 정부는 공동연구개발 컨소시엄과 연구개발 재정지원을 통해 대기업들을 지원했다. 당시로서는 메모리 반도체 부문은 성장산업으로 시장이 커지고 국제적으로 제조 기술도 상당히 확산되어 있었다. 한국과 같은 신흥국가들이 진입하기에는 비교적 용이한 세분 시장이었다고 볼 수 있다.

한국의 반도체 대기업들은 1980년대 중반 이후 시작된 세계 반도체산업의 재편과정에서 기회가 왔다. 이 시기에 미국과 일본 간의 반도체 무역 분쟁을 거치면서 컴퓨터산업에서 인텔과 MS가 각각 마이크로프로세서와 운영체제 소프트웨어 부문을 지배하였고 이러한 윈텔표준(*wintelism*)을 토대로 세계 컴퓨터산업과 반도체산업의 생산네트워크가 조직되었다(Hart & Kim, 2002). PC산업이 성장하면서 미국의 주도에 의해 조직된 국제 반도체 생산네트워크에서 한국과 대만은 상대적으로 범용상품이 된 메모리반도체의 생산과 제조에 특화하는 발전궤도를 가지게 된 것이다. 이러한 변화 과정에서 한국의 반도체 기업들은 일본 기업과 경쟁하면서 메모리 부문에서 기회를 찾았다.

이러한 배경에서 한국의 IT산업의 발전과 대기업 중심 산업구조의 형성이 공진화하는 경로를 가지게 되었다. 초기에 참여하려던 재벌 기업들 중에서 대우, 동부 그룹은 탈락했지만 삼성과 LG는 한국의 IT대기업으로 자리 잡게 되었다. 대규모 자본과 기술을 축적한 삼성과 LG는 1990년대에 들어서는 LCD 산업에 진출하였다. 한국도 비메모리 반도체 산업을 육성하려는 의지를 가지고 있었지만 현실적으로 지적재산권에 의한 높은 진입 장벽과 윈텔 표준의 힘을 극복하기 어려웠다.

홍성걸(2006)에 의하면 한국 IT산업의 핵심 부분이 된 메모리 반도체와 LCD 부문에서는 기업이 주도하는 국가-기업 관계를 보였고 국가 역할도 발전국가의 틀을 적용하기 어렵다고 한다. 이 글의 분석틀에 의하면 국가-기업 관계가 협력적이었으나 기업이 주도하였고 국가는 대규모 재정지원이나 국내 시장보호 정책보다는 연구개발 재정지원이나 여러 기업들이 참여하는 공동연구개발 컨소시엄의 추진과 같은 시장적 응적인 수단을 동원하였다고 볼 수 있다. 국가는 발전국가의 전략적 개입자보다는 촉진자의 역할에 머물렀다고 볼 수 있다. LCD 산업에서 홍성걸(2006)은 국가-기업관계의 특성이 메모리 반도체와 같은 유사한 특성이 나타난다고 분석한다.

그런데 글로벌 생산네트워크의 관점에서 국가 역할을 논의하고 있는 LCD 산업에 관한 최근의 연구는 약간 다른 분석을 내놓고 있다. 국가는 여러 힘 사이를 조직화하는 매개자로서의 역할을 했다고 보고 있다. 여러 힘이란 국내외 기업, 지방정부, 외국 기업, 중앙정부 등을 의미한다. 국가는 이러한 매개 활동을 통해 기업들의 요구들을 충족시키는 역할을 한다는 것이다. 지방 정부를 설득하여 입지 선정의 규제를 완화하게 하고 국내외 장비, 부품, 소재기업들을 유치하기 위한 지역산업단지 조성에도 중심적인 역할을 한다고 분석한다. 이러한 역할은 수평적 정책수단의 특성을 가지고 있어서 기존 연구에 많이 나타나는 촉진자로서 국가 역할과는 구별되는 부분이라고 생각된다. 여전히 협력적 국가-기업 관계를 상정하고 있지만 국가 역할의 분화와 변화를 포착할 수 있는 분석으로 평가된다.

통신산업에서의 양상은 약간 다르다. 1980년대 중후반의 TDX(전자교환기) 사업이 추진되고 1980년대 통신산업의 자유화가 이루어졌으며 CDMA의 상용화에 성공하였다. 이러한 발전과정에서 국가는 상대적으로 더 적극적인 역할을 했다고 분석된다. 국가의 역할은 국가기간전산망 등을 비롯해 정보통신 인프라의 구축 등에 나타난다. 모바일통신 분야에서 CDMA의 상용화도 대기업과 함께 정부출연연구소인 한국전자통신연구소(ETRI)의 적극적인 기술개발에 의해 가능했다. 그러나 이러한 국가 역할을 발전국가의 개념 틀로 설명할 수 있는가 하는 점에서 국내 대부분의 연구가 회의적이다(Larson & Park, 2004). 이 글의 분석틀을 적용하면 국가-기업 관계는 협력적이었고 국가는 촉진자의 역할을 수행했다고 할 수 있다.

정부 조직 및 거버넌스의 변화를 배경으로 통신산업의 발전을 분석하고 있는 Larson & Park(2004)의 연구는 '네트워크 국가'의 개념까지 내놓고 있다. Evans(1995)의 '제약된 자율성'(*embedded autonomy*)의 개념과 ÓRiain(2004)의 네트워크 발전국가의 개념을 차용하고 있는 것으로 보인다. ÓRiain(2004)은 네트워크 발전국가의 개념을 국내 사회구조에 국가가 배태되어 있다는 의미로도 사용하지만 더 중요하게는 국가가 글로벌 생산네트워크에 배태되었다는 점을 강조한다. 여기에서 국가가 국내외적으로 사회구조나 생산구조에 배태되어 있다는 것은 국가의 자율성의 추구나 정책수단의 사용이 상당히 제약된다는 의미를 가지고 있어서 국내적 맥락에만 적용하기는 설득력이 약하다고 할 수 있다.

DMB의 상용화 사례를 분석하고 있는 Kim(2012)은 기본적으로 국가-기업 간 협력이 성공의 관건이었다고 분석한다. 이 연구는 네트워크 발전국가의 관점에서 한국의 생명공학 산업에서 탈발전국가의 가능성을 제시하는 Wong(2004)의 관점들을 비판하면서 IT산업에서는 국가가 발전국가의 유제를 바탕으로 정부와 기업 등 이해당사자들 간 협력을 촉진하는 새로운 제도적 기반과 메커니즘을 고안하고 적용하였다고 분석한다.

그러나 국가-기업 관계의 갈등적 측면을 시사하는 연구도 있는데 이승주·박현(2010)의 연구를 들 수 있다. 한국의 IT산업에 관한 기존의 연구들이 대부분 성공 사례를 분석하고 있다는 한계를 지적하면서 실패 사례의 분석을 통해 국가와 기업을 포함한 정책네트워크 내 정책행위자 간 갈등의 측면에 주목하고 있다. 대표적인 실패 사례에 포함된 무선인터넷표준(WIPI) 정책은 사실 한국 IT산업정책의 긍정과 부정의 복합적인 성격을 잘 보여 주는 사례이다. 통신기업과 휴대폰 생산기업 간의 갈등과 산업계의 소극적인 입장에도 불구하고 정부 주도에 의해서 추진된 무선인터넷 표준 정책은 초기에는 성공적으로 보였으나 대내외 장애를 극복하지 못하고 IT정책의 대표적인 실패 사례가 되었다. 국내적으로는 이해당사자 간의 갈등과 반대, 대외적으로는 원천기술을 보유한 미국 기업과 정부의 압력으로 2008년에 와서 WIPI 의무장착 제도가 폐지되었다.

이와 같은 국가와 기업 간 갈등의 사례도 있지만 IT산업에서 생산의 세계화는 국가-기업 관계를 새로운 차원에서 변화시킬 수 있다는 점에 유의해야 한다. 이 글의 분석에서 시사하는 바와 같이 우리나라 대기업들의 글로벌 생산네트워크에의 참여는 국가와 기업 간의 이해관계를 협력적 관계에서 갈등적 관계로 변화시킬 수 있는 요인으로 작용할 수 있다. 글로벌 생산네트워크에의 참여는 기업들에게 산업 고도화의 기회를 제공하기도 하지만 다른 부정적인 요인으로 작용할 수도 있기 때문이다.

실제로는 국가-기업 관계를 협력과 갈등으로 이분법적으로 보는 것은 문제가 많다. 현실에서는 협력과 갈등의 두 측면이 혼합되어 있기 때문이다. 그러나 이 글의 문제의식은 협력적 국가-기업 관계를 전제한 국가 역할에 대한 논의가 지배적인 이론적인 경향을 비판적으로 보기 위해서는 이러한 구분이 필요하다는 것이다. 휴대폰 생산이라는 좁은 산업부문에 대한 앞의 분석으로도 국가-기업 관계의 변화를 정밀하게 그려낼 수 있는 자료와 정보를 얻기 어렵다. 글로벌 생산네트워크의 구조의 기업들의 전략이 좀더 자세히 실증 분석되어야 한다. 그러나 한계 내에서나마 앞으로의 변화 전망을 어느 정도 보여 줄 수 있다고 생각한다.

휴대폰 생산부문에 관한 앞의 분석에서 보면 한국 기업의 글로벌 생산네트워크 내 위상은 복합적이다. 삼성의 예를 들면 브랜드 제조기업으로서 선도 기업의 위상을 가지고 있지만 독자적인 운영체제를 가지고 있지 않아 애플과 같은 플랫폼 기업이라고 보기는 어렵다. 말하자면 최상위가 아닌 상위 선도 기업 중의 하나라고 할 수 있다. 이런 점은 삼성이 생산네트워크 내 가치획득의 정도가 상대적으로 낮은 것의 요인이 된다. 이런 부분에서는 국내적 맥락에서 산업 고도화나 기술능력 축적을 위해 국가-기업 간 협력관계가 필요하고 국가의 촉진자로의 역할이 필요하다고 볼 수 있다.

애플이나 다른 휴대폰 생산기업들에 대한 주요 부품공급 기업으로서 삼성의 위상은 중간 위치 정도를 차지한다. 그러나 글로벌 생산네트워크 내에서 공고화 경향(경쟁기업의 수가 줄어드는)이 심화되면 선도 기업에 대한 공급 기업의 협상력은 상대적으로 줄어든다고 볼 수 있다. 이런 결과로 공급 기업으로서 글로벌 생산네트워크 내 삼성의 가치획득의 정도가 높지 않다고 볼 수 있다. 삼성이 공급하는 메모리칩이나 디스플레이 부품은 높은 기술력이 요하나 상대적으로 범용품에 가까운 것이다. 이 경우에는 국가-기업 관계는 협력/갈등의 양 측면을 보일 수 있다고 생각된다. 생산네트워크 내 산업 고도화를 위해 협력이 필요하지만 공급 기업이 낮은 수준에서 선도 기업들과의 기업 간 관계에 배태될 경우 갈등의 요인도 될 수 있는 것이다.

삼성과 같은 한국 기업들은 글로벌 생산네트워크 내 통합되어 있는 정도가 복합적이다. 공급 기업으로서는 선도 기업들과의 전략적 연결의 정도가 높은 편이나 선도 기업으로서는 삼성의 기업조직 모델과 전략은 수직계열형에 속하는데 상대적으로 폐쇄적이고 글로벌 생산네트워크와의 전략적 연결의 정도는 낮다. 삼성에 부품을 공급하는 기업들은 전속공급 기업(*captive supplier*)의 성격이 강하다는 점이 이러한 측면을 잘 보여 준다(Larson & Park, 2014: 348). 최근 삼성은 휴대폰 생산시설을 대거 외국으로 이전하고 있다. 이런 방식의 생산의 세계화는 삼성의 기업전략과 조직모델을 반영하는 것으로 분석된다. 생산량을 대거 제조전문기업에 위탁생산하는 애플과는 다른 전략이다. 애플의 경우 제조전문기업이 부품을 구매하고 공급사슬을 관리하는 데 비해 삼성은 공급사슬의 관리를 삼성이 직접 수행한다. 그러나 해외로의 생산공장의 이전은 국가-기업 관계의 변화를 야기할 수 있는 요인이 될 수 있다.

적어도 이론적인 측면에서 발전국가 모델이 여러 세계 지역으로 확산되어 적용되고 있지만 동아시아에서 이 모델을 적용하기 어렵다는 데는 합의가 형성되어 있다(Larson & Park, 2014: 348). 이런 맥락에서 앞에서 다양한 국가 역할의 모델을 제시하였다. 이러한 논의는 앞의 개념 틀에서 제시된 것처럼 촉진자나 매개자로 요약될 수 있다고 생각한다. 그러나 기존 논의들은 두 가지 측면에서 문제가 보이는데 하나는 국내적 맥락에서 논의한다는 것이고 다른 하나는 협력적 국가-기업 관계를 전제한다는 것이다. 그러나 휴대폰 생산부문의 글로벌 생산네트워크와 한국 기업들의 위상과 전략적 연결을 볼 때 이러한 논의 구조는 현실 적합성이 떨어진다고 생각된다. 국가-기업 관계의 갈등적 측면을 포착할 수 있는 새로운 논의 구조가 필요한데 이러한 점을 분석하기 위해 촉매자로서 국가 역할의 모델을 제시하였다. 촉매자로서 국가는 좀 더 수평적이고 시장적응적인 정책수단을 통해 대기업 편향적인 정책을 지양하는 역할을 할 것이다.

5. 결론: 요약과 함의

이 글은 이론적 배경으로 글로벌 생산네트워크의 시각을 검토하고 또한 글로벌 생산네트워크에 대한 논의와 IT산업에 관한 정치경제학적 연구들을 분석하여 국가-기업 관계를 분석할 수 있는 개념 틀을 제시했다. 이러한 분석 틀을 토대로 휴대폰 생산부문의 글로벌 생산네트워크를 분석하여 글로벌 생산네트워크 내에서 우리나라 기업들의 전략적 연결과 가치획득의 양상을 도출하여 국가-기업 관계의 변화를 분석하였다.

휴대폰 생산부문은 생산단계의 분화와 글로벌 분산의 정도가 매우 높아 글로벌 생산네트워크가 잘 발달되어 있는 부문이다. 우리나라 IT 기업들도 다양하고 복합적인 방식으로 글로벌 생산네트워크에 참여하고 있다. 한편으로는 브랜드 제조기업으로서 선도 기업의 위상을 가지고 있으나 운영체제를 구글과 MS에 의존하고 있어서 글로벌 생산네트워크 내 선도 기업의 위상은 경쟁 기업에 비해 제약되는 편이다. 다른 한편 메모리 반도체와 디스플레이와 같은 주요 부품의 공급 기업으로 글로벌 생산네트워크에 참여하고 있다. 또한 글로벌 기업들과의 기업 간 관계도 협력적/수직적 관계, 경쟁적/수평적 관계가 혼합되어 있다. 이러한 글로벌 생산네트워크 내 위상과 기업 간 관계는 가치획득의 정도에 영향을 미치고 있다. 선도 기업이기는 하지만 독자 운영체제를 활용하고 있는 애플과 같은 선도 기업과 달리 가치획득의 정도가 높지 않다. 주요 부품의 공급 기업으로서 위상은 중간 정도이며 기업 간 관계도 수직적/협력적 성격을 띠고 가치획득의 정도는 높지 않고 오히려 갈수록 낮아지는 편이다.

브랜드 생산의 선도 기업으로서 전략적 연결의 정도는 높지 않다. 해외로 생산기지를 이전하는 전략을 취하기 때문이다. 제조전문 기업에 위탁생산하고 있어서 글로벌 생산네트워크 내에서 전략적 연결의 정도가 높은 애플과 같은 선도 기업들과는 다르다. 이것은 기본적으로 우리나라 기업의 수직적 기업조직 모델구조와 기업전략을 반영하는 것이다. 그러나 공급 기업으로서 전략적 연결의 정도는 높은 편이다.

글로벌 생산네트워크 내 이러한 위상과 가치획득의 정도 그리고 다양한 정도의 전략적 연결에서 보면 우리나라 기업들이 글로벌 생산네트워크 내에서 산업 고도화를 위한 기회도 확보할 수 있지만 제약도 커진다는 것을 알 수 있다. 이러한 점은 국가와 기업 간의 갈등적인 측면을 부각시킬 수 있을 것이다. 협력적 국가-기업 관계를 당연시할 수 없는 정치경제적 변화라고 할 수 있는 것이다.

이러한 분석결과를 토대로 이론적, 정책적 함의를 살펴본다. 이 글의 이론적인 함의는 두 가지로 나눌 수 있다. 첫째, 국내적 맥락에서 국가-기업 관계의 협력적인 측면을 강조해 온 기존의 논의에 대해 비판적 조명이 필요하다는 점을 제기할 수 있는 이론적 근거를 찾을 수 있다는 점이다. 글로벌 생산네트워크의 확대와 증가하는 국내 기업들의 참여로 인해서 갈등적 국가-기업 관계도 현실화될 수 있기 때문이다. 둘째, 이러한 재조명을 바탕으로 국가 역할에 관한 기존 논의들을 확장하고 발전시킬 수 있는 이론적 계기를 찾을 수 있다는 점이다. 이러한 국가 역할에 관한 이론적 확장은 생산 세계화의 맥락을 잘 포착하고 국제적 차원과 국내적 차원을 연결할 수 있는 국가 역할에 관한 이론적 논의를 이끌어낼 수 있기 때문이다.

정책적인 함의로는 첫째, IT산업에서 국가의 역할에 관한 논의를 분석해 보면 정부가 기본적으로 대기업을 육성하는 데 기여하고 이후에는 대기업을 지원하는 정책을 중점적으로 추진하였다는 점을 알 수 있다. 그러나 국내 기업들이 글로벌 생산네트워크로의 편입이 확대되어 나간다면 이러한 대기업 중심의 정책을 지양해야 할 필요성이 제기된다. 이제까지의 대기업 지원정책은 국가와 기업 간 이해의 수렴과 협력적 국가-기업 관계의 전제에서 추진되어 왔지만 글로벌 생산네트워크에의 참여가 확대될수록 이러한 전제를 당연시할 수 없는 정치경제적 결과를 낳을 수 있기 때문이다. 따라서 국가 역할의 재조명이 필요하며 정책수단의 조정도 요구된다. 이 글에서는 이러한 변화를 감안해서 시장 적응적이고 수평적인 정책으로 변화를 모색해야 된다는 점을 강조했다. 수평적 정책이란 특정 형태의 기업이나 산업에 비차별적인 효과를 낳는 정책을 의미한다. 이것은 기본적으로 협력적 국가-기업 관계에 바탕을 둔 기존 산업정책의 재조정이 필요하다는 것을 시사한다.

둘째, 좀더 구체적으로는 산업과 기술 단위에서 수립되어 온 기존 정책을 글로벌 생산네트워크 내 국내 기업들이 차지하는 위상과 전문성을 감안하는 정책 수립이 필요하다고 본다. 글로벌 생산네트워크 안에서 가치사슬이 분화될수록 기업들에게는 직무와 전문성이 진입의 기회로 작용하고 가치획득의 원천이 된다. 따라서 산업 부문과 기술 단위로 수립되어 온 기존의 과학기술정책, 산업정책, 지역개발정책, 중소기업정책을 재조정하고 보완할 필요성이 생긴다는 것이다.

마지막으로 이 장의 한계를 지적하면 국제적 변수와 국내적 변수의 연결을 위한 이론적 틀의 개발이 미흡하고 활용된 사례 분석이 2차 문헌에 의존하고 있어서 실증적 뒷받침이 부족하다. 그러나 이 장이 글로벌 생산네트워크에 관한 국제정치경제학적 논의를 확장하고 있고 국가-기업 관계에 대한 새로운 연구의제를 제시하고 있다는 점에서 의의가 있다.

참고문헌

김용균·박혜영·김현중·이재환·변화성(2011), 제조 전문기업의 부상과 시사점: EMS/ODM 산업을 중심으로, 정보통신산업진흥원.

배영자(2005), 초국적 반도체 생산네트워크와 동북아 경제협력, 〈국제정치논총〉, 45(1), 35~56.

복득규 외(2008), 글로벌 네트워크형 산업모델의 부상과 시사점, 삼성경제연구소 연구보고서.

이승주·박 현(2010), 한국 IT산업 정책 네트워크의 지속성: 자기강화 메커니즘의 작용을 중심으로, 〈한국정치연구〉, 19(3), 77~104.

이준구(2013), 휴대전화 글로벌가치사슬에서의 경제적·사회적 고도화, 〈국제노동브리프〉, 11(4), 4~17.

임혜란(2013), 생산세계화와 동아시아지역 생산네트워크의 재편, 〈평화연구〉, 21(1), 73~107.
홍성걸(2006), IT산업 발전과정의 정치경제학: 발전과정에서 나타난 국가역할의 재검토, 홍성걸·윤석만 외, 《정보화시대의 신성장국가론》, 나남.
홍장표·이대식(2006), 글로벌 생산네트워크와 지역기업의 기술혁신, 〈한국경제연구〉, 17, 231~256.
홍진영·이준엽(2012), 글로벌 생산네트워크에서의 중국의 위상에 관한 연구: 휴대폰 및 자동차산업을 중심으로, 〈현대중국연구〉, 14(1), 193~230.

Baldwin, R.(2012), Global Supply Chains: Why They Emerged, Why They Matter, and Where They Are Going, CTEI Working Paper (2012-13).
Barrientos, S., Gerrefi, G. & Rossi, A.(2011), Economic and Social Upgrading in Global Production Networks: A New Paradigm for a Changing World, *International Labour Review*, 150(3-4), 319~340.
Breznitz, D.(2007), *Innovation and the State: Political Choice and Strategies for Growth in Israel, Taiwan, and Ireland*, New Haven: Yale University Press.
Business Software Alliance(2011), Investment for the Future: Benchmarking IT Industry Competitiveness 2011, Economist Intelligence Unit.
Cowhey, P. F. & Aronson, J. D.(2009), *Transforming Global Information and Communication Market: The Political Economy of Innovation*, Cambridge, MA: The MIT Press.
Dedrick, J., Kramer, K. L. & Linden, G.(2011), The Distribution of Value in the Mobile Phone Supply Chain, *Telecommunication Policy*, 35(6), 505~521.
Ernst, D. & Ravenhill, J.(1999), Globalization, Convergence, and the Transformation of International Production Networks in Electronics in East Asia, *Business and Politics*, 1(1), 35~62.
Evans, P.(1995), *Embedded Autonomy: States and Industrial Transformation*, Princeton: Princeton University Press.

Gereffi, G. (2014), Global value Chains in a Post-Washington Consensus World, *Review of International Political Economy*, 21(1), 9~37.

Gerrefi, G., Humphrey, J. & Sturgeon, T. (2005), The Governance of Global Value Chains, *Review of International Political Economy*, 12(1), 78~104.

Hart, J. A. & Kim, S. B. (2002), Explaining the Resurgence of U.S. Competitiveness: The Rise of Wintelism, *Information Society*, 18(1), 1~12.

Henderson, J. et al. (2002), Global Production Networks and the Analysis of Economic Development, *Review of International Political Economy*, 9(3), 436~464.

Kim, S. Y. (2012), Transitioning from Fast Follower to Innovator: The Institutional Foundations of the Korean Telecommunications Sector, *Review of International Economy*, 19(1), 140~168.

Kramer, L. K., Linden G. & Dedrick, J. (2011), Capturing Value in Global networks: Apple's iPad and iPhone, http://pcic.merage.uci.edu/papers/2011Value-iPad-iPhone.pdf(2014. 2. 20).

Kusida, K. (2015), The Politics of Commoditization in Global ICT Industries: A Political Economy Explanation of the Rise of Apple, Google, and Industry Disruptors, *Journal of Industry, Competition and Trade*, 15(1), 49~67.

Larson, J. F. & Park, J. M. (2014), From Developmental to Network State: Government Restructuring and ICT-led Innovation in Korea, *Telecommunications Policy*, 38(4), 344~359.

Lee, J. K. & Gerrefi, G. (2013), The Co-evolution of Concentration in Mobile Phone Global Value Chains and Its Impact on Social Upgrading in Developing Countries, Capturing the Gains Working paper 25.

Lee, Y. S., Heo, I. H. & Kim, H. J. (2014), The Role of the State as an Inter-Scalar Mediator in Globalizing Liquid Crystal Display Industry Development in South Korea, *Review of International Political Economy*, 21(1), 102~129.

Ning, L. (2009), *China's Rise in the World ICT Industry: Industrial Strategies and the Catch-up Development Model*, London and New York: Routledge.

OECD (2013), *Interconnected Economies: Benefitting from Global Value Chain*, OECD Publishing, http://dx.doi.org./10.1787/9789264189560-en (2014. 2. 3).

ÓRiain, S. (2004), *The Politics of High-Tech Growth: Developmental Network States in the Global Economy*, Cambridge: Cambridge University Press.

R. A. (January. 23. 2012), Business Software Alliance, Investment for the Future: Benchmarking IT Industry Competitiveness 2011, Economist Intelligence Unit.

Sturgeon, T. L. (2002), Modular Production Network: A New American Model of Industrial Organization, *Industrial and Corporate Change*, 11(3), 451~496.

Wong, J. (2004), From Learning to Creating: Biotechnology and the Post-industrial Developmental State in Korea, *Journal of East Asian Studies*, 4(3), 491~517.

Yeung, H. W. (2014), Governing the Market in a Globalizing Era Developmental States, Global Production Networks and Inter-firm Dynamics in East Asia, *Review of International Political Economy*, 21(1), 70~101.

03

중국 ICT 발전과 한국에의 정책적 시사점

김동욱 (서울대학교 행정대학원 교수)

1. 서론

그 동안 거대한 수출시장으로만 여겨졌던 중국이 내수시장을 바탕으로 빠르게 성장하면서 각 분야에서 세계시장으로 진출하고 있다. 이 중에서도 중국 ICT 부문의 성장과 변화는 괄목할 만하다. 중국의 ICT시장은 2010년 이후로 평균 9.9%의 연평균 성장률을 기록하고 있으며, 2013년 시장 규모가 약 3,759억 달러 규모로 미국에 이은 2위 시장으로 부상하고 있다. 중국의 ICT 수출규모는 2012년 기준으로 5,499억 달러로 미국, 한국, 일본, 독일의 ICT 수출규모를 합친 것보다 많다(OECD, 2014). 이러한 사실들로 볼 때 중국은 ICT 부문에서 미국에 이어 세계 2위로 자리매김하고 있다. 중국 ICT 부문의 성장 요인은 다양하게 분석될 수 있지만 크게 3가지 요인으로 파악할 수 있다.

첫째, 시장의 규모와 성장 가능성이다. 중국의 인구는 2014년을 기준으로 14억 명에 달하고 있다. 이 중 인터넷을 이용하는 인구는 약 6억 2천만 명이며 이동통신 이용자 수는 12억 명을 넘고 있다. 이동통신 이용자 중 스마트폰 이용자는 4억 5천만 명에 달한다. 거대한 인구가 바탕이 된 2015년 중국 ICT 시장규모는 약 507조 원 규모로 전망되는

데 이는 미국에 이은 세계 2위의 규모이며 한국의 6배에 달하는 규모이다. 중국 ICT 시장은 규모면에서도 크지만 아직 성장 가능성이 큰 시장이라는 점에서도 주목을 받는다. 일례로 중국의 LTE 가입자는 2015년 4월 기준 약 1억 8천만 명에 달했다. 미국의 LTE 가입자가 1억 6천만 명으로 집계되고 있어 중국은 세계 최대의 LTE 가입자가 있는 시장인 것이다(KT 경제경영연구소, 2015). 세계 최대의 LTE 시장임에도 불구하고 중국은 여전히 성장 가능성이 크다. 중국 이동통신가입자는 12억 명을 넘고 있는데 현재 LTE 가입자는 전체 이동통신가입자 중 20%에도 미치지 못하고 있기 때문이다.

둘째, 중국 ICT 기업의 부상이다. 중국의 ICT 기업들은 자국의 거대 내수시장에서 저임금 노동력을 활용한 대량생산 등 규모의 경제 실현을 통한 가격 경쟁력을 바탕으로 양적 성장을 이루었다. 이후, 본격적인 글로벌 시장 진출을 위해 자사의 브랜드 이미지 개선과 함께 사업자금 조달 능력 강화를 위해 증시 상장을 추진, 기업공개(IPO)를 통해 막대한 자금력을 확보하였다(배명환 외, 2015). 2010년 이후 중국 ICT 기업들은 세계 시장에서 두각을 나타내기 시작하였는데 2015년 글로벌 인터넷 기업 시가총액 순위를 살펴보면 알리바바(2위), 텐센트(5위), 바이두(7위) 등 중국의 ICT 기업들이 10위권 안에 등장하고 있다. 중국 ICT 기업이 세계 시장에서 선두권으로 등장하게 된 상황은 2000년까지만 해도 예상하기 어려웠다. 1980~2014년까지 ICT 기업 시가총액 순위를 보면 2000년까지도 중국 기업은 순위 안에 하나도 포함돼 있지 않았으며 2010년에도 바이두(27위) 하나만 30위 안에 위치해 있음을 알 수 있다. 2014년에 들어서는 바이두 이외에도 알리바바(4위), 텐센트(12위)가 순위권 안으로 진입하였으며 바이두는 16위로 2010년에 비하여 높은 순위를 달성하였다. 이 기업들 이외에도 샤오미의 경우, 전 세계 스마트폰 시장 점유율 3위에 올라서는 실적을 달성하여 창업 5년 만에 애플, 삼성을 위협하는 스마트폰 생산기업으로 성장하였다.

〈표 3-1〉 미국 및 중국 ICT 시장규모

단위: 억 달러

구 분	2013년	2014년	2015년
미국	9,981	10,325	10,651
중국	3,759	4,072	4,368
한국	683	715	764
전 세계	35,770	37,050	38,420

출처: 배명환 외, 2015; 조상래, 2014, 중국 ICT 산업 트렌드 & 우리의 기회는?. 플래텀 편집.

〈그림 3-1〉 글로벌 인터넷 기업 2015년 시가총액 순위

단위: 백만 달러.

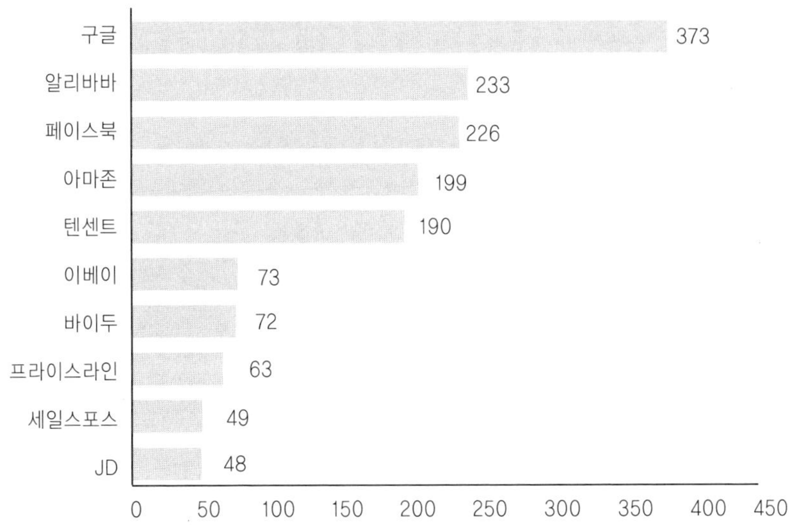

출처: http://www.statista.com/.

〈그림 3-2〉 1980~2014년 ICT 기업 시가총액 순위

순위	1980년	1990년	2000년	2010년	2014년
1	IBM	IBM	Cisco Systems		
2	HEWLETT PACKARD	HITACHI	Microsoft	Microsoft	Microsoft
3	Panasonic	Panasonic	NOKIA	Google	Google
4	xerox		intel	IBM	Alibaba.com
5		NEC	ORACLE	ORACLE	facebook
6	SONY	SONY	IBM	SAMSUNG	ORACLE
7	Texas Instruments	FUJITSU	EMC	intel	SAMSUNG
8	HITACHI	Nintendo	NORTEL	CISCO	intel
9	MOTOROLA	FUJIFILM	Sun	HEWLETT PACKARD	IBM
10	UNISYS	SHARP	ERICSSON	amazon.com	amazon.com
11	intel	SANYO	Texas Instruments	Qualcomm	CISCO
12		Microsoft	SONY	Canon	Tencent
13	HARRIS	KYOCERA	HEWLETT PACKARD	tsmc	Qualcomm
14	SANYO	HEWLETT PACKARD		SAP	tsmc
15	NEC	intel	Qualcomm	TATA CONSULTANCY SERVICES	SAP
16	FUJITSU	Canon	Panasonic	EMC	Baidu
17	PHILIPS	MOTOROLA	PHILIPS	Infosys	TATA CONSULTANCY SERVICES
18	Canon	NORTEL	CORNING	Tencent	HEWLETT PACKARD
19	SHARP	ERICSSON	DELL	FOXCONN	ebay
20	Tektronix		Lucent Technologies	Texas Instruments	EMC
21	FUJIFILM	Pioneer	MOTOROLA	NOKIA	Texas Instruments
22	CORNING		JDS Uniphase	Nintendo	accenture
23	NORTEL	COMPAQ	AMD	ERICSSON	YAHOO!
24	Pioneer	CORNING	Juniper	vmware	ASML
25	KYOCERA	AMD	ST	ebay	FOXCONN
26	National Semiconductor		VERITAS	SONY	AMD
27	AVNET	Texas Instruments	YAHOO!	Baidu	ERICSSON
28	AMD	TDK	Applied Materials	accenture	Micron
29	Data General	muRata	Canon	BlackBerry	salesforce
30	CRAY	PHILIPS	NEC	CORNING	HITACHI

출처: 정보통신기술진흥센터, 2015, 주간기술동향 2015년 6월 17일

위에서 언급한 중국 ICT 기업들은 아직 설립된 지 20년이 안 된 기업들이라는 점은 주목할 만하다. 알리바바는 1999년에 설립되었고, 텐센트는 1998년, 바이두는 2000년에 설립되었다. 샤오미의 경우에는 2000년에 설립되었다. 위에서 지적한 것과 같이 중국 ICT 기업들은 중국 내 시장과 생산자원을 바탕으로 짧은 역사에도 불구하고 세계 시장에 도전할 수 있는 역량을 키울 수 있었다. 중국 ICT 기업의 세계 시장 도전 및 성공은 중국 내에서 20~30대를 중심으로 창업 붐을 확산시키고 있다(오종혁 외, 2015).

셋째, 중국 정부의 ICT 관련 정책들이다. 중국 정부는 ICT를 중국의 경제 및 사회 전 범위에 영향을 끼칠 수 있는 기술로 간주하고 있다. 이에 따라서 범국가 전략으로써 정보화 사업을 추진하고 있다. 중국의 정보화 전략은 10년 이상의 장기 계획을 토대로 하고 있으며 이를 기초로 하여 작성된 5년 내의 중기 계획과 이를 세분화시킨 단기 산업별 정책으로 구성된다(정보통신기술진흥센터, 2014). 정책심의기구인 중국공산당중앙위원회와 최고 국가행정기관인 국무원이 주도하여 2005년에 발표한 '2006~2020년 국가정보화발전전략'은 장기 전략으로서 현재까지 중국 ICT 정책의 근간이 되고 있다. 이 전략에서는 중국 정보화의 문제점으로서 ICT 분야의 혁신역량 부족, 핵심기술 및 주요 설비의 수입의존성 등을 지적하고 있다. 이에 대한 전략 목표로서는 종합적 정보통신기반 구축, ICT 기술의 주체적인 발전과 혁신 능력 강화, ICT 산업구조의 전면적 업그레이드 등을 제시하고 있다(유은재, 2006).

2011년 3월 발표된 '국민경제와 사회발전 12차 5개년 규획강요'는 중국 경제 전반에 걸친 5년간 청사진을 제시하고 있지만 한편으로는 2006~2020년 국가정보화발전전략을 바탕으로 한 중기 전략을 제시하는 역할을 한다. '국민경제와 사회발전 12차 5개년 규획강요'에서는 '제조업 고도화', '전략적 신흥산업 육성 및 활성화, 정보화 수준 향상' 등 장절에서 IT 관련 내용을 다루고 있다(모영주 외, 2011).

2006~2020년 국가정보화 발전전략과 국민경제와 사회발전 12차 5개년 규획강요를 바탕으로 하여 중국 정부는 ICT 분야별 특화 정책을 수립·시행하고 있는 중이다. 이 중 2013년에 발표한 '중점업종기업 합병 구조조정 가속화에 관한 지도의견'에서는 구조조정을 통하여 핵심기술과 국제적인 인지도, 세계 시장에서 경쟁할 수 있는 ICT 기업을 육성하려는 목표를 제시하고 있다(김성옥·공영일, 2013). 중국정부는 ICT 진흥 정책뿐만 아니라 외국 기업에 대한 투자 제한, 국내 시장 보호 정책 등 외국 기업에 대한 규제를 통해서 자국 기업이 중국 내에서 성장할 시간을 확보해 주고 있다.

앞에서 지적한 중국의 거대한 내수시장, 이를 바탕으로 한 활발한 창업과 세계시장 도전, 중국 정부의 적극적인 ICT 정책 등은 중국이 짧은 시간 안에 중국이 ICT 부문에서 미국에 이어 세계 2위가 될 수 있었던 중요 요인들이라고 할 수 있다. 이 장의 목적은 중국 ICT 성장 요인들에 대해서 개괄적인 수준에서 파악하고 향후 필요한 연구문제와 주제들을 도출하기 위한 것이다. 이를 위해서 이후 전개는 다음과 같이 이루어진다. 우선 중국 시장에 대해서는 앞의 소개로 대신한다. 거대 시장인 중국에 대해서는 이전부터 각종 연구에서 관심 있게 다루어졌으며 활용가치 높은 자료들이 인터넷과 서적, 연구보고서 등에 존재하기 때문이다. 중국 ICT 기업에 대해서는 글로벌 기업과 스타트업을 다룰 것이다. 중국뿐만 아니라 세계적으로 화제가 되고 있는 텐센트, 알리바바, 바이두, 샤오미 등에 대해서 간략하게 소개하고자 한다. 이어서 중국의 ICT 관련 창업 및 혁신을 소개하기 위해서 중관춘, 선전, 상하이에 대하여 개괄적으로 다루고자 한다. 마지막으로 중국 ICT 관련 정부조직과 정책을 소개한다. 결론으로서는 앞에서 소개한 내용을 정리하고 향후 한중 협력이 나아가야 할 방향에 대해서 대략적으로 제시하고자 한다. 또한 앞으로 진행될 연구 방향에 대해서도 제시하고자 한다.

2. 중국 ICT 주요 기업

1) 텐센트

텐센트는 중국의 인터넷 서비스 및 게임 서비스 전문 기업이다. 1998년 11월 중국 선전에서 마화텅(馬化騰), 빅 리(Vic Lee)가 공동으로 설립하였다. 텐센트는 PC용 인스턴트 메시지 서비스인 QQ를 기반으로 하고 있다. QQ는 엔지니어였던 마화텅이 ICQ라는 메신저 프로그램을 모방하여 개발한 것이다. 텐센트 창업 당시 이스라엘 스타트업이 개발한 ICQ라는 인스턴트 메신저 서비스가 인기를 얻고 있었고 마화텅은 이를 벤치마킹해 ICQ의 중국버전을 개발한 것이다. 마화텅은 기존 프로그램을 단순 모방하는 것에 그치지 않고 중국시장 상황에 맞게 소프트웨어를 변경함으로써 현재 중국인이 가장 많이 사용하는 인스턴트 메신저 서비스인 QQ를 개발할 수 있었다. 이후 텐센트는 2011년 모바일 메신저 위챗(Wechat) 서비스를 제공하는 등 중국 최대 메신저 서비스 사업자가 되었다. 2014년 6월 30일을 기준으로 QQ의 월활성사용자수(MAU)는 8억 2,930만 명이다. 이 가운데 모바일 등 스마트 디바이스로 접속하는 월활성사용자 수는 5억 2천만 명이며 모바일로 접속하는 사용자 수는 가파르게 늘어나고 있다.[1]

텐센트는 2002년 게임산업에 진출하였는데 '던전 앤 파이터'와 '크로스파이어' 등 해외 유수의 게임들을 중국에 퍼블리싱했고, 이를 바탕으로 중국 인터넷 게임업계 1위로 성장했다. 2014년을 기준으로 2014년 전 세계 게임시장의 규모는 836억 달러이고 텐센트는 2014년 72억 1,100만 달러의 매출을 기록하며 홀로 전 세계 게임매출의 8.6%를 차지하며 2013년에 이어서 전 세계 게임 매출 1위를 달성하고 있다.[2]

---

1 http://www.bloter.net/archives/213241.

2 http://www.thisisgame.com/webzine/news/nboard/4/?n=58548.

〈그림 3-3〉 2011~2014년 게임 매출 현황

단위: 백만 달러

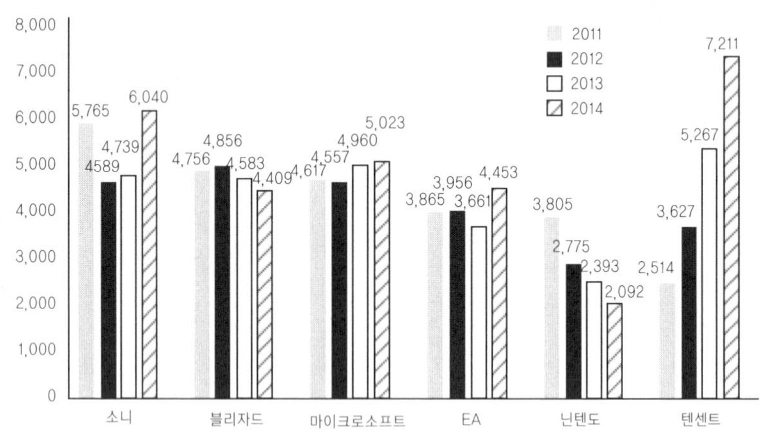

출처: http://www.newzoo.com 편집.

텐센트 서비스의 대부분은 인스턴트 메신저 QQ의 파생상품이다. 모든 서비스는 QQ의 네트워크 파워에 기대어 성장하는 것이다. 이는 QQ의 사용자를 흡수해 부가적인 수익 모델을 덧붙이는 방식이다.[3] 이러한 서비스 방식을 VAS(*Value Add Service*)라고 하는데 텐센트 전체 매출의 80%가 VAS로부터 창출되고 있다(배명환 외, 2015). 2014년 2분기 VAS 매출은 157억 1,300만 위안으로 한화로 2조 8,394억 원에 이르렀다. 텐센트는 자사의 메신저, 포털, 게임 플랫폼 접근을 무료로 제공하면서 Q존, QQ멤버십, QQ쇼, QQ뮤직, QQ라이브, QQ러브, QQ데이팅, 게임코인 결제 등 부가 서비스 사용을 제공하여 수익을 창출하는 것이다.

현재 텐센트는 게임, 포털, 검색, 전자상거래, 블로그, 이메일, SNS, 엔터테인먼트 사업 등 전 분야로 사업 영역을 넓혀 가고 있다. 텐센트의 사업 확장은 중국의 인터넷 플러스 정책과 맥이 닿아 있다. 인터넷 플러스란 2015년 3월 개최된 양회에서 리커창 총리가 제시한 개념

3 http://www.bloter.net/archives/213241.

으로 모바일 인터넷과 클라우드 컴퓨팅, 빅데이터, 사물인터넷을 전통 산업과 융화시켜 산업 구조전환과 업그레이드를 도모하는 전략이다.[4] 텐센트가 최근 주최한 2015 인터넷 플러스 중국 컨퍼런스에서 마화텅은 향후 3가지 방면에서 인터넷 플러스 전략을 펼칠 것이라고 밝혔다. 우선은 스마트 도시 서비스 구축의 일환으로서 모바일 메신저인 위챗에 교통국과 시청의 민원 기능을 추가함으로서 사용자가 하여금 직접 방문해서 처리하는 불편함을 해소하겠다고 밝혔다. 세부적으로는 세금 및 범칙금 납부, 교통 티켓 예약, 공공민원서비스 등을 위챗 플랫폼에서 처리가 가능하게 할 예정이다. 또한 다양한 정부 관리 업무를 도울 수 있도록 텐센트에서 클라우드 컴퓨팅을 제공할 예정이다. 마지막으로 인터넷 플러스 창업센터를 설립하여 텐센트 상품과 인터넷 플러스가 각 산업에 사용될 방안을 모색하는 프로젝트를 추진할 것이라고 밝혔다.[5]

마화텅은 최근 중국청년공산당연맹 부주석에 취임했다. 이 조직은 공산당 산하 30~40대 중심 전문가 집단으로, 중앙조직을 측면 지원하는 역할을 담당한다. 이러한 정치 행보는 중국 정부가 추진 중인 인터넷 플러스 플랜을 텐센트가 주도하기 위한 초석이 될 것이라고 분석이 제시되고 있다.[6]

2) 알리바바

1999년에 마윈(馬雲)에 의해서 설립된 알리바바는 중국 내 최대 온라인 유통 사업자이다. 알리바바닷컴(B2B, 1999)은 사업자와 사업자 간의 전자거래 사이트이다. 18명으로 설립된 알리바바는 현재 전 세계

4 http://www.viva100.com/main/view.php?key=20150715010003207.

5 http://duduchina.co.kr/?p=84876.

6 http://www.econovill.com/news/articleView.html?idxno=255318.

에서 직원 2만 5천 명을 둔 알리바바 그룹으로 성장하였다. 세계 최대 온라인 상거래 기업으로 평가받았던 알리바바는 2014년 9월 19일 뉴욕 증권거래소(NYSE)에 상장하였다. 상장 첫날 알리바바 주식은 공모가(68달러)보다 38.1% 높은 93.89달러에 첫날 거래를 마감했으며, 시가총액은 단숨에 2,314억 4천만 달러(241조 6천억 원)로 뛰어 페이스북(2,026억 7천만 달러)과 삼성전자(178조 2천억 원)를 단숨에 제쳤다. 2015년 10월 29일까지도 알리바바의 주식은 주당 82.35달러에 거래되고 있으며 시가총액은 1,982억 4천만 달러를 유지하고 있다.[7]

알리바바 그룹의 계열사로는 70%가 넘는 중국 C2C시장 점유율을 확보하고 있는 타오바오 마켓 플레이스, 브랜드 제품을 판매하는 티몰닷컴, 종합적인 쇼핑 서치 엔진인 eTao, 소형기업을 대상으로 해외와 국내 무역을 알선하는 유수 B2B 시장인 알리바바닷컴 인터내셔널과 알리바바닷컴 차이나 등이 있다.[8] 2010년에는 Group Buying 서비스인 쥐화수안과 해외 이용자들이 물품을 구매할 수 있는 알리익스프레스를 런칭했다. 최근인 2014년 6월에는 초대받은 사람만 이용할 수 있는 비공개 쇼핑몰인 11main을 미국에 런칭했다.[9] 〈그림 3-4〉는 알리바바 그룹의 주요 서비스 및 서비스 출시 시점을 정리한 것이다.

현재 알리바바는 결제서비스, 배송추적 시스템 등과 같이 공급·판매·배송망까지 아우르는 다양한 서비스를 제공하는 등 E-Commerce를 기반을 두고 관련 사업에 진출하고 있으며 전체 매출액의 약 90%를 국내외 전자상거래 사업으로부터 창출하고 있다(배명환 외, 2015).

향후 알리바바는 ① 해외시장 확대, ② 금융시장 및 콘텐츠 시장 역량 강화, ③ 물류 배송 역량 강화, ④ O2O(*Online to Offline*) 상거래 확충을 추진해나갈 것으로 보인다.

---

7 https://www.nyse.com/quote/XNYS:BABA.

8 http://kr.people.com.cn/203092/206142/8244749.html.

9 http://verticalplatform.kr/archives/3687.

〈그림 3-4〉 알리바바 그룹의 주요 서비스 및 출시 시점

출처: https://www.sec.gov.

해외시장 확대를 위해서는 알리바바 그룹에서 제공하는 온라인 상거래 플랫폼에 더 많은 지역의 판매자와 구매자가 참여하고 참여자들 사이에 알리페이 등 알리바바에서 제공하는 결제 서비스가 이용될 수 있게 할 것이다.

금융 시장 및 콘텐츠 시장 역량 확대를 위해서는 2013년 6월 알리바바는 자사 결제서비스 알리페이 계정에 남아있는 고객의 여유자금을 중국의 텐홍자산운용이 위탁·운용하여 수익을 창출하는 상품인 '위어바오'를 출시하였으며, 2014년 10월에는 알리페이를 중심으로 개인 은행, 인터넷 쇼핑몰에 출점하는 중소 사업자들을 위한 소액 대출 서비스 등 금융 사업을 전담하는 '앤트 파이낸셜 서비스 그룹'을 설립하는 등 인터넷 금융 사업부문 확장에도 노력을 기울이고 있다(배명환 외, 2015). 콘텐츠 시장 역량 강화를 위해서는 5조 원을 들여 중국 최대 동영상 사이트 요쿠투도우 지분을 전량 매입을 시도하고 있다. 이에 앞서서는 스마트TV를 통한 동영상 스트리밍 사업에도 뛰어들었다. 2015년 9월부터 중국 내 스마트TV 이용자를 대상으로 무제한 동영상 스트리밍 서비스 티몰 박스오피스(TBO) 베타서비스를 시작하고 있다.[10] 이외에도 콘텐츠 확보에도 노력하고 있는데 알리바바의 자회사인 영화제작사 알리바바픽처스는 할리우드 블록버스터 〈미션 임파서블: 로그네이션〉을 공동제작하였다. 김수현이 주연을 맡은 영화 〈리얼〉에 대한 투자, 한중합작드라마 세기의 커플에 대한 투자 등도 콘텐츠를 확보하려는 움직임이다.[11]

물류배송 역량 강화를 위해서는 알리바바는 2013년 1월 10년간 물류 네트워크 개선을 위해 1천억 위안을 투자할 계획을 발표했다. 2013년 6월에는 마윈 회장이 CEO직에서 은퇴하면서 물류 네트워크 구축을 위해 합작 회사인 Cainiao Network를 설립했다.[12]

---

10 http://news.mk.co.kr/newsRead.php?no=993714&year=2015.

11 http://news.mt.co.kr/mtview.php?no=2015101311043344992

〈표 3-1〉 2015년 알리바바 그룹 사업 주요 확장 내역

업종	내용
인터넷 쇼핑	타오바오, 티몰 운영
모바일 결제	알리페이 운영
스마트폰 결제*	스마트폰 제조업제 메이주에 6천억 원 투자
은행*	인터넷 전문 은행 마이뱅크 설립
유통*	수닝(중국판 하이마트) 지분 5조 원에 인수
스포츠*	스포츠 기업 신설, 스포츠 미디어 운영, 티켓 판매 (2014년 광저우헝다 지분 50% 인수)
동영상*	동영상 스트리밍 서비스 TBO 시범 운영 동영상 사이트 요쿠 지분 매입 계획 발표

출처: http://news.mk.co.kr/newsRead.php?no=993714&year=2015.
* 2015년 새로 투자한 분야.

O2O 상거래 확충을 위해서는 중국 내 백화점 체인과 제휴하여 온라인 몰에서 상품을 구입 후 오프라인에서 수령해 가는 서비스 등이 검토되고 있다. 〈표 3-1〉은 2015년 알리바바의 사업 확장 내역을 정리한 것이다.

3) 바이두

바이두는 2000년 베이징시 중관춘에서 리옌훙(李彦宏), 에릭 쑤(Eric Xu, 徐勇)에 의해 공동으로 설립되었다. 리옌훙은 뉴욕주립대학에서 컴퓨터 과학 석사학위를 취득하고 1997년부터 구글 산하 검색엔진 개발을 맡던 인포시크(Infoseek)란 회사에서 엔지니어로 일한다.[13] 2000년에 중국으로 돌아와 바이두를 설립한 후 1년 뒤인 2001년 9월에 중국의 검색엔진 바이두닷컴이 서비스를 개시하였다. 바이두는 검색서비스를 시작한 지 3년 만에 흑자로 돌아섰고 곧바로 미국 시장 기업

12 http://verticalplatform.kr/archives/3687.

13 http://superich.heraldcorp.com/superich/view.php?ud=20150902001258&sec=01-74-07.

공개(IPO) 준비하였다. 2005년 8월 5일 바이두는 성공적으로 기업공개를 마무리하였다. 당시 바이두는 40억 달러, 우리 돈 4조 원에 이르는 기업으로 가치를 평가받았다.[14]

바이두는 계속 발전하여 2014년을 기준으로 138개 국가의 네티즌이 바이두를 통해 정보를 탐색한다. 매일 50억 번의 검색 요구가 발생하고 중국 검색시장의 75%의 점유한다. PC만을 기준으로 하였을 때 모든 중국인이 매일 평균 10회 바이두를 사용하고 있다.[15] 이러한 바이두의 독점적 지위는 구글마저도 2010년 중국 시장에서 철수하게 한다.

이처럼 바이두는 중국 최대 검색서비스 사업자로 이미지, 뉴스, 지도 등의 검색기능을 비롯해 검색 서비스 내 커뮤니티 서비스를 제공하는 등 검색서비스를 기반으로 성장한 회사다. 현재 바이두는 전체 매출액의 약 99%를 온라인 마케팅 서비스로부터 거두고 있으며, 약 30만 개가 넘는 제휴 사이트를 통해 마케팅과 광고사업을 추진하고 있는 등

〈그림 3-5〉 2014년 글로벌 검색 시장 점유율(데스크탑 기준)

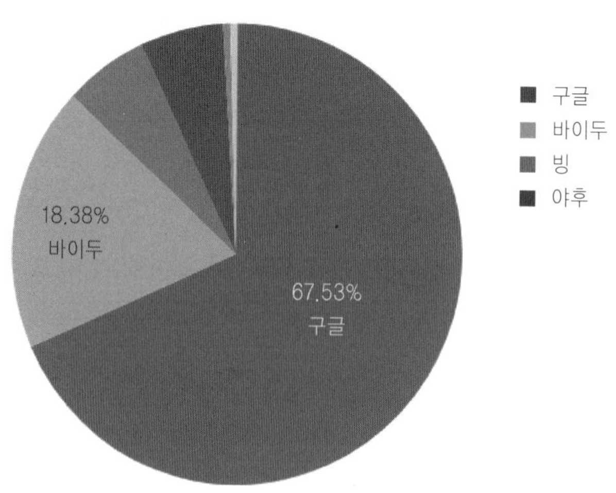

출처: https://netmarketshare.com.

14 http://www.bloter.net/archives/214886.

15 http://www.keyplatform.or.kr/topicArticleView.html?no=20140429164970229O9.

〈표 3-2〉 바이두 주요 서비스 영역

구분	사업부문	사업명
1	검색엔진	바이두
2	전자지도	바이두 티투
3	클라우드 서비스	바이두 윈왕판
4	온라인 위키	바이두바이커
5	무인주행	무인자동차
6	웨어러블	바이두 아이, 바이두 젓가락
7	온라인 결제	바이두 월렛
8	빅데이터 서비스	바이두 상정
9	LBS 서비스	바이두 션비엔
10	인터넷금융	바이파
11	게임	바이두 모바일게임
12	앱 로컬마켓	바이두 모바일 어시스턴트

출처: 배명환 외, 2015.

중국 내 인터넷 광고시장에서 독점적 지위를 누리고 있다(배명환 외, 2015).

글로벌 검색 시장에서 바이두는 구글과도 경쟁 구도를 형성할 수 있는 유일한 검색 엔진이다. 시장 조사업체 넷마켓쉐어(netmarketshare)에서 제공하는 2014년 글로벌 점유율 조사(데스크톱PC 기준)에서 구글 외에 유일하게 바이두만이 10% 이상의 점유율을 보이고 있다.

바이두는 검색서비스만을 제공하는 데 만족하지 않고 다양한 사업영역을 개척하고 있다. 〈표 3-2〉는 바이두의 주요 서비스 영역을 정리한 것이다.

향후 바이두는 O2O 분야에 집중할 것으로 보인다. 리옌훙 바이두 최고경영자가 2015년 9월 8일 베이징에서 열린 바이두 연례회의에서 회사의 최우선 사업은 O2O라고 발표했으며 서비스 및 소매시장에서의 수익이 검색 광고 수익을 뛰어넘는 시기가 올 것이라며 O2O 사업의 중요성을 강조했다.[16] 바이두는 이미 소셜커머스 바이두 누오미(糯米)와 음식배달앱 바이두 와이마이(外賣), 온라인여행사이트 취날(去哪儿)

를 두고 O2O 사업 확장에 주력하고 있다. 2015년 7월에 발표한 2분기 실적 보고에서는 바이두의 O2O 거래액이 405억 위안으로 전년 동기 대비 109% 증가한 결과를 발표하였다.[17] 또한 2015년 10월에는 자국에서 축적한 모바일 및 O2O 서비스 기반을 토대로 브라질, 인도 등 해외시장에 진출할 것을 선언하였다.[18]

4) 샤오미

샤오미테크(小米科技)는 레이쥔(雷軍)에 의해 2010년 설립된 휴대전화 생산업체이다. 레이쥔은 샤오미 설립 이전에도 성공한 벤처 기업가였다. 레이쥔은 1992년 킹소프트(Kingsoft, 金山軟體)의 창업 멤버로 CEO를 역임했다. 그가 CEO로 있는 동안 킹소프트는 정보보안, 오피스 소프트웨어, 온라인 게임 분야 등으로 다양하게 사업 분야를 확장하였으며 더불어 홍콩증시에 성공적으로 상장하였다. 이후 레이쥔은 킹소프트 CEO를 사임하고 샤오미를 설립한다. 초기 샤오미는 애플의 아이폰 디자인을 그대로 베낀 카피캣(*copy cat*)으로 유명하였다. 레이쥔이 신제품을 소개할 때 스티브 잡스와 유사한 복장을 입는 것으로 구설에 오르기도 했으며 샤오미 신제품 발표회에서는 'One more thing….'(하나 더)라는 애플이 신제품을 소개할 때 특징적으로 사용하는 멘트를 가져다 사용하기도 하였다.

애플을 모방한다고 알려져 있지만 스마트폰에 대한 샤오미의 접근 방식은 애플보다는 구글에 가깝다고 할 수 있다. 구글과 마찬가지로 샤오미 역시 소프트웨어를 기반으로 하는 기업이다. 스마트폰을 개발할

---

16 http://biz.chosun.com/site/data/html_dir/2015/09/15/2015091503677.html?right_ju.

17 http://platum.kr/archives/43697.

18 http://www.techm.kr/home/bbs/board.php?bo_table=issue&wr_id=715&page=3.

〈그림 3-6〉 2013-2015년 1분기 중국 내 스마트폰 점유율

단위: %

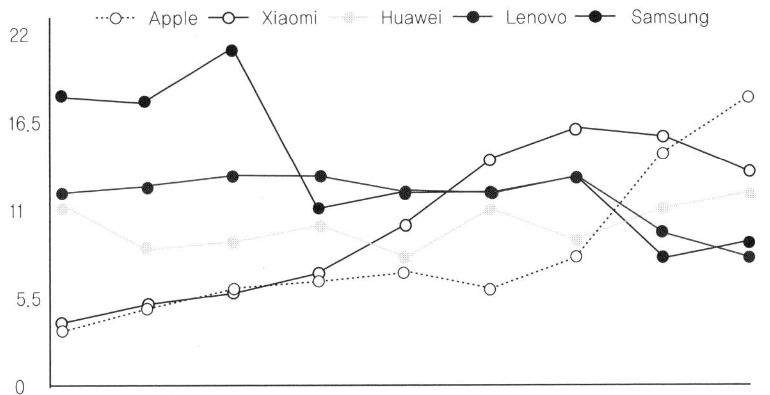

출처: http://www.itcle.com.

〈표 3-3〉 2015년도 1, 2분기 중국 내 스마트폰 점유율

단위: %

스마트폰 점유율	2015년 2분기	2015년 1분기
Xiaomi	15.8	13.5
Huawei	15.4	10.8
Apple	12.2	17.8
Vivo	8.1	7.4
Others	48.5	50.5
합계	100.0	100.0

출처: http://www.counterpointresearch.com/2q2015marketmonitorchina.

당시에도 구글과 마찬가지로 하드웨어보다는 소프트웨어를 먼저 개발하고 구글 안드로이드를 기반으로 하는 사용자 인터페이스를 만들었다.[19] 즉, 샤오미의 스마트폰인 Mi 1은 보다 운영체제인 MIUI가 먼저 탄생한 것이다. 샤오미의 스마트폰에 대한 접근 방식은 현재까지도 이어지고 있다. 샤오미는 미리 온라인으로 이용자들의 구매 신청을 받고, 스마트폰 생산을 완료하기 전에 운영체제(MIUI)를 먼저 배송한다. 인터넷으로 확보한 잠재적 고객들로부터 MIUI에 대해 꼼꼼히 피드백을 받은 뒤 최종 출시제품에 반영한다.[20] 샤오미는 가격 경쟁력을 확보하기 위해서 중국 내 스마트폰 제조 역량을 충분히 이용하고 온라인 유통과 SNS 마케팅 전략 추진을 통해 유통 비용 및 광고비용을 절감하였다. 또한 샤오미는 1년에 단 몇 개의 신제품만을 발표해 개발·제작 비용을 낮게 유지하는 대신 신제품의 품질을 개선함으로서 고성능 스마트폰을 차별화된 가격에 제공할 수 있었다. 이와 함께 샤오미만의 안드로이드 기반 OS MIUI를 개발하고 매주 사용자들의 사용 의견을 수렴·반영하여, 최상의 UX를 제공하도록 하였다. 이러한 노력의 결과로 샤오미는 중국 스마트폰 시장에서 2013년 4분기에 애플을 추월하였고 2014년도 2분기에는 삼성과 레노버를 제치면서 2014년 4분기까지 중국 내 스마트폰 점유율을 1위를 차지하였다.

이후 2015년도 1분기에는 아이폰 6와 6 플러스의 출시로 인하여 애플이 중국 시장에서 17.8%의 점유율을 차지하고 샤오미가 13.5%의 점유율을 차지하며 2위가 되었다. 하지만 2015년 2분기에는 다시 점유

19 http://kr.wsj.com/posts/2015/06/11/%EC%83%A4%EC%98%A4%EB%AF%B8-%ED%95%B4%EC%99%B8%EC%A7%84%EC%B6%9C2-%EB%8F%99%EB%82%A8%EC%95%84-%EC%9D%B4%EC%96%B4-%EC%9D%B8%EB%8F%84-%EB%B8%8C%EB%9D%BC%EC%A7%88%EC%84%9C-%EB%8F%8C%ED%92%8D-%EC%9D%B4/.

20 http://news.khan.co.kr/kh_news/khan_art_view.html?artid=201510151700321&code=970204.

율을 회복하여 중국 내 시장 점유율 1위를 달성하고 있는 상황이다.

최근 샤오미는 스마트폰에 이어 스마트홈, 모바일 헬스케어 사업, 스마트 가전 등 전 방위적인 사업 확장 움직임을 보이고 있다. 샤오미는 스마트TV, 밴드, 체중계, 공기청정기, 정수기, 액션캠, 멀티탭, 스마트 전구, 스마트 운동화, 소형 전동스쿠터(세그웨이), 고화질 텔레비전(UHD TV) 등 다방면에서 제품을 내놓고 있으며 향후 드론 사업에도 참여하겠다는 의지를 밝히고 있다. 각 제품은 파격적일 정도로 싼 가격에 공급되고 있다. 이는 샤오미가 스마트폰을 공급하였을 때와 유사한 전략으로 볼 수 있다. 제품을 판매해서 이익을 남기기보다는 샤오미 플랫폼으로 엮을 수 있는 제품을 다양하고 저렴하게 보급함으로서 향후 모바일 인터넷을 중심으로 각종 가전제품을 사물인터넷으로 연결하는 스마트홈 생태계를 구축하는 것이 가능할 것이다. 스마트홈 생태계 구축의 일환으로 앞서 샤오미는 중국 부동산업체 화룬완샹과 함께 스마트홈 플랫폼을 출시하였다. 또한 Mi 등 샤오미의 스마트폰을 통해 모두 유기적 제어가 가능한 스마트홈 세트를 2015년 1월에 공개하였다.[21]

3. 중국 ICT 혁신 클러스터

중국은 30여 년간 유지해 온 자본집중·저임금 정책이 한계에 달하면서 제조업 위기에 직면했다. 지난 연말과 올해 초 광둥, 저장 지역 전자업체가 연쇄도산하면서 위기가 현실화됐다.[22] 제조업의 위기에서 벗어나기 위해서 중국정부는 요소비용 우위를 기반으로 한 성장모델에서 과학기술 혁신형 발전모델로 전환을 추진하고 있다. 그 핵심 전략은 중국 제조 2025와 인터넷 플러스 정책이다. 두 정책은 기존 산업에 ICT

---

21 http://www.etnews.com/20150119000169?m=1.

22 http://www.etnews.com/20150901000046.

를 결합하여 시너지 효과를 내고자 한다. 이 전략은 제조업 고용 감소를 가져오게 되는데 중국 정부는 경제 활성화와 청년 취업난 해소를 위한 방안으로 창업을 적극 지원하고 있다.

중국 스타트업에 대한 투자는 창업이 활발하게 이루어질 수 있는 원천이 된다. 다우존스벤처소스에 따르면, 지난해 중국의 창업투자(벤처캐피털 투자 기준)는 146억 9,600만 달러(약 17조 4천억 원) 규모로 2013년보다 3.7배 늘어났고, 이 중 ICT 분야 투자 비중이 68.8%(101억 700만 달러)에 달했다. 성공한 ICT 대기업들의 투자는 중국 내 스타트업 활성화의 원천이 된다. 알리바바를 비롯해 바이두, 텐센트 등 엄청난 자금력을 확보한 ICT 대기업들이 새로운 동력을 찾기 위해 스타트업에 적극적으로 재투자하면서 선순환의 창업 생태계가 조성되고 있다.[23]

창업 관련 인프라 개선 및 정책적 지원 확대로 2014년에만 1,239만 개의 스타트업이 탄생하는 등 현재 중국에서는 창업이 급증하고 있다(대외경제정책연구원, 2015). 중국은 기업가치가 10억 달러(약 1조 1,700억 원) 이상인 비상장 스타트업을 의미하는 '유니콘'이 15개로 미국(69개) 다음으로 많다.[24] 중국 스타트업의 성공 사례는 중국의 우수한 인재들을 자극하고 있다. 창업의 질도 좋아지고 있는데 중국은 2012년을 전후하여 생계형 창업보다 부가가치가 높은 기회형 창업이 증가하고 있다(대외경제정책연구원, 2015).

칭화대 치디혁신연구원은 GRDP 1,200억 위안 이상의 154개 도시를 대상으로 정책지원, 산업발전, 연구개발, 인재, 금융 등 8개 분야를 평가하여 중국 혁신창업도시 순위를 선정한다. 베이징·선전·상하이는 중국 혁신창업도시 랭킹에서 1~3위를 차지하였다. 베이징의 중관춘

23 http://techm.kr/home/bbs/board.php?bo_table=cover&wr_id=322&page=3&mg_id=33.

24 http://techm.kr/home/bbs/board.php?bo_table=cover&wr_id=322&page=3&mg_id=33.

〈표 3-4〉 중국 혁신도시 순위

순위	도시	점수	지역
1	베이징(北京)	100.0	동부
2	상하이(上海)	90.7	동부
3	선전(深圳)	77.3	동부
4	광저우(广州)	66.6	동부
5	톈진(天津)	64.1	동부
6	쑤저우(苏州)	60.1	동부
7	항저우(杭州)	60.0	동부
8	우한(武汉)	59.2	중부
9	청두(成都)	57.2	서부
10	충칭(重庆)	56.9	서부

은 중국에서 벤처창업이 가장 활발하게 이뤄지는 지역으로, 2014년 중국 전체 창업투자 건수와 투자규모 대비 모두 1/3을 차지하고 있다. 선전시는 1990년 이후 다국적 ICT 제조기업의 이전과 더불어 로컬 ICT 기업의 성장, 독특한 샨자이(山寨) 문화로 인해 강력한 하드웨어 제조 기반을 보유하고 있어 전 세계 하드웨어 스타트업이 가장 주목하는 지역이다. 상하이는 베이징과 더불어 고급인력이 집중된 도시로, 2000년대 초반 해외파 고급 엔지니어와 관리자들이 대거 귀국하면서 ICT 분야의 창업이 증가하기 시작하였다(대외경제정책연구원, 2015).

여기에서는 베이징 중관춘, 선전시, 상하이를 중심으로 중국 ICT 혁신 클러스터에 대해서 살펴보고자 한다.

1) 중관춘

중국 베이징 북서부 하이뎬(海淀) 구에 위치한 총 면적 488㎢(1억 4,762만 평) 규모의 하이테크단지인 '중관춘'(中關村)은 '중국의 실리콘밸리'로 불린다.[25] 중관춘은 중국에서 벤처창업이 가장 활발하게 이뤄지는 지역으로, 2014년 중국 전체 창업투자 건수와 투자규모 대비 모두

〈그림 3-7〉 중관춘 위치

출처: http://www.hankyung.com/news/app/newsview.php?aid=2002110412051.

1/3을 차지하고 있다.

중관춘 지역이 클러스터로 모습을 갖추기 시작한 것은 1980년대 후반에 들어서이다. 그 이전의 모습은 1980년대 초반까지 대학이나 연구기관용으로 수입된 전자기기와 전자부품을 판매하는 점포가 모인 전기전자 전문상가의 집적지였다. 1988년 중국 최초의 하이테크산업 시험클러스터인 '베이징시 신기술산업개발 시험클러스터'의 설립은 중관춘이 전기전자 전문상가지역에서 클러스터로 변모하는 결정적인 계기가 되었다. 같은 해 과학기술 산업화를 촉진하는 '화거계획 사무국'이 설립되면서 인큐베이팅센터 설립, 기술금융서비스 도입 등 창업 기반이 조성되었다. 1988년 당시 베이징시 신기술산업개발 시험클러스터 내 기업 수는 5백 개 정도였으나, 5년 후인 1993년에는 약 3천 7백 개, 1998년 약 4천 5백 개로 입주 기업이 급속하게 증가하였다. 입주 기업이 증가하고 1993년에 대표적인 벤처캐피털 IDG가 중국에 진출하면서 중관춘에 기술창업에 대한 투자가 점차 활성화되기 시작하였다. 국무

25 http://www.edaily.co.kr/news/NewsRead.edy?SCD=JE41&newsid=01662966606321472&DCD=A00504&OutLnkChk=Y.

원은 1999년 중관춘을 과학원구로, 2009년에는 국가 자주혁신시범구로 지정하면서, 기술을 바탕으로 하는 혁신창업의 중심지로 거듭나게 되었다. 정책적인 지원과 자금이 중관춘에 집중되면서 창업하기에 유리한 환경이 조성되었고, 2013년에는 약 2만여 개의 하이테크 기업이 중관춘에 입주하였으며 중관춘의 432개 스타트업에 133억 1천만 위안의 창업 투자가 이루어졌다.

16개 단지로 구성된 중관춘은 핵심 혁신창업 지역인 하이뎬(海淀) 단지를 축으로 베이징 전역에 분포해 있으며, 북부지역의 R&D기지 및 하이테크 산업단지와 남부지역의 제조 및 신산업 단지로 형성되어 있다. 중관춘 클러스터는 중국 최대 규모의 하이테크산업 클러스터로 2010년을 기준으로 중국 하이테크산업 클러스터의 총수입 16.4%, 기업 수 30.4%, 종업원 수 13.5%, 공업생산액 6.6%, 이윤 17.7%, 세수 15.4% 그리고 수출액 9.2%을 차지하고 있다. 중관춘 클러스터의 총수입과 이윤의 규모는 중국 하이테크산업 클러스터 전체의 6분의 1에 해당한다(첨군, 2012; 조성의, 2014; 대외정책연구소, 2015).

중관춘 지역은 대학을 배경으로 성장하였다 해도 과언이 아닐 정도

〈그림 3-8〉 중관춘 혁신 생태계

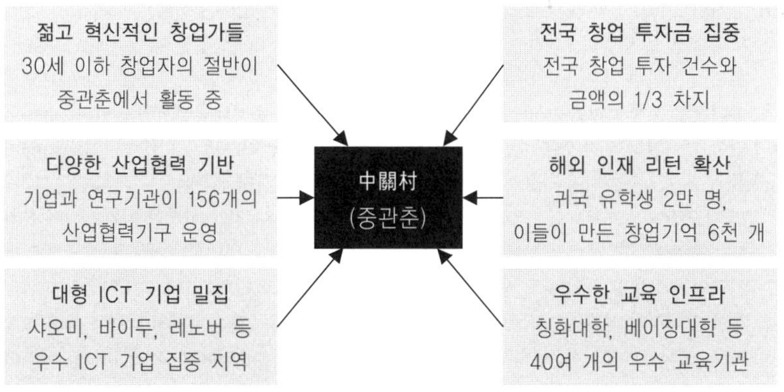

출처: KT 경제경영연구소, 2015.

로 대학의 수가 많고 활동이 적극적이다. 이 지역에는 베이징대학교, 칭화대학교, 중국인민대학교 등 중국 최고의 명문대학을 포함해 약 40여 개의 고등교육기관이 있고 재학생 수만 40만 명에 달한다. 또한 중국 과학원을 비롯한 국공립 연구기관이 2백 개 넘게 입지해 있다. 대학 자체 과학기술원이 24개 운영되고 있으며 대학지주회사의 자회사나 대학 과학기술원에 입주해 있는 대학 관련 기업만 해도 수백 개를 넘는다. 중관춘 지역의 대학들은 대학 기업의 설립과 운영하는 동시에 직접 투자자로서 역할도 수행한다. 또한 대학에서 과학기술원을 운영하여 창업기업가를 양성하며 지식 교류 중개기관으로서 역할을 한다(조성의, 2014).

2) 선 전

1979년 중국 최초의 특구로 지정된 선전시는 중앙정부의 개혁개방정책에 힘입어 외자 유입과 민간기업 발전이 가장 두드러진 지역이며, 저렴한 노동력과 토지를 활용한 전자제품 제조, 가공무역 관련 기업이 빠른 속도로 증가하였다. 선전시는 1990년 이후 다국적 ICT 제조기업의 이전과 더불어 로컬 ICT 기업의 성장, 독특한 샨자이(山寨) 문화[26]로

26 샨자이(山寨)는 원래 중국 소설인 수호전에 등장하는 영웅들이 양산박에 모여 만든 '산적들의 소굴'을 뜻한다. 하지만 이 단어가 중국에서 모방과 복제현상의 또 다른 대명사로 사용되기 시작한 것은 2000년대 중반 광둥성(廣東省)에 밀집해 있는 중소업체들이 브랜드 휴대폰을 모방 복제하여 양질의 저가 휴대폰을 대량으로 출시되면서 비롯되었다. 유사한 단어로 어원상 훔친 판본'이란 뜻 '다오반'(盜版)이 있다. 다오반은 콘텐츠나 소프트웨어를 무단으로 복제하여 사용하거나 판매하는 현상을 가리킨다. 명확하게 구분되지는 않지만 다오반이 소프트웨어, 콘텐츠를 무단으로 복제하여 사용하는 현장을 가리킨다면 샨자이는 하드웨어 부문에서 모방복제를 가리키는 경향이 있다. 또한 다오반은 단순 복제라면 샨자이는 모방을 하되 어느 정도의 창의성이 첨가되었다고 인식되고 있다. 더불어 중국인들 사이에서는 샨자이는 기존 해외 브랜드의 독점적인 지위에 도전하여 모방과 복제를 토대로 중화민족주의적 요소가 가미된 새로운 형태의 상품이라고 받아들여진다(http://www.pressian.com/news/article.html?no=58615, http://www.etnews.com/200906100059).

인해 강력한 하드웨어 제조기반을 보유하고 있다.[27] PC용 메인보드, 그래픽카드 대부분은 선전에서 생산한다. 스마트폰과 PC 등 완제품 기업들도 대부분 선전에 공장을 두고 있다. 화웨이나 레노버도 선전에서 제품을 생산하는 대표적인 기업이다(대외경제정책연구소, 2015).

현재 선전 지역은 20여 년에 걸쳐 구축된 제조 인프라를 토대로 중국과 세계의 IoT 하드웨어 분야를 선도하는 중심지로 자리매김하며 하드웨어의 실리콘밸리라고 불리고 있다. 선전에는 대규모 공장뿐만 아니라 산업 디자인, 기구 설계와 전자회로 설계를 아웃소싱할 수 있는 수십, 수백 개의 디자인 하우스가 있다.[28] 다수 존재하는 소규모 공장형 기업에서는 최소 10개에서부터 1만 개까지 저렴한 가격으로 부품 및 제

〈그림 3-9〉 선전시 위치

출처: http://book.interpark.com/blog/blogfiles/userblogfile/2/2012/09/24/13/mer0329_8333171226.jpg.

27 대외경제정책연구원, 2015, 중국 주요지역의 ICT 창업환경 분석, 중국 권역별·성별 기초자료.

28 http://platum.kr/archives/45943.

품을 생산할 수 있어 하드웨어 스타트업이 시제품을 만들기에 용의한 환경이다. 이러한 선전의 하드웨어 환경은 샤오미와 메이주를 비롯한 유수의 하드웨어 스타트업들을 탄생시키는 발판이 되어 왔고, 미래의의 제조 스타트업을 키우는 토대가 되고 있다.

선전의 주요 강점은 다음과 같다. 첫 번째로 세계최대의 전자부품상가인 화창베이상가의 존재다. 화창베이 전자상가는 지나치게 넓고 부품의 종류가 너무 다양하다는 것이 오히려 단점으로 지적될 정도로 큰 규모와 다양성을 가지고 있다. 화창베이의 웹 사이트에서 부품을 검색하면, 해당 부품을 판매하는 점포의 건물과 호수가 쏟아져 나온다. 대부분의 개발 보드나 부품을 한국 시가의 반값 이내로 구입할 수 있다.[29] 다른 나라에서는 구하기도 어렵고 배송받는 데 몇 주씩 걸리는 부품을 바로 사거나 몇 시간 안에 배송받는 일도 가능하다. 그렇기 때문에 다양한 부품을 써서 여러 가지 시도를 빠르게 해 볼 수 있다.

두 번째로 수많은 공장의 존재다. 작은 가내수공업식의 공장부터 아이폰을 만드는 세계 최대의 전자제품주문제작 공장(ODM)인 폭스콘이

〈그림 3-10〉 화창베이 전자상가

출처: http://platum.kr/archives/37412.

29 http://platum.kr/archives/35664.

나 콴타 같은 회사들이 산재해 있다. 이런 공장들은 작은 스타트업에도 열려 있다. 스타 프로토타입(Star Prototype)과 같은 회사는 작은 수량에도 대응하며 해외 클라이언트에게 적극적으로 대응한다.[30]

세 번째로 선전은 글로벌 물류거점이라는 점이다. 폭스콘 등에서 만든 아이폰, 아이패드, 맥북 등을 전 세계로 배송하면서 자연스럽게 글로벌 물류거점이 됐다(대외정책연구소, 2015).

3) 상하이

상하이의 토지면적은 6,340.5㎢로 중국 전체 영토의 0.06%에 지나지 않으나 국가 재정수입에서 상하이가 차지하는 비중은 전 중국의 1/8 수준이며, 항만 수출입은 1/4을 차지하고 있는 중국의 주요 경제도시이다(정보통신정책연구원, 2013). 상하이는 베이징과 더불어 고급인력이 집중된 도시로, 2000년대 초반 해외파 고급 엔지니어와 관리자들이 대거 귀국하면서 ICT 분야의 창업이 증가하기 시작하였다. 상하이는 실용주의적 사고방식과 수익성을 중시하는 경향이 있어 ICT 분야의 창업에 있어서도 게임과 같이 수익모델이 확실한 분야에 집중되는 경향을 보인다(대외정책연구원, 2015). '장지앙 문화기술 산업 클러스터'와 같은 경우 만화, 게임, TV, 영화, 촬영 후 서비스 등과 관련된 기업이 밀집해 있어 전체 중국 게임 소프트웨어 생산량의 70%가 이곳에서 생산되고 있다(정보통신정책연구원, 2013).

상하이는 베이징, 톈진, 총칭과 함께 중국의 4개 직할시 중 하나여서 지방정부가 산업 계획에 있어 주도적인 역할을 담당하고 있다. 예를 들면 2015년 5월에 상하이시는 세계적으로 영향력 있는 과학기술혁신센터 건설에 관한 의견을 발표하였다. 이 의견에 따르면, 상하이시는 창업과 혁신을 지원하기 위해 혁신·창업인재 유치, 혁신·창업 환경 조

---

30 http://platum.kr/archives/35664.

〈그림 3-11〉 상하이 위치

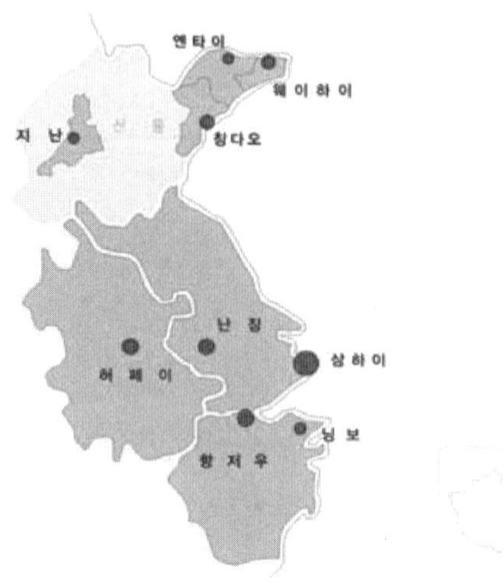

출처: 김수찬 외, 2015.

성, 대중창업공간 육성, 창업 인큐베이터 개선 등 관련 조치를 대거 시행할 계획이다. 이러한 조치를 통해 혁신경제를 제약하는 4대 문제, 기술혁신 성과전환의 어려움, 혁신기업 자금조달난, 중소기업 창업난, 지식재산권 보호 문제를 해결하는 데 역점을 두고 있다.[31]

또한 2015년 6월 상하이 인력자원사회보장국 주해양 국장은 경쟁력을 갖춘 인재유치제도 실시하고 유연성 있는 인재관리시스템을 건립하여 인재들이 창업을 할 수 있는 종합적인 환경 조성을 하겠다고 밝혔다. 이는 상하이의 글로벌 경쟁력을 유지하기 위한 중요한 요소 중 하나가 인재 유치라는 인식에서 비롯되었다. 향후 창업 인재, 창업투자 관리운용 인재, 과학기술 및 기능 인재, 혁신창업 중개서비스 인재 등에 대해서 거주증을 상하이 호구로 바꾸는 기간을 7년에서 2~5년으로 줄일 예정이다. 그리고 더욱 개방적이고 효율적인 해외인재 유치 정책을 시행할 예정인데 적지 않은 부분은 중앙 정부의 지지가 필요하지만,

31 http://csf.kiep.go.kr/news/M001000000/view.do?articleId=13791.

일부 조치들은 상하이 지방정부가 우선적으로 시행할 예정이다.[32]

4. 중국의 ICT 관련 정부 조직 및 정책

1) ICT 관련 정부 조직

중국 ICT 산업에 관련된 중국 정부의 특징은 우선 중국 정부가 정책과 규제를 통해서 주도권을 행사하고 있다는 점이다. 다음으로 조직 형태의 특징으로서 각 분야별로 분업 방식을 택하고 있다는 점이다. 정보통신 정책 및 규제는 공업신식화부가 담당하고 있으며 방송 정책 및 규제는 국가신문출판광전총국이 담당하고 있다. 콘텐츠 부문에서의 정책과 규제는 문화부가 담당하고 있다. 인터넷의 경우에는 국가인터넷판공실을 중심으로 공업신식화부, 광전총국, 문화부 등이 소관업무를 분담하여 합동으로 규제하는 방식을 채택하고 있다.

정보통신 정책 분야 안에서도 역할이 분업화되어 있다. 국가발전개혁위원회는 계획수립 및 공공투자를 담당하며, 중국과학원은 ICT R&D 관련하여 자문역할을 맡고 있다. 공업신식화부는 정책수립 및 ICT 산업관리, 과학기술부는 R&D 지원을 담당하고 있다(KT 경제경영연구소, 2014).

(1) 공업신식화부

공업신식화부는 국무원 산하 부처의 유사 기능 통폐합을 골자로 하는 중국 공산당의 제 6차 행정기구 개혁에 의해 출범하였다. 공업화신식부에는 기존 ICT 부문을 담당했던 신식산업부를 비롯해 국가발전개혁위

32 http://chn-shanghai.mofa.go.kr/.

원회의 산업관리 부문 등이 통합되었다. 공업신식화부 설치에 대해 당시 원자바오 국무원 총리는 새로운 형태의 산업화를 추진해 나가기 위해서는 정보화와 공업화의 적극적인 융합을 시도해야 한다고 강조하였다. 중국 정부는 C(*Contents*)-P(*Platform*)-N(*Network*)-D(*Devices*) 간의 융합 효과를 극대화하고 ICT 부문에서 강력한 정책 추진력을 부여하기 위해서 과거 여러 부처에 흩어져 있던 ICT 및 정보화 기능을 통합하였다. 공업신식화부의 조직 체계는 1청 5국 및 세부 부서에 해당하는 19개의 사(司)로 구성되며 장관급 1명과 차관급 4명에 의해 운영되며 2015년 4월 기준 총 731명으로 이루어져 있다(정보통신기술진흥센터, 2015).

공업신식화부의 주요 역할 및 업무는 다음과 같다(정보통신정책연구원, 2013).

• 주요 역할

- 공업화 발전전략 및 정책 제시, 통신업 및 정보화 관련 발전계획 제정, 정보화와 산업화의 융합 촉진
- 통신업 등 각종 산업 정책 및 계획 제정·시행, 산업 기술규범과 표준 결정
- 공업, 통신업 시장동향 분석·집계, 위기극복방안 모색 및 산업안보 강화
- 통신업 및 정보화 고정자산투자 규모 방향(외자 및 국외투자 포함) 및 중앙정부 자금지원정책 제시, 고정자산투자 프로젝트 심사·비준
- 바이오 의약품, 신 재료, 우주항공, IT 등 첨단과학산업 계획, 정책, 표준 제정·시행, 과학기술 중대프로젝트 수립·추진 및 정보서비스 등 신흥산업 발전 촉진
- 설비제조업 발전을 촉진 및 핵심기술설비 발전과 자주혁신 계획정책 수립, 국가중점 공정계획 관련 중대프로젝트 시행 및 핵심기술설비 국산화, 혁신화 도모
- 공업, 통신업의 에너지절약, 자원의 종합적 이용 및 청정생산촉진 정책

제정 · 시행, 신제품 · 신기술 · 신설비 · 신재료 보급 및 상용화 장려

- 공업, 통신업 체제개혁 및 관리방식 개선, 산업 체질 및 경쟁력 강화
- 중소기업 발전과 민간경제발전 촉진 정책 및 조치 제정하여 관련 문제를 해결
- 국가 정보화사업 추진과 관련정책 제정, 삼망융합(통신 · 방송 · 인터넷의 융합)과 전자정부 발전 촉진하여 산업 · 부처 간 장벽을 넘는 정보자원 공유 실현
- 통신망, 인터넷, 전용통신망 관리, 통신 및 정보서비스 시장 법적 관리감독 실행, 통신요금정책 및 표준 제정 관리감독
- 무선 주파수 할당 및 위성궤도위치 관리, 무선 방송국 법적 관리감독
- 통신망 보안 및 정보보안관리, 국가정보보안시스템 구축, 인터넷 보안 문제 해결
- 공업, 통신업, 정보화 사업의 대외협력 및 교류, 중국 대표하여 국제기구에 참여
- 국무원이 위임한 기타업무 수행

(2) 국가신문출판광전총국

중국은 공산당 일당체제하에서 안정적인 정치 환경을 조성하기 위하여 미디어를 당의 선전도구로 적극적으로 관리하고 있다. 그 중심에 있는 기관이 2013년 광전총국과 신문출판총서를 통합하여 출범한 국가신문출판광전총국이다. 국가신문출판광전총국은 중국의 언론, 출판, 방송, 영화정책 제정, 콘텐츠 관리 감독, 인터넷 시청각 프로그램 규제 등의 업무 수행한다. 또한 방송정책의 방향과 운영에 관해서 국가위원회에 보고하고, 공산당 중앙위원회의 선전부에서 내려 주는 지침을 방송기관들이 준수하도록 관리, 통제하는 역할을 수행하고 있다. 이를 위해서 전국 규모의 중앙인민방송국, 중국 국제라디오방송국, CCTV(중국 중앙TV방송)를 직접 운영하고 있다.

국가신문출판광전총국의 주요 역할 및 업무는 다음과 같다(정보통신정책연구원, 2013).

• 주요 역할

- 전체 방송사업의 방향 지도 및 통제
- 방송관련 법규와 각종 규정제도 초안 작성 및 집행 관리
- 각종 방송관련 인허가 업무 관장
- 방송관련기술업무 관장
- 방송 전용망과 주파수 대역 등에 관한 계획 및 관리
- 중앙 3대 방송국(중앙인민라디오방송국, 중국국제라디오방송국, 중앙TV방송국)을 지도, 통솔하여 해당 방송국의 프로그램의 전국방송을 조직
- 방송관련 대외교류와 업무관리를 이행
- 당 중앙, 국무원 지시 기타 업무 수행

(3) 문화부

중국 문화부는 중국 본토 및 특별행정구역 내에서 국민들이 예술을 즐기고 일상생활에서 적용시킬 수 있는 환경을 만들기 위한 정책을 수립한다. 또, 창의적인 예술가를 발굴하고 육성하기 위한 사업들을 지원한다. 조직의 구성은 사무행정, 정책법규, 기획재무, 인사, 예술, 교육과학, 문화시장, 문화산업, 사회문화도서관, 대외문화연락(홍콩, 마카오, 대만 문화사무)국 등으로 분류된다. 공연예술관련 업무는 예술국, 국제교류 관련 업무는 대외문화 연락국에서 담당하고 있다.[33]

문화부의 주요 역할 및 업무는 다음과 같다(채지영, 2014).

• 주요 업무

- 문화, 예술 방침과 정책 입안 및 문화예술 법률 초안을 제정함
- 문화예술사업 발전을 기획・실시 및 문화예술영역 체제개혁을 추진함
- 문학예술사업을 지도・관리, 예술 창작과 생산 지도, 전국성 중요 문화 활동 관리하는 업무를 담당함

---

33 http://kor.theapro.kr/?sub_num=32&idx=4024&state=view.

- 문화예술 영역의 공공문화 서비스 추진, 공공문화상품 생산 기획, 국가 중점 문화 인프라 및 기층 문화기반 구축을 지도함
- 문화예술산업 발전 기획 및 지도, 협력을 통한 대외문화산업 교류, 협력을 추진함
- 무형문화유산 보호 기획, 관련 법률 초안 기초, 무형문화유산보호와 우수 민족문화의 전승과 보급 업무를 담당함
- 사회문화사업 지도・관리, 도서관・문화관 사업과 기층문화건설을 지도함
- 문화시장발전규획을 정하고 문화시장 종합적인 법 집행 업무 지도, 문화예술경영활동에 대한 관리감독, 연예활동 종사 민영기구 관리감독 등의 업무를 감독함
- 문예류 상품의 인터넷 전파 전 심사 비준 업무, PC방 등 인터넷서비스 영업장소에 대한 경영허가, 인터넷 게임서비스에 대한 관리감독을 수행함
- 애니메이션, 게임산업 발전 규획・실시, 애니메이션과 게임산업의 협력 발전을 지도함
- 문화과학기술 발전 규획과 관리감독, 문화과학기술 정보 건설을 추진함
- 대외문화교류와 대외문화선전 업무 지도관리, 대외・대 홍콩, 마카오, 대만에 대한 문화교류정책 제정, 조직적인 대외 문화 교류활동을 실시함
- 국무원이 지시한 기타 사항을 처리, 국가 문물국을 관리함

(4) 국가인터넷판공실, 국가발전개혁위원회, 중국과학원, 과학기술부

국가인터넷정보판공실 2011년 5월 설립되었다. 이 기관은 중국 내의 인터넷 정보 전파와 관련된 정책과 법률 제정의 책임지고 있다. 구체적으로는 유관 부서들이 인터넷 정보 내용 관리를 강화하도록 지도・협조하고 감독하는 한편, 인터넷 뉴스 업무와 기타 유관 업무의 심사 허가와 감독 관리 업무를 맡고 있다. 또한 국가인터넷정보판공실은 유관 부서들이 통신운영업체, 인터넷접속 서비스업체, 도메인네임 등록

관리·서비스 기관들의 도메인네임 신청과 인터넷 주소 분배, 웹사이트 등기 기록 작성, 접속 등 인터넷 기초 관리 업무를 감독하도록 지시하는 권한을 가지고 있다. 유관 부서와 함께 인터넷 게임·동영상·출판물 등에 대한 감독도 실시하고 있다. 국가인터넷정보판공실은 별도의 새로운 조직을 세우지 않으며 기존 국무원 신문판공실에서 해당 업무를 맡는다. 설립 당시 국가인터넷판공실 주임은 국무원 신문판공실의 왕천 주임(장관급)이 겸직하였다. 2015년 현재는 루웨이 중국공산당 선전부부장이 국가인터넷정보판공실 주임을 겸하고 있다.[34]

국가발전개혁위원회는 중국의 거시·실물 경제분야를 총괄하는 경제 수석부처로서 2003년에 거시경제 담당부서인 국가발전계획위원회를 국가발전개혁위원회로 명칭을 변경하고 거시경제와 실물경제를 총괄하는 기관으로 개편하였다. 국민경제와 사회발전전략, 중장기계획과 연도계획안을 수립. 경제사회발전을 통일적으로 조절하고 국내외 경제상황을 연구·분석하여 국민경제발전, 가격 총 수준의 통제와 중대한 경제구조의 목표·정책을 제출하며, 각종 경제수단과 정책건의를 종합적으로 운용하며 국무원의 위탁으로 전국인대에 국민경제와 사회발전계획 보고를 제출한다(서재호 외, 2015).

중국과학원의 주요 임무는 크게 5가지로 구분된다. 기초 및 기술과 학분야의 연구 수행과 자원과 생태 환경에 관한 국가의 통합된 조사 수행, 국가에 과학적 데이터를 제공하고 정부 정책수립에 조언, 사회 및 경제적 발전을 위한 과학기술 분야의 정부 프로젝트 수행, 인력양성, 중국의 하이테크 기업 지원 등이다. 또한 세계적 레벨의 과학 연구소, 과학기술 분야의 인재를 키우는 연구소 그리고 중국의 신기술산업을 지원하기 위한 연구소가 되기 위해 노력하고 있다.[35] ICT 부문에서는 세

34 http://www.boannews.com/media/view.asp?idx=26024&page=21&skind=D&search=title&find=, http://www.yonhapnews.co.kr/bulletin/2015/09/24/0200000000AKR20150924062700091.HTML.

〈표 3-5〉 국가발전개혁위원회 조직 및 기능

부서	주요 기능
판공실	행정업무 처리, 기관의 재무 · 자산 관리, 내부감사
정책연구실	주요문건 작성, 주요 경제문제 관련 연구기획, 언론보도자료 작성
발전규획사	경제 · 사회발전 중장기 및 연도계획 입안, 도시화전략, 경제사회발전 특별계획 및 지역개발 종합계획 총괄
국민경제종합사	국내외 경제분석 및 예측, 정책평가, 연간 경제보고 작성 등
경제운영조절국	경제운영추세 모니터링 및 관련정책 건의, 경제운영 주요문제 해결협조
경제체제종합개혁사	경제체제개혁 및 대외개방에 관한 연구와 정책 입안
고정자산투자사	고정자산투자 분석 · 건의, 투융자체제 관련 건의, 국가프로젝트 선정 등
외자이용 · 해외투자사	외자이용 동향분석, 해외채무 관리, 외자이용전략 수립, 외국차관 안건 선정
지역경제사	지역경제 발전전략 수립, 수자원 · 생태계 · 환경 관련 종합정책 입안
서부개발사	서부개발전략 수립, 기초시설, 생태환경건설, 중요건설프로젝트 배치 등 조정
동북진흥사	동북노공업기지 진흥전략 입안, 관련 이슈 조정, 중요건설항목 배치 조정
기초산업사	에너지 및 교통운수 발전계획 총괄 · 종합분석, 관련이슈 조정 및 정책건의
농촌경제사	농업 · 농촌경제 발전전략 연구, 정책건의
산업협조사	공업 및 서비스업발전의 중대문제 분석, 종합 산업정책 입안 및 정책건의
첨단기술산업사	하이테크 산업 및 산업기술 동향분석, 산업기술육성 정책입안
자원절약 · 환경보호사	경제 · 사회 · 환경 · 자원의 협조발전의 관한 연구, 자원절약의 연구 · 정책입안
사회발전사	사회발전중장기계획 입안, 인구 · 문화 · 교육 · 위생 · 체육 · 방송 등 정책협조
취업 · 수입분배사	취업 · 소득분배 · 사회보장에 관한 정책연구 · 정책입안
기후변화대책사	유엔기후변화협약관련 업무, 기후변화 중요전략 · 규획 및 중대정책 입안, 기후변화 국제 협력 협조
경제무역사	국내외 시장동향 분석, 중요상품 수급조정, 중요 농공산품 수출입계획, 식량 면화 설탕 등 재화관리, 유통업발전전략 수립
재정금융사	사회자금 배분, 재정 · 금융정책, 재정금융체제개혁, 자본시장발전전략 등 연구 및 정책건의

35 http://www.kims.re.kr/Board/bbs/board.php?bo_table=kims_webzine&wr_id=972&sca=KIMS+%ED%83%90%EB%B0%A9&year=2015&month=01&page=1.

〈표 3-5〉 계속

부서	주요 기능
가격사	물가동향 분석, 가격관리 관련 정책건의, 주요상품가격 · 수수료 표준 조정
가격감독조사 · 반독점국	물가감독 · 조사, 가격위법행위 조사, 가격반독점행위 조사 및 처벌 심사
법규사	법률 · 법규 관련 사항 기안, 행정소송 대응
외사사	국내외 대외관계 업무
인사사	인사관련 업무
국민경제동원 판공실	국민경제동원 규획 · 계획 입안, 국민경제동원과 국민경제 · 국방건설의 관계 연구, 국민경제동원 관련 업무 등
중요프로젝트 조사특파원 판공실	중요프로젝트 관련 조사, 관련 산업과 지방의 국가투자정책과 규정을 조사, 중앙재정 건설자금 투자 계획 및 관리감독 · 조사

출처: 기획재정부 보도자료, 2013.12.30, 제 12차 한중 경제장관회의 개최 결과.

부적인 ICT R&D 정책 수립과 관련된 자문을 수행하고 있다. 단순 자문 역할 외에도 연구생 양성 센터, 과학기술대학 등 교육 기관 운영을 통한 인재 양성 사업을 전개하고 있으며(정보통신기술진흥센터, 2015) 430개 이상의 과학기술 관련 사업들을 11개의 산업체들과 공동으로 수행하고 있고, 이 산업체들 중 8개는 주식시장에 상장되어 있다.[36]

과학기술부는 ICT를 비롯한 과학기술 R&D 지원을 담당하고 있으며 주요 업무는 다음과 같다(한국산업기술진흥원, 2005).

- 주요 업무
  - 과학기술 발전의 거시적 전략 및 과학기술에 의해 경제발전을 촉진하는 정책 연구, 과학기술의 핵심영역 확정, 국가의 과학기술역량 제고를 위한 과학기술혁신 시스템 구축
  - 사회주의 시장경제와 과학기술 발전에 부합하는 과학기술혁신 시스템 구축

36 https://ko.wikipedia.org/wiki/%EC%A4%91%EA%B5%AD%EA%B3%BC%ED%95%99%EC%9B%90.

- 과학기술지원에 관한 조치 제시, 과학기술자원 분배의 고도화 추진, 과학기술프로젝트 비용예산 편성
- 하이테크기술발전을 위한 정책 수행
- 과학기술의 상품화 지도 및 하이테크기술 수출 정책 제정
- 과학기술 인재의 합리적인 배치 및 과학기술 인재의 적극성과 창조적 환경 조성
- 과학기술 분야의 국제 협력 및 교류 추진
- 범용적인 과학기술발전의 중장기 계획과 연도별 계획 편성
- 과학기술 시스템 개혁의 방침, 정책, 조치, 연구, 사회주의 시장경제와 과학발전 규율에 적응하는 새로운 과학 기구건립 추진
- 다채널과학기술 투입 조치 연구, 선진 과학기술 자원의 배치 연구, 과학기술 사업 관련 예산 결산
- 기초적 연구 제정, 하이테크 발전 정책 연구
- 하이테크 기술 산업화 및 기술의 적응 개발과 보급 강화, 국가급 하이테크 산업개발구역 관리
- 국가 주요 과학기지의 계획 편성, 과학 인재자원의 합리적인 배치 연구
- 중국과 해외 과학기술 합작 및 교류 방침, 정책 연구, 대만·홍콩·마카오와의 과학기술 합작, 교류 담당
- 과학기술 비밀보장, 기술시장, 과학기술장려, 과학기술 관련 지식재산권보호 등의 업무 관련 법률 건의 제정
- 과학기술정보, 통계와 정기간행물 업무
- 과학기술 언론사 관리

2) 중국 ICT 진흥 정책

(1) 국가 중장기 과학기술발전계획

중국 정부는 전면적 소강사회[37] 건립 및 사회주의 현대화 건설 추진을 위한 2020년까지의 과학기술 발전목표를 확정하여 2006년 국무원

37 온 백성이 편안하고, 배부르게 잘사는 사회.

에서 국가 중장기 과학기술발전계획(2006~2020) 공식 발표하였다. 2006~2020년 국가 중장기 과학기술 발전계획은 현재 중국의 과학기술 발전전략 및 정책의 근간이 되고 있다. 이 계획에서는 거시 발전 목표를 자주창신 능력 강화, 과학기술 촉진 통한 사회발전 및 국가안전능력 향상, 기초과학과 미래 선도형 기술 연구 실력 향상으로 정하고 있다. 구체적 목표로서는 2020년까지 GDP의 2.5% 수준인 9천억 위안(약 117조 원)의 연구개발비 투입(2010년 GDP 대비 2.0% 목표), 중국 경제발전에 대한 과학기술의 기여도를 60% 이상으로 향상, 국외 기술 의존도를 50%에서 30% 이하로 감소, 지적재산권 출원건수 및 국제과학논문 인용건수의 세계 5위권 진입으로 밝히고 있다. 이를 위해 11개 중점분야, 16개 중대 프로젝트, 8개 첨단기술과 4개 중대 과학기술 연구계획을 2020년까지의 발전방향으로 확정하였다(손병호 외, 2006).

11개 중점분야 중에서 ICT 관련 내용으로는 제 7항 '정보산업 및 현대서비스업'이 있다. 2006~2020년 국가 중장기 과학기술 발전계획에서는 '정보산업과 현대서비스업의 활성화는 신형 공업화 촉진에 있어 관건이 될 부문이며 국민경제 및 사회의 정보화, 서비스업의 급속한 발전으로 인해 ICT 활성화에 대한 요구가 커지고 있음'을 밝히고 있다(모영주 외, 2011).

(2) 국민경제와 사회발전 제12차 5개년 규획강요

국민경제와 사회발전 제 12차 5개년 규획강요는 향후 5년 동안의 중국 경제의 발전에 관한 로드맵을 담고 있다. 계획 경제 체제인 중국 내에서 12차 5개년 계획은 반드시 이행해야 할 정책 과제이며 중국 최고 의사결정 기관인 전국인민대표대회의 비준을 확보함으로써 법적인 지위를 보유 여기에는 2006~2020년 국가정보화발전전략하에 중국 정부는 중·단기 ICT R&D 정책의 일환으로 2011년부터 2015년까지 진행되는 로드맵도 포함되어 있다. 구체적으로 국민경제와 사회발전 12차

5개년 규획강요에서는 ICT에 관해서 제조업 고도화, 전략적 신흥산업 육성 및 활성화, 정보화 수준 향상 등을 다룬 장에서 언급하고 있다.

(3) 세부 계획

중국의 각 정부부처는 국민경제와 사회발전 제 12차 5개년 규획강요에 따라서 각 분야별로 세부 계획을 제시하였다. 이 중 주요한 계획들을 소개하면 〈표 3-8〉과 같다.

〈표 3-7〉 국민경제와 사회발전 제12차 5개년 규획강요 중 ICT 관련 내용

제 3부 제 9장 제조업 고도화	• 중점산업의 구조조정 촉진 – IT전자산업은 R&D 수준 향상, 기초전자 부문의 개발능력 강화, 밸류체인 확장 유도 • 기업의 인수합병 및 구조조정 유도 – 비교우위기업이 기타 지역 기업을 인수합병 추진, 산업집중도 향상, 독자 브랜드 구축 및 브랜드 가치 향상, 국제 유명 브랜드와 핵심경쟁력을 갖춘 대기업 육성
제 3부 제 10장 전략적 신흥산업 육성 및 활성화	• 중점분야의 비약적인 발전 촉진 – 차세대 IT산업에서 차세대 이동통신, 차세대 인터넷, 3망융합, 사물인터넷, 클라우드 컴퓨팅, 집적회로, 신형 디스플레이, 첨단 S/W, 고성능 서버, 정보서비스 중점적 발전 • 산업 혁신발전 프로젝트 실시 – 국가중대과학기술 전문프로젝트의 역할 발휘, 비즈니스 모델 혁신과 시장개척 지원, 전략적 신흥산업의 주력기업과 시범기지 육성 • 정책적 지원과 유도 강화 – 전략적 신흥산업 발전 전용자금과 산업투자기금 조성, 기업의 신흥산업 창업투자 규모 확대, 사회자본의 초창기 혁신기업에 투자 유도
제 3부 제 13장 정보화 수준 향상	• 차세대 정보 인프라 구축 – 차세대 이동통신망, 차세대 인터넷, 디지털 방송망, 위성통신 등 인프라 구축, 보급 확대, 방송 · 통신 융합 등 • 경제 · 사회 정보화 가속화 – 전자상거래 활성화, 중소기업 전자상거래 서비스 완비, 온라인 지불 · 물류배송 등 지원체계 구축, 전자정부 활성화 등 • 네트워크 및 정보보호 강화 – 네트워크 및 정보보호 법제도 강화, 정보보호 표준체계 및 인증체계 보강, 정보안전등급보호 · 리스크 평가 등
제 3부 제 15장 생산자 서비스 활성화	• 하이테크 서비스, 정보서비스 강화 • S/W 개발 · 응용 수준 향상 • 정보시스템 통합 서비스, 인터넷 부가서비스, 정보보호 서비스, 디지털콘텐츠 서비스 활성화 • 하이테크 서비스 주력기업과 유명 브랜드 육성

〈표 3-8〉 주요 세부 제12차 5개년 규획 현황

발표 형태	구분	주요 내용
공업 신식화부 주도	무선 전파 산업 12차 5개년 규획	무선 통신 산업 활성화를 위한 주파수 관리 계획
	산업 기술 창신 12차 5개년 규획	하이테크 기술을 이용한 ▲ 소재 ▲ 장비 제조 ▲ 소비재 산업 ▲ 정보 산업의 구조 조정 및 경쟁력 강화
	전자 인증 서비스업 12차 5개년 규획	디지털 서명을 이용한 사용자 인증 서비스 보급 전략
	사물인터넷(物聯網) 12차 5개년 규획	2015년까지 사물인터넷 관련 기술 및 응용 프로그램 개발과 국제 표준화 추진
	전자 정보 제조업 12차 5개년 규획	전자 정보 제조업의 구조 조정, 혁신, 지속 가능성의 확보를 위한 기업 육성과 연구 개발 강화
	집적 회로 12차 5개년 규획	2015년까지 집적 회로 세계 시장 점유율 15%를 차지하기 위해 칩 설계 및 제조 · 조립 · 평가 산업 강화
	소프트웨어 및 정보 기술 서비스 산업 12차 5개년 규획	2015년까지 소프트웨어 및 정보 기술 서비스업 매출 4조 위안(700조 원)을 달성하는 동시에 정보 산업에서 해당 분야가 차지하는 비중을 25%까지 증대
	정보통신 산업 12차 5개년 규획	유선 브로드밴드 등의 국가 정보 기반을 구축하는 동시에 그린 ICT 인프라 구현
	광대역 인프라 12차 5개년 규획	LTE 상용화 및 무선 네트워크를 이용한 유비쿼터스 구축을 위해 2조 위안(350조 원) 투자
과학 기술부 협력	과학기술 발전 12차 5개년 규획	과학기술 발전 및 인재 육성 계획으로 차세대 광대역 무선 네트워크 기술 개발 관련 사항이 포함
	스마트 그리드 산업화 12차 5개년 규획	▲ 에너지 ▲ 교통 ▲ 제조 산업 등에 스마트 그리드 기술을 도입하기 위한 파일럿 모델 개발 및 시범 도시 구축
	클라우드 컴퓨팅 12차 5개년 규획	클라우드 기술 경쟁력 확보 및 기업 육성을 위한 투 · 융자 환경 정비와 국제 교류 · 협력 강화
교통부 협력	운수 정보화 12차 5개년 규획	지능형 교통 시스템(ITS: *Intelligent Transport Systems*)을 이용한 교통 관리 기능 향상
상무부 협력	12차 5개년 전자 상거래 발전 지도 의견	법령 조정 등 e-커머스 환경 정비와 산업 모니터링 시스템 구축 및 물류 시스템과의 융합 추진
농업부 협력	농촌 정보화 발전 12차 5개년 규획	브로드밴드 정비, 물류망의 ICT화 등 농촌 지역의 정보화 사업 추진

출처: 정보통신기술진흥센터, 2015, 중국과 EU의 ICT R&D 지원 체계 및 최근 동향, 심층보고서 해외 ICT R&D 정책동향, 2015년 02호.

5. 결론 및 한국에 대한 함의

중국은 거대한 시장과 정부의 적극적인 정책에 힘입어 ICT 산업 부문에 있어 짧은 시간 안에 세계적인 경쟁력을 갖추게 되었다. 여기에서는 중국의 대표적인 글로벌 기업, 스타트업을 위한 혁신 클러스터의 현황, 중국 ICT 정부조직에 대해서 간략하게 소개하였다.

중국의 대표적인 ICT 기업인 텐센트, 알리바바, 바이두, 샤오미는 세계시장에서 경쟁력을 인정받고 있다. 텐센트, 알리바바, 바이두는 주식 시장에 성공적으로 상장하였으며 안정적으로 성장하고 있다. 샤오미는 애플, 삼성에 이어 세계 3위의 스마트폰 기업으로 올라섰다.

텐센트는 QQ 등 자사의 서비스를 기반으로 연동되는 서비스를 확장해 가고 있다. 텐센트는 앞으로 자사의 플랫폼을 통해 게임, 동영상 시청, 음악 감상 등을 넘어서 공공서비스, 정부 업무 관리 서비스 등을 제공할 예정이다. 알리바바는 E-Commerce 관련 분야를 강화하는 동시에 스포츠, 영화, 동영상 등 콘텐츠 등을 자사의 플랫폼 내에서 판매할 예정이다. 이는 현재 제공하는 온라인 결제 서비스인 알리페이와 시너지 효과를 낼 수 있을 것으로 보인다. 또한 소비자들이 알리페이를 다양한 분야에 이용할수록 알리바바의 인터넷 금융 분야로 확장도 가속도가 붙을 것으로 보인다. 바이두는 다양한 O2O 서비스 개발에 노력할 것으로 보이며 브라질, 인도 등 해외 시장 진출을 적극적으로 시도할 것이다. 샤오미는 스마트폰 이외에도 자사의 브랜드를 붙인 다양한 제품을 출시하고 있다. 이는 궁극적으로 스마트 홈 구축으로 이어질 전망이다.

중국의 ICT 산업이 주목을 받는 것은 텐센트, 알리바바, 바이두, 샤오미 등 글로벌 기업들 이외에도 각지에서 ICT 관련 창업이 활발히 이루어지고 있기 때문이다. 중국의 글로벌 ICT 기업들은 성공을 통해서 창업과 성공에 대한 기대감을 높였을 뿐만 아니라 스타트업에 많은 투자를 하고 있다. 중국 중앙 정부와 지방 정부의 스타트업에 대한 지원,

각 지역의 특색 있는 창업 환경도 중국에서 창업이 활발히 이루어지는 이유이다. 여기에서는 중국의 혁신 클러스터 중 베이징 중관춘, 선전, 상하이에 대해서 간단히 소개하였다.

베이징 중관춘은 대학 및 연구소를 중심으로 한 혁신 환경이 특징이다. 중국 유수의 대학들이 몰려 있어 인재가 많으며 정책적으로 대학 주도의 창업 및 투자를 권장하고 있으며 대학 역시 창업, 창업 관련 투자, 예비 창업자에 대한 교육에 적극적이다. 선전 지역은 전자제품 제조에 강점을 갖는 지역으로 하드웨어 관련 창업이 활발히 이루어지고 있다. 20여 년에 걸쳐 구축된 제조 인프라는 시험 제작에서부터 본격적인 제품 생산까지 가능하게 하는 환경을 낳았고 화창베이 전자상가 등에서는 다양한 부품을 구할 수 있어 실험적인 제품 제작이 가능하다. 상하이 지역에서는 중국 내 직할시 중 하나답게 지역 계획, 인재 유치 계획 등에서 지방정부의 역할이 두드러진다.

중국 ICT 산업 부문에서 글로벌 기업이 성장할 수 있고 창업이 활발히 이루질 수 있었던 요인에는 거대한 내수시장, 저렴한 인건비와 풍부한 자원, 국제적인 투자 기업의 관심 이외에도 중국 ICT 정부 조직과 정책이 있다. 중국 ICT를 관장하는 조직은 공업신식화부, 광전총국, 문화부 등이 있다. ICT 분야에서 분업이 이루어지고 있지만 국가발전개혁위원회에서 조정을 통해서 정책 혼란과 역량 낭비를 막고 분업 체계의 시너지 효과를 끌어내고 있다.

ICT 산업에 관련된 정책도 체계적으로 제시되고 있다. 현재는 2006~2020년 국가 중장기 과학기술 발전계획이 현재 중국의 과학기술 발전전략 및 정책의 근간이 되고 있다. 국민경제와 사회발전 제 12차 5개년 규획강요에서는 중·단기 ICT R&D 정책의 일환으로 2011년부터 2015년까지 진행되는 로드맵을 제시하고 있다. 각 부처는 이에 따라서 향후 5년간 추진할 세부 계획을 제시한다.

중국의 ICT 산업 부문에서 성장으로 인하여 우리나라는 대중국 ICT

협력 관계에 있어 변화를 요구받고 있다. 이전의 협력방식과 앞으로 협력 방식을 비교하자면 다음과 같다.

한중 ICT 협력 1.0 시대 방식이라고 명명할 수 있는 이전의 한중 ICT 협력 방식은 ICT 기기, 설비, 소프트웨어 등 전통적인 ICT 산업 분야를 중심으로 이루어졌다. 한국 기업은 기술과 자본을 제공하고 중국 기업은 노동, 부지 등 생산에 필요한 물리적 요소를 제공하였다. 이는 기술과 자본을 제공하는 우리나라 기업들의 의사가 생산 요소를 제공하는 중국 기업에 일방적으로 전달되는 협력 관계였다. 그러나 이와 같은 협력 관계는 더 이상 유효하지 않다. 우선은 이전처럼 우리나라 기업이 중국 기업에 일방적으로 투자하는 관계가 아니다. 예를 들어 현재 우리나라 게임업계에서는 텐센트를 비롯한 중국 기업의 투자가 매우 중요한 재원이다. 또한 영화, 드라마 등에서도 중국 기업이 투자 및 배급을 담당하는 경우가 증가하고 있다. 기술면에서도 중국과 우리나라의 차이는 상당히 줄어들었으며 ICT 기술을 기반으로 한 창업은 중국에서 더 활발히 이루어지고 있다.

향후 한국과 중국의 협력 방식은 양방향성을 갖도록 변화할 것이다. 이를 한중 협력 2.0 방식이라고 할 수 있다. 이전과 달리 기술과 자본을 제공하고 노동과 부지 등을 제공받는 방식의 협력이 아닌 기술과 자본을 주고받는 협력인 것이다. 예를 들어 게임을 제작할 때 중국의 투자와 한국의 제작 기술, 한국의 인력이 결합될 수 있다. 또는 한국 게임 제작 기업이 중국 기업과 협력하고 제작 인력을 파견하여 게임을 출시할 수도 있다. 협력 영역 역시 증가할 것이다. 전통적인 ICT 분야에 더하여 u-헬스, IoT, 웨어러블 컴퓨팅 등 융합 ICT 산업이 한중 협력 분야로 등장할 것이다. 국내에서 샤오미 미밴드를 비롯하여 샤오미에서 출신된 각종 ICT 기기들이 심상치 않은 인기를 끄는 것이 이러한 가능성을 보여 주는 예라고 할 수 있다. 협력 방식이 양방향이 되기 때문에 한국과 중국은 서로에게서 강점을 발견할 필요가 있다. 한국에게 중국은 거대한 시장이며 거대한 자본을 가진 투자자이다. 중국에게 한국은 세계에 가장 앞선 ICT 제품 소비자를 가진 시장이며 다양한 ICT 제품 및 서비스를 시험해 볼 수 있는 테스트 베드(*test bed*)로서 역할을 할 수 있다.

향후 연구방향은 다음과 같다. 우선 중국 ICT에 관련된 정부 조직, 정책현황, 시장현황, 기업현황 등이 체계적으로 정리될 필요가 있다, 다른 국가를 연구하기 위해서는 이 작업이 필수적이며 반드시 철저하게 이루어져야 한다. 다음으로 중국 ICT 관련 조직과 정책, 산업, 시장 간의 관계를 면밀하게 분석할 필요가 있다. 현재 제공되는 자료들은 정부, 정책, 산업, 시장 간의 관계를 단편적으로 보여 주는 한계를 가지고 있다. 마지막으로 중국 ICT 성장 요인에 대한 면밀한 분석과 명암에 대한 분석이 필요하다. 지금까지 중국의 ICT 분야의 눈부신 성장을 전달하는 데 그쳤다면 이제는 어떻게 그런 성장을 할 수 있었는지에 대한 논의와 중국 ICT 산업의 빠른 성장의 문제점은 없는지에 대해서 검토할 필요가 있다. 이는 중국 시장에 의존도가 높은 우리나라가 중국발 위기에 대비하는 의미도 갖는다.

참고문헌

강하연 외(2013), FTA 협상대상국 방송통신서비스 시장 개방 및 규제제도 현황, 정보통신정책연구원.

기획재정부 보도자료(2013. 12. 30), 제 12차 한중 경제장관회의 개최 결과.

김성옥 · 공영일(2013), 한중 ICT산업 발전현황 비교 및 대응 방안, KISDI Premium Report.

모영주 · 이상만 · 양광식 · 윤수현(2011), 중국의 스마트시대 기반 조성 정책과 동향 연구, 방송통신위원회.

배명환 · 안인회(2015), 중국 ICT 기업 동향 분석 및 시사점, INTERNET & SECURITY FOCUS, 한국인터넷진흥원.

서재호 외(2014), 주요국의 규제개혁 사례연구: 호주, 독일, 스웨덴, 중국, 일본 사례를 중심으로, 국무조정실.

오종혁·김홍원(2015), 중국 주요지역의 ICT 창업환경 분석, 대외경제정책연구원.

유은재(2006), 중국 2006-2020년 정보화전략발표, Trend & Information Security, 한국정보보호진흥원.

김수한·유다형(2015), 중국 화북지역 거점도시 발전현황 분석, INChina Brief(2015. 9. 7), 298.

정보통신기술진흥센터(2014), 주요 ICT 분야의 중국 R&D 정책 현황 및 성과와 향후 전망, 심층보고서, 해외ICT R&D 정책동향, 2014년 05호.

______(2015), 중국과 EU의 ICT R&D 지원 체계 및 최근 동향, 심층보고서, 해외ICT R&D 정책동향, 2015년 02호.

조상래(2014), 중국 ICT 산업 트렌드 & 우리의 기회는?, 플래텀.

조성의(2014), 사이언스파크에서 기업가적 대학의 역할에 대한 연구: 북경 중관촌 사례를 중심으로, 〈한국경제지리학회지〉, 17(1), 160~177.

조유리·김정언·공영일·진홍윤·허유민(2013), 지역 창조경제 활성화를 위한 정책방안 연구, 정보통신정책연구원.

채지영(2014), 문화콘텐츠 수출 지원 정책 체계 개선 방안 연구, 한국문화관광연구원.

첨 군(2012), 中關村 科學技術 클러스터의 연구개발 네트워크 특성, 경북대학교 박사학위 논문.

한국과학기술기획평가원(2006), 주요국의 중장기 과학기술 분석 및 시사점-미국, 일본, EU 및 중국을 중심으로.

홍성범·이춘근(2005), 중국의 과학기술행정체계, 기술정책자료집 05-01, 한국산업기술진흥원.

홍범석·전춘미(2014. 11. 10), 중국 정부의 ICT 진흥정책 추진현황 및 시사점, 디지에코보고서, KT 경제경영연구소.

KT 경제경영연구소(2015), ICT in China 2015, Issue Crunch Special 22호.

OECD(2014), OECD Fact Book.

〈경향신문〉(2015. 10. 15), 중국의 ‘애플’ 샤오미를 아시나요.

〈두두차이나〉(2015. 5. 8), 텐센트가 여는 ‘인터넷 플러스(+)’시대는 무엇?.

〈디스이즈게임〉(2015. 4. 21), 텐센트, 2014년 세계 게임 매출 8.6% 차지!

넥슨과 엔씨의 위치는?.
〈머니투데이〉(2014. 4. 29), 천레이 바이두 부사장.
______(2015. 10. 14), 알리바바, 한류콘텐츠 사냥 나서…韓 영화・드라마 투자 '활발'.
〈매일경제〉(2015. 10. 18), '엔터테인먼트사' 알리바바, 동영상에 5조 베팅.
〈버티컬플랫폼〉(2014. 9. 18), 알리바바(Alibaba)를 말하다.
〈보안뉴스〉(2011. 5. 11), 중국, 인터넷 관리 전담 부서 '국가인터넷정보판공실' 신설.
〈브릿지경제〉(2015. 7. 17), IT공룡 '텐센트', 업적부터 성공비결까지… '텐센트, 인터넷 기업들의 미래'.
〈블로터〉(2014. 11. 20), '펭귄제국' 텐센트, 한국을 넘보다.
______(2014. 12. 4), 구글마저 흠모한 천재, 바이두 리옌훙.
______(2015. 1. 8), CES에 부는 '황사바람'.
〈연합뉴스〉(2015. 9. 24), 시진핑 "사이버안전 위해 미・중 협력해야".
〈월스트리트저널 한국어판〉(2015. 6. 11), 샤오미의 글로벌 야망 (2) 동남아이어 인도 브라질서 돌풍 이어갈까.
〈이데일리〉(2014. 12. 23), 중국판 실리콘 밸리 '중관촌・장강 단지'를 가다.
〈이코노믹리뷰〉(2015. 7. 27), 텐센트, 정치 행보로 '인터넷 플러스' 정조준?.
〈인민망 한국판〉(2013. 5. 15), '고객 제일' 중국 최대 전자상거래 업체 알리바바 그룹.
〈전자신문〉(2009. 6. 11), 중국산 짝퉁 '산자이(山寨)'의 미래.
______(2015. 1. 19), 샤오미, '스마트홈' 세트 제품 공개.
______(2015. 9. 22), 중국은 지금 SW창업 열풍…'제2의 마윈' 노린다.
〈조선비즈〉(2015. 9. 15), 리옌훙 바이두 CEO "바이두의 미래는 검색이 아니라 O2O 서비스에 있다".
〈테크엠〉(2015. 10. 5), 바이두 O2O사업으로 해외시장 진출 노린다.
______(2015. 8. 31), 우리가 아는 중국은 틀렸다
〈프레시안〉(2009. 5. 1), 중국 최대의 유행어 '산자이(山寨)'를 아시나요?.
〈플래텀〉(2015. 3. 12), 하드웨어의 성지 '심천(深圳)'에 대해서 알아야 할 3가지.
______(2015. 7. 30), 中 바이두 2분기 실적발표, O2O 사업분야 순항중.
______(2015. 9. 14), 중국 창업 생태계 탐방 … 선전(深圳) 돌아보기.
〈한국경제〉(2002. 11. 4), 제2주제: (10) '중관춘 어제와 오늘'.

〈헤럴드경제〉(2015. 9. 3), 대륙부호 만한전석⑬ 우리가 몰랐던 'IT공룡' 바이두의 비밀, 그리고 갑부 아내들.

Counterpoint(2015. 7. 31), Q2 2015: China:: Xiaomi Jumps to Top Spot While Huawei, Apple & Vivo Outgrows Competition.

뉴욕증권거래소, https://www.nyse.com.

대외정책연구원, http://www.kiep.go.kr.

위키백과, https://ko.wikipedia.org.

재료연구소, http://www.kims.re.kr.

주 상하이 대한민국 총영사관, http://chn-shanghai.mofa.go.kr.

Newzoo, http://www.newzoo.com.

Statista, http://www.statista.com.

U.S. Securities and Exchange Commission, https://www.sec.gov.

04

정보격차에 대한 연구와 성과 그리고 한계

전대성 (서울대) · 이주실 (육군3사관학교)

1. 서론

지난 20여 년 동안 컴퓨터와 텔레커뮤니케이션 기술들이 어떻게 '지식경제'(*knowledge economies*)와 '네트워크 사회'(*network societies*)의 등장에 영향을 미쳐 왔는지에 대한 많은 연구들이 진행되어 왔다. 또한 주요선진국들은 그들의 국민들이 새로운 글로벌 시대에서 뒤처지지 않고(*left behind*) 승리할 수 있도록 정보통신기술(*Information and Communication Technology*, 이하 ICT) 기반의 프로그램들을 제공하고 있다. 뿐만 아니라 혁신적인 ICT의 특성은 현존하는 사회적 구분과 불평등을 극복할 수 있는 예상치 못한 기회를 제공해 주는 기제로 환영받고 있다. 왜냐하면 ICT가 개인에게 권한을 부여하고(D'Allesandro & Dosa, 2001), 사회교류와 시민참여 수준을 증가시킬(Katz et al, 2001) 뿐만 아니라 교육과 공공 부문에 쉽고 다양하게 접근할 수 있도록 도와주기 때문이다(Selwyn, 2004).

그리고 이러한 정보통신기술에 접근하고 그것을 사용할 수 있는 능력을 갖추는 것은 점차 정보중심사회의 구성원으로서의 삶을 영위하는데 필수불가결한 요소가 될 것이다(Servon & Nelson, 2001). 그러나 한편으로 '기술중심주의'(*techno-enthusiasm*)가 정보화 시대에 잠재적으로 사회분열을 일으킬 수 있다는 우려들이 제기되고 있다. 특히, 정보격차(*digital divide*)의 한 측면으로서 기술과 정보에 대한 접근성 차이는 사회계층 간의 불평등(*social inequality*)을 발생시킬 것이라는 부정적인 목소리가 커져 가고 있다. 그 이유는 만약 개인이나 집단들이 정보통신기술의 사용에서 배제된다면 그들은 ICT가 제공하는 많은 혜택들로부터도 마찬가지로 배제되기 때문이다. 이러한 문제점 때문에 '정보격차를 어떻게 해소시킬 것인가?'에 대한 문제는 지난 10여 년 동안 정부의 중요한 정책적 이슈가 되어 왔다(Thomas, 1996; Selwyn, 2004).

최근 인터넷 사용이 보편화됨에 따라 인터넷이 시민들의 정치참여를 향상시키는 등 긍정적인 영향도 미치지만 반대급부적으로 정보격차를 야기시켜 사회적 불평등을 심화시킬 것이라는 부정적인 시각도 확대되고 있다. 즉, 인터넷의 확산이 정보를 풍부하게 보유한 자와 그렇지 못한 자, 정보에 관심이 있는 자와 없는 자로 사회구성원들을 분리시켜 경제적 성공과 개인의 발전, 좋은 직장과 교육 기회로의 진입, 사회 네트워크에 대한 충분한 접근, 그리고 시민적 관여를 위한 기회획득 등 다양한 사회적 혜택으로부터 정보부자와 정보빈자들 간의 양극화를 더욱 심화시킬 것이라는 주장이다(Norris, 2001; 이원태 외, 2007; 전대성, 2015).

그러나 정보격차는 복잡한 요인들의 영향으로 인해 발생되기 때문에 정보격차 해소를 위한 해결책을 찾기가 쉽지 않다(van Dijk, 2006). 이와 더불어 정보격차 개념의 지나친 단순화와 이론적 개발의 부족으로 인해 '정보격차 문제를 어떠한 시각으로 접근해야 할 것인가'에 대한 학자들 간의 논쟁이 끊임없이 이어져 왔다(Selwyn, 2004). 특히 지금까지 행정학, 언론학, 철학, 사회과학, 경제학자들 간에 다양한 학문적 시각이 제시되어 왔지만 여전히 정보격차의 정의(*definition*), 범위(*extent*), 효과(*impact*)에 대해서 합의를 도출해내지 못하고 있는 실정이다(Dewan & Riggins, 2005).

따라서 이 장에서는 2000년대 이후 국내에서 실시된 정보격차 선행 연구들에 대한 문헌연구를 통하여 국내의 정보격차 연구현황과 성과를 살펴보려고 한다. 즉, 정보통신기술이나 서비스에 있어서 접근격차(*access divide*)와 이용격차(*usage divide*), 이용 정보가 얼마나 유용하게 활용되었는지에 대한 질적 격차인 관여(*engagement*), 정보격차의 성과와 결과(*outcome, consequence*)의 측면으로 구분하여 그동안의 국내연구 결과를 정리하고자 한다. 또한 현행 정보격차 연구에 대한 이해를 바탕으로 국내 정보격차 연구의 한계점을 설명하고 향후 후속연구들이 나아가야 할 방향에 대해서 제시하고자 한다.

2. 정보격차에 대한 이론적 논의

1) 정보격차의 개념

정보화 사회에서 구성원들 간에 발생하는 정보 불평등을 정보격차(*digital divide*)라고 부른다. 정보격차란 정보화 시대에 컴퓨터나 네트워크 등 새로운 형태의 정보기술에 접근할 수 있는 사람들(*have*)과 그렇지 않은 사람들(*have-not*) 간의 차이를 말한다. 이러한 정보격차의 개념은 1990년대 후반부터 개인 컴퓨터와 인터넷 등과 같은 정보통신기술이 발달함에 따라 새로운 미디어들의 사용과 접근에 대한 불평등에 대한 관심이 증가하면서 주목받기 시작했다(van Dijk, 2006).[1]

---

1 미국 상무부(United States Department of Commerce, 1999)는 정보격차를 '전화와 컴퓨터, 그리고 인터넷을 통해 신기술에 접근하는 집단과 접근하지 못하는 집단 간의 격차'로 정의하고 있다. 또한 세계경제협력개발기구(OECD, 2001)에서는 '개인과 가정, 기업 및 지역들 간에 서로 상이한 사회경제적 조건으로 인해 나타나는 정보통신기술에 대한 접근기회와 인터넷 이용에서의 격차'로 정의하고 있다(정영호·이혜미, 2010). 그리고 한

즉, 정보화 시대에 누구에게나 제공될 수 있는 다양한 정보가 존재하고 있음에도 불구하고 이러한 정보 및 ICT에 대한 접근 자체에서 차이가 발생할 뿐만 아니라 정보를 활용하는 과정에서도 마찬가지로 사회경제적・문화적・지정학적・인종적 요인들에 의해 정보격차가 존재한다는 것이다(이명진・박기태, 2009). 이러한 정보격차는 점차 어떤 종류의 정보를 소유하고 있는가에 대한 것에서부터 불평등의 정도(수준)까지 포함하는 개념으로 확대되어 가고 있다(김은정, 2007).[2]

특히, 선행연구들은 계층 간의 인구사회학적 특성 차이에 의해 컴퓨터 및 인터넷으로의 접근성에 차이가 발생하는지 여부에 관심을 두는 경향이 있어 왔다. 이처럼 정보격차 연구에서 계층 간 인구사회학적 특성이 주목을 받아 온 이유는 다른 사회과학 분야의 연구들과 마찬가지로 방법론적 개인주의에 기초하고 있기 때문이다(Wellman & Berkowitz, 1988). 즉, 정보화 사회에서 발생할 수 있는 정보불평등 또는 정보격차는 개인 혼자만의 특성 자체가 중요한 문제라기보다는 계층 간 또는 그룹 간의 차이를 의미한다고 할 수 있다(van Dijk, 2013).[3]

정보격차에 관한 초기연구에서는 신기술 등에 대한 접근 유무가 정

국의 경우 〈정보격차해소에 관한 법률〉(법률 제 7811호. 시행 2006. 12. 31)에서는 정보격차를 '경제적・지역적・신체적 또는 사회적 여건으로 인하여 정보통신망을 통한 정보통신서비스에 접근하거나 이용할 수 있는 기회에 있어서의 차이를 말한다'라고 정의하고 있다. 또한 이 법은 저소득자・농어촌지역 주민・장애인・노령자・여성 등 경제적・지역적・신체적 또는 사회적 여건으로 인하여 생활에 필요한 정보통신서비스에 접근하거나 이용하기 어려운 자에 대하여 정보통신망에 대한 자유로운 접근과 정보이용을 보장함으로써 이들의 삶의 질을 향상하게 하고 균형 있는 국민경제의 발전에 이바지함을 목적으로 하고 있다(www. law. go. kr).

2 정보란 물질 재화처럼 소유되고 독점될 수 있다는 점에서 소유의 불평등을 의미하기도 하지만, 정보폭발로 비유되는 정보사회에서는 소유의 불평등보다는 정보에 얼마나 쉽게 접근하고 이용할 수 있으며 분류해 낼 수 있는가라는 정보이용의 불평등을 포함하기도 한다(김은정, 2007).

3 미국 사회학자인 Charles Tilly(1999)에 따르면 인간 간에 있어서 불평등에 대한 중요한 논의는 개인 자산, 성향 등에 대한 차이가 아니라 백인과 흑인, 남성과 여성, 시민과 외국인, 무슬림과 유대인 등의 계층별 차이를 말한다.

보불평등을 발생시키는 주요 원인으로 간주하여 정보격차의 개념을 이러한 '접근성 차이'로 이해하는 경향이 있었다(정영호 외, 2010).[4] 실제로 지난 10여 년 동안 ICT에 대해 접근할 수 있는지 혹은 못하는지에 대한 기준으로 정보를 가진 자(*have*)와 가지지 못한 자(*have-not*)를 구분하는 이분법적 시각은 많은 공식적인 통계와 학문적 연구들에서 나타나는 보편적인 현상이었다(Selwyn, 2004).

그러나 오늘날 정보통신망의 확충과 인터넷 서비스의 확산으로 인하여 정보격차의 개념은 정보를 가진 자(*have*)와 가지지 못한 자(*have-not*)의 접근성 차이에서 이용자들이 '어떤 정보를 이용하는가?', '얼마나 이용하는가?', '어떻게 이용하는가?', '어떠한 효과를 얻는가?', '불균형의 문제가 얼마나 존재하는가?'로 그 관점이 이동하고 있다(송효진, 2014). 즉, 정보격차의 초기의 연구들이 단순히 정보의 접근성에 초점을 두고 이런 정보접근성을 해결하여 정보격차를 줄이려는 다양한 정책적 노력에 중점들 두어 왔다면, 최근에는 정보 활용 향상을 통한 질적 측면을 강조하는 방향으로 연구가 발전되었다(이명진 · 박기태, 2009).

이처럼 정보격차에 대한 논의에 있어서 양적 측면뿐만이 아니라 질적 측면까지 고려해야 하는 이유는 한국의 경우 인터넷 보급률과 이용 수치로는 세계 1위의 수준이지만 여전히 대부분의 인터넷 이용자들이 자료 및 정보검색 등의 목적으로 인터넷을 이용하는 반면, 교육과 학습, 전자민원 등의 목적으로 이용하는 경우는 상대적으로 적기 때문이다(한국인터넷진흥원, 2009). 이러한 현상은 인터넷 이용자 수가 증가했음에도 불구하고 인터넷 이용 범위와 그 다양성은 매우 제한적이라는 것을 의미한다. 따라서 이제는 정보격차에 대한 논의가 양적 정보격차뿐만이 아니라 정보 활용 정도와 성과에 대한 질적 격차를 논의해야 할 필요가 있다고 할 수 있다(정영호 · 이혜미, 2010).

---

4 따라서 한국정부도 1994년에 〈정보화촉진기본법〉을 제정하여 정부가 주도로 컴퓨터 보급 등의 정보접근성을 확보하기 위해서 노력했었다(정영호 외, 2010).

〈표 4-1〉 정보격차의 정의

저자	정보격차의 정의
Dasgupta et al.(2001)	정보통신에 대한 접근 여부로 정의된다.
Colby(2001)	인종, 연령, 수입, 교육수준에 따른 휴대폰, 개인 컴퓨터와에 대한 접근 차이를 말한다.
Rogers(2001)	인터넷을 통해서 이익을 받는 개인들과 그렇지 않은 개인들 간의 차이를 말한다.
Lim(2002)	개인, 가계, 기업 그리고 지역 등의 사회경제적 수준별로 정보통신기술(ICT)과 인터넷에 접근할 기회에 대한 차이를 말한다.
Fink & Kenny(2003)	ICT 사용의 접근, 능력, 실질적 사용, 사용 효과의 차이를 말한다.
Gutierrex(2004)	정보화 사회에서 부자와 빈자로 대표되는 정보에 접근할 수 있는 사람과 그렇지 않은 사람들 간의 차이를 말한다.
Bagchi(2005)	실질적으로 ICT에 접근해서 이를 효과적으로 사용할 줄 아는 사람들과 그렇지 않은 사람들 간의 차이를 말한다.
Fryer & Granger (2008)	정보기술을 통하여 혜택을 받을 수 있는 사람들과 그렇지 않은 사람들 간에 존재하는 차이를 말한다.

출처: White et al., 2011.

앞에서 언급하였듯이, 학자들 간에 정보격차의 개념 정의를 위한 합의된 기준은 여전히 존재하지 않는다. 그러나 2000년대 연구들을 중심으로 정보격차에 대한 개념들을 정리하면 〈표 4-1〉과 같다.

2) 정보격차에 영향을 미치는 요인

그동안 정보격차를 발생시키는 요인으로 학자들의 가장 큰 관심을 받아 온 것은 바로 인구사회학적 요인과 사회경제적 요인에 의한 차이다.[5] 즉, 정보 활용이나 능력 측면에서 여성보다 남성이, 저소득층보다는 고소득층이, 노년층보다는 청·장년층이, 저학력자보다는 고학력자가,

5 이에 대한 해외의 연구로는 Schiller(1996), Perelman(1998), Andrew & Atkinson (2001), DiMaggio et al. (2004), Dewan & Riggins(2005), Cartier et al. (2005), Crenshaw & Robison(2006), Cooper(2006), Curervo et al. (2006), Jone(2006), Milner(2006), Suzanne & Bruce(2006), Lynette(2006) 등의 연구가 있다(우양호·정명주, 2007). 국내의 연구로는 백승호(2003), 민영(2011), 송효진(2014), 이숙정·육은희(2014) 등의 연구가 있다.

유색인종보다는 백인이, 농촌보다는 도시가, 블루칼라보다는 화이트칼라가, 장애인보다는 비장애인이 우수한 것으로 나타나고 있다(우양호 · 정명주, 2007).[6] 그러나 이런 인구사회학적 요인이 언제나 동일하게 정보격차를 설명하는 것은 아니다. 이는 정보격차의 차원과 사회적 영향력이 상이하기 때문인 것으로 보인다(정영호 · 이명미, 2010).

또한 최근에는 이런 사회경제적 요인뿐만 아니라 디지털 리터러시(*digital literacy*), 인터넷 이용에 대한 인식, 자기효능감 등과 같은 개인의 인지 · 심리적 또는 상황적 요인들이 인터넷 등을 통한 정보이용에 영향을 미치는 것으로 나타나고 있다(송효진, 2014). 특히, 정보화 수용의 선행요인으로 잠재적 이용자가 조직에서 정보기술을 이용하는 것이 직무성과를 향상시킬 것이라고 생각하는 인지된 유용성과 정보기술을 노력 없이 이용할 수 있을 것으로 기대되는 인지된 용이성, 그리고 사용자들이 정보기술에 대한 즐거움과 친숙함 또는 자신감 등의 심리적 요인들이 정보격차에도 큰 영향을 미치는 것으로 나타나고 있다(김봉섭 · 김정미, 2009).

뿐만 아니라 최근 급속히 확산되고 있는 스마트 기기 등은 정보접근성의 수단으로 활용되어 이러한 스마트 기기 보유여부가 정보이용능력에 영향을 미치기도 하는 것으로 나타나고 있으며(성욱준, 2014), 스마트 기기 활용 교육경험이 장애인들의 스마트 기기 사용능력 및 활동 정도에 영향을 미치는 중요한 요인인 것으로 제시되고 있다(송지향 · 김동욱, 2014).

6 미국의 NTIA(National Telecommunications and Information Administration, 1995; 1998; 1999, 2000)에 따르면 대학 교육을 받은 자, 높은 소득수준, 55세 이하 연령층, 남성, 그리고 도시거주자일수록 정보접근이 용이한 것으로 나타나고 있다(정영호 · 이명미, 2010).

3) 정보격차 현황

한국정보화진흥원은 정보격차 실태조사의 시계열적 추진을 통해 정보격차 해소정책의 연간 추진성과를 계량적으로 측정·평가하고 효과적인 정책추진 방향 도출에 필요한 기초자료를 제공하기 위해 2002년부터 장애인, 저소득층, 장노년층 및 농어민을 대상으로 정보격차 실태조사를 실시해 오고 있다. 또한 2012년부터는 신정보소외계층인 북한이탈주민 및 결혼이민자에 대한 정보격차 실태조사를 추가했다(한국정보화진흥원, 2014).

특히, 한국정보화진흥원은 정보접근, 정보역량, 정보 활용을 통해서 매년 한국의 정보격차 지수를 발표하고 있는데[7] 이를 구체적으로 살펴보면 다음과 같다. 첫째, 정보접근 지수는 필요시 PC 및 인터넷 접근 가능성, 정보통신기기 보유 정도, PC기종 및 인터넷 접속방식으로 측정하고 있다.[8] 둘째, 정보역량 지수는 컴퓨터 기본용도별 이용능력과 인터넷 기본용도별 이용능력으로 측정하고 있다.[9] 셋째, 정보활용 지수는 양적 활용지수와 질적 활용지수로 구성되어 있다. 이 중에서 양적 활용지수는 PC 및 인터넷 이용여부와 PC 및 인터넷 이용 시간으로, 그리고 질적 활용 지수는 PC 및 인터넷 일상생활 부문별 도움정도와 PC 및 인터넷 기본용도별 이용정도[10]로 구성되어 있다(한국정보화진흥

7 미국의 Pew Research Center(2012)는 'digital differences'에서 인터넷 이용률로 인터넷 이용을 그리고 인터넷접속 여부, 소셜 네트워크, 이메일, 텍스트 메시지 사용 여부와 비디오 녹화 여부 등으로 스마트폰 활용을 측정하고 있다(성욱준, 2014).

8 가구 및 가구 이외 장소의 PC 보유 여부, 무선 인터넷 접속가능 기기 보유 여부, 가구 내 인터넷 이용 여부, PC 이용 필요 시 사용가능 여부, PC 사용가능 시 이용까지 소요되는 시간, 인터넷 이용 필요 시 사용가능 여부, 인터넷 사용가능 시 이용까지 소요되는 시간, 주로 사용하는 PC 기종, 주로 사용하는 인터넷 접속방식 등으로 측정하고 있다.

9 컴퓨터 또한 인터넷 기본용도별 이용능력은 웹브라우저, 정보검색, 메신저, 전자우편, 온라인 게임, 인터넷 기반 멀티미디어 이용, 인터넷 뱅킹/주식·인터넷 쇼핑·예약/예매 등 각종 거래 처리와 인터넷 공과금 납부·인터넷 민원서비스 등의 전자정부 및 사회참여로 구성되어 있다.

〈표 4-2〉 한국의 정보격차 추이: 2004~2014년

구분	04년	05년	06년	07년	08년	09년	10년	11년	12년	13년	14년
접근	63.7	71.0	80.2	86.5	89.7	91.0	91.8	92.7	93.4	93.6	94.3
역량	27.5	35.2	42.9	44.5	45.7	48.9	50.8	52.8	56.1	60.0	64.1
활용	33.1	41.0	49.2	51.4	53.1	54.8	56.5	58.2	59.9	62.3	63.5
종합	45.0	53.3	62.0	65.9	68.0	69.7	71.1	72.4	74.0	75.2	76.6

출처: 한국정보화진흥원, 2014.

〈그림 4-1〉 한국의 정보격차 추이: 2004~2014년

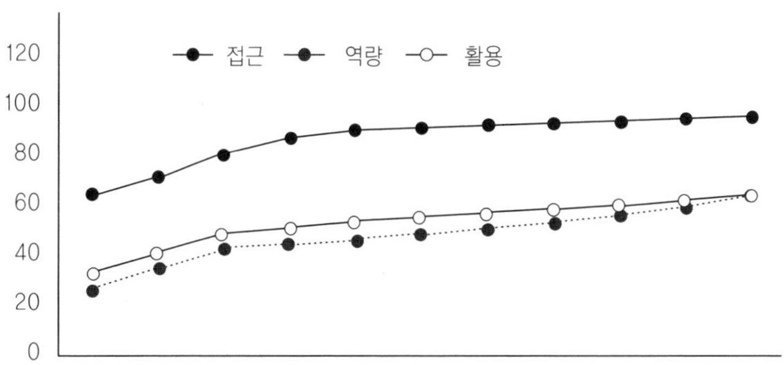

출처: 한국정보화진흥원, 2014.

10 PC 및 인터넷 일상생활 부문별 도움정도는 가사·개인용무, 여가활동, 사회활동, 의사소통·교제활동 등의 5개 항목으로 측정한다. 그리고 PC 및 인터넷 기본용도별 이용 정도는 업무(학업) 및 가사(개인용무) 관련 정보검색, 업무(학업) 및 가사(개인용무) 관련 문서·자료의 작성, 각종 거래 처리, 교육 및 학습, 사회참여 및 커뮤니티 활동으로 구성되어 있다.

원, 2014). 그동안 한국정보화진흥원이 조사한 한국의 정보격차 추이를 살펴보면 〈표 4-2〉와 같다.

4) 정보격차에 대한 이론적 논의

정보화 시대의 불평등 개념인 정보격차가 학자들과 정책결정자들의 관심을 받기 시작하면서 정보격차를 설명하기 위한 이론들이 제시되어 왔다. 선행연구들에서 제시된 정보격차를 설명하는 대표적인 이론적 논의를 살펴보면 다음과 같다.

첫째, 정보사회에 대한 낙관론과 비관론이다. 정보사회에 대한 낙관론은 정보화가 진행될수록 정보격차가 완화될 것이라고 주장하고 있다. 이는 주로 확산(*diffusion*) 이론에 근거한 것으로 신기술의 개발과 확산이 초기에는 일부 부유층에게만 집중되지만 시간이 경과하면서 일반 대중에게 확산되는 S자형 확산 과정을 보일 것이라고 예측하고 있다(이명진·박기태, 2009).

반면에 비관론은 정보통신기술의 발달에 따라 정보의 풍요가 발생하지만 이로부터 이익을 얻는 정보 부자와 그렇지 못한 정보 빈자 간의 격차가 심화될 것이라고 주장한다(김문조·김종길, 2002). 즉, 정보화가 지속될수록 정보접근 기회의 불평등이 지속될 뿐만 아니라 정보격차로 인한 빈부격차도 심화될 것이라고 지적하고 있다(진상기, 2013).

둘째, 정보기술의 확산에 따라 정보격차가 다르게 나타날 것이라는 논의가 있다. 이러한 관점은 정보화 단계에 따라 정보격차를 구분하고 있다. 구체적으로, 정보지식기술의 도입기(*early adaptation*)에는 초기 정보격차로 접근자와 비접근자 간의 접근격차가 존재한다. 이어서 도약기(*take-off*)에는 이용자와 비이용자 간의 1차 정보격차로서 이용격차(*usage divide*)가 존재하게 된다. 이 단계에서는 정보기기의 보유 및 이용 여부와 연관된 정보접근의 양적 측면에서의 활용격차가 나타나게 된다. 또한 포화기(*saturation*)에는 2차 정보격차로서 이용자 간에 발생하는 이용의 질 격차(*quality of use*)가 존재하게 된다. 이 단계에서는 정보의 접근 및 양적 활용격차와 정보 활용능력 및 활용유형과 연관된 질적 활용격차가 발생하게 된다(Molnar, 2003; 신혜원·지성우, 2014).

이와 유사하게 Selwyn(2004)도 정부격차의 수준을 단계화하고 있다. 첫 번째 단계는 정보통신기술(ICT)과 서비스 등에 대한 공식적이고 이론적인 접근의 단계이다. 이 단계에서는 집이나 직장 등에서 개인들에게 정보통신기술이 보급된다. 두 번째 단계는 개인이 정보통신기술을 통하여 정보통신 관련 서비스 등을 효율적으로 사용하는 단계이다. 이는 집이나 직장 등에서 개인적으로 정보통신기술에 접근이 가능할 뿐만 아니라 모든 형태의 정보통신기술을 통하여 정보 및 서비스를 의미 있게 사용하고 결국에는 성과를 얻게 된다. 세 번째 단계는 정보통신기술과 서비스를 통하여 관여(*engagement*)하는 단계이다. 이 단계에서는 사용자들이 기술과 서비스 등에 대한 통제와 선택을 통하여 정보통신기술을 의미 있게 사용하게 된다. 이때 정보통신기술을 사용하는 사용자들은 본인에게 의미 있고 중요한 사용 정도를 고려하게 된다. 마지막으로 네 번째 단계는 실질적으로 인식된 결과 단계로, 이때 인식된 결과의 의미는 생산활동, 정치활동, 사회활동, 소비활동 등에서 정보통신기술을 사용함으로써 얻게 되는 결과를 말한다.

셋째, 그동안의 정보격차의 요인들이 주로 사회경제적 차이에 의해서 발생한다고 주장하여 왔다면, 양적 측면이 아닌 질적 측면에서 정보격차를 설명하는 것이다. 이러한 이론적 논의에는 사회적 인지이론(박웅기·박윤정, 2009), 지식격차가설, 이용충족이론, 기술수용모형 등(송효진, 2014)이 포함된다.

먼저 사회적 인지이론에 따르면 인터넷 사용에 대한 충분한 믿음이 존재할 때에 비로소 인터넷 사용을 통해서 긍정적인 결과를 기대할 수 있다. 즉, 인터넷 사용이 개인의 생활에 긍정적인 결과를 야기할 수 있기 위해서는 먼저 인터넷 자기효능감이 성립되어야 함을 예측할 수 있다(Eastin & LaRose, 2000; 박웅기·박윤정, 2009).

예를 들어, Compeau & Higgins(1995)의 연구결과에 따르면 컴퓨터 사용능력에 대한 개인의 주관적 판단이라고 할 수 있는 컴퓨터 자기효능감이 큰 사람들은 그렇지 않은 이들에 비해서 컴퓨터에 대한 두려움이 적고 호감을 더 많이 느낄 뿐만 아니라, 컴퓨터를 직업이나 일상생활의 유용한 도구로 느끼는 것으로 나타나고 있다. 이와 같은 맥락에서 Eastin & LaRose(2000)는 인터넷 자기효능감을 인터넷 사용에 대한 자신의 능력에 대한 믿음으로 정의하면서 이런 인터넷 자기효능감이 낮은 사람일수록 미래에 인터넷을 수용하고 이용하는 데 관련된 행동을 수행할 가능성이 적다고 주장하고 있다.

다음으로 지식격차 가설은 매스 미디어의 편향성과 사회경제적 지위라는 두 가지 사회구조 변인이 지식획득에 어떤 영향을 미치는지를 설명하고자 하였는데, 이에 따르면 매스 미디어를 통해 사회체계 내로 유입되는 정보가 증가할수록, 사회경제적 지위가 높은 사람들이 그렇지 못한 사람들보다 빠른 속도로 정보를 습득하는 경향이 있어 두 집단 간 지식격차가 더욱 증가하게 된다(Tichenor et al., 1970). Tichenor 등(1970)은 지식격차가설을 재검토하여 지식격차를 초래하는 원인으로 정보이슈의 성격 및 유형, 수용자 개인의 동기나 관심 등과 같은 상황적 변인들까지 포함하여 이러한 변인들이 정보수용과정에 어떠한 영향을 미치는지에 대해 연구하였다.

한편 이용과 충족이론은 '매스 미디어가 사람들에게 무엇을 하고 있는가?'라는 문제에서 '사람들이 매스 미디어를 가지고 무엇을 하는가?'의 입장에 주목하고 있다. 이용과 충족이론에서는 사람들이 매스 미디어를 이용하여 자신의 사회적 심리적 욕구를 충족시키려고 하는 능동적 소비자로 간주하고 있으며(Katz et al., 1974; 오미영 외, 2005), 미디어의 선택과 이용 등의 외적 요인뿐만 아니라 개인적인 목적 및 의도 등의 내적 요인을 동기화 측면에서 중요한 요인으로 설명하고 있다.

마지막으로 기술수용모델(Davis, 1989)은 조직의 업무성과를 개선하기 위해 도입된 정보기술 시스템에 대한 조직 구성원들의 수용 정도를 예측하는 데에는 '인지적 유용성'과 '인지된 이용 용이성'이 중요한 역할을 한다고 주장하고 있다. 이때 인지된 유용성이란 정보기술 시스템을 이용함으로써 자신의 업무 성과가 개선될 것이라고 믿는 정도이며, 인지된 이용 용이성이란 정보기술 시스템을 이용하는 것이 보다 많은 노력을 필요로 하지 않는다는 믿음 정도를 말한다. 따라서 기술수용모델 관점에서는 정보이용의 활성화를 위해서는 사용자들이 정보이용에 대한 용이성과 유용성을 느낄 수 있게 해 주어야 한다고 강조한다.

3. 정보격차에 대한 연구와 성과

이 절에서는 Molnar(2003)와 Selwyn(2004)의 정보격차에 대한 구분방식을 사용하여 2000년 이후 국내에서 수행된 정보격차에 대한 선행연구들을 대상으로 다음과 같이 구분하고 있다. 정보통신기술이나 서비스에 있어서의 접근격차와 사용자와 비사용자 간의 이용격차, 이용자 간의 질적 차이인 이용한 정보가 얼마나 유용하게 활용되었는가에 대한 관여(*engagement*), 정보통신기술과 서비스의 이용에 따른 단기적 결과와 사회참여 측면에서의 결과(*outcome, consequences*)로 정보격차 개념을 구분하여 관련 연구들의 주요내용을 살펴보고자 한다(진상기, 2013).[11] 이때 선행연구들은 정보격차 대상을 노년층, 장애인,

11 또한 김문조·김종길(2002)도 정보격차를 접근성, 활용성 및 수용성의 3차원으로 분류하고 있다. 접근성은 기회격차를 의미한다. 이는 경제자본과 하드웨어에 대한 조작 기술의 정도에 의해서 결정된다. 또한 활용격차는 문화자본과 사회자본의 격차를 의미하는 것으로 단순한 정보 이용량을 넘어 그 이용의 범위와 정도에 따른 격차를 의미한다. 마지막으로 수용격차는 정보에 대한 활용을 넘어 정보통신기술을 통해서 삶의 질을 높이느냐 하는

저소득층 등 다양한 정보소외계층으로 구분하여 살펴보고 있다.

1) 접근과 이용격차에 따른 정보격차: 1단계 정보격차

UNDP의 '인간개발 보고서'에 따르면,[12] 정보격차는 정보화 매체에 대한 접근의 부족과 사용능력의 부족으로 인해 발생될 수 있다. 또한 OECD, Global Forum, World Bank 등에서도 정보격차의 문제를 '접근격차'의 문제로 이해하고 있다(진상기, 2013). 이와 비슷한 맥락에서 정보격차에 관한 초기 연구들은 정보격차를 '접근격차'와 '이용격차' 측면에서 파악하고 있다.

접근격차란 주로 컴퓨터나 네트워크 등 새로운 형태의 정보기술에 접근할 수 있는 사람들과 그렇지 않은 사람들 간의 접근성 차이를 말한다(van Dijk, 2006). 구체적으로 접근격차는 컴퓨터와 인터넷 등의 접속과 연관지어 측정되는 경향이 있다. 예를 들면, 접근성 지수는 가정의 PC보유 수준, 인터넷통신 가입 수준, 모바일통신 가입 수준, 통신원 활성 수준(우양호·정명주, 2007)과 컴퓨터 및 인터넷 이용 여부, 인터넷 접속 유형(백승호, 2003), 그리고 인터넷 관련 정보기기 보유 정도, 인터넷 근접성, 컴퓨터와 인터넷의 성능 등으로 측정되기도 한다.

이때 인터넷 관련 정보기기 보유 정도는 가정과 직장에서의 개인 컴퓨터 소유 여부, 노트북·휴대폰·PDA 등 기기 유형에 상관없이 무선인터넷을 사용할 수 있는 정보기기 보유 여부, 가정에서의 인터넷 접속 가능 여부 등을 의미한다. 또한 인터넷 근접성은 필요시 인터넷 사용 유무와 인터넷 사용에 소요되는 편의성 차이로, 인터넷 성능은 펜티엄

것에 대한 것이다(진상기, 2013).

12 UNDP는 매년 국가별로 교역규모, 자금흐름, 전화, 팩스, PC, 인터넷 호스트 등의 정보흐름을 바탕으로 삶의 질 지수(*human development index*)를 산출하여 '인간개발 보고서'를 발표하고 있다(진상기, 2013).

급 종류와 초고속 인터넷망이나 무선인터넷망을 통한 인터넷 접속방식, 전화모뎀방식을 통해서 측정하기도 한다(민영, 2011). 한편 노년층을 대상으로 사용자와 비사용자 간의 이용격차는 일반적으로 컴퓨터와 인터넷 이용 여부 등의 정보역량(전대성, 2015)이나 컴퓨터 및 인터넷 이용능력 또는 이용수준 등으로 측정된다(김봉섭 · 김정미, 2009).

2) 정보 활용에 대한 질적 측면의 정보격차 : 2단계 정보격차

정보격차를 이용자 간의 질적 차이인 이용한 정보가 얼마나 유용하게 활용되었는가에 대한 관여(*engagement*)의 측면에서 살펴보는 연구가 있다. 정보격차에 대한 초기연구는 자의적으로 컴퓨터와 네트워크 등에 접속하면서 특별한 정보기회를 가지고 있는지 여부에 대해 초점을 맞추고 있었다. 이런 기술 중심의 초기 정보격차에 대한 연구들은 주로 미디어나 기술 등에 대한 물리적인 접근(*physical access*)에 초점을 맞추고 있다.

그러나 2002년 이후 정보격차 연구에서는 '접근 이상'(*beyond access*)에 대한 연구들이 증가하고 있다. 즉, 정보격차의 기술적인 개념에 대한 재구성과 사회, 심리 그리고 문화적 배경에 대한 관심이 증가하면서 '접근의 개념'을 확장시켜 디지털 기술이나 능력, 미디어나 기술의 사용과 적응 등의 개념을 추가했다(van Dijk, 2006). 이에 대해 구체적으로 살펴보면 다음과 같다.

2단계 정보격차는 주로 컴퓨터와 인터넷을 통한 정보의 활용능력과 활용수준을 통해서 측정하고 있다. 이를 위해서 컴퓨터와 MP3 등 최신 정보기기 접근과 인터넷 및 스마트폰 이용률, 이용시간, 이용비용 등을 통하여 기기접근과 활용, 인터넷 게임이나 인터넷 강의 그리고 무선랜, WiFi, 스마트 패드 등의 서비스 활용(김귀원, 2011)과 운영시스템, 워드 프로세서, 사무용 · 멀티미디어 · 그래픽 · 동영상 프로그램, 브라우

저 사용 등을 통해서 활용역량을 측정하기도 한다(민영, 2011).[13]

또한 컴퓨터 및 인터넷을 이용할 수 있는 기본 역량 이외에도 양적 차원(정보접근격차와 정보이용격차)과 질적 차원(정보이용 역량격차와 활용격차)으로 구분하고 정보격차를 평가하기도 한다(정영호·이명미, 2010).

정보의 양적 활용 정도로는 게임정도, 문서작성, 인터넷 이용, 응용프로그램, 인터넷 상거래 이용, 각종 문서편집기, 응용프로그램, 인터넷 이용 등과 컴퓨터교육 이수경험, 문서작성 및 전자메일과 웹페이지 활용능력, 기타 컴퓨터 이용능력 등을 통해서 정보접근격차와 이용격차를 살펴보고 있다(백승호, 2003; 우양호·정명주, 2007).

또한 송효진(2014)은 정보이용자를 능동적 존재로 간주하고 이들이 상이한 목적별 정보이용을 살펴보기 위해서 기상정보(날씨, 주가, 환율 확인, 네비게이션, 온라인 지도서비스 및 교통정보 이용, 의식주 관련 정보), 교제/소통(이메일, SNS), 정치/행정참여(신문이나 TV의 정치행정 정보검색, 행정업무처리를 위한 전자민원서비스 이용, 정부 공공기관이나 홈페이지를 통한 정책 건의 및 참여), 쇼핑(상품검색, 구매), 학업(학업에의 활용), 여가/오락(게임, 음악/영화 다운로드) 등으로 인터넷 정보이용 수준을 측정하고 있다.

그리고 정보의 질적 활용 정도로는 학업·업무 관련 정보검색, 교육활동을 위한 이용량, 여가 활용 및 커뮤니케이션 목적으로 뉴스 읽기, 방송·영화·음악 감상, 온라인 게임, UCC 감상, 타인과의 의사소통을 위한 이용량, 상거래와 행정업무 목적 일환인 인터넷 뱅킹, 쇼핑, 행정 민원을 위한 이용량 등으로 정보이용 역량격차와 활용격차를 살펴보고 있다(민영, 2011).[14]

---

13 또한 윤충한·김상식(2011)은 정보역량을 인터넷상에서 내가 원하는 정보를 찾을 수 있는 인터넷 검색능력, 인터넷을 통해 커뮤니케이션을 할 수 있으며 다양한 사람들과 사귈 수 있는 인터넷 커뮤니케이션, 인터넷을 통해 일을 편리하게 처리할 수 있는 인터넷 업무처리능력으로 측정하고 있다.

14 특히, 필요한 정보가 무엇인지 정확히 정의 내릴 수 있는지, 정보가 전달하는 내용을 정확

뿐만 아니라 최근에는 스마트 기기 등의 보급 확대로 인하여 소수의 연구들이 스마트 기기를 대상으로 정보격차를 살펴보고 있다. 예를 들면, 성욱준(2014)은 스마트폰 보유 여부로, 한상연 등(2011)은 스마트폰 이용 정도를 통해서,[15] 라종민 · 한희정(2015)은 스마트폰 애플리케이션 이용정도를 통해서, 그리고 이혜인 · 배영(2011)은 스마트폰 이용시간, 어플리케이션 수, 대화사람 수, 정보의견 교환 정도의 스마트폰 이용 정도를 통해서 스마트 정보격차를 살펴보고 있다.[16]

이 밖에도 특정계층을 대상으로 정보 활용에 따른 정보격차를 살펴보는 연구도 있다. 이는 주로 노년층을 대상으로 정보격차를 살펴본 연구가 많다. 예를 들면, 노년층의 인터넷 사용실태(황은희 외, 2011),[17] 인터넷 활용 수준(이복자 · 명승환, 2010b;[18] 유용식 · 손호중, 2012[19]),

---

히 파악할 수 있는지, 필요한 정보를 검색 엔진을 통해 찾을 수 있는지, 필요한 정보를 얻기 위해 어떤 사이트가 적절한지 선별할 수 있는지, 검색 결과 얻은 여러 정보 중 나에게 가장 유용한 정보를 효율적으로 선별할 수 있는지, 문제를 해결하기 위해서 다양한 정보를 검색하는지 등을 통해서 정보 활용능력을 측정하기도 한다(이숙정 · 육은희, 2014).

15 총 휴대전화 사용기간, 총 휴대전화 사용기간 중 스마트폰 사용기간, 일일 스마트폰 사용시간, 주당 스마트폰 사용 일수, 사용하는 스마트폰 종류(운영체제), 가장 많이 사용하는 스마트폰 기능 등의 일반현황을 통해서 살펴보고 있다.

16 책/만화, 교육, 게임, 지출관리/금융거래, 쇼핑, 생활 · 건강정보/날씨, 엔터테인먼트(음악/방송/동영상/사진), 네비게이션/교통정보, 뉴스, 소셜네트워킹(페이스북, 트위터), 커뮤니케이션(카카오톡, 마이피플), 스포츠, 여행, 유틸리티, 도구/일정관리/배경화면, 래퍼런스(참고자료) 등 15개로 구분해서 살펴보고 있다.

17 노년층의 인터넷 사용실태를 인터넷 사용시간과 레저, 정보, 간접경험, 가족과의 이메일이나 온라인 채팅, 온라인으로 친구 사귀기, 적은 비용으로 더 많은 서비스 이용하기 등의 동기와 뉴스/잡지, 이메일, 문화/레저, 사회/클럽, 의료/건강정보, 게임/오락, 공공정보 홈페이지의 방문정도를 살펴보고 있다. 또한 인터넷 사용능력을 필요한 정보탐색, 이메일 보내기, 소프트웨어 다운로드와 업로드, 온라인 몰에서 상품구매, 인터넷 뱅킹, 표 구매, 인터넷 홈페이지 운영 등으로 측정하고 있다.

18 각종 생활정보 검색, 국내 · 외 뉴스파악, 온라인 교육프로그램 참여, 인터넷 이메일 채팅, 온라인 카페에 가입, 동호회 참여 등의 인터넷 실용성과 인터넷 금융거래, 영화 다운받아서 시청, 인터넷 쇼핑, 노인복지 관련 웹사이트 이용, 인터넷 게임 등의 인터넷 편의성을 통해서 인터넷 활용 수준을 살펴보고 있다.

19 인터넷 용어, 이용 사이트, 인터넷을 통한 의사소통, 이메일 활용, 인터넷 동호회 활동 등을 통해서 인터넷 활용 수준을 측정하고 있다.

인터넷 활용능력(정규형 외, 2013)[20]과 정보활용 수준(김판수 외, 2014),[21] 정보활용 능력(이미숙 외, 2015)[22] 등을 측정하고 있다.[23]

비록 극소수의 연구이지만 노년층뿐만 아니라 여성결혼이민자들과 장애인들의 정보 활용의 질적 측면을 살펴보고 있는 연구도 있다. 예를 들면, 여성 결혼이민자들을 대상으로 인터넷 이용여부와 정보 및 자료 획득, 교육 및 학습, 이메일과 채팅, 인터넷 쇼핑과 인터넷 뱅킹, 영화, 게임 등의 인터넷 이용형태를 측정하고 있다(김경미, 2013). 또한, 송지향 · 김동욱(2014)은 장애인들의 도구적 이용능력,[24] 정보이용 참여능력,[25] 정보화 역기능 대처능력[26]의 스마트 기기 사용능력과 스마트 기기별 인터넷 이용량,[27] 스마트 기기 활용 다양성,[28] 정보생산 공

---

20 미니홈피 제작 및 관리, 정보검색, 문서작성 이메일과 메신저 사용, 사진과 동영상 다운로드, 인터넷 쇼핑, 인터넷 발급 등의 인터넷 활용능력을 살펴보고 있다.

21 컴퓨터 · 일반 핸드폰 · 스마트폰 등의 정보기기 활용, 일반행정활동 · 채팅활동 · 쇼핑활동 등의 온라인 활동, 금융정보 · 교육정보 · 업무관련정보 등의 정보검색활동을 통해서 정보활용 수준을 살펴보고 있다.

22 정보검색능력, 이메일 활용능력, 인터넷 예약 및 인터넷쇼핑능력, 민원서류 발급, 인터넷 뱅킹, 카페나 블로그 이용 등으로 정보 활용능력을 측정하고 있다.

23 이 밖에도 강보라 · 김희섭 · 이미숙(2014)은 온라인 정보검색, 온라인 커뮤니티, 온라인 쇼핑, 전자행정 등의 정보활용 수준과 온라인 커뮤니티 · 전자행정 활용시간, 온라인 정보검색시간과 온라인 쇼핑시간 등의 정보활용시간, 스마트폰 · 휴대폰 · 컴퓨터 등의 정보기기 활용 수준을 살펴보고 있다.

24 모바일 스마트 기기 환경설정, PC와 파일 송수신, 타인에게 파일 전송, 인터넷에 파일 업로드, 필요한 앱 검색 및 다운로드, 앱 업데이트 및 삭제, 증강현실 기능 이용, 제품구매 및 예약/예매, 금융업무 및 행정업무 처리 등의 10개 항목으로 측정하고 있다.

25 상황별로 필요한 다양한 정보의 검색, 검색한 정보의 사실과 의견 구별, 사진 · 동영상을 제작(촬영/편집)하여 온라인에 게시, 정책건의 및 민원제기, 사회이슈 관련 의견 제시 및 교환, 마이크로 블로그를 통한 소통 및 관계 형성, 커뮤니티 가입 및 활동 등 7개 항목으로 측정하고 있다.

26 악성코드 검사 및 치료, 기기 잠금장치 기능 이용, 피해 신고방법 등 3개 항목으로 측정하고 있다.

27 스마트폰 및 스마트패드를 통한 1주당 무선인터넷 이용 빈도이다.

28 문서관리나 작성, 정보검색, 전자우편 또는 메신저, 금융업무나 행정업무, 제품구매 및 서비스 예약/예매, 교육(학습) 또는 콘텐츠 이용, 지도나 교통정보, 일반 블로그 또는 마이크로 블로그 이용 등 14개 항목으로 측정하고 있다.

유 정도,[29] 사회참여 정도,[30] 네트워킹 정도[31]로 스마트 기기 활용 정도를 살펴보고 있다.

3) 정보격차의 결과와 성과: 3단계 정보격차

정보통신기술과 서비스의 이용에 따른 단기적 결과와 사회참여 측면에서의 결과로 구분하고 있는 연구가 있다. 그동안 정보격차에 관한 연구들 중에서 인터넷 등의 활용 수준이나 활용 능력이 어떤 결과를 가져오는지에 대한 연구는 많이 있어 왔지만, 사회 집단별로 인터넷 등 정보통신기술의 활용의 효과에 차이가 존재하는지를 살펴본 연구는 드문 편이다(이숙정·육은희, 2014). 하지만 정보격차의 결과와 성과에 관한 국내의 연구들을 정리해 보면 다음과 같다.

첫째, 정보 활용 역량 등의 정보격차는 시민들의 정보생산 활동,[32] 시민적 연계활동,[33] 정치적 연계활동[34] 등의 참여에 영향을 미치는지를 살펴보고 있다(민영, 2011). 뿐만 아니라 이런 정보격차가 대인과 정부

29 뉴스나 타인이 만든 정보/지식/동영상/ 사진 등을 게시(단순 공유 활동) 및 직접 만든 정보/지식/동영상/사진 등을 게시(직접 생산활동) 활동 등 8개 세부항목으로 구성되어 있다.

30 정부나 공공기관 사이트에 의견 개진, 정당이나 선거후보자 사이트 방문, 사회문제 관련 투표나 여론조사 참여, 정치 및 사회문제에 대한 댓글 작성, 블로그나 SNS 등 사회문제 관련 글 제시. 사회문제 관련 온라인 커뮤니티 참여, 사회문제 관련 온라인 시위나 서명 참여, 온라인상 기부 활동 등 8개 항목으로 측정하고 있다.

31 인터넷을 통해 새로운 사람을 알게 되는지 여부, 인터넷을 통해 기존에 알던 사람과의 친밀성이 강화되는지 여부 등 4개 항목으로 측정하고 있다.

32 정보생사활동은 뉴스 기사에 댓글달기, 각종 게시판에 글 게시, 게시판에 동영상이나 사진 게시. 블로그 제작 및 운영, 개인 홈페이지 제작 및 운영, 위키피디아 지식 생산 참여, 네이버 지식인 참여 등으로 측정하고 있다.

33 시민적 연계활동은 인터넷을 매개로 소비자, 환경, 국제구호, 비민구호 및 각종 봉사단체 참여 정도로 측정하고 있다.

34 정치적 연계활동은 정치적 사안에 대한 온라인 토론, 온라인 서명, 사이트 항의방문, 정치인이나 정당에 의견 전달, 특정정당·단체·언론에 대한 반대 운동, 인터넷을 매개로 한 오프라인 집회·시위 참여 등으로 측정하고 있다.

· 국회 · 정당 · 사법부 · 행정부 · 검찰과 경찰 · 군대 등의 공공기관과 종교제도 · 언론 · 방송 · 노조 · 기업 등의 사회기관 등 제도신뢰, 동창회 · 친목모임 · 종교집단 · 연예오락클럽 · 학습정보 집단 · 정치 및 시사관련 집단 · 취미모임 · 자원봉사모임 등의 네트워크, 온라인상의 네티켓과 호혜성 등의 규범에 미친 영향을 살펴보기도 한다(이혜인 · 배영, 2011).

둘째, 정보 활용능력 등 정보격차가 정보 지지에 영향을 미치는지를 살펴보고 있다(이숙정 · 육은희, 2014).[35] 또한 정보격차 유형이 온라인 행정정보서비스에 대한 주민들의 주관적 만족과 성과에 어떤 영향을 미치는지를 살펴보고 있기도 한다(우양호 · 정명주, 2007).

셋째, 정보격차가 경제활동, 건강과 활력, 가족관계, 자아존중감, 정서 상태, 사회생활 등의 삶의 만족에 미치는 영향을 살펴보고 있다(한상연 등, 2011; 라종민 · 한희정, 2015). 특히, 정보격차의 성과를 살펴보는 연구는 주로 노년층을 대상으로 하고 있는 경우가 많다.

예를 들면, 정보 활용능력 등의 정보격차가 노년층들의 여가나 취미생활, 경제적 여건, 사회활동, 대인관계, 내가 하는 일, 정신건강 등에 대한 삶의 만족도와 삶의 행복감에 미치는 영향을 살펴보고 있다(강월석 외, 2013; 정규형 외, 2013; 강보라 외, 2014; 김판수 외, 2014; 이미숙 외, 2015; 전대성, 2015). 또한 이런 정보격차가 노년층의 자아효능감과 자아존중감(황은희 외, 2011; 유용식 · 손호중, 2012) 등에 미친 영향을 살펴보기도 한다.

뿐만 아니라 정보격차가 노년층의 긍정적인 정보화 인식과 부정적

---

35 정보지지는 '내게 생긴 문제의 원인을 찾는 데 도움이 되는 정보와 지식을 제공해 주는 사람들이 있다. 내가 모르거나 이해할 수 없는 사실에 대해 알게 해 주는 사람들이 있다, 내가 현실을 이해하고 잘 적응할 수 있도록 건전한 충고를 해 주는 사람들이 있다. 내가 배울 점이 많은 존경할 만한 사람들이 있다, 내가 어려운 상황에 직면하면 현명하게 대처할 수 있는 방안을 제시해 줄 사람들이 있다. 내가 중요한 선택을 해야 할 때 충고와 조언을 해 줄 사람들이 있다'로 측정하고 있다.

정보화 인식에 미친 영향(이복자 · 명승환, 2010a),[36] 사적 네트워크와 공적 네트워크에 미친 영향(이복자 · 명승환, 2010a; 이복자 · 명승환, 2010b),[37] 그리고 신뢰에 미친 영향(이복자 · 김용우, 2010)[38] 등이 존재하고 있다.

그리고 여성결혼이민자의 인터넷 이용이 지역모임과 시민단체 참여의 시민모임 참여와 한국생활의 만족도에 미친 영향(김경미, 2013)과 시각장애인들의 스마트폰 이용정도가 사회적 자본과 정서적 웰빙에 어떤 영향을 미치는지를 살펴보고 있는 연구도 있다(김재윤 외, 2013).

4. 국내 정보격차 연구의 한계

정보통신기술의 급격한 발달과 확산 등으로 인해서 정보불평등에 대한 관심이 증가하면서 국내에서도 정보격차에 대한 연구가 꾸준히 증가하여 왔다.

그러나 정보격차에 대한 연구가 학자들과 정책결정자들의 많은 관심을 받아 왔음에도 불구하고 이론의 부족(*lack of theory*), 학제 간 연구의

36 일생생활이 편리해짐, 노년의 여가활동이 증가, 노년의 삶의 질이 증가, 지역 간 격차가 해소, 지자체의 역할증대로 지역이 발전, 국제관계가 호전, 경제성장으로 선진국대열 조기진입, 취업 기회의 확대 등 긍정적 정보화 인식과 정보누출현상의 심화, 사생활 침해 심화의 부정적 정보화 인식을 측정하고 있다.

37 네트워크는 가족/친구/이웃의 전화번호 보관, 전화/이메일/만남의 횟수 증가, 가족/친지 모임에 자주 참여, 친구/이웃과의 외식이 늘어남, 문제가 생기면 도움 줄 사람의 증가 등의 사적 네트워크와 지역 봉사활동 참여, 정부기관 사이트 방문 의견제시, 지역 행사에 참여, 공공기관/공공시설 이용, 반상회/공적 모임에서 지역 일 논의, 정당 활동 참여 의도 등의 공적 네트워크에 미친 영향을 살펴보고 있다.

38 인터넷 활용이 네트워크 외에도 인터넷을 이용하여 친구와의 신뢰제고, 가족과의 대화 가능, 복지관/지역사회에 대한 믿음 형성, 정부가 하는 일에 관심과 신뢰형성, 나의 이익보다 남의 이익을 먼저 생각, 교통질서/규범 등 사회질서 더욱 신뢰 등의 신뢰성에 미친 영향을 살펴보고 있다.

부족(*lack of interdisciplinary research*), 다양한 접근보다는 정적인(*static*) 측면의 한정된 접근과 정보격차의 결과에 대한 부족한 고려 등에 대한 비판이 여전히 존재하고 있다(van Dijk, 2006). 따라서 이 절에서는 국내의 정보격차에 대한 연구들의 한계와 향후 후속연구들이 나아가야 할 연구방향 등에 대해 Slewyn(2004)의 논의를 중심으로 살펴보고자 한다.

1) 정보통신기술(ICT) 개념의 재정립

많은 연구들이 정보격차의 개념을 어떻게 정의내릴 것인가에 대해서는 논의하고 있지만, 이러한 정보격차를 야기시키는 ICT의 기반을 무엇으로 볼 것인가에 대한 논의의 중요성은 간과하는 경향이 있다. 하지만 정보격차에 대한 의미 있는 논의를 위해서는 정보격차를 야기시키는 ICT에 대한 적절한 범위 설정이 필요하다. 왜냐하면 ICT는 컴퓨터 하드웨어와 소프트웨어, 모바일이나 전자정보 자원 같은 기술적 어플리케이션의 범위를 포괄하는 매우 광범위한 개념이기 때문이다.

그동안 국내의 정보격차에 대한 선행연구들을 살펴보면 정보격차를 의미하는 ICT의 범위를 너무 좁게 설정하는 경향이 있다, 즉, 대부분의 선행연구들이 정보격차에서 ICT의 범위를 컴퓨터나 인터넷 등의 사용으로 좁게 한정하고 있는 경향이 대부분이다. 따라서 정보격차를 적절하게 정의하기 위해서는 우선적으로 ICT의 개념과 범위에 대한 재정립이 필요하다고 할 수 있다.

한편 KT 경제경영연구소의 '2015년 상반기 모바일 트렌드' 보고서에 따르면, 2015년 3월 기준으로 한국의 스마트폰 보급률은 83%에 해당하고 있다(〈연합뉴스〉, 2015. 7. 8). 이처럼 스마트폰의 보급이 급속히 확대되었음에도 불구하고 스마트 기기 등의 이용 및 활용의 차이와 정보격차 간의 관계를 살펴본 연구는 매우 부족한 편이다. 뿐만 아니라 상반기 모바일 관련 추세로 태블릿PC 시장의 감소, 손목형 웨어러블 단말 시장의 개화, 가상현실(VR) 단말 도입 확대, 반려동물 역할을 하는 로봇의 현실화, 미어캣 등 모바일 개인 방송의 부상, 음악 스트리밍 서비스 급성장 등이 제시되고 있는 점을 고려할 때(〈연합뉴스〉, 2015. 7. 8), 향후 스마트 기기 기반에서의 정보격차 문제가 매우 중요해질 가능성이 높으므로 이에 대한 연구가 필요할 것이다.

2) ICT 접근성과 실제 사용 간의 관계에 대한 범위 재정립

ICT의의 접근성이란 일반적으로 물리적 접근성(*physical access*)을 의미한다. 이러한 물리적 접근성은 두 가지의 측면에서 이해될 수 있다. 즉, 사람들이 접근할 수 있는지와 없는지 또는 ICT에 접근할 수 있는 사람들 간의 계층이 존재하는지 여부이다. 그러나 ICT 접근성 자체가 실제 ICT의 사용을 보장하는 것은 아니다. 예를 들면 개인적으로 컴퓨터에 접근한다는 것이 반드시 인터넷의 연결을 보장하는 것을 의미하지는 않는다. 또한 인터넷 접근이 모든 웹사이트와 온라인 자료들에 대한 효율적인 접근을 보장하지도 않는다. 동시에 새로운 기술에 대한 필수적 지식과 사용 능력을 가지고 있지 않다면 기술에 대한 물리적 접근은 의미가 없다(Selwyn, 2004).

한편 ICT 접근성과 실제 ICT의 사용 간의 관계는 정보격차 연구에서 매우 중요한 개념으로, 정보통신기술의 접근성 확보가 필수적으로 ICT 사용을 이끈다는 믿음에 의해서 이 둘의 개념은 강조되어 왔다. 그리고 기술 확산이 s-curve의 형태를 보인다는 기술의 자연적 확산 이론은 ICT 사용에서의 불평등을 단지 기술적 수용 단계와 ICT를 이용하지 않는 사람들로 구분하고 있다. 그러나 이러한 접근방법은 장기적인 관점에서의 정보격차의 중요성을 경시하고 ICT 접근성과 ICT 사용 간의 복잡한 관계를 간과할 수 있다. 즉, 정보통신기술에의 접근이 ICT 사용에 기여하지 않는다는 사실을 주지할 필요가 있다. 동시에 단순한 ICT 사용이 '유용한 ICT 사용'을 수반하는 필수요소가 아니라는 사실도 고려해야 한다(Selwyn, 2004).[39]

그동안 정보격차에 대한 국내연구들도 컴퓨터나 인터넷 등을 통한 정보 사용실태, 정보활용 수준, 정보활용 능력 등에 대해서 살펴보고 있다. 그러나 뉴스 읽기나 관련정보 검색, 영화나 음악 감상 등의 여가활용, 타인과의 의사소통을 위한 커뮤니케이션, 인터넷 뱅킹 등의 전자상거래, 행정민원 등의 사용정도가 정보격차를 정확하게 설명하고 있지는 못하다.

왜냐하면 Selwyn(2004)의 주장처럼 인터넷을 통한 관련 웹사이트 접근 자체가 온라인 자료들에 대한 효율적 접근 또는 이런 정보들의 적절한 사용능력을 의미하지는 않기 때문이다. 따라서 정보통신기술에 대한 접근과 이런 정보통신기술 서비스 등을 통한 정보 사용실태, 정보활용수준, 정보 활용능력 등의 관계에 대한 범위 재정립이 필요하다고 할 수 있다.

3) 정보격차 연구의 활용 재검토

많은 정보격차와 불평등에 대한 많은 연구들이 정보통신기술 등의 사용에 따른 결과보다는 수단에 중점을 두고 있다. 그러나 정보통신기

39 일단 개인이 다양한 기술들에 접근할 수 있는 적합한 상태를 얻게 된다면, 이런 기술의 유용한 사용의 부족은 기술적 요소(기술이나 운영능력의 부족)나 정신적 요소(기술사용에 대한 혐오 등) 때문이 아니라 개인의 ICT 사용은 사회적, 정신적, 경제적, 실용적인 복잡한 이유에 의한 것으로 나타나고 있다. 따라서 ICT의 활용은 접근이나 소유권(*ownership*)의 문제보다는 어떻게 사람들이 ICT와의 관계를 발전시키는지, 그리고 어떻게 유용한 접근 상태를 만들기 위해서 사회적 자원을 사용하는 능력을 가지는지에 대한 문제들을 고려해야 할 것이다. 따라서 개인과 ICT와의 관계는 선행연구들에서와 같이 사용자와 비사용자의 단순한 이분법과 기술에 대한 물리적 접근의 문제로만 결정되지는 않는다(Selwyn, 2004).

술의 접근과 기술사용에 대한 질문들은 ICT 이용과 참여 등의 차이를 통한 개인들의 결과와 효과를 반드시 고려해야 한다. 즉, 정보격차가 사회경제적 안정, 사회통합, 사회 참여 등의 사회에 어떤 영향을 미치는지 그리고 정보통신기술이 이런 사회증진을 위해 개인들의 능력을 얼마나 향상시키고 있는지를 고려해야 할 필요가 있다(Selwyn, 2004).

그럼에도 불구하고 국내의 정보격차에 대한 선행연구들에서 정보격차의 효과를 살펴본 연구는 매우 드물다. 예를 들면, 정보활용 등의 정보격차가 시민들의 참여(민영, 2011)와 신뢰 등(이혜인 · 배영, 2011)에 미친 영향에 대한 소수의 연구만이 존재하고 있다. 뿐만 아니라 정보격차의 효과에 대한 연구들은 대부분 노년층을 대상으로 정보격차가 그들의 여가나 취미생활, 경제적 여건, 사회활동, 대인관계, 내가 하는 일, 정신건강 등에 대한 삶의 만족도와 삶의 행복감(강월석 외, 2013; 정규형 외, 2013; 강보라 외, 2014; 김문조 외, 2014; 이미숙 외, 2015; 전대성, 2015), 자아효능감과 자아존중감(황은희 외, 2011; 유용식 · 손호중, 2012) 등에 미친 영향을 살펴보는 데 그치고 있다.

따라서 향후 후속연구는 정보격차가 개인들의 삶에 미친 영향과 함께 우리 사회에 미친 결과(*outcome, consequence*)에 대한 논의를 포함시킬 필요가 있다. 이를 통하여 실제로 정보격차가 우리 사회의 불평등을 야기하고 사회통합을 저해하는 주요한 요인인지, 또는 스마트 시대의 정보격차에 의해서 야기될 수 있는 사회분열을 극복하고 사회통합을 증진시키기 위해서 어떠한 노력이 필요한지를 도출할 수 있어야 할 것이다.

5. 결 론

정보통신기술에 접근성과 이를 사용할 수 있는 능력은 점차 정보화 사회의 구성원이라면 누구나 반드시 갖춰야 할 필수요소가 되어 가고 있다. 따라서 이러한 정보통신기술로의 접근성과 사용으로부터 배제되는 개인이나 집단들은 ICT가 제공하는 많은 혜택들로부터도 배제되기 때문에 정보격차는 지난 10여 년 동안 정부의 중요한 정책적 이슈가 되어 왔다(Thomas, 1996; Selwyn, 2004).

이에 이 장에서는 Molnar(2003)와 Selwyn(2004)의 정보격차에 대한 구분방식을 사용하여 국내에서 수행된 정보격차에 대한 선행연구들을 대상으로 접근격차, 이용격차, 이용한 정보가 질적 차이에 대한 관여 및 정보격차의 결과로 구분하여 정보격차의 연구와 성과에 대해서 살펴보았다. 뿐만 아니라 ICT 개념의 재정립, ICT 접근과 사용 간의 관계에 대한 범위 재정립, 정보격차 연구의 활용 재검토의 측면에서 그동안 국내의 정보격차 연구들의 한계를 살펴보았다. 이런 선행연구의 검토를 통해서 향후 정보격차에 대한 후속 연구들은 다음과 같은 점들을 고려할 필요가 있다.

첫째, 정보격차 개념 정의와 정교화가 필요하다(van Dijk, 2006). 이는 정보격차가 궁극적으로 왜 문제가 되는지에 대한 논의와 직결된다고 할 수 있다. 즉, 이호규(2009)의 주장처럼 정보격차가 단순히 모든 사람에게 평등하게 정보를 분배하기 위한 것이라면 이는 접근격차와 이용격차의 해소를 통해서 어느 정도 해결할 수 있다. 그러나 정보격차가 개인들이 스스로의 생활을 주체적으로 영위하기 위한 삶의 효용성 측면에서 중요한 문제라고 한다면 정보에 대한 접근격차와 이용격차의 해소만으로는 근본적으로 정보격차 문제를 해결할 수 없게 된다. 따라서 정보격차가 왜 문제가 되는지에 대한 심도 있는 논의가 우선적으로 필요하다고 할 수 있다.

둘째, 정보격차의 연구에서 계층별로 다른 접근이 필요하다. 특히, 정보소외계층들을 중심으로 한 정보격차의 경우 정보의 비사용자(*non-user*)와 정보에 접근하지 못하는 자(*the unconnected*)들에 대한 고려가 필요하다. 그럼에도 불구하고 이에 대한 연구는 상대적으로 부족하다고 할 수 있다. 예를 들면, 한국의 경우 많은 노년층들은 이러한 정보기회 자체를 제대로 누리지 못하고 있는 것으로 나타나고 있다.

즉, 한국정보화진흥원(2014)이 따르면, 2013년 7월 기준으로 만 3세 이상 인구의 인터넷 이용률(최근 1개월 이내 인터넷 이용자의 비율)은 82.1%이다. 이를 연령별로 살펴보면 10대(99.7%), 20대(99.9%), 30대(99.7%), 40대(96.8%), 50대(80.3%)로 나타나고 있다. 반면에 만 60세 이상 노년층의 인터넷 이용률은 26.8% 정도에 그치고 있다.[40] 이런 경우 컴퓨터나 인터넷 등을 사용하는 노년층을 대상으로 정보 활용정도와 정보 활용능력을 살펴보게 되면, 전체 노년층을 대상으로 하기보다는 인터넷이나 스마트폰을 이용하는 일부 노년층만을 대상으로 정보화 역량 유무에 따른 효과를 살펴보고 있다는 한계가 존재하게 된다(전대성, 2015).

따라서 정보 소외 계층인 노년층, 저소득층, 장애인과 정보 신소외계층인 북한이탈주민과 이주민들을 대상으로 한 정보격차의 연구에서는 정보의 비사용자(*non-user*)와 정보에 접근하지 못하는 자(*the unconnected*)들에 대한 연구가 선행되어야 할 것이다.

셋째, 그동안의 정보격차에 대한 연구들이 너무 단순화하여 진행되어 왔다면 이제는 다양한 측면에서 정보격차의 원인과 효과 등에 대해서 고려할 필요가 있다. 예를 들면, 실질적이고 효율적인 정보접근의

---

40 또한 노인들의 스마트폰 사용 비율도 젊은 층에 비해서 역시 매우 낮다. 미래창조과학부와 한국인터넷진흥원이 2013년에 실시한 인터넷이용실태조사에 따르면 우리나라 만 6세 이상 인구의 약 71.4%가 스마트폰 이용자로 나타나고 있다. 연령별로는 20대(98.7%), 30대(97.1%), 40대(88.7%), 50대(63.1%)이다. 반면에 60세 이상은 14.2%인 것으로 나타나고 있다(한국정보화진흥원, 2014).

방식은 무엇인지?, 정보통신기술의 활용을 촉진하는 것은 어떤 환경과 요소인지?, 정보통신기술의 이용과 활용을 통해서 이용자들이 얻을 수 있는 사회, 경제, 문화, 기술적 자본 등은 무엇인지?, 정보통신기술을 통해서 이용자들이 얻을 수 있는 단기적/장기적 효과는 어떤 것들이 있는지에 대한 보다 정교한 연구들이 진행되어야 할 것이다(Selwyn, 2004).

참고문헌

강보라 · 김희섭 · 이미숙(2014), 고령층의 온라인 정보활동과 삶의 만족감 관계 분석, 〈한국문헌정보학회지〉, 48(2), 159~175.

강월석 · 김명숙 · 고재욱(2013), 스마트폰 정보활용과 이용성과가 노인의 삶의 만족도에 미치는 영향, 〈한국노년학〉, 33(1), 199~214.

김경미(2013), 여성결혼이민자의 인터넷 이용과 한국사회 적응: 시민모임 참여와 생활만족도를 중심으로, 〈정보와사회〉, 25호, 1~27.

김귀원(2011), 세대간 정보소비 격차에 관한 연구, 〈한국공공관리학보〉, 25(4), 81~112.

김문조 · 김종길(2002), 정보격차(Digital Divide)의 이론적 · 정책적 제고, 〈한국사회학〉, 36(4), 123~155.

김봉섭 · 김정미(2009), 노년층의 정보격차 결정요인 연구: 정부기술수용모형을 중심으로, 〈사회과학연구〉, 35(2), 193~222.

김은정(2007), 정보격차해소를 위한 세대통합형 지원정책에 관한 탐색적 연구, 〈한국정책과학학회보〉, 11(2), 195~219.

김재윤 · 김정환 · 김성철(2013), 시각장애인의 스마트폰 이용이 사회적 자본과 정서적 웰빙에 미치는 영향에 관한 연구, 〈한국방송학보〉, 27(2), 157~185.

김판수 · 이미숙 · 황성돈(2014), 고령층의 자원봉사 참여여부에 따른 인터넷 활용과 삶의 만족도 관계분석, 〈노인복지연구〉, 64, 187~206.

라종민 · 한희정(2015), 스마트폰 애플리케이션 이용 종류에 따른 삶의 만족도 차이에 대한 연구, 〈사회과학연구〉, 31(1), 219~248.

민 영(2011), 인터넷 이용과 정보격차: 접근, 활용, 참여를 중심으로, 〈언론정보연구〉, 48(1), 150~187.
박웅기·박윤정(2009), 인터넷 자기효능감과 인터넷 정보격차의 관계에 관한 연구, 〈한국언론학보〉, 53(2), 395~417.
백승호(2003), 정보불평등에 영향을 미치는 요인에 관한 연구, 〈사회복지연구〉, 22, 81~107.
성욱준(2014), 스마트시대의 정보리터러시와 정보격차에 관한 연구, 〈한국사회와 행정연구〉, 25(2), 53~75.
송지향·김동욱(2014), 장애인의 스마트기기 사용능력 및 활용도에 관한 연구: 스마트기기 활용교육의 효과를 중심으로, 〈정보화정책〉, 21(2), 67~88.
송효진(2014), 질적 정보격차와 인터넷 정보이용의 영향요인 고찰: 이용자의 디지털 리터러시, 인식, 자기효능감을 중심으로, 〈한국정책과학학회보〉, 18(2), 85~116.
신혜원·지성우(2014), 스마트미디어 시대의 새로운 정보격차 유형과 해소방안에 대한 규범적 검토, 〈미국헌법연구〉, 25(3), 171~203.
오미영·정인숙(2005), 《커뮤니케이션 핵심이론》, 커뮤니케이션 북스.
우양호·정명주(2007), 주민의 정보격차가 행정정보서비스 만족과 성과에 미치는 영향: 기초자치단체 전자민원서비스를 중심으로, 〈한국거버넌스학회보〉, 14(2), 28~58.
유용식·손호중(2012), 인터넷활용과 노인의 삶의 질과의 관계, 한국콘텐츠학회논문지, 12(4), 235~244.
윤충한·김상식(2011), 고령화, 정보격차, 경제성장에 관한 실증연구, 〈정보와사회〉, 21호, 105~139.
이명진·박기태(2009), 정보격차 연구의 쟁점 변화와 그 함의, 〈정보화정책〉, 16(3), 3~17.
이미숙·김희섭·홍순구(2015), 실버세대의 정보활용능력이 삶의 행복감에 미치는 영향분석, 〈한국산업정보학회논문지〉, 20(2), 125~131.
이복자·김용우(2010), 노인의 인터넷활용 효과성에 관한 경험적 연구: 네트워크와 신뢰성을 중심으로, 〈한국정책과학학회보〉, 14(3), 79~105.
이복자·명승환(2010a), 노인의 정보화 인식과 인터넷활용이 사회적 네트워크 형성에 미치는 영향: 광역시·도를 중심으로, 〈한국지역정보화학회지〉, 13(4), 151~179.

이복자·명승환(2010b), 노인의 인터넷 활용과 사회적 네트워크에 관한 탐색적 연구: 광역시를 중심으로, 〈지방정부연구〉, 14(3), 269~293.

이숙정·육은희(2014), 디지털 활용 격차와 결과 격차, 〈한국언론학보〉, 58(5), 206~232.

이혜인·배영(2011), 스마트폰 이용과 사회자본: 스마트폰 이용동기와 이용정도가 사회자본 구성요소에 미치는 영향을 중심으로, 〈정보와사회〉, 21호, 35~71.

이호규(2009), 정보격차 논의에 대한 비판적 고찰: 집단 수준의 논의에서 개인 수준의 논의로, 〈한국언론학보〉, 53(6), 5~25.

전대성(2015), 노년층의 정보화 역량유무가 삶의 만족도에 미치는 영향, 〈한국자치행정학보〉, 29(3), 389~408.

정규형·윤지희·김종성(2013), 노인의 인터넷활용이 생활만족도에 미치는 영향: 사회활동의 매개효과를 중심으로, 〈사회복지연구〉, 44(2), 357~382.

정영호·이혜미(2010), 다면적 정보격차의 변화와 그 요인: 2005년~2009년 시계열 분석을 중심으로, 〈사이버커뮤니케이션학보〉, 27(3), 227~263.

진상기(2013), 한국 정보격차의 시계열 변화 분석: 정보격차지수를 중심으로, 〈한국지역정보화학회지〉, 16(3), 161~188.

한국인터넷진흥원(2009), 2009 한국인터넷 백서.

한국정보화진흥원(2014), 2014 국가정보화 백서.

한상연·마은정·최수건·홍대순(2011), 스마트폰 사용이 삶의 질에 미치는 영향 분석연구, 〈정보와사회〉, 20호, 49~84.

황은희·신수진·정덕유(2011), 노인의 인터넷 사용실태, 자아효능감, 자아존중감에 관한 연구, 〈한국보건간호학회지〉, 25(1), 118~128.

Andrew, L. & Atkinson. R. D. (2001), Clear Thinking on the Digital Divide, Policy Report, 45~82, Washington. D. C.: Progressive Policy Institute.

Bagchi, K. (2005), Factors Contributing to Global Digital Divide: Some Empirical Results, *Journal of Global Information Technology Management*, 8(3), 47~65.

Cartier, C., Castells, M. & Qiu, J. L. (2005), The Information Have-Less: Inequality, Mobility, and Trans-local Networks in Chinese Cities, *Studies in Comparative International Development*, 40(2), 9~34.

Colby, D. (2001), Conceptualizing the "Digital Divide": Closing the "Gap" by Creating a Postmodern Network that Distributes the Productive Power of Speech, *Communication Law & Policy*, 6(1), 123~173.

Compeau, D., & Higgins, C. (1995), Computer Self Efficacy: Development of a Measure and Initial Test, *Management Information Systems Quarterly*, 19(2), 189~211.

Cooper, J. (2006), The Digital Divide: The Special Case of Gender, *Journal of Computer Assisted Learning*, 22(5), 320~334.

Crenshaw, E. M. & Robison, K. K. (2006), Globalization and the Digital Divide: The Roles of Structural Conduciveness and Global Connection in Internet Diffusion, *Social Science Quarterly*, 87(1), 190~207.

Cuervo, V., Rosalia, M., Menendez, L. & Jesus. A. (2006), A Multivariate Framework for the Analysis of the Digital Divide: Evidence for the European Union-15, *Information & Management*, 43(6), 756~766.

Dasgupta, S., Somik, L. & David, W. (2001), Policy Reform, Economic Growth, and the Digital Divide: An Economic Analysis, World Bank Policy Research Paper no. 2567, Washington, D. C.: World Bank.

D'Allesadr, D. & Dosa, N. (2001), Empowering Children and Families with Information Technology, *Archives of Paediatric & Adolescent Medicine*, 155(10), 1131~1136.

Davis, F. D. (1989), Perceived Usefulness, Perceived Ease of Use, and User Acceptance of Information Technology, *Management Information Systems Quarterly*, 13(3), 319~340.

Dewan, S. & Riggins, F. J. (2005), The Digital Divide: Current and Future Research Directions, *Journal of the Association for Information Systems*, 6(12), 298~337.

DiMaggio, P., Hargittai, E., Celeste, C. & Shafer, S. (2004), Digital

Inequality: From Unequal Access to Differentiated Use, 355~400, New York: Russell Sage Foundation.

Eastin, M. & LaRose, R. (2000), Internet Self-Efficacy and the Psychology of the Digital Divide, *Journal of Computer-Mediated Communication*, 6(1), DOI: 10.1111/j.1083-6101.2000.tb00110.x.

Fink, C. & Charles, J. K. (2003), W(h)ither the Digital Divide?, Info, 5(6), 15~24.

Gutierrez, M. A. (2004), Latin America and the Digital Economy Challenge, *Foresight*, 6(3), 163~172.

Jones, B. (2006), Crossing the Digital Divide: Integrating Traditional and Virtual Organizing, *Social Policy*, 36(3), 30~35.

Katz, E., Blumler, J. G. & Gurevitch, M. (1974), Utilization of Mass Communication by the Individual, in Blumler, J. g. & Katz. E. (eds.), *The Use of Mass Communication: Current Perspectives on Gratifications Research*, 19~32, Beverly Hills: Sage.

Katz, J., Rice, R. & Aspden, P. (2001), The Internet 1995-2000: Access, Civic Involvement and Social Interaction, *American Behavioural Scientist*, 45(3), 405~419.

Lim, J. J. (2002), East Asia in the Information Economy: Opportunities and Challenges, Info, 4(5), 56~63.

Lynette, K. (2006), Cultural (Re)production of Digital Inequality in a US Community Technology Initiative, *Information, Communication & Society*, 9(2), 160~181.

Milner, H. V. (2006), The Digital Divide, *Comparative Political Studies*, 39(2), 176~199.

Molnar, S. (2003), The Explanation Frame of The Digital Divide, The Information Society, http://www.academia.edu/1308255/The_explanation_frame_of_the_digital_divide.

Norris, P. (2001), Digital divide: Civic Engagement, Information Poverty and the Internet World-Wide, Cambridge University Press, 이원태 외 옮김(2007). 《디지털 시대의 민주주의》, 후마니타스.

Perelman, M. (1998), *Class Warfare in the Information Age*, 15~44, New York: St. Martin's Press.

Rogers, E. M. (2001), The Digital Divide, *Convergence: The International Journal of Research into New Media Technologies*, 7(4), 96~111.

Schiller, H. I. (1996), *Information Inequality: The Deepening Social Crisis in America*, 1~149, New York: Routledge.

Selwyn, N. (2004), Reconsidering Political and Popular Understandings of the Digital Divide, *New Media & Society*, 6(3), 341~362.

Servon, L. & Nelson, M. (2001), Community Technology Centres: Narrowing the Digital Divide in Low-income, Urban Communities, *Journal of Urban Affairs*, 23(3-4), 279~290.

Suzanne. W. & Bruce, T. (2006), Beyond the Digital Divide: Internet Diffusion and Inequality in Australia, *Journal of Sociology*, 42(1), 43 ~59.

Thomas, R. (1996), Access and Inequality, in N. Heap, R. Thomas, G. Einon, R. Mason and H. Mackay(eds), *Information Technology and Society*, 90~100. London: Sage.

Tichenor, P. J., Donohue, G. A. & Olien, C. N. (1970), Mass Media Flow and Differential Growth in Knowledge, *Public Opinion Quarterly*, 34(2), 159~170.

van Dijk, Jan A. G. M. (2006), Digital Divide Research, Achievements and Shortcomings, *Poetics*, 34(4-5), 221~235.

______(2013), A Theory of The Digital Divide, *The Digital Divide: The Internet and Social Inequality in International Perspective*, Edited by Massimo Ragnedda & Glenn W. Muschert, Routledge.

Wellman, B. & Hargittai, E. (1988), *Social Structures: A Network Approach*, London: JAI Press.

White, D., Gunasekaran, A., Shea, T. & Ariguzo, G. (2011), Mapping the Global Digital Divide, *International Journal of Business Information Systems*, 7(2), 207~219.

2부

스마트 사회의 개인정보 보호

05 포스트-판옵티콘 시대 감시 연구, 새로운 지형 • **이광석**

06 클라우드 서비스 확산에 따른 개인정보 보호정책과제: 개인정보 보호의 기준 유지 및 확보를 중심으로 • **신영진**

07 미국과 영국의 개인정보 활용정책 비교와 정책적 시사점 • **김기환**

08 공공 부문 CCTV 운영의 개선을 위한 정책 방안: 부산시 CCTV 통합관제센터 운영사례를 중심으로 • **정충식**

05

포스트-판옵티콘 시대 감시 연구, 새로운 지형 *

이광석 (서울과학기술대 IT정책대학원 디지털문화정책전공)

1. 미래 사회의 예측: 벨라미에서 헉슬리와 오웰, 그리고 푸코로

미래사회에 대한 일련의 역사적 예견들을 떠올려 보자. 1888년 에드워드 벨라미(Edward Bellamy)라는 작가는 《뒤돌아보며: 2000년에 1887년을》(Bellamy, 1960)이란 미국 최초 공상과학(SF) 소설에서 국가가 모든 생산수단을 관리하는 미래 이상향을 묘사했다. 이 책의 주인공 줄리언 웨스트는 평소 불면증에 시달리다 최면술사의 도움으로 지하 침실에서 잠이 든다. 하지만 이미 한 세기가 지난 서기 2000년 보스턴의 미래 사회주의 유토피아 사회에 자신이 있음을 깨닫는다. 영원하리라 믿었던 자본주의는 사라지고 모든 것이 평등한 미래 유토피아가 그의 눈앞에 등장한다. 벨라미의 당시 히트작은 모든 것이 국가에 의해 평등하게 관리되는 사회주의의 미래상을 소설로 구현했다. 상상만이 아닌 현실 속에서 혁명을 맛보고 미국식 소비자본주의의 번영을 목도한 1932년경이 되면, 영국 작가 올더스 헉슬리(Aldous Huxley)가

---

* 이 글은 정보통신정책연구원에서 발행하는 〈ICT 인문사회융합 동향〉(2014. 12) 리뷰에 실린 내용을 근간으로 한다.

크게 다른 시각에서 《멋진 신세계》를 발표한다(Huxley, 1932/2006). 과학문명이 극도로 발달한 장밋빛 평등사회의 비전을 제시했던 벨라미보다 헉슬리는 말초적 욕망과 섹스가 추구되고 정보의 과잉이 지배하는 미국 사회의 미래판을 그려냈다. 겉보기에만 '멋진 신세계'인 미래의 어느 시점은, 오늘날 스펙터클이 지배하는 미국 소비자본주의의 모습과 흡사하다. 헉슬리에 이어 조지 오웰(George Orwell)은 1949년 스탈린식 전체주의 국가의 미래에 대한 직접적 경고로 빅브라더가 통치하는 음울한 《1984》의 세계를 그렸다. 그의 《1984》는 2차 세계대전 이후 서구 민주주의가 지닌 전체주의적 잠재성을 경고하려는 의도로 인간 속곳까지 통제하는 빅브라더 전체주의 병영사회를 묘사하고 있다(Orwell, 1949).

벨라미가 예견한 순진한 이상사회를 넘어 헉슬리와 오웰은 자본과 국가에 의해 구성되는 두 가지 유형의 디스토피아 시나리오를 제시했던 셈이다. 닐 포스트먼은 《죽도록 즐기기》란 그의 저술에서 헉슬리와 오웰을 비교하면서(Postman, 1985), 오늘날 자본주의의 속성과 진화에 헉슬리의 예언했던 바가 대단히 정확하게 맞아떨어진다고 분석했다. 스펙터클화된 소비자본주의 현실에서 헉슬리와 포스트먼의 진단이 크게 들어맞아 보이는 것이다. 반면 오웰의 진단은 마치 스탈린식 사회주의의 구상처럼 예견되어 오늘 현실에 맞지 않은 듯 보이지만, 실제 그의 우울한 미래 시나리오는 좀더 후대에 이르러 프랑스의 철학자 미셸 푸코에 의해 또 한 번 빛을 발하게 된다. 즉, 1975년 미셸 푸코는 《감시와 처벌》(*Surveiller et Punir*)이란 책에서 '훈육사회'의 개념을 통해 인간 주체의 체제 순응적이고 자발적인 훈육 기제와 통치 방식을 구체적으로 묘사했다(Foucault, 1975). 푸코는 이 책에서 잘 알려진 대로 현대 권력 관계의 건축학적 은유로 제러미 벤담(Jeremy Bentham)의 '판옵티콘'(*panopticon*) 모델을 대중화시켰다.

오웰의 '빅브라더' 감시 체제와 푸코의 '판옵티콘' 건축이 상징하는,

어디에든 편재하는 통치 권력의 속성에 관한 논의는 인터넷 기술의 등장 이전에만 해도 가장 유력한 비관적 해석을 위한 개념 틀이었다. 예를 들어, CCTV를 통한 공적 영역들의 광학적 감시와 에셜론 등 전 세계에 걸쳐 광범위하게 일어나는 통신망 도청장치는 줄곧 이와 같은 빅브라더 타입의 감시 상징물로 언급되곤 했다. 하지만, 오늘날 오웰과 푸코의 총체적 권력의 전망은 한층 업그레이드되었고, 헉슬리가 내다본 인간 욕망의 관리 비전이 합쳐지면서 좀더 치밀해진다. 먼저 오웰의 빅브라더 유형 대신 오히려 유동형 '리틀 브라더들'(Little Brothers)의 무한 확장과 복제가 이뤄지고, 무차별 데이터 수집이 글로벌하게 이뤄진다는 점에 감시 연구자들이 관심들을 갖기 시작했다. 예를 들어, 미국 국가안보국(NSA)의 '프리즘'(PRISM)은 네트워크망을 통해, 그리고 항공 드론 등을 통해 작동하는 '에어 핸들러'(*Air Handler*)는 무선망을 통해 송·수신되는 대규모 데이터를 무차별적으로 수집·분석하는 용도로 전 세계 언론에 폭로된 바 있다. 이른바 이들은 '빅데이터 감시사회'에 대한 시나리오를 가능케 하고 있다. 오웰이 비전만큼이나 헉슬리의 비전 또한 빛을 발한다. 오늘날 '인지자본주의'(*cognitive capitalism*) 현실에서 기업들은 대중의 디지털 놀이와 문화 활동을 이윤으로 수취하기 위해 그들의 온라인 기술문화 속 욕망과 일상적 놀이 행위를 실시간 감시하는 활동을 펼치고 있다. 억압적 규율적 타깃화된 감시에서 느슨하나 총체적이고 감시대상의 자발성을 이끌어내는 감시로 바뀌고 있는 것이다.

감시 연구자들은 오웰와 헉슬리의 미래 비관적 전망을 공유한다. 물론 현대 감시 연구자들은 국가와 기업 모두 자신들의 통치 능력의 세련됨을 위해 그동안 기술적 매개 장치들의 진화 또한 급속도로 진행되어 왔음을 전제한다. 감시 연구자들은 현대 첨단 기술에 힘입은 권력이 삶 속으로 어디든 편재하는 현실에서, 어떻게 감시가 "통치 과정의 일부로서 의무화하고 일상화"된 기제로 작동하는지 그 원리와 진화를 살피려

한다(Lyon, Haggerty & Ball, 2012). 감시 연구자들이 대부분 동의하는 바처럼, 오늘날 감시의 진화로 말미암아 프라이버시의 작동이 무력화하면서 그나마 개별적 차원에서 방어적으로 펼쳐 왔거나 수세적인 개인정보 영역의 보호조차 무의미하게 만들고 있음을 인정한다. 다시 말해 푸코가 내다봤던 기존 훈육의 감시권력 기제들이 세월이 흐르면서 점차 새로운 옷으로 갈아입거나 크게 전환하면서 판옵티콘의 전통적 감시 방식으로 설명이 어려워지고 있음을 깨닫는다.[1] 기술적으로 데이터의 유동성(정주권력에서 유목권력으로), 편재성(유비쿼터스 권력), 대규모성/실시간성(빅데이터 권력)의 능력이 추가되면서 권력의 시민/소비자 감시와 통치 능력을 더욱 더 배가시키고 있다는 평가다.

2. 전통적 감시권력의 변화와 이행

권력의 통치매개 장치들은 점차 푸코식 판옵티콘 훈육 체제의 일방적이고 전방위적 시각감시 중심에서 '유동형'(*liquidity-driven*) 감시와 '네트워크형'(*network-driven*) 알고리즘 감시가 공모하는 형태로 진화하고 있다. 즉, '유동하는 현대의 탈판옵티콘적 (권력) 세계'를 반영한 감시 장치들이 부상하고 있는 것이다(Bauman & Lyon, 2014). 글로벌 지형에서 감시권력의 변화를 감지한 바우만과 비고 등은 권력 감시 장치들이 오늘날 크게 저항이나 반발 없이 자본주의 사회 기저에까지 깊게 스며드는 것을 원활하게 하는 기저에 크게 다음과 같은 3가지 요인들이 있다고 본다. '친근성'(*familiarity*), '공포'(*fear*), '재미'(*fun*)가 그것이다(Bauman, Bigo, Esteves, Guild, Jabri, Lyon & Walker, 2014).

1 이 글은 푸코의 논의를 일방향의 비가시적 권력 감시유형인 '판옵티콘' 모델에 한정해 본다. 푸코 말기에 제기됐던 체제 내 자기 계발과 체제 순응화된 신체정치에 대한 비전을 이 글에서는 논외로 한다.

일단 '친근성'을 보자. 우리 현대인들은 그들의 삶에서 길거리, 지하철, 쇼핑몰, 자동차, 빌딩 등을 경험하면서 무수히 많은 CCTV와 블랙박스 등 감시의 일상화된 형식을 목도한다. 일상화된 감시는 감시의 친근성을 만들어내고 무감각하게 한다고 본다. 다음으로 '공포'는 당연히 9·11 뉴욕 테러 이후 일상적 테러 위협과 가상의 적에 대한 두려움의 문화가 끊임없이 증폭되어 만들어지는 현실에서 유발되는 정서다. '재미'는 일상 시민들이 수시로 감시행위에 문화적으로 가담하는 행위에서 더욱 증폭되어 왔다고 볼 수 있다. 소셜 미디어의 등장이나 휴대폰의 메신저 서비스, 셀피 업로드 등은 끊임없이 또래 간, 가족 간, 애인 간, 부부간 상호감시(*mutual accountability*)와 개인 행적을 남기는 것을 사회화된 놀이의 형태로 진화시켰다. 그 외에 하나를 더 들자면, 한국적 상황에서 감시문화는 '효율성'(*efficiency*)에 의해 배양되었다고 덧붙여야 할 것이다. 적어도 '공포'라는 글로벌 이데올로기적 기제보다는 '효율성'이 한국사회에서 더 강하게 영향을 미치는 요인이 아닐까 싶다. 즉, 기술관료주의적 '효율성'을 위한 정부 전산화, 범죄 정보의 '효율'적 관리, 대민 정보서비스 '효율'화, 전국적 데이터베이스망의 '효율'적 관리 등 '효율성'이란 말은 국내에서 특정 기술을 도입하기 위한 사회적 동의 기제로 쓰여 왔던 정책 담론 중 하나였다. 감시 연구자들은 이렇듯 친근성, 공포, 재미, 효율성의 논리를 통해 기존 감시 권력을 더욱 더 확대하고 새로운 형태의 감시 기법들을 도입하는 데 알리바이로 활용했다고 보는 것이다. 감시 기제의 변화를 구체적으로 보면 다음과 같다.

1) 기존 감시권력의 고도화/강화(*augmentation*)

권력 감시의 비가시성(*invisibility*)이 점차 증가하고 있다. 통치 권력이 통치 대상의 시야로부터 사라지고 전일적일 때 그 능력이 상승한다고 볼 때, 오늘날 감시 장치들은 직접적 인간 프로파일 정보와 다양한 데이터 정보를 통해 식별・분석하는 것은 물론이고, 인간을 둘러싼 사물들의 인터넷 망(IoT와 IoE)을 직・간접적으로 통제하여 인간을 감시하는 방식이 증가할 개연성이 커지고 있다.

2) 기존 판옵티콘 장치의 심화(*intensification*)

첫째, '배놉티콘'(*Ban-opticon*)의 경향 또한 관찰된다(Bigo, 2008). 조르주 아감벤이 얘기했던 사회 바깥으로 내몰리는 '추방'(*ban*) 개념과 푸코의 '옵티콘'(*opticon*)의 합성어로 만들어진 개념이다. 이 개념이 주목하는 것은 오늘날 피부색, 억양, 정치성향 등 프로파일링된 사회적 소수자들을 감시 대상화하고 사회적으로 그들의 감시 데이터를 분류, 분리, 배제하는 통치 기제의 심화에 대한 문제의식이다. 이와 같은 감시에는 종종 유전학적 정보의 결합 또한 이뤄진다.

둘째, 기존 시각감시장치(CCTV 등)와 센서 장치(유무선 위치정보와 사물정보 수집 등)의 결합으로 광학 감시 체제의 심화, 정밀화가 진전되고 있다. 공공장소에서 CCTV를 통한 무차별 광범위한 정보수집과 CCTV 관제센터에서의 분석 및 분류 작업 등은 한곳에 붙박인 형태의 시각장치이나 네트워크를 타고 넘나드는 광학적 권력의 위상을 보여준다. 더군다나 이를 통해 정보인권 침해 가능성에 비해서 무차별적이고 농밀한 감시시스템의 구축을 실현할 수 있다.

3) 감시권력의 층위와 범위 확장, 확대

첫째, '위치정보 감시'(*Überveillance*) : (Michael, Roussos, Huang, Gadh, Chattopadhyay, Prabhu & Chu, 2010) 특정 데이터감시에서 유동성에 기반을 둔 사물/인간 위치와 장소 정보를 함께 기록하고 남기는 위치정보 감시 형태로의 진화가 눈에 크게 띈다. 주로 RFID칩 기반형

GPS감시나 스마트폰을 통한 위치정보 확인 등이 보편화된 기제로 쓰이고 있다. 이는 권력의 속성으로 보면, 유목(*nomadism*)과 '유동성'(*liquidity*) 논리에 기대고 있다고 볼 수 있다.

둘째, '유비쿼터스 감시'(*ubiquitous surveillance*): 오웰의 예언처럼, 인터넷과 각종 무선인터넷과 휴대폰 장비와의 연동, 그리고 사물인터넷 등에 의해 감시 권력은 점점 더 '편재성'(*ubiquity*)에 기반을 둔 통치 능력을 향상하게 된다. 유비쿼터스 감시는 언제 어디서든 가능한 감시 권력의 확장성을 은유하고 있다(Schneider, 2013).

셋째, '참여적 감시'(*participatory surveillance*): 헉슬리가 예견했던 말초적 욕망의 미래처럼, 오늘날 소비권능, 주체형성, 놀이를 통해서 불특정 다수의 이용자가 감시 상황에 자발적으로 응하는 방식의 감시 행위들이 점차 증가하고 있다. 즉, 이용자 스스로 주목/주의(*attention*)의 권력 기제에 합류되어 스스로의 노출과 데이터 배설을 즐기고 감시에 스스로 동참하는 형태가 늘고 있다.

넷째, '시뮬레이션/예방 감시'(*the simulation of surveillance*): 일종의 사회적 장애물로 지목된 표적을 감시 모니터링하는 방식이 아니라, 그 표적을 미리 모델링해 사전 개입하는 감시 유형이다. 이 개념은 이미 1996년 보가드(Bogard)에 의해 제안되었는데, 기술적으로 보면 데이터마이닝과 프로파일링 등에서 주로 활용되는 미래 예측기법들이 그 기반이 된다고 볼 수 있다. "특별히 어느 누구도 관찰되지 않으나, 모두가 한 번에 관찰되는" 환경에 적합하다(Bogard, 1996).

마지막으로, '빅데이터 감시'(*big data surveillance*): 시뮬레이션 감시의 능력을 확대하는 측면에서, 데이터의 실시간성(*real-time*)을 보장하고 데이터의 모집단 혹은 모수(*the population*) 시뮬레이션을 가능하게 하는 기술 현실을 지칭한다. 빅데이터 감시는 대규모의 모집단 데이터를 가지고 주로 패턴과 경향을 인식해 미래를 예측하는 데 주로 사용되는 기법이다. '알고리즘' 분석을 통해 실시간 빅데이터(사물/인간의 정보 생산물)의 수집-가공/처리-분석을, 그리고 '죽은 데이터'(데이터마이닝)가 아닌 '실시간'(리얼타임) 인간/사물 정보 흐름의 데이터를 분석한다는 점에서 시뮬레이션 감시를 능가한다. 이는 권력의 속성으로 보면, 권력의 가용능력의 '연장'(*extension*)이요, 특정 알고리즘을 통해 언제든 특정의 포괄적 흐름을 예측해 감시 대상으로부터 특정의 최적화된 환경을 구성해 원하는 정보를 취하는 '모듈화'(*modulation*)의 능력을 뜻한다.

감시권력의 진화와 이에 대한 감시연구자들의 논의에서 본 것처럼, 오늘날 감시의 성격은 오웰과 헉슬리가 내다봤던 것만큼이나 혹은 더 이상으로 내밀하게 진행되고 기술적으로도 이전의 시각적 장치에 기댄 감시 모델을 한층 넘어서고 있음을 알 수 있다. 무엇보다 '빅데이터' 국면의 감시 기제를 통해 이윤활동과 국민통제를 수행하는 기업과 정부에게 새로운 차원의 무한한 권력 확장의 길을 열어 주고 있다는 점에서 심각하다. 이 점에서 최근 새로운 기술의 패러다임으로까지 명명되는, '빅데이터' 기술시대 감시기제를 좀더 들여다보자.

3. 빅데이터 감시권력의 출현

1) 빅데이터 감시의 새로운 특성들

2010년 〈이코노미스트〉 특집호는, "데이터를 중심으로(*around data, data-centered*) 만들어지는 경제 형식"을 처음으로 논하면서, 이 새로운 경제 체제에서 "데이터는 비즈니스를 위한 새로운 원재료"(p. 2) 역할을 할 것이라고 적었다. 이 영국계 경제잡지가 주목하는 자본주의 시장 패러다임의 변화는 이른바 '빅데이터'(*big data*)에 맞춰져 있다. 데이터가 '빅'하다란 의미는 단순히 정보가 크거나 많다는 것(*volume*)뿐만 아니라, 데이터 생성에서 활용까지의 쾌속화된 속도(*velocity*)나 데이터 크기와 내용의 형태성(*variety*)과도 관여한다(*The Economist*, 2010).

보통 빅데이터는 '구조화된' 데이터와 '비구조화된' 무정형의 정보데이터로 구성된다. 전자가 기업과 정부 등에 의해 특수 목적을 위해 쓰이는 분석데이터를 지칭한다면, 후자는 이용자들에 의해 기하급수적으로 생겨나는 비정형의 데이터 정보의 과잉 생산을 지칭한다. 실제 빅데이터에 대한 주류적 관심은 전자의 증가보다는 후자로부터 얻는 이익에 있다. 개인데이터의 경우에는, 가치가 추출될 수 있도록 인터넷 이용자들이 뒤에 남기는 무수한 클릭과 네트상의 동선과 흔적들, '데이터 배출'(*data exhaust*)이 빅데이터의 핵심이 된다. 이는 이용자들이 남긴 데이터 부스러기, 즉 '데이터 조각'으로 불리기도 한다.[2] 보통 이용자의 데이터 배출과 조각을 시장 기업이윤으로 전환하는 행위를 '전도'(*inversion*)라 표현하는데, 이는 보통 '전유'(*appropriation*)라는 자본의 잉여가치화 과정과 일맥상통한다. 각 개별자들의 데이터 배출이 "모이면 달라지고"(Shirky, 2010), 그의 전유 과정으로부터 잉여를 만들어 내는 시스템이 다가올 빅데이터의 정치경제인 셈이다.

안드레예비치에 따르면(Andrejevic, 2012), 빅데이터 감시는 몇 가지 중요한 기술적 특성들을 보인다. 첫째, 기존의 '표적' 감시에서 '인구' 전수 감시로의 전화이다. 판옵티콘과 기존 통제사회의 주요 논리였던 특정의 표적 혹은 혐의자를 찾아내고 감시하는 행위보다는, 향후 인구 전체나 모집단에서 나타날 수 있는 패턴이나 경향을 파악하는 예방 통치행위를 점점 중시하는 모습을 보인다. 그러다 보니 개개의 사물/표적에 대한 밀도 있는 정보나 내용 캐기보다는 대규모 데이터의 분석을 통해 특정의 패턴인식이 중요해지는 것이다.

〈그림 5-1〉은 바로 빅데이터 시대 감시의 변화 지점을 보여 주고 있

---

2 KBS1, 〈시사기획 창: 빅데이터, 세상을 바꾸다〉, 2012. 1. 31. 방영.

〈그림 5-1〉 빅데이터 감시기제의 진화방식

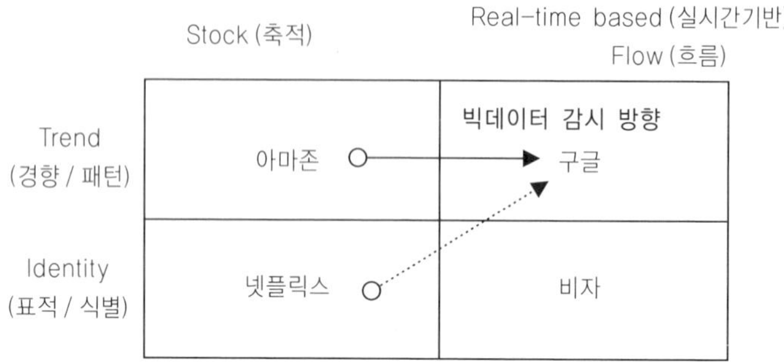

출처: 스즈키 료스케, 2012, 내용 중 일부를 표로 재구성.

다. 즉, 그림은 축적된 대규모 데이터 군집(데이터마이닝 기법)에서 원하는 결과물을 얻는 방식에서 실시간 데이터에 기반을 둔 빅데이터 분석으로 넘어가는, 최근 감시 기제 변화를 보여 주고 있다. 다른 한편 데이터 분석 방식에 있어서도 개인 신원(*identity*) 식별 등의 목적에서 주로 실시간 데이터의 경향(*trend*)이나 패턴(*pattern*) 읽기로 나아가고 있음을 화살표의 진행 방향에서 가늠해 볼 수 있다. 테이블의 박스 안에 각 영역들에 대표적인 기업들을 적고 있지만, 닷컴2.0 이후 국면을 본다면 이들 각 기업들의 운동방식은 대체로 빅데이터 기반형 사업에 다 어느 정도 참여하고 있고 그 점에서 이용자들의 비정형 데이터 수집과 활용이 사업의 주를 이룬다고 볼 수 있다. 예를 들어, 아마존의 이용자 책 추천이나 북 리더기 킨들의 형광펜 추적 기능을 통해 실시간으로 아마존닷컴 서버에 소비자들의 취향 기록을 저장·분석해 그들의 성향을 분석하거나, 넷플릭스사가 블록버스터 영화들 중 관객들이 선호하는 흥행요소들을 수집한 후 이를 모아 미국드라마를 제작해 고공 행진을 하거나, 페이스북이 알고리즘 분석을 통해 친구 추천과 맞춤형 광고를 내보내거나, 구글이 자신만의 알고리즘 기법을 동원해 자동번역, 검색 추천을 수행하거나, 애플이 이용자들의 음성명령 집합을 분석해 '시리'(siri)의 명령 기능을 향상시키거나, T모바일을 통해 차량정보를 수집해 병목구간을 분석하고 각자 이용자 앱으로 분석해 보여 주는 것 등 빅데이터 활용의 가치는 무궁무진하다. 물론 이들 모두는 빅데이터 활용의 측면이기도 하지만 국가와 기업에게 또 다른 감시 욕망의 대상들이다.

둘째, 모집단에 대한 패턴 인식에 대한 감시 욕망은, 특정 관찰대상이나 데이터의 의미와 내용, 데이터의 원출처나 인과적 의미는 별로 중요하지 않게 되고 특정 관찰대상이나 데이터의 상호 연계성과 이들을 통한 예측성만이 유의미해진다. 셋째, 감시 모니터링의 강조점이 묘사나 증거 수집에서 미래 예측이 되면서, '선제 모니터링'(*pre-emptive monitoring*)에 주안점이 옮겨간다. '선제' 모니터링은 '예방'과 '방지'의 일환이다. 특정 현상과 패턴을 막기 위한 후속 조처를 유발한다. 넷째, 빅데이터 감시는 단순히 모니터링 대상이 만들어내는 데이터들의 관찰뿐만 아니라 '실험'을 함께 진행한다. 통치 주체는 예측 분석을 행하면서, 사후 감시 대상에게 지속적이고 최적화된 모니터링 결과를 얻기 위해 끊임없는 모듈화를 진행하는 것이다. 다섯째, 빅데이터 분석에서, 모든 정보는 '관련되어'(*relevant*) 있다란 말은, 곧 삶의 모든 측면들이 기록되어 의미의 연속체를 구성한다는 의미를 지닌다. 의미 없는 듯 보이는 데이터의 거대한 덩어리들은 특정의 알고리즘에 의해 그 쓰임새를 기다린다는 뜻이다. 그 점에서 모든 정보는 빅데이터 분석과 관련해 다들 그 용도를 지닌다. 마지막으로, 안드레예비치는 프라이버시 이슈는 빅데이터 감시 권력 작동방식과는 '무관하다'(*irrelevant*)고 말한다. 감시 주체에 필요한 것은 외려 개별화된 주체의 파악이라기보다는 집단에 관한 패턴 인식과 예측에 있기 때문에 굳이 특정인의 프라이버시를 들춰내는 데 별 흥미가 없다고 말한다. 하지만 때론 권력의 속성과 감시 목적에 따라 빅데이터 국면에서 프라이버시의 문제가 중요해지기도 한다. 예를 들어, 패턴 예측뿐만 아니라 특정의 개별 인물을 확인하기 위해서 비정형 데이터를 활용해 분석해야 하는 경우는 언제든 필요하다.

2) 빅데이터 감시의 알고리즘 기제[3]

매일같이 주고받는 '자발적' 카톡 메시지와 페이스북의 댓글과 '좋아요' 클릭, 그리고 끊임없이 드러낼 수밖에 없는 '관찰된' 위치정보 등은 데이터 배출과 데이터 조각의 흔한 예들이다. 매일같이 소셜웹 등을 통해 만들어지는 매일의 정보들은 이미 인간이 공식적으로 기록해 남기는 역사적 사료와 아날로그 기록들의 양과 규모를 넘어서고 있다. 문제는 이 모든 빅데이터들은 시·공간적 즉시성과 상호연결성을 기반으로 전 세계 어디든 흘러 다니고 대량으로 축적되기도 하고 분류되어 특정의 목적을 위해 쓰인다는 점이다. 즉, 빅데이터가 자본주의 가치 체제 내에서 특정 목적하에 쓰인다면, 이는 메타 데이터/지식의 활용방식과 달리 단독으로 '데이터 상품' 혹은 누군가에 의해 '해석된 데이터' 형태로 가치를 창출한다는 점이다(강정수, 2012). 이는 수집 및 채집, 분류, 저장, 분석과 통합, 생산 등의 순환 고리를 통해 데이터 자체가 정부, 기업, 특정 개인에 의해 새로운 가치창출의 기제를 만들어내는 상황을 의미한다. 즉, 특정의 데이터를 찾고, 수집하고, 상호 대조할 수 있는 실시간 분석 '알고리즘'[4]의 기술 능력이 요구되는 영역이 사실상 빅데이터의 본질이다. 현대 자본주의는 이처럼 수많은 이용자들이 만들어내는 데이터 배출의 흔적들을 기업들이 원하는 자신만의 방식(이윤 행위를 위한 적절한 알고리즘을 짜고 데이터의 데이터, 즉 메타데이터[5]에

3 빅데이터 감시 알고리즘 기제 부분은 이광석(2014), 《디지털야만》의 일부 내용을 정리 및 요약.

4 파스퀴넬리의 정의에 따르면, "알고리즘 (순서도, 코드, 유사코드에 표현된 방식들 또는 일련의 단계들) 은 소프트웨어의 작동법을 압축적으로 보여 준다. 알고리즘 없이 소프트웨어를 개념화하기는 어렵다"(185쪽) 고 본다. 즉, 알고리즘은 소프트웨어의 골격이고 데이터베이스로부터 유효한 결과나 패턴을 추출하는 명령 체계로 볼 수 있다. Pasquinelli, M. (2012) 참고.

5 '메타데이터'의 예로 도서관을 보자. 우리가 열람하는 책이 데이터라면, 색인카드(저자명, 색인번호, 책 요약 등)가 메타데이터에 해당한다. 또 다른 예로, 플릭커(Flicker) 에

의존해 특정의 원하는 패턴이나 정보를 추출하고 얻는 방식)으로 새롭게 연결하여 '빅데이터 기반 경제'를 만들어낸다.

빅데이터 시대의 핵심은 단순히 정보를 찾고 발견하는 데 있지 않다. 누군가 정보를 쉽고 빨리 거대한 데이터 집합으로부터 원하는 연관 데이터를 추출해 자신의 손에 가져오는 것이 중요해진다. 국가 권력, 그리고 또 다른 감시와 통제를 행하는 주체의 입장에서 보면 그래서 "정보를 축적하고 메타데이터를 추출하는 알고리즘"의 구성 논리는 대단히 중요해진다. 기실 빅데이터의 집합은 아무 것도 얘기하지 않는 셈이다. 단지 생산되는 원 데이터(*raw data*)의 거대화로부터 얻어지는 데이터의 총량 증가가 문제가 아니다. 무엇보다 중요한 것은 권력 주체가 특정의 알고리즘을 갖고 정형·비정형의 거대 빅데이터로부터 특정의 패턴, 관계, 정보를 추출한다는 점에 있다. 국가 권력에 의해 일상적이고 광범위한 통제가 가능해지는 기술적 조건이 새롭게 생성된다.

개별자들이 생성하는 비정형 데이터가 알고리즘의 그물에 걸리는 메타데이터 영역에 놓이면서 삶 형식이 데이터화하고, 이제는 개별 삶 형식 전체가 수집과 분석을 위한 메타데이터로 생성 조건화하는 환경이 형성된다. 파스퀴넬리는 이 점에서 들뢰즈가 언급했던 '통제사회'의 특성들, 즉 개별자들이 데이터 표본이 되고 데이터(뱅크)가 되는 것만이 아니라, 이것이 진화하여 메타데이터에 의해 추출되어 관리되는 '메타데이터 사회'를 내다본다. 그래서, 그는 현재의 국면을 "삶정치적 통제"(데이터감시) 사회로 판단한다.[6]

좀더 알고리즘의 작동방식을 살펴보자. 대표적으로 구글 설립자 중

올린 사진이 데이터라면, 그것이 언제, 어디서, 어떤 카메라로 찍었는지에 대한 자동 업로드 정보가 메타데이터에 해당한다고 볼 수 있다(*The Economist*, 2010).

6 '메타데이터 사회'의 이행기적 틀에 대한 파스퀴넬리의 관심은, 주로 '정보자본주의'(*informational capitalism*)의 분석과 관계한다. 즉, 시장 내 잉여가치를 만들어내는 '포획장치'(*an apparatus of capture*) 방식의 변화를 메타데이터와 알고리즘의 논리로 확장해 살펴보고 있다[Pasquinelli, op. cit(2012), 186, 189쪽 참고].

한 명인 로렌스 페이지(Lawrence Page)가 고안한 페이지랭크 알고리즘(*pagerank algorithm*)의 사례를 보자. '페이지랭크'는 "서치엔진 결과들 내에서 웹 페이지의 중요성과 그것의 위계적 위치를 결정하는 치밀한 알고리즘"에 기대고 있다. 이 알고리즘은 "복잡한 네트워크 내 각 노드들의 '주목도'(*attention value*)를 계산하는 수학적 공식"이자 대칭적이고 동등하게 보이는 노드들이 "하이퍼텍스트와 네트워크의 비대칭적인 구성"을 드러내기 때문에, 개별자들이 서로 관계 맺는 상황과 위계적 차이를 관찰하는 데 제격이다(Pasquinelli, 2009). 페이스북의 '에지랭크'(*edgerank*)라는 알고리즘도 비슷한 논리이다. 특정의 뉴스피드를 서열화해 보여 주는 방식이 구글의 알고리즘을 닮았다. 예를 들어, 텍스트, 이미지, 영상, 링크 등 객체(*object*)에 대한 반응, 즉 에지(*edge*)에 해당하는 '좋아요', '댓글', '초대', '공유', 그리고 개별 스폰서 광고에 의해 서로 다른 '가중치'가 정해지고, 그에 의해 비대칭적으로 뉴스피드 순서가 확정된다(Bucher, 2012). 결국 구글이나 페이스북의 알고리즘은 인간들의 무수한 데이터 배출, 끊임없이 찾는 검색 과정에 의해 만들어지는 데이터, 이 '주목'(*attention*)들의 위계화 등을 통해 이익을 내는 "공통 지식에 의해 생산된 가치를 포획하는 기생장치"(*a parasitic apparatus of capture of the value*)라 볼 수 있다(Pasquinelli, 2009). 이와 같은 페이지랭크나 에지랭크 알고리즘과 함께 24시간 실시간 작동하면서 웹을 인덱싱(색인 분류)하는 거대한 구글 등의 데이터센터가 바로 새로운 '인지자본'의 잉여를 제공하는 디지털 정보공장이 된다.

파스퀴넬리나 부처의 언급처럼, 구글의 페이지랭크나 페이스북의 에지랭크는 푸코가 강조했던 판옵티콘의 중앙집중화된 비가시적 시선의 작동 방식과는 사실상 거리가 멀다. 소셜웹에서는 이용자 스스로 자신을 드러내고 흔적을 남기며 자신의 행적을 보이고자 하는 욕망을 지닌다. 그들은 그래서 많은 감시연구자들은 어디서든 보이지 않는 곳에서 빅브라더의 시선이 머무는 권력 기술로서 '판옵티콘'의 테제가 바뀌어야 한다고 본다. 와인버거의 책 제목에 빗대어 보면(Weinberger, 2008), 빅데이터 시대에는 "모든 것이 규정되지 않고"(*Everything is miscellaneous*) 그저 거대 데이터로 머물다가 누군가 필요에 의해 알고리즘 추출 과정을 통해 원하는 결과를 얻는 새로운 형태의 감시 시나리오가 가능하다.

원하는 정보를 이 메타데이터의 추출방식에 의해 대중의 신체와 신체활동 정보들을 수집, 분류하면서 보다 효과적이고 범용의 통제가 가능해지는 조건이 만들어진다. 세계적 경영컨설턴트인 니콜라스 카조차(Carr, 2008), 이제 누군가 정교한 알고리즘을 쓴다면 온라인 데이터베이스들 사이의 연결을 통해 일반인들의 데이터 활동들을 확인하고 매우 정확하게 신원을 파악하는 일이 가능하다고 주장한다. 이는 푸코의 판옵티콘적 훈육사회의 효과와 결이 다른 비정형 빅데이터 기반의 감시사회의 모습이자 데이터 수집, 활용, 접근 방식 자체의 패러다임 변화를 상징화한다. 다시 말해 이제 개별 인간의 삶 형식 전체가 수집과 분석을 위한 데이터로 생성 조건화하고 특정의 목적을 위하여 메타데이터로 추출되어 수집, 분류되면서 감시 권력을 위한 새로운 조건이 마련된다고 볼 수 있다.

우리는 대중의 데이터배출 행위를 '대중의 자아-소통'(*mass self-communication*)의 무한한 확장이라고 긍정적으로 간주할 수도 있다(Castells, 2012). 실제 디지털 플랫폼을 활용해 배설하는 개별자의 이야기와 이들의 무한 증식하는 데이터들의 무한 집합은 사실상 정부나 기업이 관리 통제하려는 범위를 넘어서서 통제 자체를 대단히 어렵게 할 수 있다. 하지만 빅데이터의 물질적 국면에서는 이전에 불가능했던 감시 행위들이 또한 쉽게 가능해진다. 태그와 메타데이터에 기반을 둔 알고리즘 분석은 그 무한한 데이터와 정보들의 흐름으로부터 원하는 바대로 바늘귀를 꿰는 능력을 부여한다. 그것은 무수한 데이터로부터 실시간으로 특정 패턴을 읽고 원하는 정확한 개별자를 찾아내는 능력이다. 특정의 알고리즘을 통해 특정의 데이터 결과를 추출하는 실시간 기법이 유효해지면서, 이용자들의 방대한 정보활동들을 사적 기업은 물론이고 감시 권력 스스로 유효한 지배양식으로 탈바꿈할 수 있는 조건들을 서서히 체질화하기 시작하는 것이다.

4. 미래 빅데이터 감시 시나리오

오늘날 "거의 모든 것이 전자적으로 매개된 삶이 되고 살과 몸으로 유지되는 사회적 삶은 부차적인 지위"(Bauman & Lyon, 2014)로 전락한 사회에서, 미래 빅데이터 감시기제는 우울하지만 디지털 기업들의 갱생을 위해서나 국가 권력의 세련된 통치 매개 장치로 적극적으로 기능할 확률이 높다. 앞서 언급했던 바처럼, 빅데이터 감시 국면에는 표적화된 대상에 대한 정보 수집에서 인구 대상 전체를 향한 무차별 정보 수집이 국가와 기업 활동에서 이루어질 공산이 크다. LTE, 무선인터넷, 블루투스 등 통신 커뮤니케이션을 기반으로 개인들이 소지하는 다양한 모바일 기기들, 그리고 RFID, 바코드, GPS, 블랙박스 등 다채로운 센서 장비들을 통해 부지불식간에 정보 채집이 광범위하게 이뤄질 것이다. 주요 국가정보기관, 통신업자와 빅데이터 사업자들에 의해 수행되는 개인정보 수집, 보관(기간), 저장방식, 제 3자 정보 제공과 활용 등 프라이버시 문제와 소비자·시민의 정보 사찰과 감시의 일상화 문제가 우리에게 사회적 문제로 대두될 가능성이 농후하다.

인간의 의지와 상관없이 개별 인간의 특성을 촘촘하게 드러내는 비정형의 사물 데이터는 오늘날 쇤베르거(Mayer-Schönberger)가 묘사했던 '잊혀질 권리'(망각의 상실)의 문제를 끊임없이 발생시킨다(Schönberger, 2011). 사물 자체가 데이터를 만들어내면 기존 인간의 의지와 무관하게 자기정보 생산의 결정권이 유명무실해질 수 있는 가능성이 더 커진다. 이 상황에서 기업과 국가의 기술 권력 오남용을 막는 것은 만만치 않다. 게다가 인간 직관을 이렇게 컴퓨터 알고리즘이 대체하는 현실은 근본적으로 인공지능의 사회로 우리를 이끌고 인간 통제 밖의 파국 상황을 만들 수도 있다. 빅데이터 시대 혹은 사물인터넷 시대에는 말 그대로 이제까지 인간의 직관으로 수행했던 일들에 대해 '사물들의 질서'가 절대적 가치가 되고 그저 족적에 불과했던 인간 움직임과 행위들이 데이터뱅크에 낱낱이 기록되고 관리되는 현실이 만들어진다. 기업권력이 됐건 정치권력이 됐건 오늘의 빅데이터 기술들은 헉슬리와 오웰 시대에 보지 못했던 더 강력한 유동적 감시를 위한 유혹인(因)이 될 것이다.

참고문헌

강정수(2012. 3. 20), 혁신과 위험의 빅데이터, 긴장과 균형, 제 6회 서울과학기술대학교 SSK위험정보사회연구팀 정기세미나 자료집.

스즈키 료스케(2012), 천채정 옮김, 《빅 데이터 비즈니스》, 더숲.

이광석(2014), 《디지털 야만》, 한울.

Andrejevic, M. (2012. 11. 8), 빅데이터 디바이드: 데이터마이닝 시대의 변화하는 명제들, 서울과학기술대학교 IT정책전문대학원 국제세미나, 빅데이터, 도전과 미래 자료집.

Andrejevic, M. & Gates, K. (2014), Editorial. Big Data Surveillance: Introduction, *Surveillance & Society*, 12(2), 185~196, http://www.surveillance-and-society.org.

Bauman, Z., Bigo, D., Esteves, P., Guild, E., Jabri, V., Lyon, D., & Walker, R. B. J. (2014), After Snowden: Rethinking the Impact of Surveillance, *International Political Sociology*, 8(2), 121~144.

Bauman, Z., & Lyon, D. (2014), Liquid Surveillance, Cambridge: Maybooks, 2012, 한길석 옮김, 《친애하는 빅브라더: 지그문트 바우

만, 감시사회를 말하다》, 오월의 봄.

Bellamy, E. (1960), *Looking Backward: 2000-1887.* New York: Signet.

Bigo, D. (2008), Globalized (In)Security: The field and the Ban-Opticon. In D. Bigo, & A. Tsoukala(Eds.), *Terror, Insecurity and Liberty: Illiberal practices of liberal regimes after 9/11,* 10~48, Abingdon: Routledge.

Bogard, W. (1996), *The Simulation of Surveillance: Hypercontrol in Telematic Societies,* 134, Oxford, Cambridge University Press.

Carr, N. (2008), The Big Switch: Rewiring the World, from Edison to Google, 임종기 옮김(2008), 《빅 스위치: 웹2.0시대, 거대한 변환이 시작된다》, 동아시아.

Castells, M. (2012), *Networks of Outrage and Hope: Social Movements in the Internet Age,* Polity press.

Foucault, M. (1975), *Surveiller et Punir: Naissance de la prison,* Gallimard.

Huxley, A. (1932/2006), *Brave New World,* Harper Perennial Modern Classics, Reprint edition.

Lyon, D., Haggerty, D & Ball, K. (2012), Introducing surveillance studies, in Ball, Kirstie. & Haggerty, Kevin D. & Lyon, D. (eds.), *Routledge Handbook of Surveillance Studies,* 1~17, London: Routledge.

Michael, K., Roussos, G., Huang, G. Q., Gadh, R., Chattopadhyay, A., Prabhu, S., & Chu, P. (2010), Planetary-scale RFID Services in an Age of Überveillance, *Proceedings of the IEEE,* 98(9), 1663~1671.

Orwell, G. (1949), 1994, New York: Harcourt, Brace & Co.

Pasquinelli, M. (2012), Machinic Capitalism and Network Surplus Value: Notes on the Political Economy of the Turing Machine, a paper presented at the Conference, Marxism and New Media, Duke University Program in Literature (Durham, NC), January. 21, 연구공간L 엮음, 기계적 자본주의와 네트워크 잉여가치튜링기계의 정치경제학, 〈자본의 코뮤니즘 우리의 코뮤니즘: 공통적인 것의 구성을 위한 에세이〉, 159~190, 난장.

Pasquinelli, M. (2009), Google's PageRank Algorithm: A Diagram of the

Cognitive Capitalism and the Rentier of the Common Intellect, http://independent.academia.edu/MPasquinelli.

Postman, N. (1985), *Amusing Ourselves to Death: Public Discourse in the Age of Show Business*, NY: Penguin.

Schneider, B. (May. 16. 2013), Will giving the internet eyes and ears mean the end of privacy?, *The Guardian*.

Shirky, C. (2010), Cognitive surplus, 이충호 옮김(2011), 《많아지면 달라진다》, 갤리온.

Mayer-Schönberger, V. (2011), Delete: The Virtue of Forgetting in the Digital Age, 구본권 옮김, 《잊혀질 권리》, 지식의날개.

The Economist (Feb. 25. 2010), Data, Data Everywhere, http://www.economist.com/node/15557443.

Weinberger, D. (2008), Everything Is Miscellaneous: The Power of the New Digital Disorder, 이현주 옮김(2008), 《혁명적으로 지식을 체계화하라》, 살림Biz.

06

클라우드 서비스 확산에 따른 개인정보 보호정책과제: 개인정보 보호의 기준 유지 및 확보를 중심으로*

신영진(배재대학교 교수)

1. 서론

현재 우리나라는 세계로부터 국가정보화 및 전자정부의 우수성을 인정받고 있으며, 개발도상국가의 벤치마킹 대상으로 한국적 정보시스템을 구축하도록 지원하고 있다. 특히, 급속도로 변화하는 정보화환경에 적응하고자 우리나라의 정부와 기업은 지속적으로 노력하고 있으며, 새로운 정보화정책과 정보기술을 적용하여 선도적 국가로 도약하고자 한다. 이와 관련하여 ITU가 매년 선정하는 10개 IT트렌트 중에서 2012년부터 2015년에 이르기까지 클라우드 컴퓨팅(*cloud computing*: 이하 클라우드)이 선정되었다. 이에 따라 우리나라도 '제 4차 국가정보화기본계획'과 '제 5차 국가정보화기본계획'에도 클라우드의 활성화 및 산업발전을 가져올 정책과제를 추진하고 있다.

이처럼 클라우드에 관한 관심이 높아지는 가운데, 전 세계 클라우드 시장은 연평균 20.8%가 성장하고 국내 클라우드 시장은 약 24.55%가

---

* 이 글은 한국연구재단 과제로 수행한 '클라우드 컴퓨팅 서비스 확산에 따른 개인정보 보호수준의 적합성 평가지표개발에 관한 연구'에 근간하여 작성되었다. 일부 내용은 2014년 한국행정학회 동계학술대회 및 2015년 한국지역정보화학회지에서 발표한 바 있다.

성장할 것으로 전망되고 있다(http://cafe.naver.com/jobstory00/95775). 또한 IDC는 퍼블릭 클라우드 서비스 매출이 27.6%가 성장되어 729억 달러(2015)에 이를 것으로 보았으며(〈보안뉴스〉, 2011.6.30), 국내시장도 2013년 4억 8,700만 달러에서 2017년 12억 달러로 약 3배 정도가 성장할 것으로 전망하였다(〈디지털데일리〉, 2013.12.9). 이에 따라 미국은 '클라우드 우선정책'(Cloud First Policy, 2010)을 수립하였고, 영국은 '디지털 영국'(Digital Britain, 2009), '정부 클라우드 전략'(Government Cloud Strategy, 2011) 등을 수립하여 추진하고 있다. 이와 관련하여 우리나라도 '범정부 클라우드 컴퓨터 활성화 종합계획'(2009.12), '클라우드 컴퓨팅 확산 및 경쟁력 강화 전략'(2011), 클라우드를 활성화하기 위한 '제 4차 국가정보화기본계획'(2008~2012), 클라우드산업을 육성하기 위한 '제 5차 국가정보화기본계획'(2013~2017) 등이 추진되었다.

이처럼 클라우드시장이 세계 IT시장의 블루오션이 될 것이라는 입장에서, 클라우드 서비스와 연계된 정보보호도 함께 추진되어야 하기 때문에 정보보호시장의 성장도 함께 기대되고 있다. 특히, 사이버 공격의 증가에 따른 위협요인의 통제와 보안솔루션의 개발 등을 위한 정보보호산업이 육성되어야 하며, 개인정보의 보유 및 제공에 따른 개인정보 보호를 위한 정책을 마련하여야 한다. 우리나라는 클라우드 서비스 이용률을 2019년까지 30%까지 높일 계획이며, 〈클라우드 컴퓨팅 발전 및 이용자 보호에 관한 법률〉(이하 클라우드 발전법, 2015)을 제정하여 관련 정책을 추진하고 있다(〈전자신문〉, 2015.9.30). 즉, 클라우드 발전법은 클라우드 발전방향을 제시하는 정책뿐만 아니라, 클라우드 정보보호시장의 활성화 및 안전한 국가로서의 성장을 가져올 제도적 근거가 될 것이다. 특히, 클라우드 환경이 추구하는 정보의 집적화 및 공유기반의 확산은 개인정보 보호를 기반으로 하여야 한다. 우리나라는 2011년 클라우드 SLA(Service Level Agreement)와 클라우드 개인정보 보호 수칙을 수립하였으며, 클라우드 발전법에 개인정보 보호를 위한 사항을 반영한 바 있다. 더욱이, 2015년 개인정보 보호 주무부처인 행정자치부에 별도 개인정보 보호정책관을 설치하여, 개인정보보호위원회, 방송통신위원회, 금융위원회 등의 협력체계를 강화하고 필요한 개인정보 보호정책을 추진해 나갈 것이다. 따라서, 클라우드 개인정보 보호를 위해서 정부가 국민을 위해 추진해야 할 정책방향을 제시하여야 하는데, 이를 위해서 이 글에서는 클라우드 서비스를 제공함에 있어서 개인정보 보호를 위한 선제적 대응과 안전성을 강화하기 위한 기준을 도출하여 정책과제로 제시해 보고자 한다.

2. 클라우드 서비스와 개인정보 보호

1) 클라우드 서비스 관련 정책과 서비스 보편화

클라우드 컴퓨팅이란 인터넷기반(*cloud*)의 컴퓨터기술(*computing*)을 의미하며, 사용자가 필요한 소프트웨어를 자신의 컴퓨터에 설치하지 않고도 인터넷 접속을 통해 언제든 사용할 수 있고 동시에 각종 정보통신기기로 데이터를 손쉽게 공유할 수 있는 사용 환경을 구현한다(시사경제용어사전, 2010. 11). 또한 국가정보보호백서(2012)에서는 가상화와 분산처리기술을 기반으로 인터넷을 통해 대규모 IT자원을 임대하고, 사용한 만큼의 요금을 지불하는 컴퓨팅 환경이라고 정의한다(방송통신위원회·행정안전부·지식경제부, 2012). 따라서, 클라우드는 기존의 인터넷기반 서비스의 폐쇄성을 개방성을 강조하면서 자료의 공유 및 집적화가 가능한 인터넷환경의 확장성을 보장해 주는 환경을 구현한다.

이에 따라 매킨지사에서는 클라우드 시장이 약 1천억 달러에 달할 것으로 전망하였고, 클라우드 시장이 IT정책과 직접 연계하여 국가발전을 위한 시너지효과를 가져올 것으로 기대하고 있다. 이에 따라 해외 주요 국가들이 클라우드발전을 위한 정책과제들이 추진하고 있는데, 미국은 2010년 12월 '클라우드 우선 정책'(Cloud First Policy)을 수립하였고, 영국은 차세대 IT정책인 'Digital Britain'(2009. 6), 클라우드 기반 IT서비스를 위한 '정부 클라우드 전략'(Government Cloud Strategy, 2011. 3) 등을 추진하였다. 일본은 'i-Japan전략 2015'(2009. 7), '가스미 가세키 클라우드', '자치제 클라우드', '스마트 클라우드 전략' 등을 수립하였다. 우리나라는 '범정부 클라우드 컴퓨터 활성화 종합계획'(2009. 12), '클라우드 컴퓨팅 확산 및 경쟁력 강화 전략'(2011. 5), '클라우드 기반 범정부 IT거버넌스 추진계획'(2011. 6) 등을 추진하였다(지식경제부, 2011. 5). 또한, 클라우드 기반에서의 스마트 전자정부를 구현하기 위해 '스마트 전자정부 계획'(2011. 4), '모바일 전자정부 서비스 중장기 추

〈표 6-1〉 클라우드 서비스관련 정책 및 주요 내용

정책과제	추진 내용
클라우드 친화적 법제도 환경 마련	클라우드에 부합하지 못하는 기존 법령을 개선하며 인증제, 서비스협약(SLA) 가이드, 보안 안내서 및 개인정보 보호 수칙 마련
공공 IT 인프라 선진화 (클라우드의 선도적 도입)	정부 및 공공기관에서 IT자원의 클라우드化, 클라우드 기반 스마트오피스, 국내 기술 선도 활용 등 클라우드 시스템을 적극적으로 도입
클라우드 산업 및 서비스의 글로벌 경쟁력 강화	기술개발 지원, 표준사업 강화, 공개SW 활성화, 벤처캐피탈 등 자금지원, 인력 양성, 클라우드 지원센터 및 테스트 베드 구축 등 산업 기반 조성
글로벌 IT Hub 구축 (클라우드 데이터 센터 육성)	현 인터넷 데이터 센터에 클라우드 접목, 클라우드 데이터 센터 신축, 해외 데이터센터 및 고객 유치, 글로벌 진출 지원 등 글로벌 경쟁력 제고 노력 강화
시장 활성화를 위한 튼튼한 수요 기반 조성	클라우드 기반 스마트워크 서비스 이용 기업 지원, 클라우드 활성화 홍보, 산업단지 클라우드 도입, 시범사업 추진 등 시장 활성화와 수요 견인 노력 확대

자료 : 정보통신산업진흥원, 2012.

진계획'(2011.8) 등을 추진하고 있다. 특히, 2009년 클라우드 서비스를 위한 법적 근거를 마련하기 위해 클라우드 발전법을 제정하고자 입법예고를 하였고, 약 4년이 지난 2013년 국회 본회의를 통화하여 2015년 시행되고 있다. 이처럼 클라우드 서비스에 관한 정책과제들은 클라우드 서비스의 발전을 위한 주요 정책맥락을 제시하고 있다.

2) 클라우드 서비스 관련 개인정보 보호 정책현황

클라우드 서비스에 대한 기대와 효과를 바라보는 순기능만을 강조하기에는 클라우드 서비스를 제공하면서 발생할 수 있는 역기능을 간과해서는 안 된다. 일례로 클라우드 서비스를 제공함에 있어서 하드웨어 및 시스템의 오류로 인한 서비스 장애, 천재지변에 의한 서비스 접속지연 및 중단, 관리부주의로 인한 개인정보의 유출 및 데이터 손실, 해킹으로 인한 서비스의 장애 및 정보 유출 등과 같이 클라우드 서비스의 안전성을 저해하는 침해사고가 발생할 수 있다. 즉, 기존에 클라우드 서비스를 제공하고 있는 대표적인 민간기업에서 발생한 위협요인을 살펴보니, 클라우드환경에서 운영하는 시스템과 데이터 등을 포함한 서비스 장애, 데이터 손실, 정보유출 등과 같이 서비스제공과정에서 침해사고가 발생하고 있었다.

그렇다고 하여 클라우드 서비스가 갖는 내재된 문제의 발생을 우려하여 클라우드 서비스의 확산을 제한하여서는 안 되므로, 지속적인 정보보호정책과 내·외적 통제가 이루어져야 한다. 이에 따라 지난 2011년 정보통신데이터보호에 관한 국제워킹그룹(IWGDPT: *International Working Group on Data Protection in Telecommunication*)에서 워킹그룹 보고서('클라우드컴퓨팅에서의 프라이버시와 데이터보호') 초안을 발표한 바 있다(개인정보보호위원회, 2012.8). EU는 유럽위원회(EC)와 유럽정보보안기구(ENISA)를 중심으로 개인정보 보호를 위한 범유럽적 지

〈표 6-2〉 클라우드 서비스의 주요 사고 현황

장애 원인	구분	유형	회사	주요 내용
하드웨어 / 시스템 오류	2006	서비스 장애	아마존	인증요청의 쇄도로 인한 인증 서버 다운
	2009	서비스 장애	세일즈포스	네트워크 장비와 메모리 배치 에러로 서비스 1시간 중단
		서비스 장애	이베이	페이팔 지불결제 시스템 에러로 서비스 2시간 중단
		서비스 장애	구글	Gmail 2시간 서비스 장애 반복 발생
		서비스 장애	MS	스마트폰 서비스 사이드킥 서비스 중단
	2010	데이터 손실	구글	50만 명 이용자의 메일내용 및 주소록이 삭제
		서비스 장애	아마존	아마존 EC2 백업 오류로 190여 개 서비스 11시간 마비
		서비스 장애	애플	모바일 및 마이그레이션에 따른 서버 과부하로 인한 아이클라우드 접속 불가
	2011	서비스 장애	KT	U-cloud 서버 스위치 · 스토리지 오작동으로 인한 서비스 장애
		서비스 장애	세일즈포스	스토리지 저장 실패로 인한 NA2 서비스 중단
천재 지변	2011	서비스 장애	구글	일본 대지진의 영향으로 해저케이블 손상 서비스 장애(Gmail, 안드로이드 마켓 등 서버 접속 지연)
		서비스 장애	아마존	벼락으로 인한 정전사고로 아마존 EC2장애
	2012	서비스 장애	아마존	폭풍우로 인한 정전사고로 아마존 EC2장애(인스타그램, 넷플릭스, 핀터레스트, 헤로쿠 등의 서비스가 중단
관리 부주의	2006	데이터 손실	미디어 맥스	폐업으로 인한 2만 명의 데이터 손실
	2009	서비스 장애	구글	구글 앱스 관리상 오류로 24시간 중단
	2010	데이터 유출	MS	BPOS 서비스 환경설정 오류로 인해 기업정보가 유출
	2011	데이터 손실	First Server	시스템 업그레이드 중 오류로 5,698개 회사의 데이터 손실
해킹	2011	서비스 장애	후지쯔	후지쯔 클라우드 서비스 DoS 공격받아 장애 발생
	2012	데이터 손실	애플	해커(취약점: 나의 맥북 찾기)에 의한 개인 정보의 삭제
	2014	데이터 손실	애플	해커에 의한 아이클라우드 저장 연예인 사진 유출

자료: http://janlssary.tistory.com/111 재구성; 신영진, 2015b.

침과 규칙을 마련하였고, 개인정보의 해외유출을 막기 위한 기업규제를 강화하였다. 미국은 연방정부차원에서 관련 법률의 개정을 추진하였고, 〈전기통신비밀보호법〉(ECPA), 〈애국법〉(USA Patriot Act), 〈GLB법〉(Gramm-Leach Billey Act) 등의 개별법에서 다루고 있는 개인정보 보호관련 사항에 클라우드 환경에서의 적용할 수 있도록 하였다. 일본은 별도로 〈클라우드 활성화를 위한 법률〉을 제정하였고 개별법을 개정하여 확대기반을 마련하였으며, 개인정보 보유 및 관리를 위한 가이드라인을 제공하였다. 우리나라는 2011년 '클라우드 개인정보보호 수칙'에서 관련 규정을 마련하였을 뿐만 아니라, 클라우드에 관한 사항이 〈정보통신망법〉, 〈개인정보 보호법〉 등 개인정보 보호관련 개별법에서 처리될 수 있도록 개정하였다. 또한, 2015년 클라우드발전법을 제정하여 이용자보호를 위한 개인정보 보호의 제도적 근거를 마련하였다(이승훈·이우현, 2014).

이처럼 우리나라는 클라우드 서비스와 개인정보 보호를 강화하기 위한 정책들이 추진되고 있으며 지속적인 환경의 변화를 반영하고자 하였다. 일례로, 금융보안연구원에서는 '금융부분 클라우드 컴퓨팅 보안가이드'(2010. 12)를 발표하였고, 방송통신위원회는 '클라우드 서비스 정보보호 안내서'(2011. 10)를 제공하였다. 한국인터넷진흥원은 국내 클라우드 서비스 정보보호 현황조사(2011)를 통해 필요한 정책과제를 도출하였고, 중소 클라우드 서비스 사업자를 대상으로 기술적·관리적 정보보호대책(2012)을 지원해 주고 있다.

이밖에도 클라우드 서비스의 보안기술 개발 및 표준화, 개인정보보호 및 정보유출방지, 접근통제 및 침입차단 등 다각적인 측면에서 개인정보 보호대책이 마련되고 있다. 따라서, 클라우드 서비스를 제공함에 있어서 이용자인 국민을 보호하기 위해서는 개인정보 보호의 일정 수준을 유지 및 확보하기 위한 기준을 제시하여 보고자 한다. 특히, 클라우드 서비스에 관한 개인정보 보호의 적합성을 유지하여, 향후 서비스

〈표 6-3〉 주요국가 클라우드서비스의 개인정보 보호관련 법제 현황

구분	EU	미국	일본	우리나라
개인정보 보호법 및 클라우드 관련 법 동향	• 개인정보 보호지침 발표 (가맹국의 국내법과 조화, 1998) • ENISA(유럽정보보안기구) 주도 클라우드 환경의 활성화와 개인정보 보호를 포함한 보안에 대한 범유럽적 지침과 규칙 발표	• 기존 여러 개별법의 개정을 통해 클라우드 환경에서 발생할 수 있는 보안 사고로부터 개인정보 보호 • 민간 자율규제 원칙 • 클라우드 컴퓨팅법 (Cloud Computing Act of 2012) 제안	• 총무성 가스미가세키 프로젝트(2013) 통해 클라우드 컴퓨팅 활성화와 법제도 마련 • 경제산업성 'SaaS용 SLA가이드라인' 발표 (개인정보관리 및 취급과 보안방법을 세분화)	• 국내 기업과 개인의 클라우드 서비스 이용량 증가에 따른 법률 마련 부족 • 기존 다양한 개인정보 보호 관련법 내 클라우드 관련 조항 산재
법제도 정비	• EU 데이터 보호지침 • EU데이터 온라인 보호지침 • 전자통신영역에서 개인정보 처리 및 프라이버시 보호에 관한 지침	• 공적신용정보법 • 프라이버시법 • 금융프라이버시법 • 전자통신프라이버시법 • 컴퓨터보안법 • 의료프라이버시법	• 고도 정보통신네트워크 사회 형성 기본법 • 개인정보 보호법 • JS Q 15001J(PMS)	• 〈개인정보 보호법〉 • 〈정보통신망법〉 • 방송통신이용자보호법 • 클라우드 개인정보 보호수칙 • 클라우드 발전법

자료 : 이승훈 · 이우현, 2014 수정.

〈표 6-4〉 클라우드 서비스 제공자·이용자의 정보보호 주요내용

구분		점검사항
서비스 제공자의 정보 보호	관리적 측면의 정보 보호	1. 정보보호 정책 및 약관 수립
		2. 정보보호조직 구성, 운영 및 인력보안
		3. 자산분류 및 통제
		4. 비상대응체계 구축
		5. 서비스 연속성 확보
		6. 관련법률 및 제도의 준수
	기술적 측면의 정보 보호	1. 네트워크 보안
		2. 시스템 및 가상화 보안
		3. 데이터센터 구축 및 이용조건
		4. 이용자 데이터의 저장 및 관리
		5. 사용자 인증 및 접근제어
서비스 이용자의 정보 보호	기업 이용자의 정보 보호	1. 클라우드 서비스 도입 준비
		2. 클라우드 서비스 및 제공자 선택
		3. 클라우드 서비스의 안전한 이용
		4. 클라우드 서비스 변경 및 해지
	개인 이용자의 정보 보호	1. 클라우드 서비스 및 제공자 선택
		2. 클라우드 서비스의 안전한 이용
		3. 클라우드 서비스 변경 및 해지

자료 : 방송통신위원회·한국인터넷진흥원, 2011.10, 정리.

확산에 따른 개인정보 보호정책을 추진하는 기반으로 활용하고자 한다.

3) 클라우드 서비스 관련 개인정보 보호정책 기준

우리나라에서는 개인정보의 생애주기별로 안전성을 높이고 정보시스템의 효율성을 향상시키기 위한 개인정보 보호관련 평가체계를 도입하고 있다. 특히, 행정자치부, 방송통신위원회, 미래창조과학부 등 정부차원에서 공공분야 및 민간분야에 도입된 개인정보 보호관리체계(PIMS), 개인정보 보호 인증마크제도(PIPL), 정보보호관리체계(ISMS), 전자정부 정보보호관리체계(G-ISMS), ISO/IEC 27002 ISO/IEC 27001, 개인정보 영향평가(PIA), 공공기관의 개인정보 보호

〈표 6-5〉 주요 법률의 클라우드 서비스 제공시 개인정보 보호 연계 규정

구분	관계 법조항
개인정보 보호법	제 12조 (개인정보 보호지침), 제 14조 (국제협력), 제 15조 (개인정보의 수집 · 이용), 제 16조 (개인정보의 수집 제한), 제 17조 (개인정보의 제공), 제 18조 (개인정보의 목적 외 이용 · 제공 제한), 제 20조 (정보주체 이외로부터 수집한 개인정보의 수집 출처 등 고지), 제 21조 (개인정보의 파기), 제 26조 (업무위탁에 따른 개인정보의 처리 제한), 제 27조 (영업양도 등에 따른 개인정보의 이전 제한), 제 29조 (안전조치의무), 제 30조 (개인정보 처리방침의 수립 및 공개), 제 34조 (개인정보 유출 통지 등), 제 35조 (개인정보의 열람), 제 36조 (개인정보의 정정 · 삭제), 제 37조 (개인정보의 처리정지 등)
정보 통신망법	제 22조 (개인정보의 수집 · 이용 동의 등), 제 24조(개인정보의 이용 제한), 제 24조의2 (개인정보의 제공 동의 등), 제 25조(개인정보의 취급위탁), 제 26조 (영업의 양수 등에 따른 개인정보의 이전), 제 28조 (개인정보의 보호조치), 제 29조(개인정보의 파기)
신용정보법	제 19조 (신용정보전산시스템의 안전보호)

수준진단(G-Privacy), 전자정부 대민서비스 정보보호수준진단 등과 같은 다양한 점검체계가 적용되고 있다.

이렇게 정부차원에서 개인정보 보호에 대한 안전성을 가져오기 위한 기본적인 기준을 제시하고, 그에 맞추어 일정수준을 갖추도록 인증과 점검을 통한 개선을 유도하였다. 그러나 기존의 법률에 근거하여 정보제공서비스를 제공하여 안전성을 확보하고, 생애주기별 개인정보처리 과정에서의 정보보호 조치를 실시하려는 노력이 클라우드 서비스환경을 제약하기도 하고, 그로 인한 포괄적인 개선을 저해하기도 하였다.

물론, 개인정보 보호법, 정보통신망법, 신용정보법 등에서도 개인정보 보호를 위한 규정사항을 연계하여(〈표 6-5〉), 기존에 제시한 클라우드 관련 규정을 보완하기도 하지만, 클라우드 발전법(2015), '민간 부문의 클라우드 도입 실무 가이드라인(2012)', '클라우드 SLA (*Service Level Agreement*) 가이드(2011)', '클라우드 서비스 이용자를 위한 보안가이드라인' 등을 준수해야 할 정책지표로 적용하고, 그 밖의

기존 기업(구글, 더존, 롯데정보 등)의 클라우드 서비스 제공에 관한 표준약관, '클라우드 서비스 정보보호안내서(2011)' 등을 검토하여 개인정보 보호의 연관성을 도출하였다. 따라서, 기존의 일반적 정보화환경이 아닌 클라우드 환경에서 추가적으로 개선해야 할 사항을 반영하고, 개인정보 보호를 위한 안정된 환경을 마련하여야 한다.

〈표 6-6〉 우리나라 개인정보 보호 및 정보보호관리체계의 주요 내용

구분	제도명	주요 내용
개인정보관리체계	개인정보 보호 관리체계(2010)	기업이 고객정보를 체계적 · 지속적 보호하기 위한 일련의 준수사항을 인증심사기준으로 규정하여 점검
	개인정보 보호 인증제도(2011)	공공 및 민간분야의 개인정보처리자가 수행하는 정보보호활동 및 정보보호관리체계 수준을 등급별로 구분하여 점검
정보보호관리체계	정보보호 관리체계(2002)	기업이 보존해야 할 정보자산의 기밀성 · 무결성 · 가용성 실현을 위한 절차 및 과정의 수립, 문서화 등 관리현황을 점검
	전자정부 정보보호 관리체계(2009)	공공기관의 주요정보자산을 체계적으로 보호하기 위해 조직적 · 유기적 대응에 대한 안전성 · 신뢰성 등을 점검
사전점검	개인정보 영향평가(2011)	개인정보처리시스템의 구축 · 변경 시 사전평가를 통해 개인정보의 중대한 영향을 사전에 파악하고 그 영향요인을 삭제 · 예방하도록 점검
	정보보호 사전점검체계(2013)	정보통신서비스를 제공함에 있어 제공 시스템 및 설비 등의 취약점 분석 · 평가를 통해 정보보호대책을 수립하도록 사전에 점검
수준진단	개인정보 보호 수준진단(2008)	공공기관의 개인정보 보호관련 법적 규정 인식을 객관적으로 평가하여 개선하도록 독려하기 위한 점검
	전자정부 대민서비스 정보보호 수준진단(2007)	중앙부처 및 지방자치단체의 홈페이지에 관한 제도적 · 기술적 · 관리적 보안수준을 전자정부 대민서비스 정보보호수준으로 활용하기 위한 점검

자료 : 신영진, 2013.

〈표 6-7〉 클라우드 서비스 제공에 따른 개인정보 보호 규정사항

구분	세부 근거 사항
클라우드 서비스 발전법	클라우드 서비스를 제공함에 필요한 표준약관, 사고통지 등, 서비스 안전지침, 정보의 제 3자 제공금지 등, 클라우드 서비스 이용 사실의 공개, 정보의 국외저장에 대한 공개 등, 정보의 보존 및 복구를 위한 조치, 이용자 정보의 임치, 정보의 반환 · 파기 등, 클라우드 서비스의 중단대책 마련, 손해배상 책임 등 규정
클라우드 서비스 인증제	클라우드 기업대상의 서비스 품질(가용성, 확장성, 성능), 서비스 정보보호(데이터관리, 보안), 서비스 기반(서비스 지속성, 서비스 지원) 등을 점검함
민간 부문의 클라우드 도입 실무 가이드라인	클라우드 서비스의 유형에 따른 보안점검 기능으로 정보보호정책수립, 조직 및 책임 설정, 정보자산 관리, 인증 및 접근관리, 정보보호교육, 내/외부 인력 보안, 물리적 접근통제, 시스템 개발보안, 가상화보안, 보안사고관리 등 점검
클라우드 SLA가이드	클라우드 서비스 제공함에 따르는 서비스 가용성, 데이터 백업 · 복구 및 보안, 고객지원, 위약금, 서비스 계약의 해지, 인증제의 등급 부여 등을 고려
클라우드 서비스 이용자를 위한 보안가이드라인	클라우드 서비스 이용자를 위하여 접근권한 정보 요청, 규정의 준수, 데이터 위치, 데이터 분리, 복구, 불법행위조사, 장기생존 가능성을 고려하여 기밀성과 데이터 암호화, 사용자인증 및 접근제어, 데이터 무결성, 가용성 및 복구, 원격 확인 및 가상머신 보호, 네트워크보안 및 웹보안, 공격모델 및 시뮬레이션, 보안정책관리 및 비용분석으로 보안기술과 기술적, 관리적, 물리적 보호방안과 플랫폼, 스토리지, 네트워크, 단말에 대한 보안이 강화되어야 함
클라우드 서비스 이용 약관	개인정보 보호와 관련하여 제 3장 서비스의 개통 및 이용(고객고유번호 관리, IP주소, 이용 제한 및 이용 정지, 불법 스팸메일 방지 등), 제4장 서비스 유지보수 및 장애처리(보안상 긴급상황 등), 제5장 계약 당사자의 의무(회사의 의무, 회원의 개인정보 보호, 개인정보의 위탁), 제7장 손해배상(손해배상의 범위, 손해배상의 청구, 고객에 대한 손해배상 청구 등)을 기준으로 제시
클라우드 서비스 정보보호안내서	제공자로부터의 보호사항을 위하여 관리적 측면의 정보보호(① 정보보호 정책 및 약관 수립, ② 관련 법률 및 제도의 준수, ③ 정보보호조직 구성, 운영 및 인력보안, ④ 자산분류 및 통제, ⑤ 비상대응체계 구축, ⑥ 서비스 연속성 확보)와 기술적 측면의 정보보호(① 네트워크 보안, ② 시스템 및 가상화 보안, ③ 데이터센터 구축 및 이용조건, ④ 이용자 데이터의 저장 및 관리, ⑤ 사용자 인증 및 접근제어) 기준을 제시

자료 : 신영진, 2015a.

4) 사전 연구

클라우드 서비스가 중요한 국가경쟁력의 활성화수단으로 적용되면서, 국내·외적으로 개인정보 보호에 관한 관심도 높아지고 있다. 앞서 국내외적으로 개인정보 보호를 위한 다양한 정책들이 추진되고 있는데, 이에 대해 앞서 제기된 개인정보 보호기준들과 '클라우드 서비스 정보보호 안내서(2011)' 등에 따른 방향, 그리고 그동안 개인정보 보호에 관한 다양한 연구들을 제도적 측면, 기술적 측면, 운영적 측면으로 정리해 보았다.

먼저, 제도적 측면에서는 클라우드 산업 및 클라우드 시장의 활성화를 위해서 발생 가능한 사생활의 침해, 내부정보의 유출 등의 개인정보 침해사고에 대응하기 위한 정책과 기술의 지원이 필요하다고 보았다. 특히, 글로벌 IT허브를 구축하고, 공공 IT인프라의 선진화, 클라우드의 친화적 법제도 및 서비스의 안전성과 신뢰성을 고려한 인증제도의 필요성을 제기하고 있다. 둘째, 기술적 측면에서는 개인정보 보호를 위하여 보안기술과 플랫폼, 고가용성 등을 확보하기 위한 보안기술의 개발과 클라우드 서비스의 암호화시스템의 기능을 개선하여, 클라우드 보안환경에 맞는 기술을 강화하고자 한다. 셋째, 운영적 측면에서는 클라우드를 활용하기 위한 클라우드 서비스 및 응용, 클라우드 클라이언트, 클라우드 플랫폼, 클라우드 인프라 등이 주요 국제 및 국내 표준화 분야에 적합하도록 운영하기 위해서는 그에 맞는 표준화된 가이드라인, 통제사항의 적용 등에 대한 관리적 측면의 연구가 이루어져야 한다고 보았다. 이처럼 기존 연구들을 바탕으로 하여, 개인정보 보호를 위한 적합성을 갖추도록 기준에 맞추어 필요한 과제를 도출할 수 있다. 특히, 보안이슈 및 정보취약점을 점검하여 안전성을 높이고, 개인인증을 적용하는 법적 준수사항 및 요구사항을 준수할 체계를 통해 개인정보 보호과제를 추진해 나가야 한다.

〈표 6-8〉 사전 연구에 따른 분류사항

구분	연구자(연도)	주요 내용
제도적 측면	서광규 (2011)	클라우드 서비스의 안전성 및 신뢰성 문제를 해결하고, 국내 클라우드 서비스 산업의 발전을 위해서는 클라우드 서비스를 위한 안전하고 신뢰할 수 있는 ASP, TTA의 GS, 녹색 인증제도가 도입되어야 한다고 주장함
	송석현 외 (2011)	클라우드 환경에서는 다양한 위협에 대해 통합가상화, 이용자 데이터의 집중 관리 등의 특성을 고려하여 데이터 처리, 장애 시 대처, 사업자 책임 등에 관한 보안 지침과 제도를 마련하여, 관련 가이드라인과 표준화가 추진되어야 한다고 보았음
	박완규 (2012)	클라우드 환경에서의 미국의 9 · 11테러사태의 대응 방안으로 나타난 애국법은 감청이나 유형적 사물에 대해 국가 안보를 이유로 개인정보를 요구하는데, 이를 국외에 적용함에 있어서 그에 따른 대처방안으로 정보보호나 신용정보, FTA 등에 대한 법률 제정을 강화시킬 것을 제시하였음
	한국인터넷 진흥원(2010)	클라우드 서비스의 확산에 따른 개인정보의 수집 및 이전에 관한 제도적 · 기술적 조치가 필요하다고 보았음
	최영준 · 송인국 (2010)	클라우드 기술을 활발히 이용하는 과정에서 발생할 수 있는 사생활의 침해, 내부정보의 유출 등의 침해사고에 대응하기 위해 가용성과 안전성 등을 확보할 수 있는 기술의 연구와 정책적 지원이 필요하다고 주장함
	김현승 · 박춘식 (2010)	클라우드 서비스 이용자가 새로운 서비스를 이용할 때 개인인증을 거쳐야 하며, ID/PW, 공개키인증서, Multifactor 인증, SSO(*Single Sign On*), MTM(*Mobile Trusted Module*) 등을 활용하여 보안성, 접근용이성, 상호운용성 등을 고려한 개인인증을 적용하여야 한다고 보았음
	정승욱 · 이창범 (2010)	클라우드 서비스를 제공함에 있어 〈개인정보 보호법〉 및 〈정보통신망법〉에 근거한 규정을 마련되어야 한다고 주장함
	박대하 · 백태석 (2011)	클라우드 기술의 도입에 있어서 보안 및 개인정보 보호에 관한 중요성이 인식됨에 따라 기밀성에 관한 보증과, 계약상에서의 적법 준수, 개인정보의 노출 예방, 법적 요구사항의 준수 등이 고려한 정책이 필요하다고 주장함
기술적 측면	은성경 (2010)	클라우드 컴퓨팅에서 보안은 IT 자산을 타 사용자와 공유함으로써 얻는 효율성 향상을 유지하면서 데이터를 안전하게 보호하는 Certifications and Accreditations, Physical Security, Backups, EC2 Security, S3 Security, SimpleDB Security 기술에 초점을 맞추어야 할 것을 제시함

〈표 6-8〉 계속

구분	연구자(연도)	주요 내용
기술적 측면	주헌식 (2010)	클라우드 컴퓨팅의 다양한 서비스와 관련하여 국내적용 사례를 바탕으로, 기업이 다양한 Amazon EC2, Google App Engine, Hadoop 플랫폼과 인프라스트럭쳐, SDK, 확장성 있는 데이터 저장소와 같은 기술들을 적용할 수 있는 보안기술의 개발을 주장하였음
	차병래 외 4인 (2012)	클라우드 기반의 스트리밍 미디어의 보안 인증과 프라이버시를 제공하기 위한 검색 가능 이미지 암호시스템(*Searchable Image Encryption System*)으로의 기능개선을 제시하였음
	김명호 외 2인 (2010)	클라우드 기술이 자기소유방식이 아닌 IT를 임대하여 사용하는 유틸리티 방식으로 변화하기 때문에, 물리적 보안뿐만 아니라 데이터 자체의 보안을 고려하여 암호화 조치 등과 같은 데이터의 접근보호와 ID메타시스템과 같은 ID관리의 안전성을 고려하여야 한다고 보았음
	차병래 외 4인 (2012)	클라우드 기반 스트리밍 미디어의 검색가능 이미지암호시스템을 설계하여 개인정보를 보호하고자 제시함
	김진형 외 2인 (2010)	클라우드 서비스에서의 보안이슈를 분석하여 정보취약점을 점검하고 데이터의 관리 및 암호화의 중요성을 강조함
	장월수 외 2인 (2012)	클라우드 서비스를 군에 도입함에 있어서, 필요한 보안정책 기술 등에 대하여 제시하였음(플랫폼, 저장방식, 네트워크, 단말로 구분하여 정립)
	김승일 · 박승섭 (2010)	클라우드 기술 분석 및 개인과 기업의 관점에서 VMware, Xen, Windows Server Hyper-v 기반을 둔 클라우드 컴퓨팅 보안환경을 구현하는 기술을 제시하였음
관리적 측면	이강찬 · 이승윤 (2010)	클라우드 컴퓨팅을 활용하기 위한 클라우드 서비스 및 응용, 클라우드 클라이언트, 클라우드 플랫폼, 클라우드 인프라 등이 주요 국제 및 국내 표준화 분야를 비교하여 우리나라의 발전방향을 제시함
	박대하 · 백태석 (2011)	NIST SP 800-144 문서를 기반으로 ISMS에 대한 국제표준인 ISO 27002의 통제내용을 분석하고 KISA-PIMS의 통제내용과 연결하여 도출하였으며, IPC 및 WPF 등 해외에서 연구한 클라우드 컴퓨팅 개인정보 보호 위험 및 요구사항을 KISA-PIMS의 통제목적과 비교·분석하고 클라우드 컴퓨팅 개인정보 보호의 향후 과제를 도출함
	임철수 (2011)	클라우드 컴퓨팅의 보안적인 문제점을 해결하기 위하여 기업과 개인의 측면에서의 가이드라인을 제시함
	김성준 (2010)	클라우드 서비스의 기업과 국내외 동향을 파악하고 기업의 안전성과 보안을 확보하기 위해 정보보호관리체계(ISMS)를 반영한 클라우드 컴퓨팅의 정보보호관리 체계의 지속적으로 유지 관리되는 순환체계의 운영 방안을 제시함

자료: 신영진, 2015a.

3. 분석의 틀과 분석방법

이 절에서는 현재 우리나라 정보화정책의 주요과제로 제시되고 있는 클라우드 서비스를 제공함에 있어서, 개인정보 보호의 적합성 기준을 준수할 수 있도록 정책과제를 제시해 보고자 한다. 이를 위해 제도적 측면, 기술적 측면, 운영적 측면으로 구분하여 필요한 기준을 맞추어 개인정보 보호를 유지 및 확보하기 위한 과제로 제시해 보고자 한다. 먼저, 제도적 측면에서는 클라우드 서비스를 제공하기 위한 보안체계에서 기존의 보안기술을 국정원이 승인한 제품규정에 맞추고, 국내외 제반 보안관련 법률의 준수사항, 그에 따라 예방차원에서의 후속조치 기준을 반영하였다. 둘째, 기술적 측면에서는 개인정보 보호를 위한 안전성 확보조치와 보안기술의 개발과 적용이 이루어지도록 하여야 한다. 특히, 클라우드 서비스의 안전성을 높이기 위한 기술을 확보하여야 하는데, 클라우드 서비스에서 해킹, 개인정보 유출 등을 방지하기 위한 기술적 보호조치가 준수되어야 하며, 필요한 보완기술이 지속적으로 개발되어 적용되도록 하고자 한다. 셋째, 운영적 측면에서는 개인정보 보호에 관한 운영체계와 개인정보 침해사고 대응체계를 갖추어야 한다. 즉, 평소에 개인정보가 안전하게 운영하여 개인정보 침해사

〈표 6-9〉 클라우드 서비스 이용약관 검토에 따른 개선사항

SLA 구성 요소	구성 요소 개요 및 개선사항
서비스카탈로그	사용자에게 제시되는 서비스 명세
책임과 역할	제공자의 책임과 사용자의 책임
측정항목	서비스 수준을 평가할 수 있는 측정
측정방법	측정 항목의 평가 방법
서비스수준목표	제공되는 서비스에 대한 측정항목의 목표 항목
보상조건	서비스 수준에 위배되는 서비스에 대한 보상 조건
SLA변경조건	정의된 SLA에 대한 변경 절차 및 조건

자료: 송석현 · 이정아 · 신선영, 2011, 재구성.

고를 예방하고 안전하게 관리하며, 개인정보 침해사고가 발생하더라도 신속한 대응으로 피해규모를 최소화할 수 있는 체계를 마련하도록 하고자 한다.

따라서, 개인정보 보호를 위해 갖추어야 할 기준을 제시하여 개인정보 보호정책과제를 실행할 수 있도록 세부사항을 관련된 법률, 기준, 가이드라인, 기존 연구에서도 도출하여 보고자 한다. 즉, 앞서 개인정보 보호관련 관리체계의 점검기준, 클라우드 발전법을 비롯하여 '민간부문의 클라우드 도입 실무 가이드라인', '클라우드 SLA 가이드', '클라우드서비스 이용자를 위한 보안가이드라인' 등을 비롯한 가이드라인, 한국인터넷진흥원 등 관련 국책연구기관에서 발간한 연구보고서, 대표적 기업에서 제공하는 표준약관[1] 등에서 서비스제공자로서 준수사항을 반영하도록 하였다.

그 외에 김경섭·최완·고대식(2012), 서광규(2011), 신영진(2012), 임철수(2009), 은성경(2010), 주헌식(2010) 등 사전연구의 결과를 활용하여 개인정보 보호 기준과 과제로 삼고자 한다. 이를 위하여 관련 분야 전문가그룹을 통하여 제 3차(2014년 10월 23일, 11월 20일, 12월 5일) 거쳐 의견을 수렴하고자 하였다. 이 과정에서 필요한 정책요소를 도출하고,

〈그림 6-1〉 분석의 틀

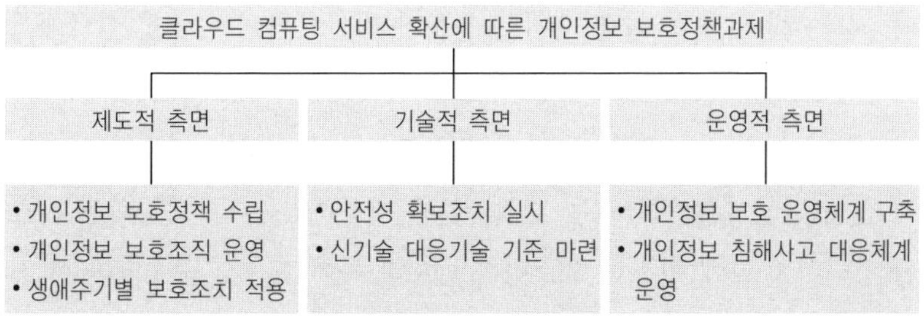

1 기존의 클라우드 서비스 이용약관은 제 1장 총칙, 제 2장 이용계약, 제 3장 서비스의 개통 및 이용, 제 4장 서비스 유지보수 및 장애처리, 제 5장 계약 당사자의 의무, 제 6장 서비스 이용요금, 제 7장 손해배상 등으로 구성된다.

전문가의 검토를 통해 적절한 정책요소 간의 중복 및 재배지를 하였으며, 이렇게 개인정보 보호를 위해 갖추어야 할 기준을 도출하여 정책집행을 위한 세부과제로 삼도록 지원하고자 한다. 특히, 서비스제공자가 갖추어야 할 사항을 바탕으로 정부가 이용자의 개인정보 보호를 규정과 기준을 마련하여 안전성을 높이는 잣대로 활용하도록 하고자 한다.

4. 분석결과

1) 개인정보 보호정책과제 도출

앞서 제시하였던 분석의 틀과 방법에 따라 클라우드 서비스를 제공할 때 준수해야 할 사항들을 도출해 보았다. 이를 위하여 클라우드 서비스에 필요한 개인정보 보호 기준을 관련 법률, 지침, 정책, 연구보고서, 연구논문 등에 의해서 도출하였으며, 법률, 정책, 기술 등의 학자 및 실무자로 구성된 전문가그룹을 통해 검증하였다. 2014년 10월 23일 전문가 자문회의를 처음 개최할 때는 도출한 정책요소들의 근거 및 도출방법의 적절성에 대해서 검증하였고, 그 과정에서 추가되어야 할 정책과제와 기존에 제시한 정책과제의 결합요소를 도출하여 정리해 보았다. 같은 해 11월 20일에 개최한 전문가 자문회의에서는 첫 회의에서 지적한 내용을 바탕으로 재정리한 정책요소의 적합성을 검증하였고, 지표간의 통합과 그에 대해 필요한 정책요소의 정의를 재확인하였다. 세 번째 전문가 자문회의는 12월 5일에 개최하였는데, 세분화된 지표를 정리하고 그에 필요한 요소만을 남도록 하여 반드시 준수해야 할 정책요소들로 세부 정책과제로 삼고자 하였다. 이에 따라 기존에 준수해야 할 사항과 클라우드 서비스를 위해서 추가적으로 반영해서 개선해야 할 사항을 세부적으로 도출하였다.

〈표 6-10〉 제도적 측면에서 개인정보 보호 적합성 평가지표

구분	점검지표	세부사항	일반	추가
개인정보 보호 정책 수립	정보보호정책 및 내부관리계획	• 개인정보관리(보호)계획 수립(승인 · 공표)	○	
		• 개인정보관리(보호)계획의 내부 공유 및 인식 제고	○	
		• 클라우드 서비스 유형별 개인정보 보호 정책 · 지침 · 관리계획 절차 수립		○
		• 클라우드 서비스 유형별 개인정보 보호체계의 적합성 유지 (수정 · 예방을 통한 개선사항 구현)		○
	컴플라이언스 관리	• 클라우드 서비스 제공에 따른 이용약관 내 이해관계자 대상 보호규정 작성		○
		• 개인정보 보호관련 법률, 규정, 계약의무 및 보안요구사항 등을 반영한 규정 · 기준 마련	○	
		• 개인정보처리시스템(하드웨어, 소프트웨어, 네트워크, DB 등)의 기술적 취약점 분석 및 대응을 위한 규정 · 기준 수립	○	
		• 클라우드 서비스 개인정보 처리방침 수립	○	
개인정보 보호 조직 운영	개인정보 보호조직	• 개인정보 보호를 위한 담당조직 구성	○	
		• 개인정보 보호책임자 지정 및 역할 수행	○	
		• 개인정보 보호를 위한 별도의 조직체계 운영(구성 · 외부전문가 활용), 책임 및 역할(책임자, 담당자, 개인정보보호위원회 등)	○	
	개인정보 보호 인력보안	• 클라우드 서비스 제공에 따른 내부 책임 및 역할 구분 예) 서비스의 적합성, 비밀유지(서약서), 징계처분절차 등		○
		• 클라우드 서비스 제공에 따른 외부자 보안대책 수립 · 시행		○
		• 클라우드 서비스 계약 · 서비스수준협약을 통한 외부자 보안 실시		○
		• 개인정보 보호교육 및 훈련 수립 및 실시	○	

〈표 6-10〉 계속

구분		점검지표	세부사항	일반	추가
개인정보의 생애주기별 보호조치 적용	수집 · 보유	개인정보 수집에 따른 조치	• 클라우드 서비스 개인정보 처리방침 내 수집목적 등 정보주체 권리 보호	○	
			• 개인정보 수집의 적합성(최소한 개인정보 수집, 정보주체 동의 획득, 수집 시 보호조치 등) 점검	○	
			• 개인정보파일의 철저한 등록 · 관리	○	
			• 중요 개인정보파일(DB)의 정기적 저장 및 백업 실시	○	
	이용 · 제공	개인정보이용 · 제공에 따른 조치	• 클라우드 서비스 제공에 따른 개인정보 처리시스템 위탁에 따른 보호조치		○
			• 클라우드 서비스 제공에 따른 이용 및 제공내역 관리	○	
			• 클라우드 서비스 제공에 따른 이용 · 제공 제한 (제 3자 제공 시 동의획득 등)	○	
			• 클라우드 서비스업체 간 양도 · 합병, 저장장소 이전 등에 따른 적절한 보호조치 실시		
	파기	개인정보관리 · 파기에 따른 조치	• 개인정보 파기규정 수립(보유기간 산정 및 안내 등)	○	
			• 개인정보파일 운용현황 등록 · 기록관리 등 적용	○	
			• 클라우드 서비스에 따른 별도기준에 따라 개인정보 보유 및 파기관리방안 및 조치 실시		○
			• 보유 목적달성 후 안전한 방법으로 파기 실시	○	
			• 서비스종료 후 클라우드 · 백업서버 등의 데이터 삭제		○

자료 : 신영진, 2015.

이렇게 정리한 개인정보 보호의 정책과제들은 제도적 측면, 기술적 측면, 운영적 측면에서 클라우드 서비스 제공자가 준수해야 할 규정으로 삼아, 클라우드 서비스를 확산함에 있어서 개인정보 침해사고를 최소화하고 안정된 서비스 환경을 구현하도록 하고자 하였다. 이에 따라 먼저, 제도적 측면에서는 크게 개인정보 보호정책 수립, 개인정보 보호조직 운영, 개인정보의 생애주기별 보호조치 적용으로 3개 분야 7개 세부과제로 구성하였다. 이에 따라 개인정보 보호정책은 정보보호정책 및 내부관리계획을 수립하여야 하며, 컴플라이언스의 관리계획을 통해 클라우드 서비스 이용자를 보호하기 위한 보호규정과 관련 처리지침에 개인정보 보호를 반영해야 한다. 개인정보 보호조직은 개인정보 보호를 위한 조직 및 개인정보 보호를 위한 인력보안이 이루어져야 하며, 클라우드 서비스를 제공함에 따른 내부자 및 외부자의 통제가 이루어져야 한다. 개인정보의 생애주기별 정보보호를 위해서는 개인정보의 수집부터 파기까지 준수해야 할 법률적 준수사항이 강화되어야 하는데, 이를 위해서는 최소한의 개인정보 수집뿐만 아니라 철저한 개인정보의 관리와 백업, 개인정보 보호를 위한 위탁사항에 대한 보호조치 강화, 클라우드 서비스가 종료된 개인정보의 철저한 파기 등으로 개인정보가 강화되어야 한다.

둘째, 기술적 측면에서는 클라우드 서비스에 관한 주요 보안기술들로 데이터 암호화, 네트워크 보안, 데이터 보안, 플랫폼의 접근제어 및 사용자 인증에 대해 적용할 수 있는 기술들을 연구해 왔다. 이외에 보안기술(가용성 및 복구, 원격 확인 및 가상머신 보호, 공격 모델 및 시뮬레이션, 보안정책 관리 및 비용 분석 등)에 대한 연구가 검토되고 있다. 이를 반영하여 개인정보 보호를 위한 안전성 확보조치와 신기술 대응을 위한 보호기준으로 2개 분야 5개 세부사항으로 정리하였으며, 개인정보 보호를 위한 안전성 확보조치 실시는 10개 기술적 보호조치와 3개 물리적 보호조치로 구성하였다. 신기술 대응에 따른 기술적 보호기준

〈표 6-11〉 기술적 측면에서 개인정보 보호 적합성 평가지표

구분	점검지표		세부내용	일반	추가
개인정보 보호를 위한 안전성 확보조치 실시	기술적 보호 조치	네트워크 및 시스템 접근통제	• 클라우드 서비스 제공 시 접근통제정책 수립	○	
			• 클라우드 서비스 제공 시 개인정보처리시스템의 접근제한을 위한 인증, 권한부여, 접근통제(네트워크, 운영체제, 응용프로그램, DB 등) 등 적절한 보호조치 적용		○
			• 클라우드 서비스 제공 시 접근통제 솔루션 도입, 포트제어, 네트워크 분리 등 기술적 보호조치 적용 예) IP주소 제한, 불법적 개인정보 유출시도 탐지, 가상사설망(VPN) 또는 전용선 등 안전한 접속수단 이용 등		○
			• 개인정보처리시스템 및 네트워크의 웹취약점 점검 · 보호조치 적용	○	
		문서 및 데이터 보안	• 클라우드 서비스 제공자의 문서화 요구사항(관리내용 문서화) 반영	○	
			• 클라우드 서비스 제공자의 문서통제 실시(문서의 승인 · 검토 · 개정식별 · 폐기문서표기 등)	○	
			• 클라우드 서비스의 접근기록 · 통제 실시(기록식별, 보관 · 보호, 보유기간, 폐기절차 등) 실시	○	
			• 클라우드 서비스 제공자의 서비스 이용자의 데이터에 대한 기밀성 및 무결성 확보		○
		암호화	• 개인정보 암호화 계획 수립 · 시행(암호정책, 암호사용, 키관리)	○	
			• 개인정보(고유식별정보, 비밀번호, 바이오정보), 인터넷 구간 및 DMZ구간 간 암호화, 안전한 알고리즘으로 암호화 등 적용	○	
		스토리지 보안	• 클라우드 서비스 제공 스토리지의 접근제어 및 암호화 적용		○
			• 클라우드 서비스 제공 시 개인정보 보호를 위한 침입차단시스템 및 침입탐지시스템 설치 예) 이중방화벽 설치 등)	○	

〈표 6-11〉 계속

구분	점검지표		세부내용	일반	추가
개인정보 보호를 위한 안전성 확보조치 실시	기술적 보호 조치	개발 보안	• 클라우드 서비스 유형별 서비스 개발 시 보안요구사항에 따른 보호조치 등 실시		○
			• 클라우드 서비스의 보안요구사항 준수(서비스 분석 · 설계 시 보안요구사항 검토, 입 · 출력데이터 검증, 인증 · 암호화 등 내부처리 검증, 변경관리 등)		○
		운영 보안	• 개인정보처리시스템 및 인프라 보안 관리 예) 악성 소프트웨어(바이러스 등) 통제, 백신설치 등	○	
			• 개인정보처리활동 모니터링 실시(열람 · 처리기록관리 등)	○	
			• 개인정보처리시스템의 운영상 보안통제 실시 예) 응용프로그램 정보제공제한 등	○	
			• 클라우드 서비스 제공 웹사이트의 개인정보노출 차단	○	
			• 클라우드 서비스 유형별 백업계획 수립 및 수행		○
		접속기록 관리	• 개인정보취급자의 접속기록 보관 · 보호조치 반영 · 관리	○	
		영향평가	• 클라우드 서비스 제공 시 개인정보 취급자권한의 영향평가		○
		플랫폼보안	• 가상화 클라우드 플랫폼에서의 개인정보처리시스템 통제 및 절차의 투명성 (무결성, 기밀성 등) 확보		○
			• 클라우드 서비스 운영체제상 프로세스 영역 접근 시 통제기술 적용(DAC, MAC, RBAC 등)		○
			• 클라우드 서비스 이용자 인증 실시 예) 사용자 인증방법 : SSO. ID/PW, PKI, I-PIN, Multi-factor 인증(생체인식, OTP) 등 - XML 기반의 사용권한제 프레임워크, 전자서명 기술 등		○

〈표 6-11〉 계속

구분	점검지표		세부내용	일반	추가
개인정보 보호를 위한 안전성 확보 조치 실시	기술적 보호 조치	플랫폼보안	– 네트워크상의 사용자 인증 : Microsoft . Net Pass-port(LiveID), ID연계 기반 인증방식 URL 기반 인증 방식 등 – 스트리밍 미디어의 보안 인증		○
		전자거래 보안	• 클라우드 서비스 제공에 따른 서비스 거래 보안 적용 예) 데이터 교환합의서, 거래 및 공개서버 등의 보안관리, 이용자 공지사항 등 반영		○
	물리적 보호 조치	보호구역 설정 · 관리	• 클라우드 서비스 제공DB 등의 물리적 접근통제 및 보호조치(보호구역 설정 및 접근통제, 데이터센터 보안, 장비보호 등)	○	
		CCTV 관리	• 영상정보처리기기의 안전한 관리(설치 시 의견수렴 및 설치 안내, 설치 · 운영제한, 출입통제 · 사무실 보안, 이동컴퓨팅 보안관리, 저장매체 보안관리 등 물리적 안전성 보호조치)	○	
		데이터센터 운영관리	• 스마트카드 등 보안인증을 통한 데이터센터 운영	○	
			• 데이터센터 및 처리 서버의 지리적 위치 안전성 확보	○	
			• 데이터센터의 입 · 출입통제방안 마련	○	
신기술 대응을 위한 보호기준 마련	위험관리		• 위험관리전략 · 계획 수립, 위험분석 등 실시		○
	정보단말기 보안		• 바이오정보단말기의 원본정보 보관 시 보호조치 실시		○
			• 위치정보단말기의 개인위치정보 수집 동의 및 제공 시 안내	○	
			• RFID 등 사용하는 단말기 보호프로그램 제공		○
			• 악성코드 방지 및 개인정보 보호 기술 적용 예) 단말인식 및 인증기법, 단말기 보안기술 적용		○
	보안기술의 최신성 유지		• 클라우드서비스 제공을 위해 추가 정보처리시설(하드웨어, 소프트웨어 등) 도입 시 인가절차 수립		○
			• 클라우드서비스 제공을 위한 기존 보안기술(Anti-virus, 방화벽, IDS/IPS, 등)의 조정 및 적용		○

마련은 위험관리, 정보단말기 보안, 보안기술의 최신성유지로 3개 세부사항을 구성하였다. 따라서 제도적 측면뿐만 아니라 기술적 측면에서도 개인정보 보호를 위한 세부적 과제가 준수하여 안전성을 높여 나가야 한다.

셋째, 운영적 측면에서는 개인정보 보호를 위한 운영체계 구축 및 개인정보 침해사고 대응체계 운영으로 구분해 볼 수 있다. 김경섭·최완·고대식(2012)은 클라우드 보안진단항목으로 국내·외 클라우드 가이드, 가상화 보안가이드 및 〈개인정보 보호법〉의 기술적 기준을 반영하여 11개 분야 102개 항목으로 정리한 바 있다. 그중에서 클라우드 컴퓨팅 긴급 자원 풀 보안진단으로 보안체계, 접근 통제, 서비스 보안, 보안패치 등으로 정리하였다(〈표 6-12〉). 또한, 클라우드 서비스 정보보호안내서에 서비스 제공자 및 이용자가 준수해야 할 비상대응체계, 서비스 안전성 등에 관한 점검기준을 제시하고 있다. 이상과 같이 앞선 개인정보 보호를 위한 정책과제를 세분화하기 위하여 운영적 측

〈표 6-12〉 기존 연구자의 클라우드 보안분야별 세부 통제사항

보안분야	통제	보안분야	통제
보안정책	정보보호 정책	서비스 속성	서비스 연속성
보안조직운영 및 인력 보안	보안조직운영	컴플라이언스	컴플라이언스
	인력보안	클라우드 컴퓨팅 보안	보안체계
자산 및 통제	자산보호		접근통제
사고관리 절차 수립	보안이슈 보고		서비스보안
	보안사고 대응관리		보안패치 및 기타
통신 및 운영	운영 관리	정보보호	애플리케이션 보안
	시스템관리	접근관리	이용자 접근관리
	악성코드 대응	개인정보 보호	접근권한의 관리
	백업		접근통제 시스템 설치 및 운영
	네트워크 보안관리		개인정보의 암호화
	감사		접속기록의 보관 및 위,변조방지
	보안요구사항		

자료: 김경섭·최완·고대식, 2012.

〈표 6-13〉 운영적 측면에서 개인정보 보호 적합성 평가지표

구분	점검지표	세부내용	일반	추가
개인정보 보호 운영체계 구축	개인정보자산 분류 및 관리	• 클라우드 서비스 제공유형에 따른 정보자산 분류 및 관리 예) 정보자산목록 정의 및 통제 실시		○
		• 클라우드 서비스를 통해 수집된 개인정보의 자산 식별 · 목록화 등 문서 관리	○	
		• 클라우드 서비스에 따른 개인정보 보호를 위해 예방 · 교정 · 개선 등 주기적 실적 관리 활동 추진	○	
	내부검토 · 감사	• 클라우드 서비스 제공에 따른 개인정보 보호의 법률적 요구사항 정의 · 목적 등 지속적 모니터링 실시		○
		• 클라우드 환경에서의 접속 기록 보존 및 검토 / 모니터링 절차 수립		○
		• 클라우드 서비스 유형별 로그파일분석을 통한 감시 · 추적 등의 관리대책 수립		○
		• 개인정보 보호관련 보안감사 계획 수립 · 독립적 보안감사 실시	○	
	위탁업무관리	• 클라우드 서비스 업무, 서비스 등 위탁 시 계약서 및 서비스수준협약 시 수탁자 관리	○	
	서비스 품질보장	• 클라우드 서비스 제공 시 개인정보의 정확성 · 완전성 · 최신성 등 유지	○	
	업무연속성 관리	• 클라우드 서비스 제공 시 업무연속성 관리계획 수립 예) 관리과정 · 프레임워크, 업무연속성 계획 수립 · 구현, 업무연속성계획시험 · 유지관리 등	○	
개인정보 침해사고 대응체계 운영	개인정보 침해사고 대응절차수립	• 클라우드 서비스 제공 시 발생한 개인정보 침해사고 처리 및 복구 절차 수립 및 적용	○	
		• 클라우드 제공자와 사용자 간의 침해사고 보고 채널 유지	○	

〈표 6-13〉 계속

구분	점검지표	세부내용	일반	추가
개인정보 침해사고 대응체계 운영	클라우드 서비스의 안전성 유지	• 클라우드 서비스 제공 시 서비스의 성능, 안정성 등의 유지를 위한 주기적 점검 및 관리		○
	비상대응체계 및 보안사고 관리	• 클라우드 서비스 제공 시 발생하는 침해사고 대응계획·체계 수립	○	
		• 비상대응체계 운영(보안관제 및 24시간 관제실시)	○	
		• 문제발생 시 이용자 지원 프로세스 체계 운영	○	
		• 기술적 문제 해결을 위한 기술지원 문서 보유 및 시행	○	
		• 서비스 장애 등 파악하기 위한 모니터링 기술 및 시스템 보유	○	
	개인정보 유출방지	• 개인정보 유출사고 방지 대응절차 수립 및 신고방법 안내		○
	데이터 복구	• 클라우드 서비스 침해사고 발생 시 대응·데이터 복구(보안사고 대응 교육·훈련, 보고·처리·복구) 보장		○
	공격 모델 및 시뮬레이션 적용	• 클라우드 서비스 제공 시 발생하는 외부공격 대응을 위한 공격모델 정립 및 시뮬레이션을 통한 안전 조치 실시	○	
	내부적 불법행위 조사 및 징계	• 클라우드 서비스 제공 시 데이터, 호스트, 서버 등의 변경에 따른 불법행위 발생 시 조사 및 책임소재 규명 등 절차 수립		○
	디지털포렌식 검증	• 클라우드 서비스 제공 시 발생한 침해사고 대응을 위해 데이터 관리를 위한 디지털 포렌식 검증도구 도입 및 검증		○

〈표 6-13〉 계속

구분	점검지표	세부내용	일반	추가
개인정보 침해사고 대응체계 운영	정보주체의 권리보장	• 클라우드 서비스 이용자의 자기정보 열람 · 정정 · 삭제 · 처리정지 및 기록관리, 권리행사의 방법 및 절차 등 안내	○	
		• 클라우드 서비스 중단 및 변경 등의 피해발생 시 이용자에 대한 보상대책(보상 규정, 보험가입 여부 등) 마련 및 시행		○
	서비스 이용 정지 안내	• 클라우드 서비스의 이용제한, 이용정치, 해제절차, 일시정지, 유지 등 안내 및 절차 마련		○
	손해배상	• 개인정보 침해사고 발생 시 손해배상의 범위, 청구 절차 및 방법 안내 및 절차 마련	○	
	사후관리	• 클라우드 서비스 제공 시 개인정보처리과정에 대한 상시적 모니터링, 내부감사 상황확인, 개선 등 운영관리	○	

자료 : 신영진, 2015b.

면에서 개인정보 보호 운영체계의 구축과 개인정보 침해사고 대응체계의 운영으로 2개 분야를 구성하였으며, 개인정보 보호 운영체계의 구축은 4개 세부사항과 개인정보 침해사고 대응체계의 운영은 12개 세부사항으로 구성하였다. 개인정보 보호 운영체계는 개인정보 자산분류 및 관리, 내부검토 및 감사, 위탁업무관리, 서비스 품질보장, 업무연속성관리로서 개인정보를 유지함에 있어서 준수해야 할 사항을 반영하였는데, 클라우드 서비스를 제공하면서 추가되는 자산관리, 서비스의 모니터링 등을 위한 내부감사 등이 강화되어야 한다. 개인정보 침해사고 대응체계는 개인정보 침해사고에 대한 대응절차를 수립하여, 서비스의 안전성을 유지하기 위한 주기적 관리, 개인정보 유출 방지 및 침해사고 발생 시 데이터 복구, 디지털 포렌식 검증 등을 통한 복구체계와 내부적 불법행위, 외부적 공격 대응에 대한 접근통제 등을 고려하여 개인정보 침해사고에 적극적으로 대응할 수 있도록 하여야 한다.

2) 정책적 함의

우리나라는 제 5차 국가정보화기본계획에 클라우드산업의 발전과 그 서비스의 확대를 위한 정책과제를 담고 있으며, 관련분야의 개인정보 보호를 위한 다양한 정책과제를 마련 중에 있다. 그동안 우리나라는 국가정보화를 위해 정보보호를 간과하다 보니, 사후적 보호대책을 마련하여 개선하는 방식을 취하였다. 따라서 새로운 신기술을 국가정보화에 적용하기에 앞서 개인정보 보호를 비롯한 정보보호를 위한 정책과제가 정보화정책과 함께 고려하여 추진되어야 한다. 특히, 클라우드 서비스의 경우는 이용자의 정보가 집적화되기 때문에 개인정보의 침해위험이 더 높아 안전성이 강조되어야 함은 당연하다. 따라서, 클라우드 서비스를 제공하는 기관은 적어도 어느 정도의 개인정보 보호수준을 갖추어야 하며, 향후 서비스의 확대에 따른 개인정보 보호를 위한 자발적인 노력이 이루어져야 할 것이다.

이에 따라 개인정보 보호를 위해서 어느 정도 갖추어야 할 기준을 제도적 측면, 기술적 측면, 운영적 측면에서 종합적인 개선사항을 갖추어야 한다. 특히, 클라우드 서비스를 제공할 때 개인정보 보호관련 법률, 정책, 지침, 기준, 가이드라인 등에서 요구하는 보안사항, 기존에 운영 중인 개인정보 보호체계 및 정보보호체계 등의 점검사항, 기존 연구들이 제기하는 개인정보 보호 및 정보보호의 안전성 확보기준 등을 고려하여 최소한의 서비스 안전성을 확보하고 개인정보 보호기준이 마련되어야 하는 것이다. 따라서 이 절에서는 제도적 측면에서는 클라우드 서비스를 위해서 갖추어야 할 개인정보 보호정책의 수립, 개인정보 보호조직의 운영, 생애주기별 보호조치 적용으로 구분하여 갖추어야 할 사항을 반영하였고, 기술적 측면에서는 개인정보 보호를 위한 안전성 확보조치 및 신기술 도입에 따른 기술적 보호조치에 대한 사항을 제시하였다. 운영적 측면에서는 개인정보 보호 운영체계 및 개인정보 침해사고 대응체계를 구축 및 운영하여, 운영상 안전한 개인정보의 관리 및 감독, 그리고 개인정보 침해사고 발생 시 신속한 대응과 복구가 이루어질 수 있는 기준을 제시하였다.

물론, 클라우드 서비스의 유형에 따라 개인정보 보호를 위한 범위도 달리 적용해야 하며, 그에 따라 개인정보 침해사고를 사전예방하기 위한 안전성확보조치도 이루어져야 한다. 이와 관련하여 이미 방송통신위원회가 클라우드 서비스 제공자 및 이용자가 준수해야 할 보호조치를 안내하였고, 클라우드 발전법을 통해 준수해야 할 보호근거를 마련하였다. 그러나 이 절에서 제시한 개인정보 보호가 모든 서비스에서 개인정보 침해요인을 차단할 수 없다고 하더라도, 최소한 갖추어야 할 종합적인 관점에서의 개인정보 보호기준에 따른 집행과제를 제시해 보고자 하였다. 향후 클라우드 서비스가 확대됨에 따라 지속적인 개인정보 보호를 강화할 수 있는 기준을 마련하기 위해서, 서비스 유형별로 개인정보 보호를 위한 세분화된 기준과 이용자를 포괄하여 준수해야 할 개인정보 보호수준을 지속적으로 연구해 간다면, 종합적인 측면에서의 개선과제 및 대응체계를 확립해 갈 수 있으리라 본다.

5. 결론

점차적으로 세계IT시장에서 클라우드 시장이 확대되면서, 클라우드 서비스에 대한 기대가 높아지고 있다. 이에 따라 각국에서는 클라우드 서비스를 확대해 가기 위한 정책과제를 확대하고 있으며, 개인정보 보호를 위한 종합적인 대책을 마련하여 안전성을 강화해 나가고자 한다. 클라우드 서비스가 제공되면서 개인정보의 집적화되면서, 그로 인해 개인정보의 침해 및 유출 위협이 높아지고 있기에 이에 대한 사전 예방적 대책으로서 개인정보 보호가 일정수준 갖추어져야 하고, 향후 개인정보 보호를 위해서 필요한 정책방향을 제시해 주어야 한다.

따라서 이 장에서는 '금융부분 클라우드 컴퓨팅 보안가이드', '클라우드 서비스 정보보호 안내서', 국내외적으로 클라우드 서비스에 관한 보안규정 및 지침, '클라우드서비스 정보보호안내서', 클라우드 발전법 등을 비롯하여 여러 기준을 반영하여 준수해야 할 사항을 도출하였으며, 기존 정부에서 제공하고 있는 개인정보 보호 및 정보보호를 위한 점검체계에서 제공하고 있는 개인정보 보호기준, 그리고 〈개인정보 보호법〉 등을 비롯한 관련된 법률규정, 관련된 연구성과들을 반영하여 개인정보 보호기준을 도출하였다. 이를 세분화해 보면, 먼저, 제도적 측면에서는 개인정보 보호정책, 개인정보 보호조직, 생애주기별 보호조치사항에 대한 기준을 제시하였다. 특히, 개인정보 보호법에 근거하고 있는 클라우드 서비스를 제공할 때 고려해야 할 사항을 기준으로 삼았으며, 향후 이를 기반으로 한 개인정보 보호정책과제들이 지속적으로 강화되어야 할 것이다. 둘째, 기술적 측면에서는 개인정보 보호를 위한 안전성 확보조치로서 기술적 보호조치와 물리적 보호조치사항을 제시하였고, 신기술 적용에 따른 기술적 보호조치사항으로 위험관리, 암호화 등에 대한 안전성 확보조치가 이루어지도록 하여야 한다. 셋째, 운영적 측면에서는 클라우드 서비스를 제공함에 있어서 필요한 운영체계와 침해사고 대응체계가 갖추어져야 한다. 특히, 개인정보 보호 운영체계에서는 조직 내의 자산관리, 내부검토·감사, 위탁업무관리 등이 이루어져야 하고, 침해사고 대응체계에서는 클라우드 서비스에 대한 침해사고 대응체계를 구축하여, 침해사고 발생 시에 대응복구 및 처리에 대한 대응체계를 갖추어야 한다.

더욱이 미래학자들이 전망하는 변화 중에서 개인정보 보호가 중요한 과제가 될 것으로 보고 있어, 모든 정보화환경에서 우선적으로 개선해야 할 과제임에는 분명하다. 따라서 클라우드 서비스를 제공함에 있어서도 개인정보 보호에 대해서 서비스지원체계의 안전성과 개인정보 보호를 위한 사전적 대책을 기반으로 하여야 한다. 이를 위해서는 앞서 제기한 종합적 측면에서의 개인정보 보호기준을 제도적 측면, 기술적 측면, 운영적 측면에서 세분화해 나가야 하며, 클라우드 서비스를 제공함에 있어서 발생 가능한 침해요인을 사전에 도출하여 예방할 수 있도록 대응적 전략이 이루어져야 할 것이다. 앞으로 클라우드 서비스에서의 개인정보 보호가 갖추어진다면, 관련 서비스 및 산업의 성장에 시너지 효과 및 국가경쟁력 확충을 위해서도 기여할 수 있는 인프라를 갖출 수 있으리라 본다.

참고문헌

강동식(2012. 3. 6), 클라우드 컴퓨팅 지원센터 생긴다, 〈디지털타임스〉.
강성욱(2011. 6. 20), 클라우드컴퓨팅, 발상의 전환부터, 〈매일경제〉.

개인정보보호위원회(2012. 8), 2012 개인정보보호 연차보고서.
금융보안연구원(2010. 12), 금융부문 클라우드 컴퓨팅 보안 가이드.
김경섭·최완·고대식(2012), 《클라우드 컴퓨팅 설계 및 구현》, 홍릉과학출판사
김성준(2010. 8), 클라우드 컴퓨팅환경에서의 기업정보보안 방안: 정보보호관리체계(ISMS)를 중심으로, 〈경영컨설팅 리뷰〉, 1(2), 194~208.
김승일·박승섭(2010. 5), 클라우드 컴퓨팅의 기술 분석 및 데이터 보안성에 관한 연구, 한국멀티미디어학회 학술발표논문집, 367~369.
김원배(2015. 9. 30.), 최재유 미래부 제 2차관 "클라우드 법률은 창조경제 구현 지름길"…2019년 이용률 30%로 ↑, 〈전자신문〉, http://www.etnews.com/20150929000032.
김진형·김윤정·박춘식(2010. 12), 클라우드 컴퓨팅에서 신뢰하지 않는 서버 데이터의 안전한 접근, 〈정보과학지〉, 28(12), 67~74.
김태형(2011. 6. 30), 2015년 전세계 퍼블릭 IT 클라우드 서비스 연평균 27.6% 성장, 〈보안뉴스〉.
김현승·박춘식(2010. 4), 클라우드 컴퓨팅과 개인인증서비스, 〈정보보호학회지〉, 20(2), 11~19.
박대하·백태석(2011. 8), 클라우드 컴퓨팅 개인정보보호 연구동향과 과제, 〈정보보호학논문지〉, 21(5), 37~44.
박완규(2012. 2. 24), 클라우드 컴퓨팅 환경에서의 개인정보의 미국 이전에 따른 문제점 및 대응방안 연구, 〈법학논고〉, 38호, 455~478.
방송통신위원회(2013. 1. 17. a), 정보보호관리체계 인증에 관한 고시.
______(2013. 1. 17. b), 정보보호 사전점검에 관한 고시.
방송통신위원회·한국인터넷진흥원(2011. 10), 클라우드서비스 정보보호 안내서.
방송통신위원회·한국인터넷진흥원(2013. 2), 정보보호관리체계(ISMS) 인증제도 해설서.
방송통신위원회·행정안전부·지식경제부(2012), 국가정보보호백서, http://isis.kisa.or.kr/mobile/ebook/2012/ebook_2012_1.pdf.
백지영(2013. 12. 9), 국내 클라우드 시장 5년 후 3배 규모로…인식 장벽은 여전, 〈디지털데일리〉.
부산광역시(2014. 10), 부산광역시 클라우드 산업 육성 계획.
서광규(2011. 3. 29.), 클라우드 서비스 인증제도 수립을 위한 프레임 네트워

크, 〈정보화 정책〉, 18(1), 24~44.
송석현·이정아·신성영(2011.9.7), 국가사회 효율성 제고를 위한 클라우드 추진 방향, 1~18, 정보화로 선진사회 국민행복 실현, 한국정보화진흥원.
신영진(2013), 《정보화사회에서의 개인정보보호와 영향평가》, 반석기술.
______(2014.12.13), 클라우드 서비스에서 개인정보보호의 적합성 평가지표 개발에 관한 연구, 한국행정학회 동계학술대회 발표논문집.
______(2015a), 클라우드 서비스에서 개인정보보호의 적합성 평가지표 개발에 관한 연구, 〈한국지역정보화학회지〉, 18(1), 1~31.
______(2015b), 클라우드 컴퓨팅 서비스 확산에 따른 개인정보보호수준의 적합성 평가지표개발에 관한 연구, 한국연구재단 사업결과보고서.
신종회(2012.10), 클라우드 보안 인증 스킴과 해결과제, 〈정보보호학회지〉. 22(6), 29~33.
은성경(2010.4), 클라우드 컴퓨팅 보안 기술 동향, 〈정보학회지〉, 20(2), 27~31.
이강찬·이승윤(2011.9), 클라우드 컴퓨팅 표준화 동향 및 전략, 〈정보과학회지〉, 28(12), 27~33.
이승훈·이우현(2014.12), 클라우드 서비스 환경내 개인정보보호측면에서의 국내외 동향분석, Internet & Security Focus, KISA Report.
이창범(2010.4), 클라우드 컴퓨팅의 안전한 이용과 활성화를 위한 법적 과제, 〈정보보호학회논문지〉, 20(2), 32~43.
이형근(2014.11.23), 업계 '클라우드법' 연내 통과 힘모은다, 〈디지털타임스〉.
이호준(2012.3.28), 클라우드 이용 기업 절반 보안 대책 '구멍', 〈전자신문〉.
임철수(2009.6), 클라우드 컴퓨팅 보안 기술, 〈정보보호학회논문지〉, 19(3), 14~17.
장월수·최중영·임종인(2012.6), 국방 클라우드 컴퓨팅 도입에 관한 보안체계 연구, 〈정보보호학회논문지〉, 22(3), 645~654.
정보통신산업진흥원(2012.8.13), 클라우드 컴퓨팅 보안 이슈 및 대응방안, Market & Issue 분석 Report.
정승욱(2011.12), 클라우드 서비스 구축 및 이용 시 법령준수를 위한 개인정보보호, 〈정보보호학회논문지〉, 21(8), 55~59.
주헌식(2010.12), 클라우드 컴퓨팅 기술 동향과 관점, 〈한국 인터넷 정보 학회〉, 11(4), 39~47.
지식경제부·(사)벤처기업협회(2011.12), 2012년 IT시장전망 보고서.

차병래·김대규·김남호·최세일·김종원(2012.8.9), 클라우드 컴퓨팅 기반 스트리밍 미디어의 검색 가능 이미지 암호 시스템의 설계, 〈한국전자통신학회 논문지〉, 7(4), 811~819.

최영준·송인국(2010.12), 클라우드 컴퓨팅 주요현안 및 활성화방안에 관한 고찰, 〈한국인터넷정보학회논문지〉, 11(4), 23~31.

한국인터넷진흥원(2010.12), 클라우드 컴퓨팅 SNS 서비스에서의 개인정보 노출 검색 기법 분석.

______(2012.2.23), 영국, G-Cloud 프레임워크에 따른 클라우드 스토어 오픈, IT Issues Weekly.

______(2012.10), 국내외 지식정보보안산업동향 보고서.

한국정보산업연합회(2015), 2015년 IT산업 7대 메가트렌드.

한국정보화진흥원(2012.2.23), IDC, 전세계 빅데이터 시장 2015년까지 연평균 40% 시장 전망, IT Issues Weekly.

한국클라우드서비스협회(2012), 국내 클라우드서비스 산업 실태조사, 정보통신산업진흥원.

______(2013.7.2), 클라우드 서비스 인증 현황 및 평가항목, http://excellent-cloud.or.kr/sub/notice.asp?mode=view&idx=14.

행정안전부(2008), 공공기관 개인정보관리업무매뉴얼.

______(2010.7), 전자정부 정보보호관리체계(G-ISMS) 인증심사원 교육교재.

______(2010a), 전자정부 정보보호관리체계 인증 등에 관한 지침(개정).

______(2010b), 2010년 공공기관 개인정보보호수준진단프로그램 매뉴얼.

______(2011), 개인정보의 안전성 확보조치 기준 고시 및 해설서.

______(2011.9), 개인정보 영향평가에 관한 고시 및 해설서.

______(2012.1), 뉴미디어서비스 개인정보보호 가이드라인.

______(2012.3), 행정기관 클라우드 사무환경 도입 가이드라인(안).

______(2012.10), 개인정보 암호화 조치 안내서.

EMC 교육사업부(2014), 《정보 스토리지와 관리: 클라우드 컴퓨팅 시대의 정보 저장과 관리 보호 기법》, 에이콘출판.

Baars, T. & Spruit, M. (2012), Designing a Secure Cloud Architecture: The SeCA Model, *International Journal of Information Security and Privacy*, 6(1), 14~32.

Bwalya, K. J. (2013), *Technology Development and Platform Enhancements for*

Successful Global E-Government Design. IGI Group.

Erl, T., Puttini, R. & Mahmood, Z. (2013), *Cloud Computing: Concepts, Technology & Architecture*, Pearsontechgroup.

Cloud Security Alliance(2009. 12). Security Guidance for Critical Areas of Forecast in Cloud Computing V2. 1.

IDC(2011), Digital Universe Study, http://www.emc.com/collateral/about/news/idc-emc-digital-universe-2011-infographic.pdf.

Mather, T., Kumaraswamy, S. & Latif, S. (2009), *Cloud Security and Privacy: An Enterprise Perspective on Risks and Compliance*, O'REILLY Media.

Rittinghouse, J. W. & Ransome, J. F. (2010), *Cloud Computing: Implementation, Management, and Security*.

http://www.igi-global.com/article/designing-secure-cloud-architecture/64344.

http://jmson.tistory.com/?page=32.

http://janlssary.tistory.com/111 수정.

http://www.sciencedaily.com/releases/2012/10/121009111944.htm.

http://www.tgdaily.com/software-features/66722-transos-wants-to-displace-desktop-operating-systems.

http://www.eurekalert.org/pub_releases/2012-10/ip-aos100912.php.

07

미국과 영국의 개인정보 활용정책 비교와 정책적 시사점*

김기환 (서울과학기술대학교 행정학과 교수)

1. 서론

21세기에 들어서 데이터는 원유에 비유될 정도로 경쟁력의 원천으로 주목받고 있다. 선진 각국은 공공데이터를 민간에 공개하여 다양한 부가가치를 창출하고 있으며, 우리나라 역시 최근 법률 등의 제정을 통해 공공데이터 개방의 세계적 흐름에 동참하고 있다.[1] 그럼에도 불구하고 개인데이터는 활용을 통한 가치의 창출 보다는 보호의 대상이 되어 왔는데, 이는 개인정보 보호 또는 프라이버시 보호라는 침해될 수 없는 또 다른 가치가 중시된 결과이다. 양자 간 가치의 충돌로 인해 보호와 활용은 상충관계에 놓이게 된다. 즉, 개인정보[2]의 활용이 촉진되면 유출로 인한 사생활침해의 가능성이 커지는 반면, 보호에 치중하면 활용

* 이 장은 김기환 · 윤상오(2015), 개인정보는 보호만 할 것인가?: 외국의 개인정보 활용정책 비교, 〈한국지역정보화학회지〉, 18(3), 65~93의 내용을 바탕으로 작성되었다.

1 〈공공데이터의 제공 및 이용활성화에 관한 법률〉, 〈공공기관의 정보공개에 관한 법률〉, 〈행정자치부의 공공정보제공지침〉 등을 통해 공공데이터의 개방과 제공에 대응하고 있다.

2 이 장에서의 개인정보는 정보의 소유주체에 의해 구분되는 개념이 아니라 정보의 내용에 관한 개념이다. 따라서 개인정보는 개인이 '보유'하는 정보가 아니라 개인에 '관한' 정보를 지칭한다.

으로 인해 창출될 수 있는 다양한 경제적 가치를 포기하는 결과를 낳게 된다. 데이터를 수집, 생성하는 궁극적인 목적이 활용이고, 활용을 통해 과거에 없었던 새로운 가치를 창출하고자 한다면 결국 데이터를 소극적으로 보호하기보다는 적극적으로 활용할 필요성이 있다. 특히 전자정부의 완성형 단계의 특징 중 하나인 개인맞춤형 공공서비스의 제공이나 민간기업의 고객맞춤형 마케팅, 그리고 시장에서의 개인의 합리적 의사결정이 실현되기 위해서는 개인데이터의 생성, 유통, 관리, 분석을 통한 적극적 활용이 선행되어야 한다.

그럼에도 불구하고 현재까지 개인정보에 대한 정부정책의 기본적인 기조는 활용보다는 보호에 상대적인 중요성을 두고 있다. 이는 지속적으로 발생하는 대규모 개인정보 유출사건에 대한 정책적 대응과 무관하지 않다. 개인의 인권이나 사생활 보호, 그리고 개인의 경제적, 사회적 이익을 보호하기 위해서 정부는 개인데이터에 대한 보호 위주의 정책을 고수해 오고 있다. 개인데이터의 유출이나 침해로 인한 사회적 및 개인적 폐해가 발생되면서, 다양한 종류의 데이터 중에서 개인데이터의 활용에 특히 민감하게 접근할 필요성이 제기된다.

하지만 공공과 민간 부문에서의 서비스나 마케팅 방식이 점차 개인의 필요와 요구, 상황과 맥락 등에 따라 이루어지고 그에 따라 경쟁력과 생산성이 좌우되면서 개인데이터는 안전하게 보호만 해야 하는 대상이라기보다는 적극적으로 분석하고 활용하는 대상이 될 필요가 있다. 최근 지식정보화 사회의 성숙기로 가는 과정에서 데이터의 활용에 대한 사회적 논의가 활발해지고 그에 따른 제도적 뒷받침이 이루어지고는 있으나 그 대상이 공공데이터에 한정되고 있는 상황에서, 개인데이터의 활용에 대한 신중한 논의는 그것이 갖는 무한한 잠재성과 가치를 고려해 볼 때 충분한 의의를 갖는다.

현재 우리나라에서는 개인이 중심이 되는 개인정보 활용정책이 본격적으로 시행되지 않고 있을뿐더러, 개인정보의 활용 과정에서도 기업이나 정부가 주도적 역할을 할 뿐 정보의 제공자인 개인은 수동적인 역할을 할 뿐이다. 개인정보 활용의 중요성이 사회적으로 인식되고 보호와 활용이 균형적 상생관계를 유지하기 위해서는 활용에 대한 보다 적극적인 자세가 요구되는 이유가 여기에 있다. 우리나라와는 달리, 영국이나 미국은 개인데이터의 유용성을 정부차원에서 인식하고 그 가치를 극대화하기 위해 정책적인 노력을 보이고 있는 대표적인 국가들이다. 이들 나라들은 각각 마이데이터(Midata)와 스마트공개(Smart Disclosure)라는 정책을 통해 개인데이터의 보호와 활용을 비교적 균형된 관점에서 접근하고 있다. 두 국가의 제도는 상호간 약간의 차별성을 가짐에도 불구하고, 개인데이터의 활용을 통해 개인은 시장에서 합리적인 의사결정을 하게 되고, 기업은 다양한 수익모델을 통해 이윤을 창출하며, 정부는 다양한 고객의 요구에 부합하는 행정서비스를 제공하게 된다는 점에서 공통점을 갖는다.

개인정보의 활용과 관련하여 제기될 수 있는 질문들은, 개인이 자신에 관한 데이터를 활용하여 실질적인 혜택을 창출할 수 있는가, 어떤 분야에서 어떤 과정을 거쳐서 개인이 자신의 데이터를 활용하여 합리적인 의사결정을 할 수 있는가, 개인데이터의 활용을 위해 정부와 민간의 역할은 무엇이며 데이터 생태계에서 어떤 상호작용을 할 수 있는가 등이다. 이 연구는 이러한 질문들에 대한 해답을 탐색하기 위해 개인데이터 활용 정책을 앞서 시행하고 있는 영국과 미국의 사례를 추진배경, 목적 및 내용, 관련 제도, 활용사례 등을 중심으로 비교·분석하고 우리나라에의 적용가능성을 고찰해 보고자 한다. 두 해외정책 간의 공통성과 차별성을 중심으로 한 비교는 각각의 정책의 특성을 보다 체계적으로 분석하기 위함이며, 이를 통해 우리나라 상황에서 개인정보를 활용하는 정책을 도입하는 데에 고려해야 할 시사점을 도출하고자 한다. 한편, 연구방법론과 관련하여 양국의 개인정보 활용정책을 소개·비교·분석하고, 우리나라 관련정책을 검토하기 위해서 정부 또는 공공기관이 발간한 보고서 및 자료, 관련 정부기관의 웹사이트, 그리고 선행연구와 기타 문헌을 통해 자료를 수집하고 분석하였다.

2. 이론적 고찰과 선행연구 검토

1) 개인정보의 주요 이슈: 보호 vs. 활용

〈개인정보 보호법〉 제 2조 제 1호에 의하면 개인정보[3]란 살아 있는 개인에 관한 정보로서 성명, 주민등록번호 및 영상 등을 통하여 개인을 알아볼 수 있는 정보를 의미하며, 해당 정보만으로 특정 개인을 알아볼 수 없더라도 다른 정보와 쉽게 결합하여 알아볼 수 있는 것까지 포함하고 있다.[4] 그동안 정부와 기업들은 공식적인 절차에 의하거나 법률에 근거하여 개인정보를 수집하여 관리해 오고 있는데, 이에 따른 개인정보 유출과 사생활침해, 정보의 오남용 문제 등으로 인해 개인정보 보호의 필요성과 정당성이 강조되고 있다. 개인정보 보호의 목적은 "개인정보의 수집, 유출, 오용, 남용으로부터 사생활의 비밀 등을 보호함으로써 국민의 권리와 이익을 증진하고 개인의 존엄과 가치를 구현"하는 것이며, 이를 위해 우리나라에서는 다양한 법률, 제도, 조직들이 제정되거나 설치되었고,[5] 이들에 대한 개선과 보완에 대한 논의들이 지속적

3 공공데이터의 제공 및 이용활성화에 관한 법률 제 2조에는 데이터를 광 또는 전자적 방식으로 처리된 정보로 한정하고 있으나, 이 장에서는 논의의 전개상 '정보'와 '데이터'의 양 개념을 구분하는 실익이 없으므로 두 개념을 혼용하기로 한다.

4 개인정보에 관한 법률적 개념은 〈개인정보 보호법〉뿐 아니라 〈전자서명법〉과 〈정보통신망 이용촉진 및 정보보호 등에 관한 법률〉 등에서도 규정하고 있으나 개념상의 큰 차이가 없다. 다만 후자의 두 법률에는 개인정보의 형태를 부호, 문자, 음성, 음향, 영상 등으로 다양하게 열거하고 있다.

5 〈개인정보 보호법〉 이외에도 〈신용정보의 이용 및 보호에 관한 법률〉, 〈위치정보의 보호 및 이용 등에 관한 법률〉, 〈정보통신망 이용촉진 및 정보보호 등에 관한 법률〉 등 개

으로 전개되고 있다.

한편, 우리나라에서는 '개인정보의 활용'을 주된 목적으로 하는 공식적인 정책을 찾아볼 수는 없지만, 정부3.0 정책, 빅데이터 관련 정책, 공공데이터 개방정책 등에서 개인정보 활용과 관련된 내용을 부분적으로 발견할 수 있다. 예를 들어 정부3.0 정책은 정부가 보유하고 있는 개인정보를 활용한 맞춤형 서비스를 제공하여 개인들의 편익과 만족도를 증진시키고자 한다. 구체적으로 개인정보의 활용과 관련된 정부3.0 정책의 세부추진과제는 '공공정보의 적극공개로 국민의 알 권리 충족', '공공데이터의 민간활용의 활성화', 그리고 '수요자 맞춤형 서비스의 통합제공' 등이다(관계부처 합동, 2013). 이들 정책들이 개인정보를 일부 포함한 공공데이터의 활용을 전제로 하고 있지만, 개인정보를 어떻게 활용하여 개개인들에게 어떤 편익과 효용을 제공하며 정보의 수집 및 활용과정에서 개인들이 어떤 주체적인 역할을 할 것인가에 대한 내용보다는, 데이터 활용과정에서 야기될 수 있는 개인정보의 침해를 방지하기 위한 '비식별화' 방안에 상대적으로 높은 정책적 관심을 두고 있다. 뿐만 아니라 위의 정책들은 공공데이터의 개방 또는 활용을 주된 목적으로 하는 것이어서 개인들이 기업들과의 관계 혹은 시장에서의 경제적 의사결정에서 개인정보를 활용하는 것과는 무관하다.

위에서 제시한 공공 부문에서의 개인데이터 활용 범위를 넘어 개인데이터가 일반적으로 가질 수 있는 사회적 및 경제적 가치들은 〈표 7-1〉과 같이 유형화될 수 있다. 즉, 정부는 개인데이터를 활용하여 국내외적인 공공문제를 해결할 수 있으며, 기업은 개인데이터 활용을 통해 산업의 성장이나 조직의 효율적 운영, 시장에서의 경쟁력 제고를 달성

별법에 개인정보 보호에 대해 규정하고 있는데, 이들 개인정보 보호에 관한 법률들은 분야별로 5개 분야 7개 법률, 부처별로는 17개 부처 38개 법률에 달한다(윤광석, 2011; 김상광, 2011). 또한 개인정보 보호를 위한 정부조직 또는 기관으로는 대통령직속 개인정보보호위원회, 행정자치부 개인정보보호과, 방송통신위원회 개인정보보호윤리과, 한국인터넷진흥원, 개인정보분쟁조정위원회 등이 있다.

〈표 7-1〉 개인데이터의 가치 유형

가치유형	주요 내용
국제 현안 해결	• 재난재해, 실업과 식량 안보와 같은 국제적 위기에 대한 대응 - 구글 감기 예측, UN Global Pulse의 실업, 식량안전 분석 등
효율성 향상	• 산업 및 조직의 효율성 및 생산성 향상 • 금융사기 예방을 통한 비용절감과 온라인 거래와 지불을 촉진하여 효율성을 향상
맞춤형 서비스를 통한 예측능력 향상	• 개인화된 맞춤형 상품 및 서비스 개발 촉진 - 도서추천 서비스, 운전 행태에 따른 개인 맞춤형 보험상품 개발, 개인 맞춤형 뉴스, 기사 서비스 등 • 고객의 행태 분석을 통해 개연성 있는 사건에 대비
대중화된 정보 접근	• 검색엔진, 이메일, 뉴스 사이트와 소셜 네트워크 등과 같은 무료 서비스 이용
개인의 권한 강화	• 소극적인 행위자에서 집단적인 소통방식으로 기업과 상호작용 • 개인의 소비행태와 선호도 등에 관한 정보 공유를 통해 합리적 경제 행위 실현

출처: WEF, 2012(이유택, 2013에서 재인용한 내용을 재구성).

할 수 있다. 한편, 개인들 또는 시장에서의 소비자들은 자신들의 소비 행태를 합리적으로 변화시키고, 이를 통해 효용을 극대화할 수 있다. 특히 마지막 유형에 해당하는 개인의 권한강화는 소비자가 개인정보를 매개로 기업과 적극적으로 상호작용함으로써 시장에서 현명한 소비자로써 기능하게 되는 것을 의미한다.[6]

다음은 지금까지 논의한 공공 부문과 민간 부문에서의 데이터 활용 대상을 유형별로 구분하고자 하는데, 이러한 유형화는 다음 장에서 분석하는 외국의 개인데이터 활용정책 사례를 비교하는 데에 유용한 틀을 제공한다. 〈표 7-2〉는 데이터의 활용영역(부문)과 내용을 기준으로 데이터를 유형별로 구분하고 있다. 먼저 데이터의 생성주체에 따라서 공공(정부)과 민간(기업) 부문으로 구분한 후 (가로축) 데이터의 내용에 따라 첫째, 제품과 서비스의 내용 및 그것을 공급하는 주체에 대

6 소비자 권한강화 개념은 후술하는 영국의 개인데이터 활용사례인 마이데이터 정책을 통해 상술한다.

〈표 7-2〉 데이터의 형태

데이터 활용영역 (어느 부문에 속하는가?)	데이터 내용(무엇에 관한 데이터인가?)	
	재화 / 서비스 및 공급주체	개인
공공 부문(예: 정부)	Ⅰ	Ⅱ
민간 부문(예: 기업)	Ⅲ	Ⅳ

출처: Executive Office of the President National Science and Technology Council, 2013, p. 11.

한 정보와 둘째, 개인(주민 또는 소비자)들에 대한 정보로 다시 구분한다(세로축).

Ⅰ 영역은 공공 부문에서 재화나 서비스 그리고 그것을 제공하는 기관에 대한 데이터로서, 대학 등 교육기관에 대한 정보, 공공재적 성격을 띠고 있는 의료기관이나 의료서비스의 수준, 항공기의 이착륙시간 기록, 전기제품의 에너지 효율성 등의 정보가 이에 해당된다. Ⅱ 영역은 공공 부문에서 개인데이터로서, 예를 들어 정부의 의료보장 서비스 또는 학생들의 장학 또는 학자금대출 프로그램 제공 시에 관련되는 개인들의 데이터들이 해당된다. Ⅲ 영역은 민간 부문에서의 재화/서비스 그리고 이를 제공하는 기업의 데이터가 해당된다. 예를 들어 기업은 자신들이 판매하는 제품에 대한 정보 혹은 기업 자체에 대한 정보를 소비자들이 쉽게 접할 수 있는 방식으로 자발적으로 공개하는 것이다. 이 과정에서 정부는 기업들이 이러한 정보공개에 적극적으로 동참하도록 권장하고, 기계가 읽기 쉬운 형식으로 표준화하여 정보제공과 이용이 쉽게 이루어지도록 하는 역할을 하게 된다. 마지막으로 Ⅳ 영역은 민간 부문에서의 개인데이터 활용에 해당된다. 기업은 다양한 개인데이터를 보유하고 있으며, 개인들은 기업이 보유하고 있는 자신들에 관한 데이터에 접근할 수 있다. 이 과정에서 개인은 안전한 방식으로 자기 정보에 대해 접근할 수 있으며, 정부는 민간 부문과의 계약이나 규제 등을 통해 주민들의 건강, 에너지 사용, 교육, 구매 등에 관한 데이터를

보유하고 있는 회사들이 해당 데이터를 당사자들에게 적절하게 제공할 수 있도록 한다. 따라서 이 네 가지 영역 중 이 장에서 중점적으로 논의하는 개인데이터의 활용에 해당되는 영역은 II와 IV인데, 후술하듯이 미국의 스마트공개 정책은 이 두 영역에 모두 적용되며, 영국의 마이데이터 사례는 이 중에서 민간 부문인 IV 영역에 초점을 두고 있다.

2) 선행연구의 검토

위에서 살펴보았듯이 그동안 개인데이터의 보호 및 활용과 관련하여 제도나 법률의 제·개정, 조직이나 기관의 설립 및 운영 등의 방향이 활용보다는 보호에 중점을 두었던 것과 마찬가지로, 학술적인 논의나 연구 역시 개인정보의 활용 보다는 보호에 보다 높은 관심을 보이고 있다(방민석·오철호, 2014). 선행연구들은 양자의 관계에서 활용의 중요성이나 양자 간 균형의 필요성을 부분적으로 인정하면서도, 활용보다는 개인정보 보호의 상대적 중요성을 강조하였으며(이민영, 2006; 이향수, 2007; 이은영, 2008; 윤광석, 2011), 보호와 활용을 상호 균형적 관계 보다는 반비례 관계로 파악하기도 한다. 특히 최근 〈개인정보 보호법〉[7]의 제정과 함께 개인정보 보호관련 논의가 더욱 활발하게 전개되면서 연구의 주제도 위험의 대상 및 방식(정준화·김동욱, 2013)이나 정보의 국외 이전에 의한 위험(신영진, 2013) 등 점차 다양해지고 있다. 많은 연구들이 개인정보 보호의 필요성과 위험에 초점을 두고 있는 반면 예외적으로 몇몇의 연구들은 〈개인정보 보호법〉으로 인해 민간기업이 개인정보를 활용하는 과정에서 위축될 것이라는 우려를 하면서

7 2011년 〈개인정보 보호법〉이 제정되어 시행됨으로써 개인정보를 취급하는 민간기업이 개인정보의 유출 및 불법적인 거래행위를 하는 경우 그에 따른 책임과 벌칙이 명시되는 등 민간기업이 규제의 대상이 되면서 개인정보 보호에 관한 사회적 논의가 더욱 활발하게 전개되었다.

(김민호, 2011), 이에 대한 균형적인 접근을 위해서는 법령의 개정 또는 운영상의 신축성을 부여해야 한다고 주장하고 있다(김경열 · 권헌영, 2014; 이창범, 2013; 정준현, 2014). 하지만 이들과 같이 보호와 활용을 동시에 고려하는 연구들은 대부분이 법적인 접근을 하고 있어, 실제 정책적인 관점에서의 보호와 활용에 대한 조화로운 해법 또는 해외의 활용정책의 고찰을 통한 정책적인 제언의 제시 등에 관한 연구는 상당히 미흡한 실정이다.

최근 데이터 활용에 관한 국내 연구들의 대부분은 연구의 대상을 공공데이터에 한정하고 있다. 이는 최근 들어 이른바 빅데이터의 유용성이 강조되고 정부3.0 등 데이터 개방정책이 공공 부문에서 활발하게 추진되면서 그동안 공개되고 활용되지 못했던 공공데이터의 공개 필요성이 논의되고 있는 상황과 관련이 있다.[8] 하지만 그럼에도 불구하고 정부연구기관들에서 수행된 현황조사나(손주연, 2014), 개방에 따르는 경제적 파급효과의 예측(한국정보화진흥원, 2012) 등의 연구에 초점을 두고 있어 제도의 발달이나 활용정책에 관한 연구는 역시 제한적이다. 비록 일부 연구가 공공데이터에 국한하여 공공기관이 아닌 민간 부문의 활용에 초점을 두고 있으나(서형준 · 명승환, 2014), 이 역시 IT업체 등 기업위주의 활용을 통한 공공데이터의 활성화에 주목하고 있다.

이렇게 본다면, 데이터나 정보 활용의 범위나 영역을 넓혀서 개인정보뿐 아니라 공공데이터까지 확장한다고 하여도 정책적 영역에서의 관련연구는 제한적으로 이루어지고 있다(김기환, 2013; 이유택, 2013). 특히 활용의 대상을 개인정보에 국한시키는 경우에, 활용에 대한 정책적 논의나 연구를 발견하기는 상당히 어려우며, 그마저도 정부나 기업이 아닌 정보제공자로서의 개인이 정보의 활용과정에서 어떤 주도적인

8 공공데이터에는 개인정보를 부분적으로 포함하고 있다. 예를 들어 정부3.0 정책의 3가지 핵심전략과 10가지 세부 추진과제 중에는 '수요자맞춤형 서비스 통합제공' 등 개인정보에 관한 내용들이 포함되어 있다.

역할을 함으로써 자신들의 편익을 얻을 수 있는가에 대한 연구는 매우 희박하다. 이와 같은 연구경향은 개인정보의 보호와 활용 간의 관계를 법적인 관점에서의 개인정보 보호에 중점을 둔 상쇄관계(*win-lose relations*)로 인식하고 있음을 보여 주는 것으로 이를 실질적인 상생관계(*win-win relations*)로 전환하기 위해서는 개인정보의 활용을 보다 적극적인 관점에서 바라볼 필요가 있다. 이런 측면에서 지금까지 개인정보에 대한 연구들이 주로 보호에 초점을 두었다고 비판하면서, 이제 개인정보의 활용에 적극적인 관심을 두어야 할 때라고 지적한 방민석과 오철호(2014)의 논리는 충분한 설득력이 있다.

한편, 보호와 활용 간의 관계를 법률적인 관점에서 바라본 시각과는 달리 Culnan & Bies(2003)는 개인정보의 보호와 활용을 기업의 관점(*corporate perspective*), 행동주의자의 관점(*activists perspective*), 그리고 중도적 관점(*centrist perspective*)으로 본다. 기업의 관점은 개인들의 정보를 수집하고 활용하는 기업의 적극적인 역할을 강조한다. 이 관점에 의하면 기업이 개인정보에 접근하는 것을 금지한다면 이는 시장에서의 효율성뿐 아니라 사회적 책임성까지도 저하시킬 수 있다는 것이다. 반면에 행동주의자의 관점은 개인정보의 수집과 활용에 부정적인 태도를 취한다. 이 관점은 자유시장체제에서 정보기술의 발달이 규제되지 않는다면 수집된 정보는 누구든지 어떤 목적에 의해서든지 사용가능해질 것이며, 이로 인해 개인 프라이버시의 침해는 물론이고 전체 사회에 악영향을 미치게 된다는 점을 강조한다. 마지막으로, 중도적 관점은 두 관점의 중간을 지향한다. 이에 의하면, 소비자들은 자유시장체제에서(자신의 정보에 대한) 선택권을 가져야 하는데, 기업들의 소비자 개인정보에 대한 접근이 이성적이고 합리적일 경우에 소비자들은 자신들의 선택권을 더욱 적절하게 행사할 수 있게 된다. 따라서 중도적 관점은 개인정보의 제공과 취득과정에서 기업과 소비자 개인들 간의 적절한 상호작용과 함께 활용과정에서의 소비자의 적극적이고 주도적인 역할을 강조하고 있다.

이들의 시각이 이 장의 선행연구로서 의미를 갖는 것은 첫째, 개인정보의 보호와 활용간의 실질적인 균형점을 찾고자 하는 틀을 제시해 주는 점이다. 즉, 이는 기존의 연구와 달리 활용의 중요성을 인식하고 어떻게 하면 보호와 활용이 상호조화를 이룰 수 있는가에 대한 시각을 제시해 준다. 둘째, 개인정보의 활용 과정에서 시장에서의 소비자의 역할을 중요시하고 있다. 기존의 활용에 관한 대부분의 연구들은 정부에 의한 공공데이터의 활용 내지는 기업이 주도하는 개인정보의 활용에 주목하였다. 이에 따라 정보의 제공자인 주민 또는 소비자로서의 개인들은 수동적인 상황에 놓이게 되어 자신들의 정보를 적극적으로 활용하고 그에 따른 효용을 달성하는 데에는 미치지 못하였다. 3가지 관점 중에서 특히 중도적 관점은 개인정보의 활용과정에서 소비자와 기업의 상호적 관계(기업이 주도하는 일방적 관계가 아닌)에 초점을 둠으로써, 실제로 개인들이 자신들의 정보를 활용함으로써 시장에서 어떤 편익을 누릴 수 있는지에 대해 인식하게 해 준다.

선행연구와 비교하여 이 장은 다음과 같은 연구의 독창성과 의의를 갖는다. 첫째, 개인정보의 보호와 활용의 관계를 논의한 일부 선행연구들이 대부분 법적인 관점에서 양자의 관계를 조망한 반면, 이 장은 정책적 관점에서 개인정보의 활용성을 논의하였다. 특히 활용의 주체로서 정부나 기업이 아닌 개인이나 시장에서의 소비자들에게 주목함으로써 기존의 개인정보 활용 논의에서 제한적이었던 활용주체의 영역을 확대하였다. 둘째, 이 연구는 세계적으로 대표적인 개인정보 활용정책인 영국의 마이데이터와 미국의 스마트공개 정책을 소개하고 그 특성을 분석함으로써, 개인정보 활용정책을 우리나라에 어떻게 도입해서 운영할 수 있을지에 대한 실질적 적용가능성을 탐색하였다.

3. 외국의 개인정보 활용정책 사례

미국의 스마트공개 정책과 영국의 마이데이터 정책은 전 세계적으로 가장 대표적인 개인정보 활용정책이다. 두 정책은 소비자 및 주민으로서의 개인과 기업, 정부, 그리고 시민단체 등이 상호 우호적이고 협력적인 거버넌스 체계 속에서 안전한 방법으로 개인정보를 활용함으로써 관련 이해관계자들의 효용을 증대시키는 효과를 창출하고 있다. 3절에서는 양 제도를 간략하게 소개한 후 비교를 통해 정책의 특성을 분석하고자 한다. 비교 분석의 목적은 다음 절에서 논의할 우리나라에서의 개인정보 활용정책 적용을 위한 시사점을 도출하는 데에 있다.

1) 미국의 스마트공개 정책 (*Smart Disclosure*)

스마트공개 정책은 오바마 행정부의 열린 정부(*open government*) 정책에 근간을 두고 있다. 투명하고 열린 정부에 관한 지침은 대통령 취임 후 오바마 대통령이 서명한 최초의 행정집행 문서이며, 대통령은 이와 함께 새로운 행정부를 통해 사상 유래 없는 수준의 정부공개를 위해 노력하였다. 이에 따라 취임 후 연방기관들은 정부를 보다 투명하고 접근가능하며, 국민들에게 자신들의 일상생활에 관련한 유용한 정보를 더 많이 제공할 수 있게 되었으며, 정부정책에 국민들의 참여가 이루어지고, 사회문제를 해결하는 데에 사회의 다양한 부문들과 협력하는 정부가 될 수 있도록 노력하고 있다.[9] 스마트공개 정책은 개인정보를 포

9 오바마 대통령은 열린 정부를 추진하는 3가지 이유 및 근거를 제시하였는데 첫째는 열린 정부는 책임성을 제고하며, 이는 업무의 성과를 향상시키는 데에 기여한다는 것이다. 둘째는 투명성으로 인해 국민들은 자신들이 활용할 수 있는 정보를 보다 손쉽게 발견하게 된다. 이를 위해 대통령은 정부기관들에게 새로운 기술을 개발하고 대중들이 정보활용을 극대화할 수 있도록 다양한 요구를 적극적으로 수용하도록 하였다. 셋째는 정부는 다양한 영역에 걸쳐서 대중들이 소유하고 있는 지식, 전문성, 관점 등에 접근할 수 있도록 정책

함한 공공데이터를 국민에게 공개한다는 점에서, 오바마 행정부의 열린 정부 정책을 실현하는 가장 중요한 실천전략 중의 하나이다 (Thaler & Tucker, 2013). 핵심적인 실천전략으로서의 스마트공개 정책은 연방정부 수준에서 여러 조직과 단계를 거쳐 추진되었다.[10]

열린 정부 정책을 통해 스마트공개의 기본 원칙과 이를 수행하는 정부조직의 역할이 구체화되었다면, "소비자 프라이버시 권리장전"(Consumer Privacy Bill of Rights, The White House, 2012)은 개인정보의 보호와 활용 간 조화라는 측면에서 스마트공개 정책을 완성시킨 또 다른 핵심적인 요소이다. 이 권리장전은 기본사상을 산업진흥에 두고 있는 점에서 알 수 있듯이(이유택, 2013), 개인정보의 보호와 함께 개인정보의 활용을 통한 관련산업의 발달에도 그 초점을 두고 있다. 특히 권리장전은 개인정보처리에 있어서 옵트아웃 방식을 여전히 허용하고 있다는 점에서 정보의 활용에도 상당한 무게를 두고 있다(이창범, 2013).[11]

과 규칙, 규정 등을 신설하거나 재정비해야 한다. 지식은 사회에 흩어져 있고 정부관료는 집단지성이라고 불리는 산재된 지식에 접근함으로써 큰 혜택을 받게 된다는 것이다.

10 2011년 6월부터 2012년 11월까지 국가과학기술위원회(National Science and Technology Council) 산하에 부처 간 협력조직인 태스크포스(The Task Force on Smart Disclosure: Information and Efficiency in Consumer Markets)를 설치하였다. 또한 2011년 9월 열린 정부를 위한 실행계획(Open Government National Action Plan)을 발표하였으며, 같은 기간에 관리예산처(OMB)는 정부기관이 스마트공개를 통해 수요자에게 정보를 제공하는 데에 필요한 지침을 발표하였다. 2012년 3월에는 백악관과 국가기록원(National Archives and Records Administration)이 스마트공개를 위한 최고회의(Smart Disclosure Summit)를 열었는데 그 회의에서는 연방정부기관뿐 아니라 스마트공개와 관련한 다양한 이해관계자집단들도 참여하였다. 2013년 2월 백악관 과학기술정책처(White House Office of Science and Technology Policy)는 연방정부 기관들이 정보공개와 관련한 연구기술에 적극적으로 투자하도록 하는 지침을 발표하였다. 또한 2013년 5월 백악관은 "정부의 정보가 기계로 쉽게 읽힐 수 있는 방식으로 공개하도록 하는" 행정명령(Executive Order)을 발표하였다. 이 명령의 기본 내용은 연방기관들이 개인정보, 기밀성, 안보 등의 요소들을 적절한 수준에서 보호 또는 확보하면서 정부가 보유하고 있는 소비자시장에 관한 정보를 공공에게 읽기 쉬운 형태와 방법으로 공개되도록 한다는 것이다.

11 미국은 의료, 통신, 개인신용 등의 영역을 제외하고는 개인정보의 제 3자 제공 및 목적 외 사용에 대해 정보의 주체가 사후적으로 거부할 수 있는 선택권을 부여하는 옵트아웃 방식

스마트공개 정책에서 개인정보의 활용주체는 소비자 또는 경제행위자로서의 개인이며, 기업이 보유하고 있는 개인데이터를 당사자 개인에게 제공하여 개인이 이 데이터를 활용하여 시장에서 보다 합리적이고 현명한 결정과 선택을 하게 된다. 데이터 활용의 주요 주체로서의 개인은 다양한 집단과 상호작용하면서 데이터생태계를 유지・발전시킨다. 생태계 속에서는 행위자 간 우호적 상호작용이 일어나는데, 이를 통해 개인들이 자신들의 데이터를 제공함으로써 자신뿐 아니라 일반 대중이 혜택을 누리게 되고, 자발적인 협약을 통해 생태계에 참여하는 기업들은 정보를 제공한 개인의 후생을 증진시키는 수익모델을 개발하여 이윤창출의 기회를 증진시킨다. 마지막으로, 정부는 정보의 효과적이고 효율적인 활용을 추진하기 위한 각종 지원 및 안전한 정보공유와 관리를 위한 적절한 수준의 규제활동을 함으로써 생태계가 순조롭게 작동하도록 한다. 즉, 정부는 개인정보가 포함된 공공데이터를 직접 공개할 뿐 아니라 기업으로 하여금 개인정보를 공개하도록 지침을 수립하는 역할을 하며, 스마트공개를 원활하고 안전한 방법으로 추진하기 위해 공개의 기반이 되는 기술표준을 수립하거나 선택엔진을 운영하는 과정에서 기업들이 신의성실의 원칙에 따르도록 감독한다.

스마트공개 정책의 개인정보 활용영역은 〈표 7-2〉의 Ⅱ와 Ⅳ의 영역에 해당된다. 민간영역에서 소비자는 사용자편의성이 높은 방법으로 자신에 대한 데이터를 제공하여 시장에서 현명하고 합리적인 의사결정을 내리게 되고, 기업들은 이러한 개인정보를 안전하게 활용함으로써 소비자의 효용을 보다 증대시키는 방향으로 제품을 생산하거나 신상품을 개발하게 되며 이를 통해 시장에서의 경쟁력을 획득하게 된다. 공공영역에서 정부는 개인정보를 바탕으로 하여 개인맞춤형의 공공서비스를 제공함으로써 주민들의 효용과 만족도를 향상시키고, 정부의 생산

에 의한 개인정보처리원칙을 적용하기 때문에 유럽연합 등 다른 나라에 비해 상대적으로 개인정보 활용에 유리한 법적 환경을 갖고 있다(심우민, 2013).

성, 효율성, 투명성 제고에도 기여하게 된다. 이러한 스마트공개가 적용되는 영역은 보건의료, 교육, 에너지, 재정 등 공공 부문뿐 아니라 개인의 구매행위까지 실로 다양하다. 즉, 소비자는 자신 또는 다른 사람들의 구매나 선호사항에 대한 기존의 데이터를 기반으로 자신에게 적합한 의료보험이나 교육기관 또는 프로그램, 신용카드, 항공 및 보험회사 등을 선택하거나 세부적인 상품을 구매할 수 있다. 특히 Ⅳ 영역은 소비자 자신의 과거 구매경력과 제품의 사용경력에 대한 정보를 포함하는데, 이러한 개인정보는 소비자가 자신이 처한 상황에서 가장 적합한 구매결정을 하는 데에 유용하게 활용될 수 있다.

스마트공개 정책에서 개인정보 활용의 구체적인 영역으로서는 의료, 교육, 금융 등이 대표적이다(Executive Office of the President National Science and Technology Council, 2013; World Economic Forum, 2013). 의료데이터는 개인의 건강정보에 대한 접근권을 높이기 위한 공공과 민간간의 파트너십 관련 지침을 통해 운영된다. 예를 들어 재향군인, 노인의료복지서비스 수혜자, 군인들은 연방정부가 보유하고 있는 자신들의 건강정보를 공유함으로써 병원과 같은 의료기관에 제공할 수도 있고 개인 건강정보 앱을 통해 스스로 활용할 수 있다. 또한 의료보험회사나 민간의료기관과 같은 민간 조직들도 이 제도를 자발적으로 활용하고 있다.

교육분야에서는 학생들에게 자신들의 교육전반과 학비재정보조 등에 관한 정보를 제공해 준다. 즉, 공공교육기관 또는 민간교육기관은 학생들이 자신들의 개인교육과 관련한 데이터를 읽기 쉬운 형태로 내려받을 수 있게 한다. 학생들은 이 데이터를 사용하여 각자 개인의 학습계획을 수립할 수 있게 되고 다른 시스템과 연동하여 과거의 학습성과와 미래목표 등을 반영하는 학습조언을 제공받게 된다. 또한 재정보조에 관한 데이터를 사용하여 자신에게 적절한 장학금제도나 장학금을 제공하는 학교, 자신에게 적합한 학비보조 등 맞춤형 정보를 제공받는다.

금융부문과 관련해서 2010년 수립된 재정개혁의 일환으로 의회는 소비자에게 금융상품, 결제내역, 금융상품 사용내역 등에 관한 개인정보 요구권을 예외적 한도 내에서 인정하였다. 해당법률인 Dodd-Frank Wall Street Reform and Consumer Protection Act는 이러한 정보를 알기 쉬운 형태로 제공하게 할 뿐 아니라 소비자금융보호국(Consumer Financial Protection Bureau)으로 하여금 이러한 정보를 표준화된 형식으로 제공하고 개발할 수 있는 규칙을 공표하도록 하였다. 이 기관은 금융상품과 서비스에 관한 소비자들의 불만사항들을 데이터베이스화하여 그 정보를 제공하고 있다.

마지막으로, 신용카드 사용과 관련한 데이터는 특정개인의 구매규모, 빈도, 결제방식 등에 관한 정보를 포함한다. 예를 들어 특정 신용카드회사에서 시행하는 첨단 승인 프로그램(Advanced Authorization)은 전 세계의 승인데이터를 통해 카드발급사로 하여금 카드불법사용의 잠재적 위험을 실시간으로 확인할 수 있게 한다. 구체적으로 카드발급사는 평소의 구매행태와 큰 차이가 나서 불법사용의 의심이 가는 구매행위가 발생하는 경우(이 경우 위험지수가 일정 기준을 초과하게 됨) 카드사용의 승인을 거부하고 카드소지자에게 전화 연락 또는 문자메시지를 통해 구매를 확인하게 된다.

2) 영국의 마이데이터 정책(*Midata*)

영국 재무부(HM Treasury)와 경영, 혁신 및 기술부(Department for Business, Innovation and Skills, 이하 BIS)에 의해 수립된 이른바 "성장을 위한 계획"(*Plan for Growth*)을 추진하기 위한 정책의 일환인 소비자 권한 강화(Consumer Empowerment) 정책은 소비자들이 시장에서 최선의 의사결정을 하기 위해 필요한 정보를 활용하는 것을 원칙으로 하고 있다. 소비자의 권한을 강화하기 위해서는 기업이 보유하고 있는 소비자들의 개인소비행태나 구매정보 등에 관한 데이터를 소비자들에게 제공하여 그들이 제품이나 서비스의 구매 시 활용할 수 있도록 해 주어야 하는데, 이를 가능하게 해 주는 정책이 영국의 마이데이터 정책이다. 이 정책은 BIS가 소비자의 권한강화를 위해 발간한 보고서인 보다 나은 선택(*Better Choices, Better Deals*)에 제시되어 있는데, 주요 내용은 제목과 같이 소비자들이 시장에서 보다 나은 선택과 보다 나은 거래를 하기 위해 구매와 관련한 다양한 개인정보들을 활용할 수 있도록 한다는 것이다(BIS, 2011). 이를 위해서 기업들은 그동안 자신들만이 보유하고 있었던 정보들을 개인소비자들에게 제공해 줌으로써 시장에서의 정보비대칭문제를 해결하고 이를 통해서 소비자들은 자신들의 효용을 높일 수 있는 현명한 경제행위가 가능해지는 것이다. 마이데이터는 기본적으로 민간 부문이 자율적으로 주도하는 자발적인 프로그램이지만, 정부는 이 제도가 목적을 달성할 수 있도록 적절한 규제와 관리를 하며,[12] 개인정보들이 안전한 방식으로 제공되고 보호될 수 있도록 공신력 있는 제 3의 기관으로 하여금 정보의 윤리적 활용을 위한 주요한 역할을 수행하게 한다(BIS, 2014).[13]

구체적으로 마이데이터의 목적은 다음과 같이 경제적 목적, 영업적 목적, 그리고 소비자 목적 등으로 구분된다(The National Archives, 2012; BIS, 2012). 첫째, 마이데이터는 기업들 간 소비자들에 대한 서비스 경쟁과 혁신을 촉진함으로써 궁극적으로 경제 전체적으로 지속가능한 성장을 유도한다. 소비자들이 시장에서 현명한 의사결정을 하게

12 예로서 정부는 〈기업 및 규제개혁법〉(Enterprise and Regulatory Reform Act)을 통해 기업이 필요한 정보를 의무적으로 제공하게 하고, Consumer Affairs Minister는 기업 CEO들에게 마이데이터 성과를 달성하기 위해 기업들이 어떤 협력을 해야 하는가에 대해 공지하는 등 마이데이터가 원활하게 운영될 수 있도록 적절한 관리를 하였다.

13 제 3의 기관으로는 Technology Strategy Board에 의해 설립된 Connected Digital Economy Catapult가 대표적이다. 이 기관은 데이터가 소비자 보호와 편익의 창출을 위한 방향으로 안전하고 윤리적으로 활용될 수 있도록 정부(BIS), 기업, 그리고 핵심적인 이해관계자들과 함께 사용준칙을 개발하고 운영하는 데에 주도적 역할을 한다.

되면 기업은 가장 능률적이고 생산적인 방식으로 경제적 행위를 하게 되며 이는 전체 경제성장에 이바지하게 되는 것이다. 둘째, 마이데이터는 기업과 소비자 간의 대화를 촉진하고 상호 간 신뢰증진을 통해 새롭고 창의적인 개인정보 서비스와 도구를 소비자에게 제공한다. 셋째, 마이데이터는 소비자에게 자신의 정보에 안전한 방식으로 접근하게 해 줌으로써 그로 하여금 개인적 욕구충족을 통한 더 나은 의사결정을 하게 해 준다. 예를 들어 마이데이터를 통해 휴대전화 약정이나 에너지 요금제 등과 관련하여 소비자들이 최고의 선택과 그로 인한 효용을 창출할 수 있게 된다.

이 정책이 추구하는 기본적인 가치는 BIS가 제안한 마이데이터 헌장(Midata Charter)에 제시되어 있는데, 5가지 주요 가치들은 첫째, 소비자 데이터 권한강화(*consumer data empowerment*), 둘째, 소비자 데이터 투명성(*consumer data transparency*), 셋째, 소비자 데이터 접근성(*consumer data access*), 넷째, 소비자 데이터 보안(*consumer data security*), 마지막으로 소비자 데이터 혁신(*consumer data innovation*)이다(BIS, 2012). 소비자 데이터 권한강화는 소비자들이 현명한 의사결정을 하기 위해 자신들이 필요로 하는 정보를 제공받고 활용하도록 함으로써 구매요구에 가장 적합한 재화나 서비스를 소비하게 되는 것을 의미한다. 즉, 기존에 기업들이 수집한 자신들의 소비에 관한 다양한 데이터에 관한 스스로의 사용권한을 획득하게 되는 것이다. 소비자 데이터 투명성은 소비자가 자신들에 대한 데이터가 정확하고 현행화된 상태로 이용이 가능하도록 하는 것이다. 소비자 데이터 접근성은 소비자들이 데이터를 안전하고 휴대하기 편리한 방식으로 제공받을 수 있도록 해야 한다는 것이다. 소비자 데이터 보안은 데이터의 유출과 이로 인한 프라이버시의 침해 위험을 감소시키는 것을 의미하는데, 구체적으로 개인데이터가 안전하게 접근, 전달, 보유, 활용, 업데이트, 그리고 공유되어야 하는 것을 강조한다. 또한 개인들이 이해하고 신뢰할 수 있는 방식으로 자신들이 데이터에 접근, 활용, 공유하는 구조를 만들게 된다. 마지막으로, 소비자 데이터 혁신은 새로운 소비자 정보 서비스의 혁신을 위한 플랫폼을 창조하는 것을 의미하며, 이를 통해 소비자의 편익과 상업적 편익이 개발되고 전달될 수 있다.[14]

마이데이터의 대표적 적용분야는 에너지(예: 가정 내의 전기사용 행태), 금융거래, 신용카드사용, 그리고 이동통신 분야 등이다. 이 분야들의 공통점은 이용자들이 서비스 공급자들과 비교적 장기간 동안 빈번한 거래를 하게 되며 이용자개인이 스스로 서비스 비용을 분석하고 비교하는 것이 쉽지 않다는 점이다. 예를 들어 이동통신 분야에서는 마이데이터가 다음과 같이 활용될 수 있다.[15] 이동통신 이용자들이 자신의 통신기록과 이용행태에 대한 데이터의 제공을 통신사업자에게 요청하면, 통신사업자는 해당 데이터를 기계가 읽을 수 있는 형태로 이용자에게 제공하게 된다. 기존에는 통신사업자가 고객들의 이용내역과 행태를 분석하여 적합한 요금제를 추천해 주었지만, 이제는 객관적인 제3자에 의해 분석됨으로써 이용자들은 보다 신뢰성 높고 다양한 측면에

14 이 5가지 가치를 실현하기 위한 다음과 같은 9가지 세부원칙이 제시되었다. 첫째, 소비자들에게 제공되는 데이터는 재활용될 수 있고 기계가 읽을 수 있는 표준적인 형태를 갖추어야 한다. 둘째, 소비자들은 자신들의 데이터에 안전하게 접근하고, 검색하고 저장할 수 있어야 한다. 셋째, 소비자들은 자신에게 적합한 방식으로 데이터를 분석하고, 관리하고, 공유할 수 있어야 한다. 넷째, 용어나 형식, 또는 데이터의 공유절차 등에 대한 표준화 작업이 모든 영역에 걸쳐 구축되어야 한다. 다섯째, 소비자가 데이터제공을 요청하면 가능한 빨리 활용할 수 있도록 제공되어야 한다. 여섯째, 실제 행동과정에서 혹은 의사결정과정에서 유용하게 활용될 수 있는 정보를 제공하도록 한다. 일곱째, 소비자들이 데이터를 보유하거나 재활용하는 것을 제한하는 어떠한 장치도 만들어져서는 안 된다. 여덟째, 데이터 보안 침해를 방지하고, 개인들이 데이터 활용 및 공유함으로써 생기는 기회와 위험요소를 인지함으로써 자신들의 이익에 부합하는 방향으로 관련 요소들을 통제할 수 있어야 한다. 마지막으로, 고객들은 데이터가 어떻게 수집되고, 그 데이터가 무엇을 의미하며, 문제발생 시 누구와 상담할 수 있는지 등에 관해서 명확한 설명을 제공받아야 한다. http://news.bis.gov.uk/content/detail.aspx?NewsAreaId=2&ReleaseID=421869&SubjectId=2.

15 마이데이터에 대한 영국 국민의 선호도 조사에서 이동통신 서비스에 대한 선호도가 가장 높게 나타났다(Jigsaw Research, 2012).

서의 분석결과를 제공받게 되며, 현재 사용 중인 통신사업자가 제공하는 요금제뿐 아니라 모든 통신사업자들이 제공하는 여러 종류의 요금제 중에서 가장 적합한 서비스를 추천받는다. 또한 제 3의 분석기관뿐 아니라 이용자 스스로가 다양한 방식으로 분석할 수 있는 앱을 통해 본인이 자신에게 가장 적합한 서비스를 찾을 수 있게 된다. 이와 더불어 이용자는 자신과 비슷한 상황이나 통신이용행태(예를 들어 가족의 수, 음성이나 문자 이용비율, 데이터 사용량 등)를 보이는 다른 이용자들의 요금제 선택 경향에 대한 데이터까지 제공받게 된다. 이를 통해 이동통신 이용자들은 자신에게 가장 최적의 요금제를 사용하면서 통신비를 절약할 수 있다. 한편, 정부는 이용자들의 정보제공 요청에 대해 통신사가 해당정보를 전자적 형태로 제공하며, 앱 개발자의 관리, 그리고 이용자가 자신에게 유리한 요금제 서비스를 불이익 없이 수시로 변경할 수 있도록 관련 기업의 약관 등을 적절하게 관리한다.[16]

3) 양 제도의 주요 내용 비교 : 공통점과 차별성

영국과 미국의 개인정보 활용사례의 비교분석을 통해 우리나라 개인정보 활용을 위한 방향을 제시하기 위해서는 양국 사례를 비교분석하는 기준이 필요하다. 기준을 구성하는 중요 요소로서 개인정보 활용정책의 추진배경 및 목적, 추진기관, 절차 및 방법 등 추진체계, 추진을 위한 규정, 관련 제도, 주요 활용사례, 그리고 이해관계자 집단 등이 포함된다. 이러한 요소 간의 비교를 통해 주요 항목별 양국사례의 특징과 사례 간 공통점과 차별성을 분석함으로써 우리나라에서 개인정보 활용정책을 효과적으로 시행하는 데에 유용한 길잡이가 도출될 것이다.

첫째, 개인정보 활용정책의 추진 배경 및 목적은 각 국가가 어떤 필

16 이동통신 이용사례는 손상영 · 김사혁(2012)과 BIS(2014)에 제시된 사례를 바탕으로 재구성하였다.

요성에 의해 개인정보를 활용하고자 하며, 이를 통해 궁극적으로 누구에게 어떤 편익을 가져다 줄 것인지를 밝혀 준다. 둘째, 개인정보 활용을 위한 추진체계는 공공 부문에서는 정부부처의 담당기관이나 조직, 민간 부문에서는 기업의 자발적 참여가 중심적인 역할을 담당한다. 즉, 공공 부문에서는 정부기관의 지침이나 법, 가이드라인 등을 통해 정보의 공개 및 활용이 추진되는 반면 민간 부문에서는 기업들의 자발적 참여나 협약 혹은 정부의 지원이나 적절한 규제(미국의 경우)에 의해 정보활용이 추진된다. 셋째, 정보활용을 추진하기 위한 정부의 역할은 법률이나 규정과 같은 제도를 통해 실현된다. 특히 정부의 규제는 활용으로 인한 프라이버시 침해 등과 같은 부작용을 최소화하기 위한 소극적 의미와 더불어, 정보의 공개와 활용을 저해하는 요소를 확인하고 완화함으로써 활용을 촉진하려는 적극적 의미까지 내포한다. 따라서 이 비교항목에서는 정보의 보호와 활용의 상관관계, 정부규제의 내용과 방향, 그리고 정도 등이 주된 내용으로 포함된다. 넷째, 활용사례는 개인정보 활용의 대상이 되는 데이터의 종류와 활용분야가 주된 내용을 구성한다. 활용분야는 민간 부문의 데이터에 국한하는 경우와 민간데이터뿐 아니라 공공 부문까지 포함(미국의 경우)될 수 있다. 민간 부문에 한정하는 경우에는 소비자 개인의 경제적 거래행위의 효용을 제고하고 기업의 경쟁력과 생산성을 향상시키는 것이 활용의 주된 목적인 반면, 공공 부문의 데이터 활용은 환경, 안전, 보건 등 공적인 영역까지 포함함으로써 공익의 실현과 주민의 만족도 향상, 정부의 경쟁력 제고 등의 목적을 실현하게 된다. 그 밖에 활용을 원활하게 하기 위한 데이터의 상호운용성 또한 중요한 항목을 구성한다. 마지막으로, 개인정보 활용의 주된 이해관계자 집단은 개인, 기업, 정부, 시민단체 등인데, 각 집단은 개인정보 활용의 전 과정에서 중요한 역할을 하거나 집단 간 상호작용을 수행한다. 개인정보 활용을 통한 혜택이 지속적으로 창출되기 위해서는 활용의 전 과정에서 모든 이해관계자 간 조화로운 상호작용과 함께 편익이 고루 돌아가야 하므로 관련집단 간 상호작용의 내용과 결과는 활용과정에서 매우 중요한 요소로 기능한다.

〈표 7-3〉은 위에서 제시한 기준별로 양 정책의 주요 내용을 간략하게 보여 준다. 표에서 나타나듯이 영국의 마이데이터와 미국의 스마트 공개 정책은 비교항목별로 유사점과 차이점이 각각 존재한다. 정책의 배경 측면에서 영국은 시장에서 소비자들의 합리적 의사결정을 위한 개인정보에 초점을 둔 반면 미국은 민간영역뿐 아니라 공공 부문에서의 개인데이터 활용에도 주목하고 있다. 이에 따라 추진체계도 영국이

〈표 7-3〉 개인정보 활용정책 비교분석을 위한 기준과 주요내용

비교 항목	영국	미국
• 정책 명칭	마이데이터	스마트공개
• 정책의 배경 및 목적	- 소비자 권한강화 - 시장에서의 의사결정 능력 제고	- 투명하고 열린 정부 - 개인의 합리적 소비행위 및 의사결정으로 인한 개인효용 제고
• 추진 주체 - 정부기관 - 민간 부문	- BIS - 20여 개 자발적 참여기업 - 소비자단체 - 민간 중심	- 관리예산처/국가과학기술위원회/백악관 과학기술정책처 - 민간의료기관, 전기회사, 신용카드회사 등의 자발적 참여 - 공공 주도
• 법/제도 - 정부의 개입 또는 규제의 정도	- 원칙적으로 비규제적 자발적 형태 - 규제는 최소화 - 기업보유 데이터의 개방과 활용이 미진할 경우 정부규제를 통해 공개 유도	- 데이터의 형태에 따라 보호의 강도를 신축적으로 적용 - (영국에 비해) 규제적 성격이 상대적으로 강함 - 열린 정부 지침, 정보공개법 등을 통해 정보활용 저해요인을 규제
• 활용사례 - 데이터의 종류 - 활용분야	- 자발적 데이터/관찰데이터/추론데이터 등 민간데이터 중심 - 금융(신용카드, 보험), 구매 및 소비 등 관련 개인정보	- 민간데이터뿐 아니라 공공데이터도 포함(교육, 의료, 에너지, 환경, 식품, 교통, 안전 등) - 데이터 상호운용을 위한 플랫폼 개발
• 이해관계자	- 개인(데이터제공자, 활용으로 인한 수혜자) - 시민단체(협약자, 활용촉진자) - 기업(정보관리자, 공급자, 저장) - 정부(공급자, 지원, 최소화된 규제자)	- 개인(데이터제공자, 수혜자) - 기업(정보공개자) - 정부(공급자, 규제자)

민간 부문 중심으로 운영되는 데에 비해 미국은 정부기관들도 적극적으로 참여하고 있다. 이는 정부개입의 폭을 넓히는 결과를 가져오는데, 미국의 경우 정보의 활용과정에서 규제 또는 장려 등을 통한 정부의 역할이 더욱 중시된다. 활용사례 역시 영국이 민간 영역 위주로 활용되는 데에 반해 미국은 공공데이터 영역에서 개인정보가 보다 적극적으로 활용된다. 양 정책의 공통점과 차별성에 대해서 주요 내용 중심으로 후술한다.

먼저, 공통점과 관련하여 지금까지 살펴본 영국과 미국의 개인데이터 활용정책은 서로 다른 명칭에도 불구하고 각각의 정책이 다루는 개인데이터의 종류, 데이터가 수집・생성되고 소비・활용되는 기본 절차, 그리고 이를 통해 정부와 민간, 그리고 개인들이 창출하는 효용이나 편익 등에서 적지 않은 공통점이 존재한다. 양 정책은 우선 개인데이터의 생태계 구성에서 공통점을 보여 준다. 생태계에 관여하는 이해관계자는 첫 단계에서 자신의 데이터를 제공하고 마지막 단계에서 가치 있는 정보를 소비하는 개인들을 포함하여 이들과 상호작용하는 여러 종류의 조직체까지 매우 다양하게 구성되는데, 특히 후자는 다양한 분야의 민간업체와 정부조직, 비영리조직 등을 망라하고 있다. 최종사용자 계층이 다양한 집단으로 구성되고 있음에도 불구하고 주된 사용자는 개인들이다. 즉, 양 국가의 개인데이터 활용정책에서 볼 수 있듯이 활용의 주체는 소비자 또는 경제행위자로서의 개인이며, 기업이 보유하고 있는 개인데이터를 당사자 개인에게 제공하여 개인이 이 데이터를 활용하여 시장에서 보다 합리적이고 현명한 결정과 선택을 하도록 하는 것이다. 이러한 생태계가 순조롭게 작동되기 위해서는 적절한 규제환경과 표준화된 절차가 필요하다.

데이터생태계 내의 집단 간 상호작용이라는 측면에서 영국의 마이데이터는 정부, 민간기업, 그리고 시민단체 간의 자발적인 협약과 파트너십이 중요한 기능을 담당한다. 정부는 개인데이터 활용을 위해서 주도적인 민간기업 및 소비자 단체 등과 협약을 체결하고, 상호 간 합의를 도출하는 등 정보활용이 순조롭게 이루어지도록 정책을 추진한다. 따라서 비규제적이고 비강제적인 동시에, 자율적이고 자발적이며 거버넌스적인 접근법이 이루어진다. 미국의 스마트공개 정책 역시 개인데이터 생태계라는 접근법을 통해 생태계를 구성하는 다양한 이해관계자 간의 우호적인 상호작용을 강조한다. 이해관계자 간 우호적 상호작용이란 개인이 자신의 데이터를 제공함으로써 자신뿐 아니라 일반 대중들이 혜택을 누리게 되고, 자발적인 협약을 통해 생태계에 참여하는 기업들은 정보를 제공한 개인들의 후생을 증진시키는 수익모델을 개발함으로써 이윤창출의 기회를 증진시키는 것을 의미한다. 또한 정부 역시 생태계의 일원으로서 정보의 효과적이고 효율적인 활용을 위한 각종 지원 및 안전한 정보공유와 관리를 위한 적절한 수준의 규제활동을 함으로써 질 높은 공공서비스를 공급한다.

개인정보의 활용이라는 생태계가 그것을 구성하는 요소 간 경쟁과 협력을 통해 공진화하고, 환경과의 상호작용을 통해 지속가능한 체계로 유지, 발전되기 위해서는 정보의 활용 못지않게 정보의 보호 역시 중요하다. 생태계 내에서 유통되는 정보들이 안전하게 보호되지 못한다면 개인들은 자신들의 정보를 제공하지 않으려 할 것이고, 이는 생태계의 경쟁력을 저하시키는 치명적인 요소로 작용할 것이다. 이런 의미에서 양 제도가 개인데이터의 활용을 원활하게 하기 위해 개인데이터의 보호에도 관심을 기울이는 것은 당연하다. 양 국가는 개인정보의 보호와 활용 양자의 균형관계를 유지함으로써 개인데이터의 활용으로 인해 발생할 수 있는 역기능을 방지하기 위한 제도적 노력을 하고 있다. 특히 미국의 경우 프라이버시 침해 문제에 대해 데이터의 형태에 따라 신축적으로 접근함으로써 보호가 활용을 지나치게 억제하는 것에 주의한다. 영국 역시 전통적으로 고수해 온 개인정보 보호의 정책기조를 유지하면서도 개인정보의 활용정책을 동시에 추진하면서 양자의 균형을

유지하고 있다.[17]

한편, 양 정책의 공통점과 함께 차별성도 존재한다. 마이데이터와 스마트공개 정책 간의 상이한 점은 구체적으로 정책의 추진배경, 개인정보 활용의 범위, 그리고 정부의 규제 정도 등 세 측면에서 파악된다.

첫째, 정책의 추진배경과 관련하여 영국의 마이데이터는 소비자의 권한과 능력을 제고시켜 주기 위한 소비자정책의 일환으로 시행되었다. 즉, 현명한 소비자의 기대와 욕구를 충족시키도록 기업들을 서로 경쟁하게 함으로써 기업의 시장경쟁력을 강화하고 영국의 경제성장을 유도하는 정책의 일부분으로 추진되었다. 소비자 능력을 향상시키는 핵심적인 전략으로서 개인데이터 활용이야말로 개인들이 시장에서 보다 나은 선택(*better choices, better deals*)을 통해 자신들의 후생을 증대시키고 더 나아가 사회전체의 경쟁력을 제고한다는 것이다.

이에 반해 미국의 스마트공개 정책은 오바마 행정부의 열린 정부 정책과 밀접한 관련성이 있다. 물론 영국의 마이데이터도 데이터 개방정책 혹은 정부혁신정책과 연관성이 있지만, 미국의 경우 오바마 행정부의 정권출범 초기부터 투명하고 열린 정부를 정책의 최우선으로 삼았으며, 이를 국민들의 실생활에 실현시킨 대표적인 제도가 스마트공개 정책이다. 미국이 상대적으로 강한 정부주도적 추진형태를 띠고 있다는 것은 관리예산처, 국가과학기술위원회, 국가기록원, 백악관 과학기술정책처, 소비자금융보호위원회 등 다양한 정부기관들이 개인정보 활용 정책에 직간접으로 관여하고 있는 데서도 알 수 있다. 이와 관련

17 참고로 유럽연합은 형식적으로는 개인정보 보호를 위한 '지침'(Data Protection Directive, 1995)을 '규정안'(Data Protection Regulation, 2012 집행위원회 초안발표)으로 격상시키면서 개인정보 보호를 강화하고자 하고자 하는 반면, 기업들의 개인정보의 활용을 위한 행정절차 간소화 등을 통해 활용과 보호 간의 균형 있는 조화를 꾀하고 있다(이창범, 2013; 이유택, 2013). 하지만 유럽연합의 사례는 기업주도의 개인정보 활용에 그치고 있으며, 영국 또는 미국의 사례와 같이 개인들이 기업이 보유하는 정보를 다시 활용하는 단계까지는 이르지 못하고 있다.

하여 미국은 정부투명성과 공개에 관한 지침, 열린 정부를 위한 부처 실행계획, 정부와 시민단체 간 파트너십 등 관련 정책을 수립하여 개인데이터 활용이 순조롭게 진행되도록 하고 있다.

둘째, 개인정보 활용의 범위와 관련하여 미국의 스마트공개 정책은 민간이 보유하는 데이터뿐만 아니라 공공이 보유하는 개인데이터도 활용의 범위에 포함한다. 스마트공개 정책이 오바마 행정부의 열린 정부 정책을 실현하는 가장 중요한 실천전략으로 대두되었다는 점을 고려한다면 민간뿐 아니라 공공 부문이 보유하고 있는 개인데이터 역시 활용의 주요 대상이 되는 것이 적절하다. 교육, 재무, 의료, 환경, 안전과 관련한 데이터는 소비자인 개인들의 데이터를 민간기관뿐 아니라 공공기관에서도 적극적이고도 적절한 수단으로 공개하여 개인들이 합리적인 의사결정을 하는 데에 기여한다. 반면, 영국의 마이데이터 정책은 공공데이터보다는 민간데이터에 초점을 맞추고 있으며, 이에 따라 활용의 대상이 되는 정보의 범위도 개인의 경제적 거래행위에 관련된 금융, 소비 등에 주로 한정되어 있다. 즉, 민간기업이 보유하고 있는 개인데이터의 제공과 활용이 이 정책의 핵심이다. 영국의 마이데이터는 시장에서 기업에 대한 소비자의 권한강화 정책의 일환으로 수립된 개인정보 활용정책인 만큼, 현명한 소비자를 육성하고 소비자의 욕구와 기대에 부응하는 기업들이 시장에서 경쟁력을 가질 수 있도록 민간이 보유하는 개인데이터가 활용의 주요 대상이 된다.

마지막으로 정부의 규제 정도와 관련하여 영국의 마이데이터는 정부의 역할보다는 시장에 그 기능을 맡김으로써 미국의 스마트공개에 비해 정부의 역할을 최소화한다. 즉, 마이데이터는 정부의 비규제적이고 민간기업들의 자발적 접근법을 채택하여 발전하고 있는 정보활용정책이다. 여기에 참여하는 집단들은 개인데이터를 개방적이고 재사용 가능한 형태로 공개하는 자기규제적이고 자발적 협약에 따라 행동한다. 영국이 비규제적 성격을 띠고 있는 반면 미국은 규제적 성격을 상대적으로 강하게 내포하고 있다. 관리예산처의 데이터공개에 관한 지침이나 가족교육권리 및 프라이버시 법, 공정신용보고법 등은 공공과 민간부문에서 개인데이터를 적절한 틀 안에서 활용할 수 있는 규제적 수단을 제공한다. 연방거래위원회법이나 정보자유법 역시 개인의 자기정보 접근권을 규정하고 있으며, 최근 발의된 캘리포니아주의 알 권리 법안은 주민이 자신의 정보에 대한 권리를 기업에게 요구할 수 있는 강력한 조항을 담고 있다. 영국 역시 일정기간 정책을 추진한 후에 개인데이터의 개방과 활용 수준을 평가하고, 미진할 경우에는 일부 강제적이고 규제적인 수단을 동원할 수는 있으나[18] 비규제적이고 자발적인 접근을 기본 원칙으로 하고 있다.

4. 우리나라 개인정보 활용을 위한 시사점과 제언

이 장에서 살펴본 양국의 개인정보 활용정책과 비교하여 우리나라는 현재 명시적으로 개인이 활용을 주도하고 편익을 취하는 개인정보 활용정책을 공식적으로 시행하고 있지 않다. 우리나라의 개인정보 활용정책은 주로 빅데이터 정책, 전자정부 정책, 공공데이터 개방정책, 정부3.0 등과 관련이 있는데, 이들 정책들은 대부분 공공 부문이 보유하고 있는 정보의 개방과 활용을 목적으로 하고 있다. 따라서 개인정보의 활용정책도 공공기관이 보유하고 있는 개인정보의 활용에 초점을 두고 있어서 민간이 보유하고 있는 개인정보를 소비자 자신들이 적극적으로 활용하기 위한 통로는 상당히 제한적이다. 그나마 민간영역에서의 개인정보의 활용 목적이 마이데이터와 스마트공개 정책과 같이 일반 국민이나 소비자의 합리적 소비행위에 있기보다는 산업의 발달에 두고

18 2014년 3월에 마이데이터의 진행상황을 점검한 후 진전이 없으면 규제조치를 강구할 계획을 수립하였으나 실제로 규제를 행사하지는 않았다.

있는 편이다.[19] 따라서 우리나라의 경우 개인정보의 활용 과정에서 개인은 영국과 미국의 개인정보 활용사례에서와 같이 주체적 역할을 하고 있지 못하다. 예를 들어 웹로그 기록들은 포털업체나 인터넷기업들이 자신들의 영업전략으로 활용하여 이익을 창출하는 대상이 될 뿐이지, 정작 데이터를 생성하고 제공한 개인 소비자들에게는 활용으로 인한 직접적인 혜택을 주지 못한다.[20] 이렇듯 민간영역에서 기업들이 개인정보를 적극적으로 처리하고 활용하는 과정에서 해당 정보의 제공자인 소비자는 능동적이기보다는 수동적인 위치에 있다. 이제 개인이 활용의 주체가 되는 개인정보 활용사례인 미국의 스마트공개와 영국의 마이데이터 정책의 비교분석을 바탕으로 우리나라에의 개인정보 활용정책의 적용가능성을 탐색하고자 한다.

1) 정부의 역할

기업이 보유하고 있는 개인정보를 소비자들이 유용하게 활용하는 개인정보 활용정책이 활성화되기 위해서는 기업과 소비자간 정보비대칭 문제를 해결하기 위한 정부의 의지가 필요하다. 특히 개인정보는 활용보다는 보호의 대상이라고 인식하는 사회적 관념을 변화시키는 데에는 정부의 주도적 역할이 효과적이다. 정부의 추진의지가 실현되기 위한 전제조건으로서 개인정보의 활용과 보호의 균형 잡힌 틀이 필요하다는 것은 영국과 미국의 사례를 통해 알 수 있다. 우리나라 현실에서 개인정보의 활용과 보호가 마찰 없이 조화를 이루기 위해서는 보호를 위한

---

19 〈개인정보 보호법〉 제정 이후 개인정보 보호 가이드라인(안)에 대한 논쟁에서 볼 수 있는 바와 같이, 산업의 발전과 개인정보 보호라는 두 가지 상반되는 목표를 어떻게 균형 있게 달성할 것인가에 대한 사회적 논의가 활발했던 반면, 정보 활용으로 창출되는 편익의 수혜자로서의 소비자나 일반 국민들의 입장은 적극적으로 논의되지 못했다(심우민, 2014).

20 물론 맞춤형고객 마케팅으로 인해 소비자에게 편리한 구매혜택을 제공해 줄 수는 있겠지만 이 역시 소비자들의 적극적인 주도가 아닌 기업이 주도하는 형태이다.

제도적 틀 속에서 활용을 촉진하는 정부의 역할을 정립할 필요가 있다. 특히 미국과 같이 활용의 대상이 되는 개인정보의 영역을 민간뿐 아니라 공공에까지 확대하기 위해서는 활용을 억제하는 갖가지 제도적 장벽의 높이를 낮출 필요성이 제기되며, 동시에 개인정보 활용에 자율적으로 참여하는 민간기업에 대해서는 자금지원 등 각종 인센티브의 제공도 고려할 수 있다. 영국의 경우 미국처럼 정부가 적극적으로 개입하지는 않지만, 일정기간 동안 민간이 자발적으로 개인정보를 공개함으로써 개인들이 손쉽게 소비자들의 정보를 활용할 수 있도록 한 후에 개인데이터의 개방과 활용 수준을 평가하고, 미진할 경우에는 정부가 나서서 활용을 촉진하기 위한 적절한 수준의 수단을 동원하고 있다. 이에 비해 우리나라는 공공기관이 보유하고 있는 개인데이터를 민간에 적극적으로 개방하려는 정부의 노력과 관심이 몇몇 정책을 통해 최근 두드러지게 나타나고 있으나, 민간기관이 보유하고 관리하는 개인데이터에 대해서는 정부가 적극적으로 개입해서 활용을 촉진하는 노력을 기울이지 않고 있다. 이는 민간이 보유하고 있는 개인정보는 민간이 자율적으로 활용할 대상이지 정부가 규제 혹은 진흥을 통해 활용을 추진할 대상이 아니라는 입장을 반영한다.

이와 함께 개인정보 활용을 억제하는 요인을 완화하기 위해서는 모든 상황에 일률적으로 적용되는 개인정보 보호 규제에서 탈피하여 정보의 종류나 유형에 따라 보호의 수준을 신축적으로 적용함으로써 활용의 상황이나 맥락 등을 고려하는 유연한 접근방안을 검토해 볼 수 있다. 즉, 개인 프라이버시 침해의 위험성 정도가 큰 영역에서부터 작은 영역에 이르기까지 데이터의 종류를 유형화하여 보호와 활용의 상대적 중요도를 달리 적용할 수 있다. 데이터 활용의 영향정도를 기준으로 개인정보를 수집하고 처리하는 데에 옵트인 방식과 옵트아웃 방식을 유연하게 적용하는 미국의 사례는, 개인정보 활용의 제도적 기반이 미흡할 뿐 아니라 활용보다는 보호에 중점을 두고 있는 우리나라와 같은 상황에서 개인정보 활용을 신중하게 시행할 수 있는 유용한 본보기가 될 수 있다.

2) 데이터 표준 및 상호운용성 제고

데이터의 가치는 해당 데이터 자체가 갖는 가치뿐 아니라 그 데이터가 다른 종류의 데이터와 함께 새로운 지식을 창출하는 방향으로 해석될 수 있는지에 달려 있다. 이는 스마트공개를 초기에 추진했던 미국의 태스크포스 팀이 개인정보 활용정책을 효과적으로 추진하기 위해서 필요한 중요한 요소라고 인식한 부분이었다. 데이터가 다른 데이터와 결합하여 활용의 시너지 효과를 내기 위해서는 기술표준이 중요하다. 미국에서 표준개발은 주로 민간 분야에서 이루어지지만, 연방정부기관 역시 규제 또는 일반정책의 형태로서 민간 분야에서 표준을 개발하도록 방향을 제시하는 역할을 하고 있다. 국가표준기술연구소(NIST: *The National Institute of Standards and Technology*)는 스마트공개와 연관하여 표준개발에 관여하고 있는데, 예를 들어 스마트그리드(*smart grid*) 체계를 발전시키기 위해 전기공급업체, 전기소비자, 에너지공급자, 그리고 규제기관들을 통합, 조정하여 상호운영적인 표준을 개발하기 위해 노력하고 있다.

한편, 데이터의 상호운용성은 개인정보를 효과적이고 효율적으로 활용하는 데에 필요한 또 다른 중요한 요소이다. 최근 들어 미국 내 정부기관들이 상호 협력을 통해 자신들의 데이터가 공동으로 운용되도록 하는 플랫폼을 개발하고 있는 이유는,[21] 정부 내 정보시스템들의 기관 내부 간 또는 외부조직 간 상호운용이 적절하게 이루어지지 않을 경우

---

21 대표적인 예로서 소비자제품안전위원회(Consumer Product Safety Commission)가 주체가 되어 여러 기관으로부터 리콜정보를 모아서 Saferproducts.gov와 Recall.gov 등에 구축하는 것이다.

개인데이터 활용으로 인한 실질적인 효과를 기대하기가 쉽지 않기 때문이다. 우리나라도 향후 미국과 같이 민간과 공공 부문을 아우르는 다양한 분야의 개인정보 활용을 추진하기 위해서는 에너지, 안전, 환경 등 인접한 분야의 데이터들이 상호운용될 수 있도록 플랫폼을 개발할 필요가 있다. 따라서 정부정책과 같은 제도적 기반 못지않게 개방형 플랫폼의 도입, 기술의 표준화, 정부 내 시스템의 상호운용성 증진 등과 같은 기술적 측면에서의 노력 역시 개인정보활용을 높이는 데에 필수적인 요소가 될 것이다.

3) 데이터생태계의 균형적 발전

마이데이터와 스마트공개 정책의 성공적 추진 요소로서 데이터생태계의 발달을 빼놓을 수 없다. 개인, 민간, 정부 등 생태계의 주요 행위자들이 자발적 협력 또는 적절한 규제[22] 등을 통해 생태계를 균형적으로 발전시키고 이를 통해 모든 부문의 후생이 증대될 수 있었다.[23] 이

---

22 양 제도는 다소간의 차이는 있으나 강력한 정부규제 보다는 이해관계자 집단 간 자율적 파트너십 또는 규제의 신축성을 근간으로 운영된다. 적절한 규제수준의 정도에 대해서는 논란이 있을 수 있으나, 영국의 마이데이터 운영을 위한 정부의 역할(각주 12 참고)이나 미국의 신축적인 데이터 보호정책(〈표 7-3〉 참고) 등이 좋은 예가 될 것이다.

23 후생의 증대는 개인정보를 활용함으로써 기대했던 효과가 창출되고, 이 효과로 인해 개인의 편익이 증대되거나 지역사회 또는 국가의 경쟁력이 향상되는 것을 의미한다. 미국의 스마트공개 정책을 예로 들면, 개인의료정보의 활용을 통해 치료가 개선되고 비용이 절감되는 효과가 창출되면서 후생 증대가 실현된다. 예를 들어 미국에서 한 해 의료분야에서 과잉진료로 인해 발생되는 불필요한 비용 규모는 7천5백억 달러에 달하는데, 진료내용 및 그 효과에 관한 투명한 의료정보를 활용함으로써 진료내용의 개선뿐 아니라 그로 인해 더 많은 생명을 구제하고 비용까지 절감하는 효과를 창출할 수 있다. 또한 개인데이터를 활용하여 진료의 효과를 상호비교함으로써 효과가 미흡한 진료내용과 최대효과를 창출한 진료내용에 대한 데이터를 의료기관들이 정보공유를 통해 활용할 수 있다. 또한 교육 부문에서는 특정 학교에 진학하려는 학생들이 자신들에 관한 정보를 특정 웹사이트에 입력하면 그 학생과 비슷한 환경에 처했던 학생들이 실제로 작년에 어느 정도의 장학금을 받았으며, 어느 정도의 비용으로 학교를 다니고 있는지를 알려준다. 이로써 대학진학예정자들은 진학 시에 학자금 등 관련 비용에 대한 정확한 정보를 미리 접하게 됨으로

와 같이 데이터의 잠재력을 최대한 활용하기 위한 중요한 열쇠는 개인데이터 생태계에 영향을 미치는 다양한 이해관계자 간의 상호 조화로운 관계를 창출하고 유지하는 것인데, 주요 이해관계자 집단인 기업, 정부, 그리고 개인 간 불균형적인 이해관계가 유지된다면 생태계가 이익을 창출하기보다는 갈등을 조장할 것이며 결국은 생태계가 파괴될 가능성까지 생긴다. 생태계의 불균형문제는 세 집단 중 어느 한 집단의 역할이 지나치게 강조될 경우에 야기된다. 예를 들어 시장에서 데이터를 선점하기 위한 경쟁이 치열해지면서 다른 이해관계자 집단을 고려하지 않는다면 민간 부문의 행위자들은 개인데이터를 수집하고 사용하면서 시장을 장악하기 위해 과도하게 경쟁할 것이며, 이렇게 되면 기업들은 때로 불법적인 수단을 통해서라도 데이터를 수집하게 될 것이다. 이처럼 개인데이터를 확보하기 위한 규제되지 않은 행태들이 표출되면 정작 최종활용자가 생태계에서 소외되는 결과를 야기하게 되며 끝내 생태계는 정보제공자인 개인으로부터 외면당하게 될 것이다.

생태계가 선순환적으로 발달하게 되면 생태계의 중요한 구성원인 개인의 인식도 쉽게 변화될 것이다. 자신의 정보 제공에 대한 소극적인 보호논리는 자신의 정보를 제공함으로써 얻게 되는 편익이나 효용에 대한 의구심에서 출발할 수 있다. 따라서 자신의 정보 제공과 활용을 통해 스스로에게 혜택이 돌아온다면 개인들은 기꺼이 자신의 정보를 제공할 것이며, 이를 통해 개인의 실질적 편익이 증대된다면 이는 다시 생태계의 선순환으로 연결될 것이다. 이렇게 개인데이터 생태계가 순조롭게 운영되기 위해서는 생태계에 참여하는 이해관계참여자들의 새로운 역할이 정립되어야 하며, 상호 간 신뢰가 형성됨으로써 정보의 흐름, 가치의 창출, 그리고 상호 간 다툼이나 규제비용 역시 줄여 나갈 수

써 진학에 관한 보다 합리적인 의사결정을 할 수 있다. 한편, 신용카드의 첨단승인 프로그램을 통해 카드사용자와 카드회사들은 전 세계적으로 카드 불법사용으로 발생하는 매년 약 15억 달러 정도의 비용을 절감할 것으로 예상된다.

있을 것이다. 데이터생태계의 선순환적 발전을 위해서 주목할 수 있는 집단은 시민단체이다. 영국에서처럼 소비자단체가 적극적으로 개인정보의 활용과정에 참여하여 활용을 통한 소비자의 권리신장을 위해 역할을 하는 것은 좋은 사례이다. 우리나라의 경우 시민단체는 개인정보 보호에 치중하면서 활용으로 인한 소비자의 편익창출을 위한 적극적 역할을 다하지 못하고 있는 실정이다. 따라서 시민단체가 데이터생태계의 주요한 구성원집단으로서, 개인정보나 프라이버시 보호 위주의 논리에서 벗어나 활용을 통해 소비자의 권리를 신장시키고, 이를 통해 소비자가 합리적인 소비생활을 영위할 수 있는 방향으로 활동영역을 전환하는 것도 필요할 것이다.

5. 결 론

스마트 기기, 소셜 네트워크, 사물 통신 등의 이용이 급증하고, 지식정보 사회에서 개인의 다양한 형태의 경제행위를 통해 개인정보가 폭발적으로 생성되고 유통되고 있다. 이러한 대규모의 개인데이터가 의식적 혹은 무의식적으로 축적되면서 이를 현명하게 활용하는 것이 중요한 사회적 과제로 대두된다. 데이터는 무한한 가치를 가지지만, 존재만으로 가치를 발휘하는 것이 아니라 사용될 때 비로소 가치가 창출되기 때문이다. 따라서 급속하게 발전하는 지식정보화 사회에서 어떤 개인데이터를 어떻게 활용할 수 있으며, 그 과정에서 이해관계자들이 어떤 역할을 할 수 있는지에 대한 연구는 중요한 의미를 가진다.

그동안 법적이나 정책적 접근뿐 아니라 학문적인 논의의 경향 역시 개인정보의 활용보다는 보호에 상대적으로 중점을 두어 왔다. 개인정보의 악용이나 불법사용, 프라이버시 침해로 인한 개인적 및 사회적 악영향으로 인해 개인정보 보호를 위한 규제의 정당성이 충분히 확보될 수 있었다. 하지만 한편으로 개인정보는 활용을 통해 실현될 수 있는 엄청난 가치를 가지며, 이는 개인의 삶의 질 향상은 물론 사회나 국가 전체적으로 경쟁력을 향상시킬 수 있는 잠재력을 내포하고 있다. 따라서 개인정보의 보호 못지않게 활용에도 관심을 가질 필요성이 제기되는데, 이 연구는 개인정보의 활용에 보다 적극적인 자세를 취하기 위한 탐색적 연구의 성격을 띠고 있다. 이 장은 개인정보의 제공자인 개인들이 자신들의 정보를 어떻게 활용할 수 있으며, 이를 통해 개인의 효용을 어떻게 향상시킬 수 있는지를 외국의 사례를 통해 고찰해 보고자 하였다. 살펴본 바와 같이 영국의 마이데이터와 미국의 스마트공개 정책은 정부의 적절한 지원 혹은 규제와 민간 부문의 적극적인 참여를 통해 개인이 자신의 데이터를 활용하여 합리적인 경제행위 등 의사결정을 하는 것을 주요 내용으로 한다. 이를 통해 개인은 효용을 극대화하고 민간은 이윤을 창출하며, 정부 역시 주민에게 질 높은 서비스를 제공할 수 있게 되어 전체적으로 경쟁력 있는 사회로 변모하는 데에 기여할 수 있다.

그동안의 정보활용에 대한 기존 연구들이 제한적으로 존재했지만, 대부분은 공공기관이나 기업들의 공공데이터 활용방안에 주목하였다. 해외의 선행사례를 비교분석하고 우리나라에의 적용성을 고찰해 보는 것이 서론에서 제시한 여러 질문들에 대한 완전한 해답을 줄 수는 없겠지만, 개인이 활용의 주체로서 개인정보 활용을 실현하는 해결책을 제시하는 단초를 마련하는 데에 도움이 될 것이다.

끝으로, 정보의 활용은 반드시 보호를 위한 제도 및 정책적 노력과의 상호 조화로운 관계 속에서 추진되어야 할 것이며, 이러한 상생적 관계를 통해서만이 지나친 보호와 활용이 야기하는 각각의 역기능을 해결하고 방지하는 데에 기여할 것이다.

참고문헌

관계부처 합동(2013), 정부3.0 추진 기본계획.

김경열·권헌영(2014), 공공데이터 활용을 위한 개인정보보호 제도의 개선과제, 〈경제규제와 법〉, 7(2), 22~37.

김기환(2013), 공공부문 빅데이터의 활용성과 위험성, 〈정책분석평가학회보〉, 23(2), 1~27.

김민호(2011), 개인정보보호법 제정에 따른 제도정비 방안, 한국인터넷법학회 2011년도 춘계학술대회.

김상광(2011), 개인정보보호법의 제정과 정책과제, 한국정책학회 2011년도 춘계학술대회 발표논문집.

방민석·오철호(2014),개인정보 연구동향과 과제, 〈정보화정책〉, 21(1), 3~16.

서형준·명승환(2014), 수요자 중심의 공공데이터 민간 활용 방안: 민간부문 정보통신 담당자의 인식조사를 중심으로, 〈한국지역정보화학회지〉, 17(3), 61~86.

손상영·김사혁(2012), 빅데이터 시대의 새로운 정책이슈와 이용자 중심의 활용방안 연구, 정보통신정책연구원.

손주연(2014), 공공데이터 개방정책의 현황과 보완 방안, 〈이슈와 논점〉, 940호, 국회입법조사처.

신영진(2013), 개인정보 국외이전에 따른 보호방안에 관한 연구, 〈한국지역정보화학회지〉, 16(4), 71~104.

심우민(2013), 빅데이터의 활용과 개인정보 보호, 〈이슈와 논점〉, 724호, 국회입법조사처.

______(2014), 빅데이터 개인정보보호 가이드라인과 입법과제, 〈이슈와 논점〉, 866호, 국회입법조사처.

윤광석(2011), 《민간기업보유 개인정보 보호를 위한 정부의 기능개선 연구: 법률 및 조직을 중심으로》, 한국행정연구원 연구보고서.

이민영(2006), 차세대 전자정부의 개인정보보호 정책방향, 〈정보통신정책〉, 18(3), 17~40.

이유택(2013), 빅데이터 시대의 개인데이터 보호와 활용, IT & Future Strategy, 8호.

이은영(2008), 개인정보보호규제의 기회비용 및 국내법 개정을 위한 제언: 금융부문 개인정보보호규제를 중심으로, 〈소비자정책교육연구〉,

4(3), 21~37.
이창범(2013), 개인정보보호법제 관점에서 본 빅데이터 활용과 보호 방안, 〈법학논총〉, 37(1), 509~559.
이향수(2007. 10), 개인정보, 시민, 그리고 정부, 한국행정학회 2007년도 추계학술대회 발표논문집, 783~797.
정준현(2014). 개인정보의 보호와 이용의 균형을 위한 법적 문제와 개선방향, 〈법학논총〉, 38(1), 125~154.
정준화·김동욱(2013), 스마트사회 개인정보 위험의 대상과 방식 연구, 〈한국지역정보화학회지〉, 16(3), 113~136.
한국정보화진흥원(2012), 공공데이터 민간개방의 경제적 파급효과 분석 연구.

BIS(2011), Better Deals-Consumers Powering Growth, Department for Business Innovation 'and Skills, United Kingdom.
______(2012), Midata Company Briefing Pack, Depart for Business, Innovation and Skills, United Kingdom.
______(2014), Review of the Midata Voluntary Programme, Department for Business Innovation and Skills, United Kingdom.
Culnan, M. & Bies, R. (2003), Consumer Privacy: Balancing Economic and Justice Considerations, *Journal of Social Issues*, 59(2), 323~342.
Executive Office of the President National Science and Technology Council(2013), Smart Disclosure and Consumer Decision Making: Report of the Task Force on Smart Disclosure.
Jigsaw Research(2012), Potential Consumer Demand for Midata.
Thaler, R. & Tucker, W. (2013), Smarter Information, Smarter Consumers, *Harvard Business Review*, 1-2.
The National Archives(2012), Government, business and consumer groups commit to midata vision of consumer empowerment, 04/05/2012, Department for Business, Innovation and Skills.
The White House(2012), Consumer Data Privacy in a Networked World: A Framework for Protecting Privacy and Promoting Innovation in the Global Digital Economy.
World Economic Forum(2013), Unlocking the Value of Personal Data: From Collection to Usage.

08

공공 부문 CCTV 운영의 개선을 위한 정책 방안: 부산시 CCTV 통합관제센터 운영사례를 중심으로*

정충식 (경성대학교 행정학과 교수)

1. 서 론

정보통신기술의 비약적 발전으로 인하여 감시의 기술은 놀라운 속도로 발달을 거듭하고 있으며 빅데이터 기술의 활용으로 질적인 변화까지 나타나고 있다. 이에 따라서 개인정보 보호의 중요성이 급속하게 부각되고 있는 실정이다. 과거에 권위주의 정부에 의한 개인의 통제가 정당화되고 경제개발논리가 인권보다 우위에 있었던 우리나라의 경우, 이러한 전자감시사회의 가능성을 사전에 차단하고 국민의 신뢰를 확보하는 것이 중요하다.

이제까지 우리나라는 국가정보화 사업들을 시행하면서 개인정보 보호의 관점이 미흡한 상황에서 행정의 효율성을 강조하여 왔다. 그러므로 현재 다양한 분야에서 전자감시 이슈들이 등장하고 있다. 특히 최근에 공공 부문에 급속하게 확산되고 있는 폐쇄회로텔레비전(CCTV: *Closed Circuit Television*, 이하 CCTV)에 대한 관리와 운영이 얼마만큼 제대로 시행되는지가 전자감시사회 대응에 대한 시금석으로 작용할 것

---

* 이 장은 2015년 9월 한국지역정보화학회지에 게재된 논문(CCTV 통합관제센터의 운영 개선 방안에 관한 연구)의 내용을 수정·보완한 것이다.

이다.

1) 정보기술의 발전으로 인한 전자감시사회 논란의 사례들

우리나라는 이제까지 전자정부 구현의 일환으로 다양한 정보화 사업들을 추진하여 왔다. 이 가운데 행정의 효율성추구라는 명분과 인권침해의 가능성이라는 두 주장이 부딪쳐 가장 첨예하게 문제가 야기되었던 사례는 전자주민카드 사업과 교육행정정보시스템(*National Education Information System*, 이하 NEIS) 구축 사업일 것이다.

(1) 전자주민카드 사업 사례

전자주민카드 사업은 1995년 4월에 당시 내무부(현 행정자치부)가 국무회의에 1996년부터 3년간 총 사업비 2,675억 원을 투입하여 주민등록증 갱신사업을 추진하여 1999년에 전면 시행하는 것을 목표로 보고함으로서 공식적으로 추진되었다. 이어 1995년 5월에 내무부, 안기부, 정보통신부, 경찰 등으로 '전자주민카드추진단'을 구성하였고, 1996년 6월 이 사업을 정보화촉진 10대 중점과제에 포함시켰다.

그러나 1996년부터 시민단체들이 개인정보 유출에 따른 사생활 침해와 새로운 국가통제수단이 된다는 점을 들어 전자주민카드의 도입에 반대의사를 표명하였다. 1996년 10월 시민단체들은 '전자주민카드 도입반대와 국민의 사적권리 보호를 위한 시민사회단체 공동대책위'를 구성하고 전자주민카드제도 시행의 전면 철회를 요청하게 된다.

1998년 정부는 전자주민카드 사업의 당초 총 사업비가 2,675억 원이 책정되어 있었으나 유지관리비를 포함할 경우에 총 6,547억 원으로 당초 예산의 두 배가 넘는 것으로 추정하여 사업을 전면보류하고 플라스틱카드의 도입을 추진하기로 하였다. 따라서 행정자치부가 운영하려던 주민카드발급센터는 해체되고 주민정보는 지방자치단체에서 분산

관리되는 시스템으로 전환되었다.

이처럼 오랜 기간 준비된 전자주민카드 사업이 무산된 주요 이유는 경제성의 측면보다는 개인에 대한 사생활 침해의 가능성이 중요하게 작용했기 때문일 것이다. 당시 정부는 사업의 추진과정에서 시민단체들의 거센 반대를 미리 예상하지 못하고 무리하게 사업을 추진하려고 시도하다가 중지하였다.

(2) 교육행정정보시스템 사업 사례

교육행정정보시스템(NEIS) 구축사업은 2001년 김대중정부 시절에 전자정부 11대 사업의 하나로 추진되었다. NEIS 역시도 전자주민카드 도입사업과 마찬가지로 인권침해 가능성으로 인하여 시민단체의 반대에 직면하여 시행에 차질을 빚었으며, 이로 인하여 개인정보 보호의 중요성을 일깨우는 계기가 마련되었다.

2001년 5월에 전자정부 11대 업무 중 중점과제로 선정된 NEIS 사업은 2002년 3월에 시스템 설계를 완료했고, 6월에 시스템 구축업체와 사업계약을 체결하여 시행에 착수했다. 초기에 이 사업의 목표 완료 시점은 다른 11대 과제들과 마찬가지로 2002년 10월이었다. 그러나 2002년 7월 실시된 교사대상 사용자교육 초기에 문제점이 제기되었다. 즉 시스템 접속 불량 및 중단 사태 발생으로 인하여 교사들이 새 시스템에 따른 불안과 업무 부담에 대한 우려가 증폭되고, 학생들의 인권 침해 소지가 있다는 이유로 시민단체에서 NEIS에 대한 전면적인 반대 운동을 펼치기 시작하였다.

교육인적자원부는 2003년 4월 11일 NEIS 27개 전 영역을 전면 개통하였고, 이에 전교조는 NEIS 시행을 전면 거부키로 입장을 발표하고 국가인권위원회에 제소하기에 이르렀다. 이후 2004년부터 지금까지도 NEIS의 시행과 관련하여 정부와 시민단체 간에 수 없이 많은 협의가 진행되어 왔으며, 이를 바탕으로 하여 민감한 부분은 분리하여 운영하는 등 개인정보 보호의 측면에서 시스템을 지속적으로 수정하여 왔다. NEIS 사업은 국민적 합의를 도출해내지 못한 상태에서 정책 추진은 앞으로 국민들에게 엄청난 저항을 불러올 수 있다는 것을 보여 주었다.

이 사업 이후에 우리 정부는 전자정부 사업추진 시, 개인의 식별정보(성명, 주민번호 등)는 암호화기법 등을 활용하여 유출되더라도 식별하지 못하도록 기본원칙을 세우고 있다. 또한 〈전자정부법〉을 개정하면서 자기정보통제권과 같은 적극적 의미의 프라이버시권도 반영하였다. 그러나 이러한 정보인권은 국가의 행정작용과의 관계에서 충분히 보호되기 어려운 측면이 많다. 왜냐하면 국가가 대국민서비스를 제공하거나 국가 고유 업무를 수행하기 위해서는 일정정도의 개인정보가 필요하며, 국가업무를 효율적으로 수행하기 위해서 정보의 통합화가 추진되고 있기 때문이다. 그러므로 문제는 행정업무와 정보 인권 사이에 어느 지점에서 조화를 이룰 것이냐에 달려 있다. 특히 최근에 급속하게 보급되고 있는 공공 부문의 CCTV는 이러한 문제점들을 내포하고 있는 사례이다.

2) 연구의 필요성

2013년 2월 25일에 출범한 박근혜 정부는 정부조직 개편을 단행하면서 기존의 행정안전부를 안전행정부로 개편하였다. 박근혜 정부는 안전행정부로의 개편 배경을 대규모 자연재해와 사회적 재난에 대한 효율적 대응체계 마련을 위한 것으로 설명하였다.[1] 그러나 2014년 2월의

1 후쿠시마 원전사고, 아이슬란드 화산폭발 등 국경을 초월한 대규모 재난에 대한 국제적 공조 필요성이 증가하고, 산사태 등 자연재해와 불산 등 환경유해물질 유출, 전염병 등 대규모 재난으로부터 국민의 생명과 안전을 지키기 위해 국가재난관리시스템을 정비하고 첨단화해야 한다(안전행정부, 2013).

경주 마우나 리조트 체육관 붕괴 및 2014년 4월에 온 국민에게 큰 충격을 안겨 주었던 세월호 참사 등 많은 인명피해를 야기한 사고가 빈번하게 발생하고 있다. 박근혜 정부는 이러한 대형 사건사고의 잦은 발생에 따라 안전에 대한 보다 중점적인 관리를 위하여 안전행정부 조직에서 재난안전관리 기능을 분리하여 신설된 국민안전처로 이관하였다. 그러나 최근의 메르스(중동호흡기증후군) 사태의 대응에서 나타난 것처럼 재난안전의 대응에 대한 체계적인 국가시스템 구축은 아직까지 미비한 실정이다.

오늘날 정보기술의 급속한 발전과 확산에 대응하여 안전한 사회를 구현하기 위해서는 특정 영역에 대한 관심만으로는 부족하다. 국민의 안전을 위협하는 재난 · 재해 및 범죄 등의 문제 상황은 어떤 특수한 상황이나 환경이 아니라 언제 어디서든 발생이 가능하기 때문이다. 따라서 안전한 사회를 구현하기 위해서는 발생 가능한 사고에 대한 포괄적 대비를 위한 정책이 필요하다. 그러나 안전관련 분야들은 사전적 예방 행위로서 명확한 성과 및 효과를 측정하기 어려운 영역이다. 또한 다양한 분야를 포괄하는 안전 관련 정책의 대부분은 정책비용이 과도하게 필요하여 쉽게 추진하기가 어려운 것이 현실이다. 따라서 이러한 관점에서 주목받고 있는 정책이 CCTV의 보급과 확산, 그리고 이것에 대한 관리체계를 담당하는 통합관제센터의 운영이다.

우리나라에서 공공 부문의 CCTV는 지난 2002년 서울시 강남구에 방범용으로 5대가 설치된 이후 급격하게 보급이 확대되고 있다. 2015년 현재 공공 부문의 CCTV 설치는 57만여 대에 이를 정도로 급격한 증가세를 보이고 있다. 민간 부문의 CCTV는 정확한 집계는 이루어지지 않았으나 대략적으로 450만여 대에 달할 것으로 추정된다. 또한 최근에 어린이집에서 발생한 아동 폭행사건을 계기로 2015년 12월 18일까지 전국 어린이집에 CCTV 설치가 의무화됨에 따라서 앞으로 CCTV의 보급과 확산은 급증할 것이다. 이처럼 현재 대한민국에는 5백만 대 이상의 CCTV가 설치되어 운영되고 있다.

공공 부문의 CCTV 설치는 초기에 범죄의 예방을 목적으로 도입되었으나, 최근에는 주정차단속, 교통관제, 쓰레기 투기방지, 어린이 지킴이, 재난 및 재해 예방 등 다양한 분야에서 활용되고 있다. 따라서 전국의 많은 지방자치단체들이 이제까지 설치 기관과 목적별로 운영되어 오던 CCTV 시스템과 영상을 통합하여, 한 장소에서 실시간으로 관제가 가능하도록 하는 통합관제센터를 구축하여 운영하고 있다.

정부는 지난 2011년부터 CCTV 통합관제 구축사업을 진행하여 왔다. CCTV 통합관제센터 구축은 전국 지자체에 존재하는 공공 부문의 CCTV를 230여 개 지자체 별로 통합하여 관리 감독의 협업을 통해 일원화하는 사업이다. 비슷한 형태의 관제센터 구축은 이전부터 U-City 사업의 일환으로 논의가 진행되어 왔으나, 이처럼 구체적인 계획의 시작은 2011년 3월 당시 행정안전부에서 '국민과 하나 되는 세계 최고의 스마트 전자정부'를 비전으로 하여 스마트 전자정부 추진계획을 발표한 시점으로 볼 수 있다. 당시 발표 내용은 세계 최고의 모바일 전자정부 구현, 안전하고 따뜻한 사회 구현, 일과 삶의 조화를 위한 스마트워크 활성화, 소통기반의 맞춤형 대국민 서비스 제공, 기초가 탄탄한 전자정부 인프라 구현 등이었다. 이 가운데 안전하고 따뜻한 사회 구현의 세부 사업으로 CCTV 통합관제센터의 구축이 추진되었으며 2015년에 구축 완료를 목표로 하였다.

따라서 공공 부문 CCTV 통합관제센터는 아직 정책 초기로서 효율적인 운영 방향에 대한 검증 및 조사 연구가 지속적으로 필요한 실정이다. 정책 추진 이후 통합관제센터를 대상으로 이루어진 연구들은 유관기관과의 관리 체계, 시스템 표준화, 법·제도 정비, 예산 등의 부분에서 개선이 필요하다고 지적한다(김지선, 2014). 더 나아가 초상권과 자기정보결정권 등 프라이버시 침해의 문제가 보다 사회적인 이슈로 부각되고 있는 상황에서 추진되고 있는 CCTV 통합관제센터는 기대와 우려로 인한 관심을 동시에 받고 있다(장교식, 2014).

특히 최근에 빅데이터 및 클라우드 컴퓨팅 등 급격히 발전하는 영상정보의 처리와 관련한 정보통신기술의 발전은 기 구축된 CCTV 통합관제센터의 형태 및 구성을 크게 변화시킬 가능성이 있다. 따라서 CCTV 통합관제센터의 발전 방향에 관한 논의는 인문학이나 사회과학의 영역에 한정하여 진행하기에 어려움이 따를 수 있다. 통합관제센터의 구축은 그동안 발전한 정보통신기술에 바탕을 두고 있는데 이러한 기술의 발전으로 인하여 단순히 영상을 촬영하여 출력하는 기능에 머물렀던 CCTV가 상황 판단 등 일부분 사람의 역할을 대신하는 단계에 이르고 있다.

그러므로 이 연구는 공공 부문 CCTV 통합관제센터의 효과적인 운영 및 활용을 위한 정책 방안을 도출하여 기술적인 변화에 대응하는 발전 방향을 제시해 보고자 한다. 보다 구체적인 사례 연구와 자료 수집의 편의성을 감안하여 연구 대상의 범위를 부산광역시로 한정하였다. 이를 위하여 지방자치단체의 CCTV 통합관제센터의 구체적인 운영 현황과의 비교를 통하여 실질적으로 적용 가능한 정책방안을 도출하고자 한다.

2. 이론적 배경

1) CCTV의 개념과 통합관제센터 추진 과정

(1) CCTV 개념 및 도입현황

CCTV는 일반적으로 고정되어 특정한 지역을 촬영 및 녹화하는 기기이다. 현재 구체적으로 CCTV를 정의하고 있는 대표적인 법률은 〈개인정보 보호법〉이다. 〈개인정보 보호법〉 제 2조 제 7호에서는 CCTV

를 "'영상정보처리기기'란 일정한 공간에 지속적으로 설치되어 사람 또는 사물의 영상 등을 촬영하거나 이를 유·무선망을 통하여 전송하는 장치로서 대통령령으로 정하는 장치를 말한다"라고 규정하고 있다.[2]

CCTV의 도입은 1940년대 미국에서 군용으로 사용한 것이 최초로 알려져 있으며, 그 후 대중을 모니터링하기 위한 목적으로 영국 등에서 사용하였다.[3] 영국의 런던은 1970년대와 1980년대에 걸쳐서 IRA(아일랜드해방군)의 테러에 대응하기 위하여 도시 곳곳에 CCTV를 설치하여 세계에서 인구밀도 대비 CCTV 숫자가 가장 많은 도시가 되었다. 그러나 2002년 9·11테러 이후에는 미국의 수도인 워싱턴 D.C.가 CCTV를 가장 많이 설치한 도시가 되었다. 이처럼 세계 각국에서 개인 및 공공의 안전에 대한 관심이 급증하였기 때문으로 CCTV의 설치는 급속하게 확산되고 있다.

이러한 CCTV의 설치·운영 분야는 〈표 8-1〉과 같이 정리할 수 있다.

우리나라에서도 CCTV는 도입 이후에 사생활 침해 및 개인정보 보호 등과 관련하여 지속적으로 논란이 제기되고 있지만, 설치는 급격하게 늘어나는 실정이다. 공공기관의 CCTV 설치 수는 〈표 8-2〉와 같이 2008년의 157,197대에서 2013년에 565,723대로 늘어났으며, 2010년

---

2 〈개인정보 보호법 시행령〉은 제 3조에서 영상정보처리기기의 범위를 보다 세밀하게 규정하고 있다. 시행령은 영상정보처리기기를 폐쇄회로 텔레비전 및 네트워크 카메라로 구분한다. 폐쇄회로 텔레비전은 ① 일정한 공간에 지속적으로 설치된 카메라를 통하여 영상 등을 촬영하거나 촬영한 영상정보를 유무선 폐쇄회로 등의 전송로를 통하여 특정 장소에 전송하는 장치, ② 앞의 규정에 따라 촬영되거나 전송된 영상정보를 녹화·기록할 수 있도록 하는 장치이다. 네트워크 카메라는 일정한 공간에 지속적으로 설치된 기기로 촬영한 영상정보를 그 기기를 설치·관리하는 자가 유무선 인터넷을 통하여 어느 곳에서나 수집·저장 등의 처리를 할 수 있도록 하는 장치이다.

3 CCTV는 1956년 영국의 더럼(Derham)에서 교통 신호 등의 조작을 보조하기 위한 공공목적으로 최초로 활용하였으며, 1960년에는 런던경찰국에서 의회 국민 방문 기간 중에 군중을 관찰 및 감시하기 위한 목적으로 트라팔가 광장에 임시로 2대를 설치하였고, 1967년에 포토스캔사에서 상점 절도 사건을 예방하고 범인을 체포하기 위한 목적으로 비디오 녹화 기능이 있는 CCTV를 활용하기 시작하였다(유명준, 2012).

〈표 8-1〉 CCTV 설치 · 운영 분야

구분	CCTV설치 및 운영분야		비고
공공 영역	방범 및 보안	주택가, 학교주변, 도로입구	〈개인정보 보호법〉, 〈공중위생관리법〉, 〈주차장법〉 등 9개 개별법령, 지방자치단체 조례
	교통단속	주정차금지 지역, 교통밀집지역, 주요사거리 등	
	시설관리	공공시설(주차장 포함), 공항 등	
	기타	쓰레기 투기 방지용, 산불 및 재난관리 등	
민간 영역	방범 및 보안	아파트, 상업용 건물(엘리베이터, 계단, 주차장 등)	관련규정 없음
	도난 방지	상점 내(계산대, 출입구, 진열대 등)	
	기타	은행, ATM기기, 차량용 블랙박스(음성녹취) 등	

자료 : 김민호, 2013.

〈표 8-2〉 공공기관 CCTV 설치 현황

단위 : 대, %

	2008	2009	2010	2011	2012	2013
총 CCTV 설치대수	157,197	241,415	309,227	364,302	461,746	565,723
전년대비 증가대수	57,240	84,170	67,812	55,075	97,444	103,977
전년대비 증감비	57.3	53.6	28.1	17.8	26.7	22.5

자료 : 행정자치부, 2015.

〈표 8-3〉 공공기관 CCTV 설치 목적별 분류

	2008	2009	2010	2011	2012	2013
계	157,197	241,415	309,227	364,302	461,746	565,723
범죄예방	51,700	59,917	107,258	141,791	188,168	260,098
시설관리 및 화재예방	98,011	170,460	192,662	207,343	249,947	278,002
교통단속	5,668	7,088	6,288	11,636	15,046	17,111
교통정보 수집 · 분석 및 제공	1,818	3,950	3,019	3,532	8,585	10,512

자료 : 안전행정부, 2015.

이후 매 해 약 20% 정도씩 증가하고 있다.

설치 목적별 분류에 따르면 〈표 8-3〉과 같이 시설관리 및 화재예방을 위한 CCTV가 2013년 기준 278,002대로 가장 큰 부분을 차지하고, 범죄예방 목적의 CCTV가 다음으로 많은 것으로 나타났다.

이러한 CCTV의 급격한 증가와 안전에 대한 국민적 관심으로 인하여 2011년 (구) 행정안전부는 CCTV 통합관제센터 설치를 추진하였다. 2011년 이전에는 서울과 경기도 일원을 중심으로 CCTV 통합관제센터가 설치되어 있었다. 이에 정부는 영상정보자원 통합관리를 위한 국가영상정보 통합관제센터를 구축하는 계획으로 기관·지역·권역별 활용도와 대수를 고려하여 2015년까지 230개 시·군·구 통합관제센터를 구축하고 CCTV 28,579대를 확충하는 전략을 추진하였다. 구체적으로는 1차적으로 선별된 지역에 2011년 1월부터 서울 중구, 노원구

〈표 8-4〉 2011년 CCTV 통합관제센터 구축 시·군·구

<table>
<tr><th colspan="2">기 구축기관 (25)</th><th colspan="2">2011년도 구축 대상기관 (34)</th></tr>
<tr><th>시도</th><th>시군구</th><th>시도</th><th>시군구</th></tr>
<tr><td rowspan="2">서울 (12)</td><td rowspan="2">서초구, 성동구, 마포구, 은평구, 영등포구, 용산구, 송파구, 금천구, 강서구, 관악구, 서대문구, 양천구</td><td>서울 (4)</td><td>중구, 노원구, 구로구, 강남구</td></tr>
<tr><td>경기 (5)</td><td>수원시, 과천시, 화성시, 안성시, 군포시</td></tr>
<tr><td rowspan="2">경기 (7)</td><td rowspan="2">광명시, 남양주시, 부천시, 시흥시, 안산시, 안양시, 의왕시</td><td>대구 (1)</td><td>수성구</td></tr>
<tr><td>부산 (4)</td><td>금정구, 동구, 서구, 남구, 북구</td></tr>
<tr><td>인천 (1)</td><td>계양구</td><td>광주 (5)</td><td>광산구, 동구, 서구, 남구, 북구</td></tr>
<tr><td rowspan="2">대전 (2)</td><td rowspan="2">서구, 유성구</td><td>울산 (1)</td><td>북구</td></tr>
<tr><td>충남 (2)</td><td>논산시, 당진군</td></tr>
<tr><td rowspan="2">울산 (1)</td><td rowspan="2">남구</td><td>충북 (2)</td><td>충주시, 제천시</td></tr>
<tr><td>경북 (3)</td><td>영주시, 문경시, 칠곡군</td></tr>
<tr><td rowspan="2">경북 (1)</td><td rowspan="2">구미시</td><td>경남 (1)</td><td>창원시</td></tr>
<tr><td>전북 (3)</td><td>전주시, 군산시, 김제시</td></tr>
<tr><td rowspan="2">전북 (1)</td><td rowspan="2">익산시</td><td>전남 (2)</td><td>여수시, 장성군</td></tr>
<tr><td>제주 (1)</td><td>서귀포시</td></tr>
</table>

* 2015년까지 전국 230여 개 기초 자치단체에 CCTV 통합관제센터 구축 유도.

등 34개 시·군·구에 국비와 지방비 408억 원을 투자하여 CCTV 통합관제센터 구축을 추진하였다(행정안전부, 2011).

이러한 국가영상정보자원(CCTV) 공동활용 및 통합관리의 목적은 중앙부처, 지자체 등의 기관별·목적별 CCTV 영상자원에 대한 범정부 공동활용 체계를 구축하기 위한 것이었다. 이를 위하여 CCTV 통합관제센터는 기존에 복잡하게 설치되어 관리, 운영에 대한 파악이 어려웠던 각 지자체의 CCTV 관제 기능을 통합·연계하여 각종 범죄예방과 치안유지, 생활안전 업무 등에 필요한 모든 상황조치를 합동으로 대응하는 기능을 수행하고자 하였다. 이러한 정부 정책에 따른 2011년 정책 초기 당시의 통합관제센터의 구축현황은 〈표 8-4〉와 같다.

구체적으로 CCTV 통합관제센터의 구축 이유를 살펴보면, CCTV 통합관제센터 구축 이전에는 각 시·군·구에서 운영 중인 CCTV가 업무별·용도별 특성에 따라 설치되어 있어 용도 이외에는 사용할 수 없고, 각종 범죄 발생 시에는 CCTV의 영상정보를 공유할 수 없어 비효율적이라는 지적이 많았다. 이에 CCTV 통합관제센터의 구축을 통하여 주간과 평시에는 방범, 교통·주차단속, 어린이보호 등 당초 CCTV 설치 목적으로 사용하고, 야간 또는 범죄 등 각종 사건·사고 발생 시에는 주차단속용 등 대부분의 CCTV를 방범용으로 전환하여 각종 사건·사고에 신속하게 대응하고자 하였다.

이를 위해 CCTV 통합관제센터는 전문 관제인력을 이용하여 24시간 실시간으로 모니터링함으로써 각종 범죄와 불법 행위를 사전에 예방할 수 있고, 경찰 등 관련기관 간 유기적인 정보공유 및 협조체계로 범죄 검거율을 향상시키는 등 시민의 안전을 지켜주는 중요한 역할을 수행시키고자 하였다. 또한, 여러 부서에서 관리하던 CCTV를 한곳에서 통합 관리함에 따라 운영인력이 감소되고, 장비 등을 공동 활용함으로써 유지관리 비용도 절감되어 CCTV 운영효율성도 대폭 향상하는 효과도 달성하고자 하였다.

(2) 부산광역시 CCTV 통합관제센터 현황

CCTV를 통합 관제하는 센터의 구축 및 운영은 (구) 행정안전부의 정책 이전부터 논의되었다. 대표적으로 부산광역시는 2005년부터 추진한 U-City 전략에서 관련개념을 제시하고 있었다. 이후 2011년 '부산광역시 정보화 기본계획'을 통해 자체적으로 구축하여 운영하고 있던 CCTV를 통합 후 운영하는 방안으로 계획을 수립하였다. 관련 자료는 CCTV 통합관제센터를 '영상정보 통합센터'로 명칭하고 있으며 부산광역시 산하 각 구(군) 청, 유관기관 산하의 CCTV에 대한 통합관제센터를 구축하여 기능별로 분산된 영상정보를 통합하여 관리하는 구조로 설계하였다.

구체적 기능은 차세대 다기능 CCTV를 구축하여 방범, 보안, 위험 감시, 교통을 통합 관리하고자 하였다. 그리고 지리정보 시스템(GIS)과 연동하여 CCTV 설치위치를 관리하고, CCTV 관리의 일원화로 인한 유지보수 비용 감소 및 장애처리, 신규 설치 등에 신속한 대응을 추진하였다. 또한 부산정보고속도로의 망 활용성을 증대하기 위한 신규 CCTV 서비스를 개발하고, 첨단 다기능 CCTV 장비의 도입 및 이를 운용하기 위한 이원화된 체계를 구축하고자 하였다(부산광역시, 2010).

이러한 계획은 정부의 지자체별 CCTV 통합관제센터 구축 추진 정책에 의해 2011년 자치구·군의 수준에서 지속적으로 설치하는 방향으로 진행되고 있다.[4] 우선 2011년 정부 추진계획 발표 이후 부산광역시는 2012년 연제구, 수영구, 부산진구에서 CCTV 통합관제센터를 구축하였으며, 2013년 동구, 서구, 사상구, 남구가 CCTV 통합관제센터를 설치하였다. 그리고 2014년에는 금정구, 강서구, 기장군, 중구, 해운대구에서 구축을 완료하였다. 부산광역시 공공 부문 CCTV의 구축 현황은 〈표 8-5〉와 같다.

---

4 지자체별 CCTV 통합관제센터 예산은 기본적으로 정부와 시가 각각 50%를 부담하고 일부는 통합 대상 CCTV를 관리하고 있던 교육청이 부담하였다.

〈표 8-5〉 부산광역시 CCTV 통합관제센터 관제 현황(2014.12.5)

자치구별	사업년도	합계	구·군 CCTV							초등학교 CCTV	
			소계	생활 방범	어린이 보호	쓰레기 단속	시설물 관리	재난 재해	교통 단속	대수	학교 수
부산진구	2011	804	470	159	85	26	49	12	139	334	32
금정구	2011	582	424	145	118	51	–	16	94	158	22
연제구	2011	584	485	98	85	80	156	9	57	99	16
수영구	2011	283	210	42	11	55	40	15	47	73	10
서구	2012	367	267	78	88	34	48	4	15	100	11
동구	2012	323	250	81	86	35	19	11	18	73	8
사상구	2012	623	401	94	112	46	58	35	56	222	21
중구	2013	228	181	113	37	10	10	–	11	47	5
남구	2013	565	354	122	46	63	83	9	31	211	20
강서구	2013	540	378	174	–	49	98	7	50	162	17
기장군	2013	519	378	271	–	55	–	22	30	141	17
북구	2014	539	331	233	–	48	27	4	19	208	26
해운대구	2014	794	500	263	–	40	30	21	146	294	33
영도구	2015 예정	–	–	–	–	–	–	–	–	–	–
사하구	2015 예정	–	–	–	–	–	–	–	–	–	–
동래구	미정	–	–	–	–	–	–	–	–	–	–

자료 : 부산광역시 내부자료.

2015년 현재까지 사하구, 영도구, 동래구는 미구축 상태이나 2015년 말까지 사하구, 영도구가 구축을 완료할 예정이다. 사하구는 기존 청사의 협소한 내부공간으로 인해 CCTV 통합관제센터를 설치하지 못하였으나, 2015년 현재 30억 원을 투입하여 본관과 제 1별관 사이에 건물 1개동을 신축중이며 증축동 건설과 함께 2015년 말에 CCTV 통합관제센터를 설치할 예정이다. 영도구 역시 2015년 12월에 CCTV 통합관제센터 구축을 완료할 예정으로 구청 본관 6층에 222.38㎡에 국비, 시비 50%로 분담하여 총 12억 원의 예산으로 설치할 예정이다. 다만 동래구는 노후화되고 협소한 청사의 이전 문제가 해결되지 않아서 결정이 지연되는 상황이다.

2) CCTV 통합관제센터에 대한 이론적 논의

CCTV 및 통합관제센터의 구축과 운영은 이제까지 범죄예방이나 쓰레기 무단 투기의 방지 등 기술적 운영의 관점이나 행정서비스 지원의 차원에서 논의되었다. 그러나 이제 CCTV 통합관제센터의 효율적인 운영을 위하여 보다 깊이 있는 이론적 논의가 필요한 시점이다.

(1) CCTV 설치의 효과성 측면

CCTV의 설치는 오래전부터 범죄예방 효과의 측면에서 논의되어 왔으며, 범죄 예방 및 더 나아가 범인 검거에 큰 기여를 하고 있다. 특히 최근에는 중학교와 고등학교는 물론 유치원에까지 CCTV 설치가 의무화되면서 범죄예방에서 학교안전으로 그 활용 범위가 급속하게 확대되고 있다. 더 나아가 주정차 단속에서 쓰레기 무단투기 방지 및 재난과 재해의 예방에 이르기까지 행정업무처리의 전반적인 영역으로 그 활용도가 확산되고 있기 때문에 각 분야별로 CCTV 설치의 효과성에 대한 실증적인 분석이 필요한 실정이다.

(2) CCTV 통합관제센터의 효율성 측면

이제까지 각 지방자치단체에서는 CCTV를 부서별로 설치하여 운영하거나, 목적에 따라서 이를 설치한 기관들도 달라서 효율적인 운영이 곤란하였다. 예를 들어 자치단체가 설치한 CCTV와 경찰서가 설치한 CCTV가 상호 연계되지 못함에 따라서 필요한 정보가 공유될 수 없는 환경이었다. 따라서 이제 통합관제센터 설치에 의해 관리인력 및 비용을 절감할 수 있게 되었고 더 나아가 정보 공유로 인한 업무의 효율성을 높일 수 있게 되었다. 그러므로 이러한 통합관제센터의 효율성을 실증적으로 분석하는 작업 역시도 필요한 실정이다.

(3) CCTV 통합관제센터의 거버넌스 측면

정부에서 추진한 CCTV 통합관제센터는 광역시와 경찰청 및 소방방재청 등에 속한 하위의 소규모 단위별 통합이었다. 즉, 현재의 CCTV 통합관제센터는 국가영상정보자원의 효율적인 운영과 관리를 위해서 제공해야 하는 시스템통합관제센터 하드웨어, 통합관제솔루션, 기반시설, 공간구조 및 운영조직을 모두 포괄하고 있지 못한 실정이다. 특히 CCTV 장비들이 보다 지능화되고 있는 현실에서 운영조직의 유기적인 통합과 관리가 보다 중요하게 부각되고 있다. 그러므로 기존에 지방자치단체, 경찰청 및 소방본부로 분리되어 독립적으로 운영되고 있는 체계를 하나로 통합할 수 있는 거버넌스 확립 문제가 중요하게 부각되고 있다.

3) 선행 연구

CCTV 통합관제센터의 연구과 관련한 선행 연구는 크게 CCTV 통합관제센터에 관한 연구와 CCTV에 관한 연구들로 대별해 볼 수 있다.

(1) 통합관제센터관련 연구

CCTV 통합관제센터를 대상으로 진행한 연구는 많지는 않으나, 2011년의 정책 추진 이후 사례 연구 및 개선 방안에 관하여 일부 연구가 진행되었다(권창환 외, 2011; 김지선, 2014). 우선 CCTV 통합관제센터와 관련하여 권창환·서창갑(2011)은 부산광역시 CCTV 통합관제센터의 구축 사례를 통해 기관 간 통합과정에서 발생하는 문제와 선결요인을 파악하고 해결방안을 제시하고자 하였다. 그리고 통합관제센터의 성공적 구현을 위해 필요한 광대역 네트워크와의 연계 문제, 관리적 및 기술적 통합 대안이 필요함을 주장하였다.

김지선(2014)은 CCTV를 다목적으로 활용할 수 있는 통합관제시스템 운용의 기반이 되는 통합관제센터의 효율적 운영 방안에 대해 살펴보았으며, 그 결과 통합관제센터의 효율적 운영을 위해서는 첫째, 유관기관 간 유기적이고 일원화된 통합관제센터 관리 체계, 둘째, CCTV 통합관제시스템의 표준화, 셋째, 모니터요원의 자질 향상 노력과 관리책임부서 설치, 넷째, 법제도의 정비와 정보보호 대책 마련, 다섯째, 지속적인 관리를 위한 예산 확보가 필요함을 지적하였다.

(2) CCTV관련 연구

CCTV와 관련한 연구는 우리나라 공공기관에 처음으로 도입된 2002년을 기점으로 지속적으로 이루어지고 있다. 이러한 선행연구들은 기술 개발의 영역을 제외하면 크게 3가지 측면으로 구분할 수 있다. 첫째, CCTV 활용에 따른 개인정보 침해와 관련한 법률적 측면에서 접근한 연구들이다. 둘째, CCTV 설치의 효과에 대한 검증과 관련한 연구들이다. 셋째, 방범용 CCTV의 운영과 관련된 문제점과 이에 대한 대안을 제시하기 위한 연구들이다.

① 법률적 측면의 연구

우선 CCTV의 효율적 운영을 위한 법·제도적인 개선 방안은 CCTV 관련 연구의 주된 대상이다. 김민호(2013)는 우리나라의 CCTV 관련 법·제도, 운영·관리 현황 및 이슈 등을 종합 분석하여, CCTV의 효율적인 활용과 개인 사생활 보호에 대한 국민들의 우려를 불식시킬 수 있는 CCTV 종합 관리체계 구축방안을 제시하고 관련 법제의 정비 방안을 제시하였다. 장교식(2014)은 오늘날 CCTV가 민간영역, 공공영역에서 범죄예방, 시설보안 및 작업장 감시 등 다양한 목적으로 폭넓게 활용되고 있는 실정으로 도입된 CCTV로 인해 발생 가능한 역기능에 대한 구체적인 해결책을 개인정보 보호의 관점에서 연구하였다. 구체적으로는 법령상 개인영상정보에 대한 보호제도의 비체계적인 부분을 지적하고, 영상정보에 대한 규제의 통일성을 위해 새로운 개인영상정보의 개념에 근거한 규율을 단행할 것을 주장하였다.

② 설치 효과관련 연구

CCTV 설치의 효과에 대한 검증 연구는 CCTV 설치의 효과 검증과 효율적인 설치방안 마련을 위해 지속적으로 연구되었다. 곽대경·이승철(2010)은 CCTV에 대한 인식 및 지역적 환경과 범죄에 대한 두려움과의 관계를 파악하기 위해서 선행연구에서 제시한 이론 틀을 기초로 해서 주요변수를 적요하여 영향요인을 파악하는 연구를 수행하였다.

노호래(2005)는 범죄예방을 위한 CCTV의 효과적 활용방안을 연구하였다. 이 연구는 CCTV 활용의 이론적인 배경을 검토하고, 외국에서 시행된 22개의 CCTV의 효과에 대한 평가연구를 검토하여 효과가 어느 정도인지를 살펴보고 시사점을 찾아내고자 하였다. 그리고 한국의 상황과 문제점을 검토하여 효과적인 활용방안을 모색하였다.

박은형·정지수(2014)는 범죄예방정책으로서 방범용 CCTV의 효과성에 관하여 연구하였다. 이 연구는 CCTV의 효과성을 패널분석을 통해 검증하였으며, 검증 결과 CCTV의 범죄억지효과는 범죄유형별로 다르게 영향을 미치며, 특히 대도시형 자치단체에서 절도범죄의 감소에 미치는 영향력이 크다는 흥미로운 결과를 도출하였다.

박철현·최수형(2013)은 2개의 실험집단(논현1동, 그 외 강남구지역)과 1개의 통제집단(강남구 외의 다른 구지역)을 가진 유사실험설계를 이용하여, 강남구 논현1동에 국내 최초로 CCTV가 설치된 2002년 12월을 전후한 각 1년 동안의 범죄건수의 변화를 살펴보고, 이를 통해 범죄예방효과와 범죄전이효과를 분석하였다.

③ 관리 및 운용관련 연구

관리·운용에 관한 연구들은 CCTV 설치에 관한 당위성을 인정하고 부작용을 최소화하고 효율성을 확보하기 위한 목적을 위주로 이루어졌다. 곽윤길·임태희(2011)는 외국과 우리나라의 CCTV 활용 사례를 통해 CCTV의 순기능을 찾아보고 꾸준히 제기되고 있는 제도적 기반 약화로 인한 기본권 침해, 범죄 예방 효과의 지속성 감소와 같은 CCTV의 역기능에 관한 사례 분석을 함으로써 CCTV의 효과를 증대시키고 효율적으로 활용할 수 있는 방안을 모색하였다.

양원규·정용철(2013)은 대학 내 방범용 CCTV의 설치에 따른 대학생들의 인식을 조사하고 이를 통해 대학시설 내 CCTV에 대한 인지성, 효용성, CCTV와 범죄의 두려움, CCTV에 대한 기본권 침해 및 CCTV 설치의 적절성과 운용성 등 다양한 항목을 분석하였다. 이를 위해 기존의 CCTV 관련 설문들을 분석하고 이를 통해 설문문항을 재구성하여 조사를 실시하였으며, 그 결과 CCTV의 설치와 효용성에 대한 논쟁이 있지만, 연구의 결과는 인지성과 효율성은 보통 이상으로 나타났으며, CCTV가 안정감을 제고하고 두려움을 감소시키는 데 기여하는 것으로 나타났다. 또한 응답자들은 개인 프라이버시 침해에 대한 우려가 있으

〈표 8-6〉 통합관제센터 및 CCTV 관련 주요 연구

분류		연구자	주요 내용
통합 관제센터		권창환 · 서창갑 (2011)	통합관제센터의 성공적 구현을 위해 필요한 광대역 네트워크와의 연계 문제, 관리적 및 기술적 통합 대안이 필요함을 주장
		김지선 (2014)	통합관제센터의 효율적 운영을 위해서는 첫째, 유관기관 간 유기적이고 일원화된 통합관제센터 관리 체계, 둘째, CCTV 통합관제시스템의 표준화, 셋째, 모니터요원의 자질 향상 노력과 관리 책임부서 설치, 넷째, 법제도의 정비와 정보보호 대책 마련, 다섯째, 지속적인 관리를 위한 예산 확보가 필요함을 지적
CC TV	법 · 제도	김민호 (2013)	우리나라의 CCTV 관련 법 · 제도, 운영 · 관리 현황 및 이슈 등을 종합 분석하여, CCTV의 효율적인 활용과 개인 사생활 보호에 대한 국민들의 우려를 불식시킬 수 있는 CCTV 종합 관리체계 구축방안을 제시하고 관련 법제의 정비 방안을 제시
		장교식 (2014)	CCTV로 인해 발생 가능한 역기능에 대한 구체적인 해결책을 개인정보 보호의 관점에서 연구
	효과	곽대경 · 이승철 (2010)	CCTV를 활용한 범죄두려움 감소를 위한 정책적 방안으로 첫째, 가시성의 확보 및 CCTV 홍보의 강화, 둘째, CCTV 설치장소의 적절성 고려, 셋째, 지역사회의 사회자본 확충, 넷째, 지역사회의 환경 개선, 다섯째, 일상 생활의 행동변화 등을 제안
		노호래 (2005)	CCTV를 효과적으로 활용하기 위해서는 개인의 정보인권 보호, CCTV 활용관련 법규 마련 및 시민의 동의와 지방정부와의 협력을 통하여 CCTV를 설치할 것을 제안하였다.
		박은형 (2014)	CCTV의 범죄억지효과는 범죄유형별로 다르게 영향을 미치며, 특히 대도시형 자치단체에서 절도범죄의 감소에 미치는 영향력이 큰 것으로 보고
		박철현 · 최수형 (2013)	CCTV의 설치가 강도 및 절도와 같은 재산범죄뿐만 아니라 폭행과 같은 폭력범죄에 대해서도 강력한 범죄예방효과를 나타냈다는 사실임을 지적하고 CCTV가 시범실시된 지역을 넘어서 인근의 다른 지역에까지 그 혜택이 확산된 것으로 분석
	관리 · 운영	곽윤길 · 임태희 (2011)	외국과 우리나라의 CCTV 활용 사례를 통해 CCTV의 순기능을 찾아보고 꾸준히 제기되고 있는 제도적 기반 약화로 인한 기본권 침해, 범죄 예방 효과의 지속성 감소와 같은 CCTV의 역기능에 관한 사례 분석을 함으로써 CCTV의 효과를 증대시키고 효율적으로 활용할 수 있는 방안을 모색
		양원규 · 정용철 (2013)	대학 내 방범용 CCTV의 설치에 따른 대학생들의 인식을 조사하고 이를 통해 대학시설 내 CCTV에 대한 인지성, 효용성, CCTV와 범죄의 두려움, CCTV에 대한 기본권 침해 및 CCTV 설치의 적절성과 운용성 등 다양한 항목을 분석
		장일식 · 양문승 (2014)	전북 군산 경찰서에서 운용 중인 방범용 CCTV와 차량 판독용 CCTV의 실제 사건을 세부 분석하여 범인검거에 대한 효과성과 기술적 · 운용적 측면에 대한 문제점을 살펴보고 이에 대한 개선방안을 제시

나 범죄예방을 위해 CCTV의 설치를 수용하는 태도를 보였다.

장일식 · 양문승(2014)은 전북 군산 지역의 경찰 방범용 CCTV 활용 성과 및 개선 방안에 관하여 연구하였다. 이 연구는 전북 군산 경찰서에서 운용 중인 방범용 CCTV와 차량 판독용 CCTV의 실제 사건을 세부 분석하여 범인검거에 대한 효과성과 기술적 · 운용적 측면에 대한 문제점을 살펴보고 이에 대한 개선방안을 제시하였다.

이러한 통합관제센터 및 CCTV관련 선행 연구들은 〈표 8-6〉과 같이 정리할 수 있다.

3. 분석의 틀

우리 정부는 이제까지 설치 기관과 목적별로 분산되어 운영되던 방범, 학교, 불법주정차, 쓰레기 무단투기, 재난 및 재해 예방 등 공공부문의 CCTV 시스템과 영상을 통합하여 관리하기 위하여 전국의 지방자치단체들을 대상으로 통합관제센터 구축을 추진하고 있다. 이 연구는 이러한 CCTV 통합관제센터의 운영 현황을 분석하여 발전방향을 도출하고자 한다. 이를 위하여 선행연구들에서 도출된 문제점들을 범주화하여 크게 거버넌스 요인, 법과 제도적 요인 및 관리와 운영의 요인들로 구분하였다.

이러한 내용들은 〈그림 8-1〉과 같은 분석의 틀로 정리할 수 있다. 이러한 요인들과 함께 중요하게 고려되어야 하는 부분이 기술환경의 변화이다. CCTV 통합관제센터와 관련한 기술의 변화는 CCTV가 자체적으로 기술적인 진화를 통하여 지능형 CCTV로 발전하고 있는 것과 함께 빅데이터와 클라우드 컴퓨팅을 기반으로 하는 새로운 정보기술의 패러다임에 의해 큰 영향을 받고 있다.

CCTV 통합관제센터와 관련한 정부 정책의 대상은 전국 230여 개 지

〈그림 8-1〉 연구 분석의 틀

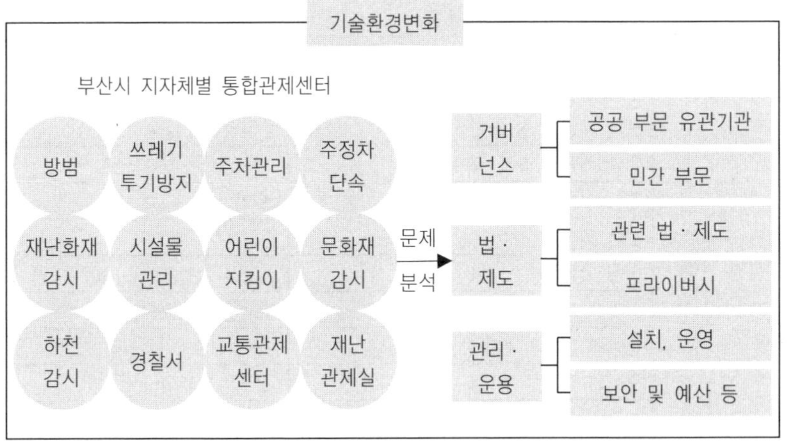

방자치단체가 모두 해당되지만, 이 연구에서는 부산시 기초자치단체 16개 구 · 군으로 분석 대상을 한정하였다. 그 이유는 이제까지 여러 선행연구에서 논의된 쟁점을 통하여 실질적인 개선방안을 도출하기 위해서는 정책의 일관성과 유사성이 있는 지역으로 한정하는 것이 보다 효율적이라고 판단하였기 때문이다. 또한 이러한 연구의 결과는 향후 타 지역과의 비교 분석을 통해 보다 깊이 있는 논의를 이끌어낼 수 있을 것으로 기대한다. 그러므로 이 연구의 대상은 다양한 목적의 CCTV를 집결시킨 부산시 기초자치단체의 통합관제센터들이다.

이 연구를 위하여 현재 운영되고 있는 13개 부산시 통합관제센터들 가운데 설치된 연도별로 하나씩을 추출하여 금정구, 사상구, 남구 및 해운대구 4개 센터를 선정 · 방문하여 담당자들을 면담하였다. 부산시 통합관제센터 방문 면담은 2015년 4월과 5월에 진행되었으며, 센터 담당자들과의 구체적인 면담 내용은 〈표 8-7〉과 같이 정리할 수 있다.

이러한 면담 내용 및 기존의 선행연구들의 논의를 참고하여 시민과 유관기관과의 원활한 협조를 위한 거버넌스 측면, CCTV 도입에 따른 부작용 최소화 및 예방을 위한 법 · 제도 측면, 운영상의 효과와 정책의

〈표 8-7〉 부산시 통합관제센터 방문 면담 내용

항목	질문 내용	비고
센터 현황	센터에서 관리하는 CCTV 숫자 및 분야	증설 현황 및 분야 등
	센터 구성 부서 및 인력 현황	직급, 직렬 및 파견 요원 등
	센터 운영 규정 현황	운영위원회 설치 여부
관리 및 운영 현황	연계 기관의 숫자 및 분야	교육청과 군부대 연계
	영상기록 제 3자 제공 현황	프라이버시 이슈
	운영 예산	증감 내역
	직원 교육 훈련 내용	전문성 확보 여부
	신기술 도입 현황	지능형 CCTV 숫자
	홍보관 운영의 현황	주민, 단체, 유치원생 방문
기타	모니터 요원들의 신분 문제	계약직 요원의 전문성 부족
	센터 운영의 애로 사항	관련 법규 및 개인정보 보호
	센터 운영의 특이 사항	군부대 연계 등

지속적 추진을 위한 관리·운용 측면 등의 정책 방안을 도출하고자 하였다. 또한 최근 급속하게 발전하고 있는 지능형 CCTV의 도입에 따르는 기술환경의 변화를 고려하여 통합된 거버넌스 체계를 제시하고자 하였다.

4. 부산광역시 통합관제센터의 현황 및 문제점

1) 거버넌스 측면

(1) 공공 부문 유관기관

부산광역시 통합관제센터들을 조사한 결과 주된 유관기관은 지자체, 교육지원청, 경찰서 등으로 나타났다. 특이한 점은 군부대들도 각 지자체의 통합관제센터들과 업무 협약을 체결하고 있다는 점이다. 이것은 부산광역시가 바다와 인접하고 있기 때문에 발생한 특수한 상황

〈그림 8-2〉 통합관제센터 유관기관 현황

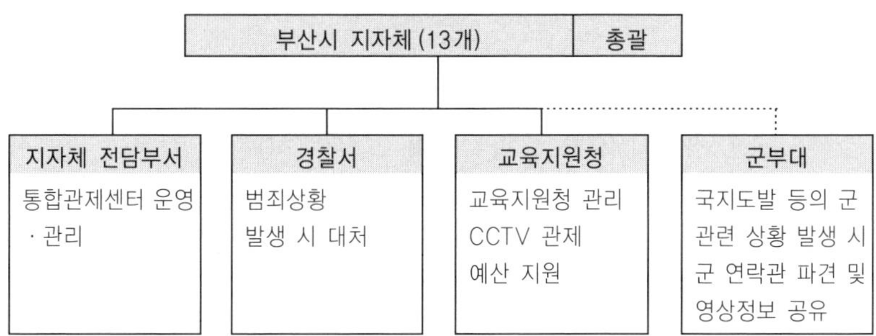

으로 파악된다. 바다와 인접한 지자체의 통합관제센터들은 개소 당시에 군부대들과 업무 협약을 체결하기도 하였으나, 군부대는 실질적인 통합관제센터의 운영에 있어서는 특별한 역할을 수행하지는 않는 것으로 파악되었다.[5] 따라서 부산시 지자체의 통합관제센터 유관기관은 〈그림 8-2〉와 같이 정리할 수 있다.

유관기관의 주요 역할은 크게 두 가지 수준에서 파악가능하다. 첫째는 통합관제센터의 구성에 관한 부분이다. 통합관제센터가 지자체의 행정영역에서 일어나는 다양한 문제 상황에 대해 효과적으로 대처하기 위해서는 기존에 설치되어 있는 CCTV를 가능한 많이 확보할 필요가 있다. 이에 통합관제센터 구축 이전에 지자체, 경찰서, 교육지원청 등 공공 기관들이 각자 설치 및 관리하고 있던 CCTV의 영상을 통합관제센터에 제공하는 역할을 수행하고 있다. 둘째, 통합관제센터의 관리·운영에 관한 부분이다. 지자체는 통합관제센터의 관리·운영을 전담하고, 경찰서는 파견 경찰을 통해 문제상황 발생 시에 경찰서와의 연락 등 빠른 대처가 가능하도록 하는 역할을 담당하고 있다. 교육지원청은 교육청 CCTV 관제 요원에 대한 예산 지원을 수행하고 있다.

5 군부대와의 협약은 지역에 통합방위사태 선포 및 국지도발 상황발생 시 통합관제센터 내 군 연락관을 파견해 상황을 전파하고 CCTV 영상정보를 공유함으로써 향토방위태세를 확립하기 위한 것으로 실질적인 통합관제센터의 운영과는 관련이 없는 것으로 나타났다.

그리고 각 지자체 간의 업무 협약은 없는 것으로 조사되었다. 즉, 통합관제센터 관할구역 내에서는 CCTV를 통해 범죄 발생 및 문제 확인 시 관제가능한 상황은 파견 경찰관에 의해 범죄자 추적 등의 역할을 원활하게 수행 가능할 것으로 파악된다. 그러나 지자체 간에는 관련한 업무 협약이 없어서, 범죄상황이 타 지자체의 관련 영역까지 확대될 경우는 통합관제센터의 파견경찰이 경찰서에 범죄상황을 보고하고, 경찰서에서 타 지자체 통합관제센터에 협조 요청을 통하여 업무가 수행되고 있다. 따라서 향후 보다 원활한 대처를 위해서는 통합관제센터의 업무 및 영상 정보 등에 대하여 지방자치단체들 간에 협조 체계가 필요하다.[6]

(2) 민간 부문

우리나라 CCTV는 전국적으로 보면 공공 부문이 57만여 대, 민간 부문이 450만여 대로 민간 부문에서 설치하여 운영하고 있는 CCTV가 대략 8배에 달한다. 그러나 CCTV 통합관제센터는 공공 부문에 한정하여 운영되어, 국가 CCTV 인프라의 적극적 활용이 부족한 실정이다. 더 나아가 민간 부문의 CCTV는 정확한 설치 장소와 대수가 파악조차 되지 않아, 문제상황 이후에 증거확보를 위한 협조 요청도 쉽지 않은 실정이다.

따라서 최근에는 민간 부문의 CCTV를 활용하기 위한 노력이 시도되고 있다. 부산지방경찰청은 2013년 10월 18일 차량용 블랙박스를 범죄 감시에 활용하는 '히든 아이'(hidden eye) 제도를 시행하여 차량용 블랙박스를 치안용으로 자발적으로 제공하는 사람을 '히든 아이 요원'으로 임명하고 범죄 검거에 도움이 되었을 경우, 신고포상금과 감사장을 주

6 지자체 통합관제센터 담당자에 의하면, 각 지자체의 CCTV 통합관제센터 영상은 부산광역시에 연계되어 있다고 응답하였다. 따라서 업무 협약 및 관련 소프트웨어의 보완 등을 통해 지자체 간의 연계는 충분히 실현 가능할 것으로 생각된다.

는 정책을 시행하였다. 그러나 이러한 민간 영상정보의 제공을 강제할 수 있는 상황은 아니다. 구체적으로는 개인의 CCTV이기 때문에 별도의 촬영 표기를 하지 않고 촬영이 진행되면 〈개인정보 보호법〉에 의거 처벌받을 수도 있으며, 공공기관에 제공하기 위한 목적일 경우에도 관련법과 상충될 수 있다. 그러므로 관련 규칙 준수가 요청되는데, 이를 뒷받침할 관련 규정이 없다는 것이 문제가 될 수 있다.

2) 법 · 제도 측면

2009년에는 공공기관의 CCTV 설치 · 운영에 관한 지침이 근거가 되어 공공기관에서 CCTV를 운영하였으나, 현재에는 이 지침은 폐지되고 각 공공기관별로 〈개인정보 보호법〉에 근거를 두고 CCTV를 운용하고 있다. 또 각 부처별로 개인정보 보호와 관련된 지침을 마련하여 CCTV 설치와 시스템 운영의 근거로 활용하고 있다. 사설 CCTV의 경우도 기본적으로 개인정보 보호법에 근거를 두고 있지만 상세한 사항에 대해서는 한국인터넷진흥원 규칙인 CCTV 개인영상 정보보호 가이드라인을 기반으로 운용되고 있다. 그러나 이러한 법령과 가이드라인으로는 CCTV의 급격한 증가에 대응하기에 부족하며, 앞으로 조직관리 부분과 함께 하나의 종합적인 관리 규칙이 필요할 것이다.

(1) 통합관제센터 구축 및 운영 관련 법 · 제도

통합관제센터의 구축은 (구) 행정안전부의 통합관제센터 구축 가이드라인에 따른 설계를 통해 시공하고, 〈개인정보 보호법〉 등의 관련 규정에 따라서 내부 지침을 마련한 이후에 관리부서 지정 등을 통해 운영하게 된다(행정안전부, 2013).

구축된 통합관제센터에서 관제하는 CCTV의 관리는 국가의 영상정보처리기기 관련 규정에 따라 관리 · 운영된다. 구체적인 영상정보처리기기 설치와 운용에 관련된 법률과 지침은 〈표 8-8〉과 같다.

부산시 지자체에 설치된 통합관제센터는 앞선 관련 법률 및 규정에 토대를 두고 운영하고 있으며, 통합관제센터가 구축된 13개 지자체 별로 통합관제센터 구축 및 운영 규정을 마련하고 있다.[7] 각 지자체별 통합관제센터 구축 및 운영 규정은 사상구가 30개 조항으로 가장 세분화되어 있고, 나머지 지자체는 24~25개 조항으로 구성되어 있다. 조항 수에는 차이가 있으나 구체적인 내용에서는 크게 차이가 없는 것으로 나타났다. 대표적인 구축 및 운영 규정은 〈표 8-9〉와 같다.

통합관제센터 구축 및 운영 규정은 크게 영상정보자원 관련한 조문과 통합관제센터 운영과 관련한 조문으로 나눌 수 있다. 영상정보자원과 관련한 조문은 영상정보의 수집·이용·제공, 영상정보처리기기의 설치기준 및 통합·연계 등에 관한 세부사항을 규정하고 있으며, 통합관제센터 운영과 관련한 조문은 전담부서, 관제요원 및 정보보호에 관하여 규정하고 있다. 대부분의 내용이 관련 국가 법령과 연계되어 준수되고 있지만, 제 13조 통합관제센터의 운영·관리 방침 및 제 21조 운영위원회 설치·운영과 관련하여서는 보완이 필요한 것으로 조사되었다.

통합관제센터의 구축은 유관기관 간 유기적이고 일원화된 감시 체계를 구축하여 지역사회의 문제에 공동으로 신속하게 대처할 수 있도록 하기 위해서이다. 따라서 통합관제센터의 운영·관리에 관한 공식화되고 명문화된 문서의 작성이 반드시 필요하다. 그리고 운영위원회는 위원회 개최에 대한 사항을 확인하기 어려우면 분기별로 개최가 이루어진 지자체도 운영회 회의 내용에 관한 사항은 존재하지 않았다.[8]

---

7 부산시에서 통합관제센터를 구축한 13개 구·군은 훈령을 통하여 통합관제센터 구축·운영 규정을 마련하였다. 그러나 전국적으로 보면 훈령뿐만 아니라 조례 14건, 훈령 43건, 예규 2건으로 지자체 간 차이가 있는 것으로 조사되었다.

8 운영위원회의 비효율적 운영은 통합관제센터가 각 지자체의 CCTV 관련 정책을 관장하는 것이 아니라, 단순히 물리적인 관제 업무를 수행하기 때문에 위원회 수준에서 결정할 내용이 없는 것으로 생각된다. 이러한 내용은 통합관제센터의 관리·운영과 현황에서 논의

〈표 8-8〉 영상정보처리기기 관련 규정

관련 규정	비고
• 〈개인정보 보호법〉	제 3조
• 〈정보통신망이용촉진 및 정보보호 등에 관한 법률〉	제 24조
• 〈아동복지법〉	제 9조
• 〈주차장법 시행규칙〉	제 6조
• 〈도로교통법 시행령〉	제 88조
• 〈지하공공보도시설의 결정 · 구조 및 설치기준에 관한 규칙〉	제 12조
• 〈공중위생관리법 시행규칙〉	제 2조
• 〈외국인보호규칙〉	제 37조
• 〈폐광지역개발 자원에 관한 특별법 시행령〉	제 14조
• 〈정보통신공사업법 시행령〉	제 2조
• 〈산림보호법 시행규칙〉	제 5조
• 〈관광진흥법〉	제 28조
• 〈사격 및 사격장 안전관리에 관한 법률〉	제 5조
• 〈학교폭력예방 및 대책에 관한 법률〉	제 20조
• 〈보행안전 및 편익증진에 관한 법률〉	제 24조

자료: 행정안전부, 2013.

〈표 8-9〉 부산시 지자체 통합관제센터 구축 및 운영 규정

세부 조항			
제 1조	목적	**제 13조**	**통합관제센터의 운영 · 관리 방침 수립**
제 2조	정의	제 14조	개인영상정보의 안전성 확보 조치
제 3조	적용 범위	제 15조	영상정보처리기기의 조작 가능 및 기능
제 4조	영상정보의 수집 · 이용 · 제공	제 16조	관제의 범위
제 5조	통합관제센터의 구축	제 17조	권한의 수임
제 6조	통합관리를 위한 영상정보처리기기 등의 설치기준	제 18조	관제요원의 근무
제 7조	의견 수렴	제 19조	관제요원의 자격
제 8조	안내판의 설치 등	제 20조	출입자 통제 등
제 9조	영상정보처리기기의 통합 · 연계	**제 21조**	**운영위원회 설치 · 운영**
제 10조	전담부서의 지정	제 22조	통합관제센터 운영업무 등의 위탁
제 11조	인력 확보 등	제 23조	영상정보처리기기의 관리 · 운영에 대한 점검
제 12조	통합관제센터의 역할	제 24조	교육의무

자료: 해운대구 통합관제센터 구축 및 운영 규정.

하고자 한다.

(2) 프라이버시 침해

공공기관의 CCTV 설치와 관련한 개인정보 보호 및 프라이버시 침해의 가능성은 오래전부터 논의가 있어 왔다(신영진, 2008). 우선 비공개의 장소는 물론이고 비록 공개된 장소라고 하더라도 촬영대상자의 동의 없이 국가기관이나 사인이 CCTV를 설치하여 개인의 얼굴 등을 촬영하는 행위는 헌법이 보장하고 있는 초상권[9]을 침해하는 행위일 수 있다. 물론 방범목적으로 일반인에게 공개된 장소에 CCTV를 설치하여 개인의 얼굴 등을 촬영하는 경우, 그 장소에 출입하는 사람은 자신의 출현을 타인에게는 비밀로 하겠다는 의사가 없을 뿐 아니라 그러한 상황에서 남들이 보아서는 안 된다고 기대하는 것은 합리적이지 않으므로 출입자의 촬영이 사생활의 비밀과 자유를 침해한다고 할 수 없을 것이다.

그러나 수사목적으로 특정인의 주거와 같이 비공개된 장소에 CCTV를 설치하여 출입자의 얼굴을 촬영하는 경우에는 사생활의 비밀과 자유를 침해하는 것이므로 법률에 근거하여야 한다. 더 나아가 CCTV에 의해서 영향을 받는 모든 개인에게 그 운영에 관해 의견을 제시할 수 있는 권리를 보장해야 한다. 기본적으로 자신과 관련된 정보의 존재확인, 열람요구, 이유제시, 이의제기 및 정정·삭제·보완 청구권을 가지며, 열람요구나 정정신청 등을 거부할 경우 그에 대한 불복신청과 손해발생 시 권리구제절차가 마련되어야 한다.

---

9 초상권에서 초상이란 얼굴 기타 특정인을 알 수 있는 자태나 특징을 말하고 그 권리의 내용은 이러한 초상이 함부로 촬영 또는 작성되는 것을 거절할 권리(촬영거절권), 이러한 초상이 함부로 공표되지 아니할 권리(공표거절권) 및 초상이 함부로 영리목적에 이용되지 아니할 권리(초상영리권)을 포함한다.

3) 관리 · 운영 측면

공공 부문에서 CCTV 관리와 운영은 법률의 규정을 준수하면서 설치, 이용되고 있는지 이를 통하여 얻어낸 개인 이미지들이 법률이 규정하는 정당한 목적을 위해서만 이용되고 있는지 등을 감시하기 위해서는 엄격한 통제장치를 두어야 한다. 따라서 그 오 · 남용을 막기 위해서는 엄격한 목적구속의 원칙을 관철하여 촬영되는 사람들의 인권침해를 최소화하여야 한다. 구체적으로는 영상기록 정보에의 무단접근, 목적 외의 제 3자 제공 등 CCTV의 오 · 남용행위에 대해서는 관련자를 행정적 제재나 형사처벌 함으로써 엄중하게 책임을 물어야 할 것이다. 한편 CCTV를 운영하는 자가 개인의 초상권과 사생활을 침해하지 않도록 자격과 교육을 받은 사람만이 운영할 수 있게 제한하여야 한다. 공공기관마다 CCTV를 설치하고 있음에도 불구하고 CCTV에 대한 인식이 부족하여 관리가 미흡한 경우가 있으므로 지정된 CCTV 관리담당자들을 대상으로 장기적인 관리교육도 이루어져야 한다.

(1) 설치와 운용

부산시 CCTV 통합관제센터의 운영은 크게 조직과 인력으로 구분해 볼 수 있다.

① 조 직

현재 부산시 CCTV 통합관제센터 운영은 〈표 8-10〉과 같이 자치구별로 CCTV 용도에 따라서 서로 다른 다양한 부서에서 관장하고 있는 실정이다. 즉, 각 지자체에 속해 있는 방범, 시설관리, 환경, 불법 주정차, 재난 · 안전 및 산림 등의 관련 부서에서 별도로 운영하면서 이에 교육청 및 경찰청 파견 인력이 운영에 참여하고 있다. 이처럼 설치 주체 관점에서 볼 때 여러 기관에서 파견되어 운영되는 조직이므로 운영

〈표 8-10〉 부산시 지자체별 CCTV 관련 부서

자치구별	관련부서						
	방범용 (구/시)	시설관리	어린이 보호	무단투기	재난 · 산림 · 재해 등	불법주정차 단속	그린파킹지역 관리/청사방호 /문화재보호 등
부산진구	행정지원과			청소행정과		교통행정과	교통행정과
금정구	도시안전과		초등학교 (교육청)	청소행정과	도시안전과	교통행정과	교통행정과
연제구	재무과	재무과	16개 초등학교	청소행정과	도시안전과	교통행정과	
수영구	안전관리과	문화공보과	초등학교	청소행정과	재난관리과	교통행정과	
서구							
동구	안전도시과	안전도시과/ 문화체육과		청소위생과	안전도시과	교통행정과	재무과, 동구도서관
사상구	회계재산과		초등학교	청소행정과	도시안전과	교통행정과	
중구	재무과	총무과/재무과/ 여성가족과/ 교통행정과		청소과		교통행정과	민원봉사과
남구	총무과	재무과/보건행정과/ 도서관/문화체육과/ 안전도시과		청소행정과	안전도시과	교통행정과	
강서구	안전도시과	재무과/ 안전도시과		환경위생과	안전도시과/ 녹지공원과	도로교통과	
기장군	민원봉사과	민원봉사과		환경위생과	재난안전과/ 농림과	교통경제과	환경위생과/ 농림과
북구	안전총괄과	재무과/ 안전총괄과	초등학교	청소행정과	청정녹지과	교통행정과	
해운대구	안전총괄과	도시디자인과/ 행정지원과		청소행정과	안전총괄과/ 늘푸른과	교통행정과	
영도구	자치행정과			청소행정과	도시안전과	교통과	
사하구	총무과	미원여권과/ 복지관리과/ 을숙도문화회관/ 다대도서관		자원순환과	안전총괄과	교통행정과	평생학습과

〈표 8-10〉 계속

자치구별	관련부서						
	방범용 (구/시)	시설관리	어린이 보호	무단투기	재난 · 산림 · 재해 등	불법주정차 단속	그린파킹지역 관리/청사방호 /문화재보호 등
동래구	동래 경찰서	교육정보과/ 재무과/ 민원여권과/ 도시관리과/ 문화시설사업소/ 의회사무국/ 주민센터		청소과		교통과	

의 계속성 및 전문성을 확보하기가 쉽지 않은 실정이다.

따라서 일반 행정직이 아니라 전문가로 구성된 별도의 운영 조직을 구성할 필요성이 있다. 이에 가장 중요하게 부각되는 측면이 운영의 책임성에 관한 부분이다. 즉, 통합관제센터는 수백 종류의 카메라 영상을 모니터링하고 녹화한 후에 정확한 영상 분석을 통해 개인의 신상정보를 오독, 오판하지 않도록 보안관리(보호) 하면서 서비스를 진행하여야 하므로 현재 보다 책임과 의무가 강조된 전문화된 조직 구성이 필요하다.

② 인 력

현재 부산시 CCTV 통합관제센터에 근무하고 있는 인력은 〈표 8-11〉과 같이 13개 센터에 총 272명으로 통합관제센터당 평균 21명이 근무하고 있다. 이 가운데 경찰이 총 36명으로 센터당 3명씩 근무하고 있으며, 교육청의 경우 담당 교육청 소재지에 따라서 인력이 배정되어 있다.[10]

이러한 지자체의 인력은 통합관제센터의 행정 업무 처리를 담당하

10 교육청 인원이 기입되지 않은 지자체에는 교육청 지원 인원이 포함되어 있으며, 교육청은 해당 인원에 대한 예산을 지원하고 있다.

〈표 8-11〉 부산광역시 CCTV 관제센터 인력 현황

2014년 말 기준

자치구별	구·군 CCTV					자치구별	구·군 CCTV				
	계	지자체	경찰	교육청	기타		계	지자체	경찰	교육청	기타
부산진구	27	24	3			중구	11	4	3	4	
금정구	23	8	3	12		남구	27	24	3		
연제구	19	8	3	8		강서구	20	11	3	6	
수영구	19	16	3			기장군	27	24	3		
서구	17	9	2	6		북구	27	20	3		4 (공익)
동구	15	12	3			해운대구	23	12	3	8	
사상구	17	16	1								

며, CCTV 모니터 요원들은 위탁업체를 통해 채용하여 운영하고 있다. 따라서 이러한 모니터 요원들의 자질 향상을 위한 제도적 방안이 마련되어야 한다. 현재 통합관제센터의 모니터 요원들은 전문적인 교육을 받은 것도 아니고, 시스템의 운용 방식도 모르는 상태에서 말 그대로 모니터를 주시하는 역할만을 수행하고 사건이 발생하면 관련 부서에 통보하는 일만 처리하고 있다. 따라서 모니터 요원들의 전문화 및 정규직화에 대한 논의가 필요할 것이다.

(2) 보안 및 예산

① 보안

CCTV의 보안관련 문제점은 크게 CCTV 자체의 보안 및 영상물 관리의 보안으로 나누어 볼 수 있다. CCTV는 원래 개발 당시에 인터넷과의 연결을 고려하지 않았기 때문에 보안에 취약한 구조를 지니고 있다. 현재 각 지방자치단체의 통합관제센터는 기존의 아날로그 CCTV 시스템에서 네트워크를 기반으로 하는 통합관제 시스템으로 발전하여 범죄예방과 수사, 재난 안전 등을 통합운영하기에 이르렀다.

따라서 네트워크 기반의 CCTV 통합관제센터는 외부 해킹에 취약하고 영상정보 유출의 위험이 높기 때문에, 개인정보 유출 위험에 대비한 정보보호관리가 이루어져야 한다. 또한 CCTV 영상개인정보 유출과 오·남용 방지를 위한 내부통제시스템 구축이 요망된다.

② 예 산

지난 2011년에 시작되어 2015년까지 진행된 CCTV 통합관제센터 구축에는 총 1조 원의 예산이 소요되었다. 그중 통합관제센터 구축 지원 예산 국비 50%를 제외한 나머지 CCTV 교체 수리, 운영비용 등은 모두 지자체에서 부담한 비용이다. 〈표 8-12〉와 같이 부산시 통합관제센터와 관련한 운영예산도 2014년을 기점으로 하여 급속하게 증가하고

〈표 8-12〉 부산광역시 지자체별 CCTV 관제센터 운영 예산

자치구별	구축 비용	2012	2013	2014	2015
부산진구	13억 원		271,543	785,168	941,815
금정구	13억 500만 원(국비 5.61, 시비 5.61, 교육청 1.83)	135,785	200,067	590,203	612,172
연제구	11억 8천여만 원	2,000	282,224	436,383	447,011
수영구	1,217백만 원(국비 531, 시비 531, 교육청155)	114,213	215,477	510,812	667,240
서구	11억 7,400만 원		75,447	113,748	174,407
동구	11억 7,400만 원		98,610	225,374	219,973
사상구	12억		117,989	400,325	395,801
중구	9억 3,400여만 원		4,329	189,339	355,294
남구	13억 6,200만 원			473,056	561,694
강서구	12억 원			389,794	863,307
기장군	11억 4,600만 원			115,897	268,744
북구	12억 5,600만 원 (국비 6.28억, 시비 4.96억, 교육청, 1.32억)			900	452,682
해운대구	13억		2,032	185,562	801,041

* 각 지자체의 연도별 예산을 기준으로 작성.

있는 실정이다.

따라서 지속적으로 늘어나는 운영관리 비용을 지방공무원 급여도 제대로 해결하지 못하는 지방 재정으로는 감당하기 곤란하기 때문에 앞으로 정상적인 운영이 힘들어질 수도 있다. 현재 전국 초·중·고등학교 CCTV의 77%가 100만 화소 미만 저화질이기 때문에 범죄 발생 시 신원확인이 어려운 실정에 처해 있다(〈전자신문〉, 2014. 8. 10). 이처럼 앞으로 노후화된 CCTV의 교체 수요에 대한 예산도 급증할 우려가 있으므로 이에 대비하여야 한다.

4) 기술환경 변화에 의한 지능형 CCTV 등장

최근 CCTV 관제와 관련한 기술은 안전에 대한 관심과 함께 급격하게 발전하는 추세이다. 디지털 영상기술의 발전과 더불어 인터넷을 통해 CCTV의 영상을 보는 기술은 이미 대중화되었을 뿐만 아니라 디지털 영상에서 사람, 사물 등 특정 객체나 싸움, 방화 등 특정 행위를 자동으로 검출하고 식별하는 지능형 기술을 결합시켜 지능형 CCTV로 발전하고 있다(정보통신산업진흥원, 2013).

이러한 지능형 CCTV는 소수의 인원으로도 운영이 가능하며, 모니터링 요원의 집중 정도에 따라 범죄 가능 상황의 파악이 차이를 가지는 것과 다르게 식별해야 할 객체나 행위를 지속적으로 관찰가능하다는 장점을 지닌다.

최근에는 이러한 지능형 CCTV를 도입하여 운영하는 사례도 늘어나고 있다. 지능형 CCTV는 이제 〈표 8-13〉과 같이 각 지역의 경찰청에서 도입이 확산되고 있으며, 구축된 CCTV 통합관제센터에서도 지능형 CCTV를 이용한 감시를 시도하고 있다. 이에 사람의 눈으로 직접 파악된 사건이 아니었음에도 지능형 CCTV의 도움에 의해 범죄가 예방되거나 해결된 사례가 늘어나고 있는 추세이다.

〈표 8-13〉 보급된 지능형 CCTV 운영 사례

연번	소속	사례
1	충북청 (진천)	공원, 학교에 설치된 CCTV에서 특정소리 감지 시 촬영 각도를 자동 조정해 해당위치 영상을 관제센터로 전송하는 시스템
2	부산청 (금정)	실종된 사회적 약자(미아, 정신지체장애아, 치매노인 등)를 데이터화하여 금정구 서동 주변 CCTV의 영상정보와 비교 분석 후 데이터 영상과 일치 시 영상정보화하는 시스템
3	서울청 (성북)	특정 행동패턴(배회, 담넘기, 폭행 등)으로 인식 시 관제센터 모니터 요원에게 경보 등을 통하여 근무자가 인지하게 하여 집중 모니터링이 가능하도록 하는 시스템
4	서울청 (노원)	경찰서↔통합관제센터 전 영상정보 공유 및 경찰서에서 CCTV 제어 등이 가능하게 한 시스템
5	서울청 (중랑)	① 현장 상황 발생 시 범인의 도주 및 특정 지점에 대한 반경 200m 내의 집중 감시 ② 시간대별 집중감시가 필요한 지역에 예약 시간에 따라 CCTV 촬영 방향을 다르게 하여 촬영되도록 하는 시스템

자료: 경찰청 내부 자료, 2013.

5. 정책 제언

CCTV 통합관제센터의 운영과 관련하여 앞에서 살펴본 문제점들과 센터 담당자들과의 인터뷰 결과를 기초로 하여 도출한 개선 방안들은 다음과 같이 정리할 수 있다.

1) 거버넌스 측면

CCTV 통합관제센터의 거버넌스 측면에서 가장 중요하게 부각되는 부분은 향후 민간 부문의 CCTV를 활용하는 방안을 마련하는 것이다. 이를 위해서는 우선적으로 민간 CCTV 데이터베이스의 구축이 선행되어야 한다. 그리고 공무원이 관련 CCTV의 설치 변화를 모두 관리, 감독하기는 어려움이 크므로 CCTV 등록제와 같은 제도를 마련하여 CCTV를 설치한 개인들이 자발적으로 변경사항을 제공하도록 하는 정책을 시행하여야 한다.

구체적으로는 CCTV 설치・운영자가 CCTV를 설치할 때에 CCTV의 설치장소, 성능, 목적 등을 통지하도록 하는 'CCTV 신고제도'의 도입이 필요하다. 다만 모든 CCTV에 대하여 신고 의무를 강제할 경우, 국민들의 불편을 초래하고 지나친 행정편의적 발상이라는 비판적 여론이 형성될 소지가 있다. 따라서 신고제도를 일시에 일괄적으로 실시하는 것보다는 CCTV의 설치・운영 규모에 따라 강행적 신고와 자율적 신고를 병행적으로 실시하고, 제도시행에 있어서도 단계별 유예기간을 두거나 신규설치에 대해서만 적용하는 등의 제도적 보완장치가 마련되어야 할 것이다. 또한 신고제도의 도입을 위해서는 반드시 법적 근거를 마련하여야 하므로, 〈개인정보 보호법〉 제 25조에 신고의무 및 전담기관 지정 근거를 규정하고, 시행령에서 신고대상, 신고요건, 신고절차 등 세부적 사항을 규정하여야 할 것이다(김민호, 2013).

2) 법 · 제도 측면

CCTV 통합관제와 관련하여 개인영상정보에 관한 법률 체계를 재편할 필요가 있다. 즉, 현행 〈개인정보 보호법〉, 〈개인정보 보호법 시행령〉, 〈표준 개인정보 보호지침〉, 〈공공기관 개인영상정보보호 가이드라인〉, 〈민간 부문 개인영상정보보호 가이드라인〉 등 여러 법규로 얽혀 있는 규율구조를 재정립하는 것이 필요하다. 물론 이러한 CCTV와 관련한 법 규정들은 그 나름대로 의미가 있다. 다만, 그 구체적인 요건, 절차, 감독기관, 개인의 권리 등에 관한 규정이 없다는 점에서 여전히 법제의 정비가 필요하다. 특히 개인정보 보호에 관한 법률이 통합법으로 정비되었지만 CCTV 운영 및 통합관제센터와 관련한 구체적인 내용은 미흡한 실정이다.

따라서 현재 CCTV 통합관제센터를 운영하고 있는 지방자치단체들은 영상정보처리 장치와 관련된 법과 제도의 차원에서 이를 운영하고 있다. 부산시의 통합관제센터들은 모두 CCTV관련 조례를 통하여 운영되고 있다. 그러므로 통합관제센터의 구축 목적 및 운영 방향을 별도로 수립하도록 하는 방안이 제시되어야 한다. 그러나 통합관제센터 및 영상정보처리장치 관련 법・제도는 국가 차원에서 이미 관련된 법령이 많아 지자체 수준에서 해결하기 어렵게 되어 있다. 따라서 상위 법령에서 필요한 부분은 정리해 줄 필요가 있을 것이다. 이와 관련하여 통합관제센터 운영을 포함하는 'CCTV 일반법'을 제정하는 것도 고려해 볼 필요가 있을 것이다.

3) 관리・운영 측면

효과적인 CCTV 통합관제시스템 활용을 위해서는 CCTV를 판독하고 이에 대해 즉시 판단을 내릴 수 있는 관리체계가 필수적이다. 물론 지능형 CCTV를 활용하여 즉각 대응하는 기술적인 방법이 발전하고 있으나, 결국은 사람이 결정을 내려야 하는 상황들이 반드시 발생한다. 따라서 모니터요원들에 대한 교육 및 관리・감독이 필요하며, 특히 CCTV에서 얻어지는 정보에 대한 보호는 부단히 노력해야 하는 부분이기에 이를 책임지고 관리할 전담 부서가 필수적이다. 따라서 CCTV 통합관제센터 관리와 협력에 관한 규정과 이에 따른 조직화가 요망된다.

구체적으로 부산시 통합관제센터들의 경우 모니터 요원들이 현재 신분상 계약직으로 지자체에서 1년 단위 채용공고를 내면 일선 인력업체에서 입찰하여 선정하게 되는 방식으로 운영되고 있다. 이러한 상황은 다른 지방자치단체의 통합관제센터들도 마찬가지이다. 따라서 전문성도 떨어지고 1년 단위로 교체되다 보니 실제 업무에 익숙할 시기에 전격 교체되는 문제점도 발생하고 있다. 또한 별도 세부적인 교육 프로그램도 없어 단순한 지시사항만 습득하고 배치되는 실정이다. 그러므로 통합관제센터 요원들의 정규직화 및 전문직화가 필요하다 이를 위해서는 각 지방자치단체 통합관제센터 요원들에 대하여 정기교육과 주기별 교육으로 모니터요원의 역할과 정보보호에 대한 보안 인식, 관련 업무의 기본적 능력 학습 등을 내용으로 하는 교육과정을 개설하여야 한다.

이러한 내용들은 통합관제센터에 파견되어 있는 경찰관들에게도 해당되는 것이다. 2015년 현재 우리나라의 전국 78개 통합관제센터에 216명의 경찰관이 상주 근무하고 있고, 합동관제센터와 일반관제센터에도 64명의 전담 경찰관이 근무하고 있다. 이들은 경찰교육원에서 개인정보 보호과정(1주)을 이수할 뿐, 별도의 CCTV 관련 전문 과정이 없기 때문에 CCTV관련 업무에서 전문성을 기대하기는 힘든 실정이다. 따라서 이들 상주 경찰관에 대한 교육을 강화하고 가칭 '통합관제시스템 관리사' 등의 자격증 부여 제도를 만들어 일종의 책임과 권한을 부여하는 것이 중요할 것이다.

4) 기술 발전에 따른 새로운 거버넌스의 필요성

CCTV와 관련한 정보통신기술의 급속한 발전은 기존의 관리체계를 뛰어 넘는 새로운 거버넌스를 필요로 하게 될 것이다(양순애, 2013). 과거의 CCTV는 해상도가 낮고 모두 고정식으로 설치되어 있었다. 그러나 최근에 보급되고 있는 CCTV는 고해상도 기반에 360도로 회전할 수 있으며, 음성 인식과 얼굴 인식이 가능하다. 또한 쓰레기 무단 투기나 불법 주정차를 방지하기 위하여 음성 안내 기능까지 갖추고 있다. 더 나아가 과거 CCTV의 영상들은 모두 테이프 형태의 아날로그 저장 방식이었으나, 현재 CCTV의 영상 저장장치는 디지털 방식으로 대용량과 고속 전송이 가능한 새로운 기술들을 채택하고 있다.

따라서 이러한 새로운 디지털 기술 기반에 기초한 CCTV 통합관제센터의 설립과 운영은 과거의 아날로그 방식의 접근과는 다른 관점에서 추진되어야 한다. 즉, 전국의 230여 개 기초자치단체들이 모두 각자의 통합관제센터를 구축하여 별도로 운영하는 것은 이제 더 이상 효율적인 방식이 아닐 수 있다. 왜냐하면 범죄가 발생할 경우, 범죄자가 하나의 지자체 내에서만 활동하는 것이 아니기 때문이다. 그러므로 이러한 기초자치단체들이 운영하고 있는 통합관제센터의 영상을 연계해서 저장하고 운영하며 검색할 수 있는 광역자치단체 차원의 조직이 요망된다.

현재 지방자치단체들은 이러한 CCTV 통합관제센터 구축과는 별도로 지역정보화 추진의 관점에서 지역정보통합센터를 설립하여 운영하고 있다(김기환, 2008; 정충식, 2012). 따라서 기존에 운영되고 있는 광역자치단체의 지역정보통합센터가 산하 기초자치단체들의 통합관제센터와 연계하여 각각의 통합관제센터에서 생성되는 영상정보를 전송 받아서 종합관리하고, 백업 및 연계 검색 등의 기능을 수행하는 방향으로 보다 통합된 영상정보 관리 거버넌스 방안을 마련해야 한다.

참고문헌

곽대경·이승철(2010), CCTV에 대한 인식과 지역적 환경요인이 범죄두려움에 미치는 영향, 〈한국공안행정학회보〉, 19(2), 11~46.

곽윤길·임태희(2011), 범죄 예방과 대응을 위한 효율적인 CCTV 활용 방안, 〈한국치안행정논집〉, 8(2), 119~144.

권동준(2014. 8. 10), 전국 초·중·고등학교 CCTV 77%가 100만 화소 미만 저화질, 〈전자신문〉.

권창환·서창갑(2011), 부산광역시 CCTV통합관제센터구축 사례연구, 〈디지털융복합연구〉, 9(3), 191~202.

김기환(2008), 지역정보화사업의 경제성 분석틀 연구: u-지역정보화사업에 대한 예비타당성조사를 중심으로, 〈한국지역정보화학회지〉, 11(2), 79~104.

김민호(2013), CCTV관리를 위한 법제 연구, 〈성균관 법학〉, 25(2), 219~244.
김지선(2014), CCTV 관련 연구 분석을 통한 통합관제센터 운영 개선 방안, 〈한국공안행정학회보〉, 23(2), 65~96.
노호래(2005), 범죄예방을 위한 CCTV의 효과적 활용방안, 〈한국공안행정학회보〉, 19호, 11~50.
박창석(2011), 범죄예방과 수사를 위한 경찰CCTV의 필요성과 문제점, 〈조선대 법학논총〉, 18(1), 197~221.
박철현·최수형(2013), 기초자치단체의 방범용 CCTV의 범죄예방효과: 강남구 논현동의 시범설치를 중심으로, 〈공공정책연구〉, 30(2), 25~42.
부산광역시(2010), 《부산광역시 정보화 기본계획》.
신영진(2008), 공공기관의 CCTV 도입에 따른 개인정보보호에 관한 연구, 〈한국지역정보화학회지〉, 11(2), 1~21.
안전행정부(2013.12), 2013 정부조직개편 백서.
양순애(2013), 지역정보화의 효율적인 추진을 위한 IT 거버넌스 발전방안, 〈한국지역정보화학회지〉, 16(1), 77~96.
양원규·정용철(2013), 방범용 CCTV의 효율적 운용방안: 대학내 방범용 CCTV에 대한 대학생의 인식을 중심으로, 〈한국지방자치연구〉, 15(3), 102~122.
유명준(2012), 지자체 CCTV 통합관제의 부족한 1%를 찾아서, 〈지역정보화〉, 77호, 70~73.
장교식(2014), 공공기관의 CCTV감시와 개인정보보호에 관한 고찰, 〈토지공법연구〉, 66호, 279~297.
장일식·양문승(2014), 전북 군산 지역의 경찰 방범용 CCTV 활용성과 및 개선 방안, 〈경찰학논총〉, 9(1), 147~175.
정보통신산업진흥원(2013), 지능형 CCTV 동향 및 성능 향상 방안.
정충식(2012), 스마트 클라우드 환경에서 지역정보화 추진 전략: 지역정보통합센터의 구축을 중심으로, 〈한국지역정보화학회지〉, 15(3), 1~28.
최민영(2014), CCTV를 통한 범죄예방의 법치국가적 한계, 〈고려법학〉, 73호, 187~220.
행정안전부(2011), CCTV 통합관제센터 추진 계획.
______(2013), 국가영상정보자원통합관제센터 구축 가이드라인.
행정자치부(2015), CCTV 실태조사 및 개인정보보호 종합지원시스템 현황자료.

3부

스마트 사회의 문제점들

09
스마트 시대 디지털콘텐츠 플랫폼의 진화

성욱준 (서울과학기술대학교 IT정책전문대학원 교수)

1. 서론

1) 스마트 시대의 디지털콘텐츠

디지털콘텐츠는 정보사회의 재화로서 정보재의 전형적인 특징을 가지고 있다. 정보재는 물질적 재화와는 달리 비소모성, 비이전성, 저장성, 무한재생가능성, 무한가치성 등의 특징을 가지고 있다. 따라서 일단 만들어진 재화는 아무리 사용해도 소모되지 않으며, 타인에게 양도해도 소유주에게 여전히 남아 있으며, 복제를 통해 낮은 가격으로 무한히 재생산할 수 있다(정충식, 2015). 정보재로서 디지털콘텐츠의 성격은 디지털콘텐츠의 이용 확대에는 크게 기여하였으나, 이용량의 증대만큼 유료 구매의 증가로 이어지지는 않았다. 즉, 영화, 동영상, TV프로그램, 게임, 음악 등과 같은 콘텐츠의 소비에서 오프라인에서의 소비와는 달리 온라인에서 디지털콘텐츠에 대해서는 공짜라는 인식이 강하여 유료로 구매하는 것을 부담스러워하는 경향을 보였다. 디지털콘텐츠에 대한 복제와 저작권을 둘러싼 논의들은 디지털콘텐츠 구매에 대한 환경을 보여 주는 단면이다.

스마트 사회가 무엇인가에 대해서는 아직까지 합의된 개념이 존재하지 않는다. 하지만 스마트폰의 등장과 함께 정치·사회·경제·문화 등의 전 분야에서 일어나고 있는 사회적 현상은 주목할 만하다. 스마트폰을 중심으로 한 스마트 기기는 기존의 전화기와 컴퓨터, TV, MP3 등의 다매체 기능을 한꺼번에 갖추고, 언제 어디서나 인터넷에 연결될 수 있는 초연결성을 가진 휴대용 기기라 할 수 있다. 스마트폰이 가진 휴대성, 고성능, 조작편이성 등의 매체로서의 특성보다도 더 주목할 만한 것은 새로운 매체의 등장으로 인한 생태계의 변화라 할 수 있다. 특히, 스마트 기기와 연동되는 어플리케이션 시장의 등장은 전통적인 디지털콘텐츠의 구매 행태에 대한 변화를 가져왔다. 안드로이드의 플레이스토어나 iOS상의 앱스토어는 콘텐츠 구매의 형태를 바꿀 뿐 아니라 더불어 디지털콘텐츠의 구매에 대한 인식 변화의 가능성을 준다. 스마트폰 어플리케이션 마켓은 앱뿐만 아니라 게임, 영화나 도서, 신문 등에 이르기까지 다양한 형태의 디지털콘텐츠를 제공한다.

이 연구는 스마트 기기가 도입된 이후 2010년부터 2014년까지 스마트 미디어 이용의 확산과 디지털콘텐츠의 유료 구매와의 관계에 관한 탐색적 연구이다. 스마트 기기의 활성화는 온라인상 유료 디지털콘텐츠 구매와 어떤 관계가 있을까? 스마트 기기의 활성화는 기존의 디지털콘텐츠(신문·책·잡지, 영화·동영상, TV프로그램, 음악, 게임)의 유료 구매의 증가에도 영향을 줄까? 스마트 기기의 활성화에 따른 스마트 어플리케이션 관련 콘텐츠의 구매는 기존의 디지털콘텐츠의 구매 양상과 비교하여 어떤 차이점이 있을까?

2) 디지털콘텐츠 플랫폼의 변화

2010년대 우리 사회의 가장 큰 변화 중 하나를 들자면 스마트 기기의 확산이라고 할 수 있다. 2009년 11월 아이폰의 도입을 시작으로 스마트 기기는 빠르게 확산하였고, 2015년 6월 기준으로 스마트폰 가입자 수는 4,100만 명을 넘어서고 있다.[1] 스마트폰은 기존 데스크톱(*desktop*) 컴퓨터에 비해 편리한 이동성과 인터넷 접속 용이성을 가지고 있으며, 2G 이동전화와 같은 기존 휴대전화에 비해 고성능, 다기능성, 편리한 UI 등을 가지고 있다. 더구나 망의 발전과 압축기술의 발달은 대용량의 콘텐츠의 전송을 용이하게 하였으며, 배터리 용량의 증가, 휴대용 스크린의 품질 향상 등과 같은 관련 기술의 증가는 디지털콘텐츠의 유통과 소비를 용이하게 만들었다.

정보통신 기술의 발전은 디지털콘텐츠의 유통과 소비 방식에 영향을 주어 왔다. 초기에는 디지털콘텐츠가 오프라인의 영화관이나 레코드점, 비디오 가게 등 아날로그 플랫폼의 공간에서 판매되었으나, 컴퓨터와 인터넷의 발전, 모바일 기기의 등장 등은 유통 구조를 오프라인에서 온라인 공간으로 옮겨 놓았다. 그중에서도 스마트 기기의 등장은 이러한 디지털콘텐츠를 매개하는 중요한 플랫폼으로서 자리 잡고 있다. 사용자의 접근성과 사용편이성은 아날로그 플랫폼뿐만 아니라 전통적인 데스크톱과 유선인터넷 중심의 구매방식에도 영향을 미치고 있다.

이상호·심창훈(2014)은 콘텐츠 플랫폼이 아날로그 방식에서 디지털로 진화하고 그 양상도 온라인에서 모바일, 스마트, 소셜 플랫폼 중심으로 변화하고 있다고 지적하였다. 영화는 극장에서, 신문은 신문가판대에서 음반은 레코드 판매점에서 구입하던 아날로그 방식의 플랫폼은 인터넷이라는 기술의 발전에 힘입어 온라인 플랫폼으로 진화하게 된다. 온라인 플랫폼은 아날로그에 비해 시간과 장소의 한계를 넘어 사용자에게 더 나은 접근성과 편의성을 제공하게 되었다. 이것은 영화나, 신문, 음악과 같은 콘텐츠를 온라인상에서 인터넷 극장/신문/음악 서비스를 통해 구매하고 소비할 수 있게 하였다. 스마트폰의 등장은 이

1 http://www.itstat.go.kr/stat.it?no=1149.

러한 콘텐츠 플랫폼의 변화를 가져오고 있다. 과거 이동통신사 중심의 폐쇄형 생태계는 오픈API를 기반으로 하는 오픈마켓의 형태로 구현되었고 구글 플레이스토어나 애플의 앱스토어는 대표적인 예이다. 초기에 오픈마켓들은 어플리케이션 형태의 콘텐츠를 제공하였으나, 최근에는 영화나 음악, 책/잡지 등과 같은 다양한 디지털콘텐츠의 판매도 함께 이루어지고 있다. 또한 오픈마켓뿐 아니라 스마트 기기의 콘텐츠 소비 환경이 발달하면서 영화나 TV프로그램, 음악, 잡지와 같은 디지털콘텐츠를 스마트 기기에서 구매하여 직접 소비하는 행태 또한 일상적이 되고 있다. 영화는 영화관, TV프로그램은 TV, 음악은 MP3, 게임은 PC나 게임기라는 개개의 콘텐츠에 적합한 하나의 매체라는 형식은 스마트 기기의 발전에 따라 더 이상 적용되지 않기에 이르렀고, 멀티콘텐츠를 구현할 수 있는 통합 유통 플랫폼으로서 스마트 기기의 가능성이 주목받고 있는 것이다.

그 동안 스마트 기기의 등장과 디지털콘텐츠의 관계에 대한 연구는 다양한 측면에서 진행되어 왔다. 하지만, 연구들은 대부분 콘텐츠의 이용의도나 동기, 인식이나 태도와 같은 인지적 변수에 초점을 맞추어 왔다(김기석, 2013; 김재민 외, 2014; 김종기 외, 2012; 문성철 외, 2011; 신정원 외, 2009; 심진보, 2010; 이재영 외, 2011; 이제홍, 2011; 이진희, 2010; 장은지 외, 2012). 하지만, 스마트 기기의 유료 디지털콘텐츠 플랫폼으로서 가능성을 살펴보기 위해서는 이용 의도와 같은 태도적 요인보다는 실제 구매행위와 구매액을 중심으로 하는 연구가 필요하다. 이 연구는 3일간의 미디어 다이어리 자료를 통해 개인들의 스마트 기기의 이용정도를 사용량에 따라 파악하고, 미디어 기기 사용시간이 디지털콘텐츠의 사용 특히, 유료 디지털콘텐츠의 구매의 어떤 관계를 가지는지 실증분석해 보고자 한다.

2. 미디어 이용 행태와 디지털콘텐츠 구매

1) 디지털콘텐츠의 구매 요인들

일반적으로 상품의 구매와 관련된 연구들을 보면 주로 소비자의 인구통계학적 특성이나 성향, 성격특성 등에 주목해 왔다(홍성태, 1999; 홍성태 · 박은아, 2005; 이선명 · 박성희, 2007; 박은주 외, 2005; 박광희 · 임성희, 2010; 문숙재 외, 2005; 김화동, 2003; 김지영, 2011; 김지영, 2009; 김종철 외, 2007). 또한 인구사회학적 속성에 대한 관심은 온라인에서의 상품구매에서 개별 소비자의 특성에 따른 구매 격차 문제에 대한 관심으로 이어지기도 하였다(김기옥, 2000; 김민정 외, 2007; 최혁라, 2008; 양정애 외, 2013). 상품의 구매와 관련된 연구결과들은 대체로 남성보다는 여성이, 연령이 낮을수록, 교육수준이 높을수록, 소득이 많을수록 상품구매에 긍정적인 영향을 주는 것으로 나타났다. 구체적으로 양정애 · 장현미(2014) 연구는 남자보다는 여자가, 연령이 낮을수록, 교육수준이 높을수록 상품구매에 긍정적인(+) 영향을 미치는 것으로 나타났으며, 소득이나 직업 등의 경우 소비 유형에 따라 다른 결과를 보이는 것으로 나타났다. 신우철 · 김용규(2015)의 모바일 메신저 이용자의 특성 연구에 따르면 남성보다는 여성이, 연령이 낮을수록, 학력이 높을수록, 소득수준이 낮을수록, 대도시(서울특별시와 6대 광역시)에 거주할수록 모바일 메신저 이용이 높아지는 것으로 나타났다.[2] 하지만 상품구매와 인구사회학적 요인의 관계를 일반화시켜 보기는 힘들 것이다. 구매하는 상품의 특성이나 개인의 다양한 특성변수들이 고려되어 최종적인 상품 구매의 결정과 실제 수요가 일어날 것이기 때문이다.

---

2 신우철 · 김용규(2015), 모바일 메신저 이용과 이동통신서비스 및 콘텐츠 이용간의 상관관계 분석, 〈정보통신정책연구〉, 22(1), 123~147.

온라인콘텐츠의 구매에 대한 연구들도 일반적 상품 구매와 관련된 연구들을 참조하여 주로 개인의 특성이나 성격, 구매 성향 등에 주목하여 왔다. 김재민 외(2014)는 재미와 유능성과 같은 개인적 영향, 사회적 상호작용과 표현욕구와 같은 사회적 관계, 사회적 규범과 인지된 확산정도와 같은 사회적 영향을 통해 모바일 소셜네트워크 게임의 아이템 구매의도에 미치는 영향을 분석하였다. 문재영(2014)은 스마트폰 게임 선택요인에 대한 연구에서 유용성, 보상, 혁신성, 장치성, 접속성, 휴대성의 요인을 통해 구매의도를 분석하였다. 디지털콘텐츠에 대한 연구들은 유용성, 사용성, 공감성, 오락성, 편리성, 인지된 비용, 친밀감 등과 같은 개인의 심리적 특성에 초점을 맞추어 왔다고 할 수 있다(김윤경, 2005; 강승철, 2005; 조진욱, 2006; 김근형, 2006; 임병하·김동현, 2007; 김효정 외, 2008, 조대영·권현정, 2008; 문재영, 2014; 김재민 외, 2014). 최근 정보통신정책연구원(KISDI)의 '한국 미디어 패널 조사'에 의해 미디어패널의 자료가 축척됨에 따라 디지털콘텐츠의 소비를 사용자의 미디어 이용행태와 관련하여 접근하고자 하는 연구가 조금씩 발전해 왔다(홍아름·이창준, 2013; 신우철·김용규, 2015). 신우철·김용규(2015)는 KISDI 한국미디어패널의 2010-2013년 데이터를 사용한 패널로짓모형 통해 모바일 메신저와 모바일 콘텐츠(게임, SNS 사용, 사진/그림, 정보검색콘텐츠)의 관계를 분석하였다. 모바일메신저의 활용은 SNS의 사용에는 유의미한 영향을 미치지 않으나, 모바일 게임, 사진/그림, 정보검색콘텐츠의 정(+)의 효과를 가지는 것으로 나타났다.

스마트 기기의 도입으로 시작된 스마트 시대의 도래는 미디어 이용환경을 본질적으로 바꾸고 있다. 스마트 기기의 활성화는 형식적으로는 언제 어디서나 접속가능한 인터넷 환경을 제공함으로써 접근성을 높이고 있다. 내용적으로도 스마트폰을 사용한 어플리케이션의 구매와 영화, 음악, 게임 콘텐츠의 유료 구매의 경험이 늘어나고 있으며,

모바일 인스턴트 메신저(카카오톡, 라인 등)에서 제공되고 있는 인앱 기능을 통한 디지털콘텐츠의 구매가 증가하고 있다. 디지털콘텐츠에 대한 접근성의 증가와 구매에 대한 거부감의 감소는 스마트 플랫폼으로 전이를 가속화하고 있다.

2) 스마트 기기의 확산과 디지털콘텐츠 구매

이 글은 스마트 미디어로의 환경 변화가 디지털콘텐츠의 유료 구매와 어떤 관계를 가지는지 살펴본다. 이 연구에서 디지털콘텐츠는 다음의 두 가지로 분리된다. 첫째, 일반적인 온라인상 분야별 디지털콘텐츠이다. 온라인상의 신문·잡지·책, 동영상·영화, TV방송프로그램, 음악, 게임 분야의 디지털콘텐츠를 개별 분야의 유료 구매금액과 분야 합산 총금액을 통해 살펴볼 것이다. 둘째, 스마트 기기 어플리케이션 관련 구입 금액이다.[3]

연구문제 1. 어떤 사람들이 디지털(온라인/스마트) 콘텐츠를 구매하는가? 또한 온라인/스마트콘텐츠의 구매액은 성별, 연령, 교육 수준, 직업, 소득, 결혼 여부 등과 같은 인구사회학적 요인들에 의해 차이가 있을까?

연구문제 2. 스마트 기기의 확산은 디지털(온라인/스마트) 콘텐츠의 구매에 어떤 영향을 미칠 것인가? 스마트 기기를 가진 사람과 스마트 기기를 가지지 않은 사람은 디지털콘텐츠의 구매액에 차이가 있을까?

---

3 이하에서는 서술상의 편의를 위해서 (KISDI 한국미디어패널의 설문에서) '온라인상 유료 디지털콘텐츠 구입'의 항목에 있는 신문/잡지/책, 동영상/영화, TV방송, 음악, 게임의 디지털콘텐츠를 '온라인상 콘텐츠'로, 스마트 기기를 통해 서비스되는 어플리케이션과 관련 인앱 기능 등을 통해 판매되는 디지털콘텐츠를 '스마트콘텐츠'로 구분하여 사용한다. 이러한 온라인콘텐츠와 스마트콘텐츠는 디지털콘텐츠로 통칭한다.

위의 연구질문들을 통해 스마트 시대 디지털(온라인/스마트) 콘텐츠의 구매 현황 및 경향을 파악하고, 앞으로 스마트 기기 중심의 스마트 플랫폼으로의 변화 가능성을 모색하고자 한다.

3) 연구방법

이 연구의 분석을 위해 정보통신정책연구원(KISDI)에서 실사한 한국미디어패널 설문조사의 2010년~2014년의 5년간 자료(*data*)를 사용하였다. KISDI 한국미디어패널 조사는 미디어 환경 및 이용행태의 변화를 파악하여 계층·지역별 미디어 이용의 심층적인 분석을 통해 해당 부분 연구와 정책의 기초자료로 사용하고자 2010년부터 매년 실시되고 있다.[4] 가구방문 면접조사를 기본으로 하여 전국 17개 시도의 만 6세 이상 가구원에 대해 미디어 기기 보유현황, 미디어 기기 연결성, 미디어 다이어리, 미디어 이용 행태, 방송통신 서비스 가입 및 지출 현황 등을 조사하고 있다. 해당 자료는 통계청 국가승인통계 제 40501로서 지정되어 있다.

이 글에서 사용되는 주요 변수들은 다음과 같다. 첫째, 종속변수로는 온라인상 유료 디지털콘텐츠 구입금액과 스마트 기기 어플리케이션 관련 구입 금액이 사용된다. 둘째, 독립변수로는 인구사회학적 통계요인들로서 성별, 나이, 학력, 직업, 소득, 결혼 여부를 사용하였다. 이 연구에서는 SPSS 22.0을 사용하여 기술통계량을 측정하고 분산분석(ANOVA)을 실시하였다.

---

4 구체적인 조사연혁은 다음과 같다.
2010년 10월: 1차년도 3,085가구 및 가구 내 개인 6,750명을 대상으로 조사 실시.
2011년 6월: 2차년도 5,109가구 및 가구 내 개인 12,000명을 대상으로 조사 실시.
2012년 6월: 3차년도 4,432가구 및 가구 내 개인 10,319명을 대상으로 조사 실시.
2013년 6월: 4차년도 4,381가구 및 가구 내 개인 10,464명을 대상으로 조사 실시.

〈표 9-1〉 주요 변수명과 변수 설명

변수명		변수 설명
온라인상 유료 디지털콘텐츠 구입 금액	총금액	지난 3개월을 기준으로 한 달에 유료 디지털콘텐츠를 구입하기 위해 사용한 총 금액(단위: 천 원)
	신문/잡지/책	지난 3개월을 기준으로 한 달에 신문/잡지/책 종류의 유료 디지털콘텐츠를 구입하기 위해 사용한 금액(단위: 천 원)
	동영상/영화	지난 3개월을 기준으로 한 달에 동영상/영화 종류의 유료 디지털콘텐츠를 구입하기 위해 사용한 금액(단위: 천 원)
	TV방송	지난 3개월을 기준으로 한 달에 TV방송 프로그램 종류의 유료 디지털콘텐츠를 구입하기 위해 사용한 금액(단위: 천 원)
	음악	지난 3개월을 기준으로 한 달에 음악 종류의 유료 디지털콘텐츠를 구입하기 위해 사용한 금액(단위: 천 원)
	게임	지난 3개월을 기준으로 한 달에 신문/잡지/책 종류의 유료 디지털콘텐츠를 구입하기 위해 사용한 금액(단위: 천 원)
스마트 기기 어플리케이션 관련 구입 금액		(스마트 기기 이용자 중) 지난 1년 동안 스마트 기기 유료 어플리케이션 및 유/무 어플리케이션 내 아이템 및 확장 기능 구매 총금액(단위: 천 원)
스마트 기기 사용 여부		스마트폰 기기 보유 여부 미보유 = 0, 보유 = 1
인구통계학 요인	성별	여성 = 0, 남성 = 1
	나이	연령(만)을 10세 단위로 구분 10세미만 = 1, 10~19세 = 2, 20~29세 = 3, 30~39세 = 4 40~49세 = 5, 50~59세 = 6, 60~69세 = 7, 70세 이상 = 8
	학력	최종학력을 기준으로 구분 미취학 = 1, 초졸 이하 = 2, 중졸 이하 = 3, 고졸 이하 = 4, 대졸 이하 = 5, 대학원 재학 이상 = 6
	직업	직업의 유무를 기준으로 구분 직업 없음 = 0, 직업 있음 = 1
	소득	개인 월평균 소득 기준으로 분류(단위: 만 원) 소득없음 = 1, 50 미만 = 2, 50~100 = 3, 100~200 = 4, 200~300 = 5, 300~400 = 6, 400~500 = 7, 500 이상 = 7
	배우자 여부	미혼, 사별, 이혼 = 0, 기혼 = 1

3. 디지털콘텐츠 구매 행태의 변화

1) 2011년 디지털콘텐츠의 구매

(1) 인구사회학적 요인과 디지털콘텐츠 구매액

2011년 온라인콘텐츠에 대한 구매 계층과 금액을 정리하면 〈표 9-2〉와 같다.

첫째, 기술통계량을 보면 성별로는 온라인콘텐츠에 대해서 남자가 평균 1,108원을 여성이 평균 1,017원을 사용하고 있으며, 스마트콘텐츠에 대해서 남성이 평균 8,513원, 여성이 평균 11,462원을 사용하고 있다. 연령별로는 온라인콘텐츠에 대해서 20대가 평균 2,476원을 30대가 평균 1,953원을 사용하고 있으며, 스마트콘텐츠에 대해서 10대 미만이 평균 37,000원을 10대가 평균 22,323원을 사용하고 있다. 학력별로는 온라인콘텐츠에 대해서 대학원 재학 이상이 평균 3,103원을 대졸 이하가 평균 1,879원순으로 사용하고, 스마트콘텐츠에 대해서 초졸 이하가 평균 22,500원을 고졸 이하가 평균 15,710원 순으로 사용하고 있다. 배우자별로는 온라인콘텐츠에 대해서 없는 사람이 평균 1,167원을 있는 사람이 983원을 사용하고 있으며, 스마트콘텐츠에 대해서 없는 사람이 평균 12,234원을 있는 사람이 평균 6,571원을 사용하고 있다. 소득별로는 온라인콘텐츠에 대해서 400만 원대가 평균 1,896원을 300만 원대가 평균 1,548원을 사용하고 있으며, 스마트콘텐츠에 대해서 400만 원대가 평균 14,227원을 소득없음이 평균 12,354원을 사용하고 있다. 직업별로는 온라인콘텐츠에 대해서 있는 사람이 평균 1,259원을 없는 사람이 평균 899원을 사용하고 있으며, 스마트콘텐츠에 대해서 있는 사람이 평균 8,083원을 없는 사람이 평균 11,885원을 사용하고 있다.

둘째, 인구사회학적 요인에 따른 금액의 차이가 통계적으로 유의미

〈표 9-2〉 2011년 온라인 콘텐츠 구매금액

2011년		1. 총액 (N = 12,000)		1.1 신문/잡지/책 (N = 12,000)		1.2 영상/영화 (N = 12,000)		1.3 TV방송 (N = 12,000)		1.4 음악 (N = 12,000)		2.스마트콘텐츠 (N = 497)	
		N	Mean	N	Mean	N	Mean	N	Mean	N	Mean	N	Mean
성별	남	5,497	1,108	5,497	236	5,497	410	5,497	237	5,497	225	300	8,513
	여	6,503	1,017	6,503	245	6,503	296	6,503	267	6,503	209	197	11,462
	ANOVA		–		–		**		–		–		–
연령	10대 미만	621	90	621	32	621	23	621	31	621	5	1	37,000
	10대	1,783	1,161	1,783	279	1,783	368	1,783	103	1,783	412	62	22,323
	20대	1,068	2,476	1,068	439	1,068	922	1,068	337	1,068	777	185	7,427
	30대	2,069	1,953	2,069	400	2,069	739	2,069	503	2,069	312	165	9,000
	40대	2,260	1,076	2,260	286	2,260	317	2,260	350	2,260	123	72	6,083
	50대	1,634	688	1,634	228	1,634	139	1,634	268	1,634	54	12	7,833
	60대	1,219	121	1,219	28	1,219	25	1,219	59	1,219	8	0	
	70대 이상	1,346	139	1,346	19	1,346	13	1,346	102	1,346	4	0	
	ANOVA		***		***		***		***		***		–
최종 학력	미취학	129		129		129		129		129		0	
	초졸 이하	2,982	184	2,982	38	2,982	63	2,982	64	2,982	20	4	22,500
	중졸 이하	1,467	648	1,467	141	1,467	232	1,467	153	1,467	121	14	6,857
	고졸 이하	4,019	1,143	4,019	268	4,019	385	4,019	297	4,019	193	124	15,710
	대졸 이하	3,228	1,879	3,228	436	3,228	566	3,228	418	3,228	459	334	7,515
	대학원 이상	174	3,103	174	500	174	1,563	174	471	174	569	21	8,000
	ANOVA		***		***		***		***		***		–

〈표 9-2〉 계속

2011년		1. 총액 (N = 12,000)		1.1 신문/잡지/책 (N = 12,000)		1.2 영상/영화 (N = 12,000)		1.3 TV방송 (N = 12,000)		1.4 음악 (N = 12,000)		2.스마트콘텐츠 (N = 497)	
		N	Mean	N	Mean	N	Mean	N	Mean	N	Mean	N	Mean
배우자	미혼/사별/이혼	4,914	1,167	4,914	239	4,914	428	4,914	153	4,914	347	273	12,234
	배우자 있음	7,086	983	7,086	242	7,086	293	7,086	323	7,086	125	224	6,571
	ANOVA		*		–		**		***		***		
소득	소득없음	6,095	913	6,095	227	6,095	274	6,095	182	6,095	230	195	12,354
	50만 원 미만	541	529	541	111	541	96	541	209	541	113	9	4,667
	50~100	961	549	961	144	961	70	961	238	961	98	14	5,286
	100~200	1,788	1,450	1,788	275	1,788	610	1,788	336	1,788	229	89	7,865
	200~300	1,375	1,273	1,375	212	1,375	544	1,375	244	1,375	273	90	9,422
	300~400	741	1,548	741	402	741	337	741	637	741	171	55	4,836
	400~500	269	1,896	269	502	269	517	269	509	269	368	22	14,227
	500 이상	215	1,460	215	442	215	721	215	200	215	98	23	6,957
	ANOVA		***		*		***		***		***		–
직업	있음	5,316	1,259	5,316	269	5,316	452	5,316	334	5,316	204	288	8,083
	없음	6,684	899	6,684	219	6,684	265	6,684	189	6,684	226	209	11,885
	ANOVA		***		–		***		***		–		–
	합계	1,060		240		350		250		220		9,680	

분산분석(ANOVA) 결과 : * p-value < 0.1, ** p-value < 0.05, ***p-value < 0.01.

〈표 9-3〉 2011년 스마트기기 사용과 온라인콘텐츠 구매

2011	1. 총액		1.1 신문/잡지/책		1.2 영상/영화		1.3 TV		1.4 음악	
	n	mean	n	mean	n	mean	n	mean	n	mean
스마트 기기 사용자	2,070	2,630	2,070	440	2,070	1,040	2,070	500	2,070	640
스마트 기기 미사용자	8,327	850	8,327	230	8,327	230	8,327	230	8,327	150
ANOVA		***		***		***		***		***

분산분석 결과(p-value): * $p < 0.1$, ** $p < 0.05$, ***$p < 0.01$.

한 차이인지 살펴보기 위하여 분산분석을 실시하였다. 분산분석 결과 대체로 디지털콘텐츠에 대해 인구사회학적으로 유의미한 차이가 나지는 않는 것으로 나타났다. 다만, 스마트콘텐츠의 경우 소득에 따라 구매액의 차이가 나타나는 것을 볼 수 있다.

(2) 스마트 기기의 사용과 디지털콘텐츠 구매액

디지털콘텐츠의 구매액이 스마트 기기의 사용 여부에 따라 차이가 날 것인지 살펴보았다. 먼저 스마트 기기 여부에 따른 디지털콘텐츠 구매 금액의 기술통계를 살펴본다. 먼저 온라인상 콘텐츠의 경우 스마트 기기 사용자는 평균 2,630원을 사용하였고, 스마트 기기 미사용자는 평균 845원을 사용하였다. 스마트 기기 여부에 따른 온라인상 콘텐츠 구매 금액의 차이가 통계적으로 유의미한 차이인지 살펴보기 위하여 분산분석을 실시하였다. 분산분석의 결과 개별 온라인콘텐츠와 온라인콘텐츠 총액에서 스마트폰의 사용 여부에 따라 금액의 차이가 나타났다.

2) 2012년 디지털콘텐츠의 구매

(1) 인구사회학적 요인과 디지털콘텐츠 구매액

2012년 온라인콘텐츠에 대한 구매 계층과 금액을 정리하면 〈표 9-

〈표 9-4〉 2012년 온라인 콘텐츠 구매금액

2012년		1. 총액 (N=10,319)		1.1 신문/잡지/책 (N=10,319)		1.2 영상/영화 (N=10,319)		1.3 TV (N=10,319)		1.4 음악 (N=10,319)		2.스마트콘텐츠 (N=497)	
		N	Mean	N	Mean	N	Mean	N	Mean	N	Mean	N	Mean
성별	남	4,713	660	4,713	88	4,713	293	4,713	138	4,713	142	265	14,162
	여	5,606	723	5,606	150	5,606	259	5,606	155	5,606	159	232	11,254
	ANOVA		–		***		–		–		–		–
연령	10대 미만	422	128	422	31	422	52	422	33	422	12	2	500
	10대	1,480	896	1,480	97	1,480	418	1,480	100	1,480	280	98	12,286
	20대	842	1,728	842	261	842	666	842	173	842	627	147	11,578
	30대	1,638	1,385	1,638	333	1,638	526	1,638	325	1,638	201	153	12,222
	40대	1,985	755	1,985	99	1,985	303	1,985	223	1,985	130	79	17,975
	50대	1,458	337	1,458	79	1,458	98	1,458	143	1,458	17	16	9,938
	60대	1,120	41	1,120	9	1,120	19	1,120	13	1,120		2	4,000
	70대 이상	1,374	19	1,374	8	1,374		1,374	11	1,374			
	ANOVA		***		***		***		***		***		–
최종학력	미취학	45		45		45		45		45			
	초졸 이하	2,575	103	2,575	23	2,575	59	2,575	12	2,575	9	17	17,941
	중졸 이하	1,269	347	1,269	52	1,269	121	1,269	100	1,269	74	23	11,652
	고졸 이하	3,454	726	3,454	111	3,454	259	3,454	203	3,454	152	133	11,226
	대졸 이하	2,830	1,329	2,830	242	2,830	558	2,830	218	2,830	311	292	13,332
	대학원 이상	146	1,322	146	418	146	329	146	301	146	274	32	12,656
	ANOVA		***		***		***		***		***		–

〈표 9-4〉 계속

2012년		1. 총액 (N = 10,319)		1.1 신문/잡지/책 (N = 10,319)		1.2 영상/영화 (N = 10,319)		1.3 TV (N = 10,319)		1.4 음악 (N = 10,319)		2.스마트콘텐츠 (N = 497)	
		N	Mean	N	Mean	N	Mean	N	Mean	N	Mean	N	Mean
배우자	미혼/사별/이혼	4,142	797	4,142	116	4,142	331	4,142	102	4,142	248	277	12,397
	배우자 있음	6,177	625	6,177	125	6,177	236	6,177	178	6,177	86	220	13,318
	ANOVA		*		–		–		**		***		
소득	소득 없음	4,974	634	4,974	101	4,974	247	4,974	122	4,974	165	224	12,313
	50만 원 미만	580	329	580	72	580	153	580	62	580	41	12	7,167
	50~100	867	431	867	42	867	166	867	144	867	80	18	6,722
	100~200	1,622	851	1,622	158	1,622	357	1,622	146	1,622	190	85	12,624
	200~300	1,182	822	1182	114	1,182	409	1,182	169	1,182	130	85	16,435
	300~400	680	787	680	250	680	249	680	169	680	119	40	11,700
	400~500	210	1,386	210	305	210	395	210	462	210	224	12	13,583
	500 이상	198	1,338	198	247	198	268	198	525	198	298	21	14,190
	ANOVA		***		***		–		***		***		–
직업	있음	4,808	778	4,808	146	4,808	311	4,808	180	4,808	142	258	13,659
	없음	5,511	621	5,511	101	5,511	242	5,511	119	5,511	159	239	11,883
	ANOVA		*		*		–		**		–		–
	합계		690		120		270		150		150		12,800

* 분산분석(ANOVA) 결과 : * p-value 〈0.1, ** p-value〈0.05, ***p-value〈0.01.

4>와 같다.

첫째, 기술통계량을 보면 성별로는 온라인콘텐츠에 대해서 남자가 평균 660원을 여성이 평균 723원을 사용하고 있으며, 스마트콘텐츠에 대해서 남성이 평균 14,162원을 여성이 평균 11,254원을 사용하고 있다. 연령별로는 온라인콘텐츠에 대해서 20대가 평균 1,728원을 30대가 평균 1,385원을 사용하고 있으며, 스마트콘텐츠에 대해서 40대가 평균 17,975원을 10대가 평균 12,286원을 사용하고 있다. 학력별로는 온라인콘텐츠에 대해서 대졸 이하가 평균 1,329원을 대학원재학 이상이 평균 1,322원순으로 사용하였고, 스마트콘텐츠에 대해서 대졸 이하가 평균 13,332원을 초졸 이하가 평균 17,941원 순으로 사용하고 있다. 배우자별로는 온라인콘텐츠에 대해서 없는 사람이 평균 797원을 있는 사람이 625원을 사용하고 있으며, 스마트콘텐츠에 대해서 없는 사람이 평균 12,397원을 있는 사람이 평균 13,318원을 사용하고 있다. 소득별로는 온라인콘텐츠에 대해서 400만 원대가 평균 1,386원을 500만 원 이상이 평균 1,338원을 사용하고 있으며, 스마트콘텐츠에 대해서 200만 원대가 평균 16,435원을 500만 원 이상이 평균 14,190원을 사용하고 있다. 직업별로는 온라인콘텐츠에 대해서 있는 사람이 평균 778원을 없는 사람이 평균 621원을 사용하고 있으며, 스마트콘텐츠에 대해서 있는 사람이 평균 13,659원을 없는 사람이 평균 11,883원을 사용하고 있다.

둘째, 인구사회학적 요인에 따른 금액의 차이가 통계적으로 유의미한 차이인지 살펴보기 위하여 분산분석을 실시하였다. 분산분석 결과 대체로 디지털콘텐츠에 대해 인구사회학적으로 유의미한 차이가 나지는 않는 것으로 나타났다. 다만, 스마트콘텐츠의 경우 소득에 따라 구매액의 차이가 나타나는 것을 볼 수 있다.

〈표 9-5〉 2012년 스마트기기 사용과 온라인콘텐츠 구매

2012년	1. 총액		1.1 신문/잡지/책		1.2 영상/영화		1.3 TV		1.4 음악	
	n	mean	n	mean	n	mean	n	mean	n	mean
스마트 기기 사용자	4,326	1,248	4,326	201	4,326	509	4,326	246	4,326	293
스마트 기기 미사용자	4,772	347	4,772	74	4,772	130	4,772	84	4,772	60
ANOVA		***		***		***		***		***

분산분석 결과(p-value) : * $p < 0.1$, ** $p < 0.05$, ***$p < 0.01$

(2) 스마트 기기의 사용과 디지털콘텐츠 구매액

디지털콘텐츠의 구매액이 스마트 기기의 사용 여부에 따라 차이가 날 것인지 살펴보았다. 먼저 스마트 기기 여부에 따른 디지털콘텐츠 구매 금액의 기술통계를 살펴본다. 먼저 온라인상 콘텐츠의 경우 스마트 기기 사용자는 평균 1,248원을 사용하였고, 스마트 기기 미사용자는 평균 347원을 사용하였다. 스마트 기기 여부에 따른 온라인상 콘텐츠 구매 금액의 차이가 통계적으로 유의미한 차이인지 살펴보기 위하여 분산분석을 실시하였다. 분산분석의 결과 개별 온라인콘텐츠와 온라인콘텐츠 총액에서 스마트폰의 사용 여부에 따라 금액의 차이가 나타났다.

3) 2013년 디지털콘텐츠의 구매

(1) 인구사회학적 요인과 디지털콘텐츠 구매액

2013년 온라인콘텐츠에 대한 구매 계층과 금액을 정리하면 〈표 9-6〉과 같다.

첫째, 기술통계량을 보면 성별로는 온라인콘텐츠에 대해서 남자가 평균 694원을 여성이 평균 608원을 사용하고 있으며, 스마트콘텐츠에 대해서 남성이 평균 12,640원을 여성이 평균 10,699원을 사용하고 있다. 연령별로는 온라인콘텐츠에 대해서 20대가 평균 2,054원을 30대

〈표 9-6〉 2013년 온라인 콘텐츠 구매금액

2013년		1. 총액 (N=10,464)		1.1 신문/잡지/책 (N=10,464)		1.2 영상/영화 (N=10,464)		1.3 TV (N=10,464)		1.4 음악 (N=10,464)		2.스마트콘텐츠 (N=584)	
		N	Mean	N	Mean	N	Mean	N	Mean	N	Mean	N	Mean
성별	남	4,809	694	4,809	129	4,809	237	4,809	86	4,809	241	325	12,640
	여	5,655	608	5,655	141	5,655	141	5,655	139	5,655	187	259	10,699
	ANOVA		–		–		***		***		***		***
연령	10대 미만	440	270	440	193	440	52	440	25	440		1	3,000
	10대	1,402	782	1,402	101	1,402	217	1,402	81	1,402	384	93	9,054
	20대	886	2,054	886	160	886	644	886	307	886	942	168	11,738
	30대	1,498	967	1,498	192	1,498	320	1,498	170	1,498	286	167	12,766
	40대	2,073	864	2,073	343	2,073	208	2,073	163	2,073	150	114	12,561
	50대	1,591	226	1,591	18	1,591	71	1,591	82	1,591	55	39	12,667
	60대	1,122	98	1,122	10	1,122	16	1,122	58	1,122	14	2	2,000
	70대 이상	1,452	21	1,452	7	1,452	1	1,452	12	1,452			
	ANOVA		***		***		***		***		***		–
최종학력	미취학	53	189	53	189	53		53		53			
	초졸 이하	2,498	82	2,498	36	2,498	17	2,498	17	2,498	12	14	7,071
	중졸 이하	1,267	238	1,267	14	1,267	56	1,267	62	1,267	105	25	6,960
	고졸 이하	3,514	594	3,514	146	3,514	156	3,514	125	3,514	167	168	11,179
	대졸 이하	2,986	1,350	2,986	250	2,986	420	2,986	200	2,986	480	355	12,639
	대학원 이상	146	966	146	267	146	185	146	295	146	219	22	10,955
	ANOVA		***		***		***		***		***		*

〈표 9-6〉 계속

2013년		1. 총액 (N=10,464)		1.1 신문/잡지/책 (N=10,464)		1.2 영상/영화 (N=10,464)		1.3 TV (N=10,464)		1.4 음악 (N=10,464)		2.스마트콘텐츠 (N=584)	
		N	Mean	N	Mean	N	Mean	N	Mean	N	Mean	N	Mean
배우자	미혼/사별/이혼	4,238	864	4,238	97	4,238	266	4,238	120	4,238	380	319	11,160
	배우자 있음	6,226	500	6,226	161	6,226	130	6,226	112	6,226	97	265	12,525
	ANOVA		***		**		***		–		***		–
소득	소득없음	4,903	570	4,903	107	4,903	153	4,903	93	4,903	217	242	10,322
	50만 원 미만	600	358	600	88	600	63	600	103	600	103	16	11,500
	50~100	851	410	851	63	851	95	851	140	851	112	16	9,750
	100~200	1,643	791	1,643	118	1,643	239	1,643	152	1,643	282	110	12,382
	200~300	1,272	844	1,272	179	1,272	286	1,272	134	1,272	244	96	11,563
	300~400	713	882	713	203	713	331	713	86	713	262	68	15,618
	400~500	266	774	266	436	266	169	266	94	266	75	20	14,250
	500 이상	215	977	215	465	215	163	215	279	215	70	16	13,875
	ANOVA		***		***		***		–		***		*
직업	있음	5,003	739	5,003	154	5,003	234	5,003	129	5,003	222	318	12,975
	없음	5461	564	5,461	118	5,461	141	5,461	102	5461	202	266	10,350
	ANOVA		**		–		***		–		–		***
	합계	650		140		190		110		210		11,780	

* 분산분석(ANOVA) 결과 : * p-value 〈0.1, ** p-value〈0.05, ***p-value〈0.01.

가 평균 967원을 사용하고 있으며, 스마트콘텐츠에 대해서 30대가 평균 12,766원을 50대가 평균 12,667원을 사용하고 있다. 학력별로는 온라인콘텐츠에 대해서 대졸 이하가 평균 1,350원을 대학원 재학 이상이 평균 966원순으로 사용하였고, 스마트콘텐츠에 대해서 대졸 이하가 평균 12,639원을 고졸 이하가 평균 11,179원순으로 사용하고 있다. 배우자별로는 온라인콘텐츠에 대해서 없는 사람이 평균 864원을 있는 사람이 500원을 사용하고 있으며, 스마트콘텐츠에 대해서 없는 사람이 평균 11,160원을 있는 사람이 평균 12,525원을 사용하고 있다. 소득별로는 온라인콘텐츠에 대해서 500만 원 이상이 평균 977원을 300만 원대가 882원을 사용하고 있으며, 스마트콘텐츠에 대해서 300만 원대가 평균 15,618원을 400만 원대가 평균 14,250원을 사용하고 있다. 직업별로는 온라인콘텐츠에 대해서 있는 사람이 평균 739원을 없는 사람이 평균 564원을 사용하고 있으며, 스마트콘텐츠에 대해서 있는 사람이 평균 12,975원을 없는 사람이 평균 10,350원을 사용하고 있다.

둘째, 인구사회학적 요인에 따른 금액의 차이가 통계적으로 유의미한 차이인지 살펴보기 위하여 분산분석을 실시하였다. 분산분석 결과 대체로 디지털콘텐츠에 대해 인구사회학적으로 유의미한 차이가 나지는 않는 것으로 나타났다. 다만, 스마트콘텐츠의 경우 소득에 따라 구매액의 차이가 나타나는 것을 볼 수 있다.

〈표 9-7〉 2013년 스마트기기 사용과 온라인콘텐츠 구매

2013년	1. 총액		1.1 신문/잡지/책		1.2 영상/영화		1.3 TV		1.4 음악	
	n	mean	n	mean	n	mean	n	mean	n	mean
스마트 기기 사용자	6,153	1,000	6,153	185	6,153	295	6,153	171	6,153	349
스마트 기기 미사용자	3,158	145	3,158	61	3,158	31	3,158	39	3,158	15
ANOVA		***		***		***		***		***

분산분석 결과(p-value): * $p < 0.1$, ** $p < 0.05$, ***$p < 0.01$

(2) 스마트 기기의 사용과 디지털콘텐츠 구매액

디지털콘텐츠의 구매액이 스마트 기기의 사용 여부에 따라 차이가 날 것인지 살펴보았다. 먼저 스마트 기기 여부에 따른 디지털콘텐츠 구매금액의 기술통계를 살펴본다. 먼저 온라인상 콘텐츠의 경우 스마트 기기 사용자는 평균 1천 원을 사용하였고, 스마트 기기 미사용자는 평균 145원을 사용하였다. 스마트콘텐츠의 경우 스마트 기기 사용자는 평균 11,670원을 사용하였고 미사용자는 33,000원을 사용하였다. 스마트 기기 여부에 따른 온라인상 콘텐츠 구매 금액의 차이가 통계적으로 유의미한 차이인지 살펴보기 위하여 분산분석을 실시하였다. 분산분석의 결과 개별 온라인콘텐츠와 온라인콘텐츠 총액에서 스마트폰의 사용 여부에 따라 금액의 차이가 나타났다.

4) 2014년 디지털콘텐츠의 구매

(1) 인구사회학적 요인과 디지털콘텐츠 구매액

2014년 온라인콘텐츠에 대한 구매 계층과 금액을 정리하면 〈표 9-8〉과 같다.

첫째, 기술통계량을 보면 성별로는 온라인콘텐츠에 대해서 남자가 평균 861원을 여성이 평균 588원을 사용하고 있으며, 스마트콘텐츠에 대해서 남성이 평균 6,438원, 여성이 평균 4,393원을 사용하고 있다. 연령별로는 온라인콘텐츠에 대해서 20대가 평균 2,308원을 30대가 평균 907원을 사용하고 있으며, 스마트콘텐츠에 대해서 20대가 평균 8,522원을 60대가 평균 8,045원을 사용하고 있다. 학력별로는 온라인콘텐츠에 대해서 대학원 재학 이상이 평균 1,714원을 대졸 이하가 평균 1,331원순으로 사용하였고, 스마트콘텐츠에 대해서 대학원 재학 이상이 평균 7,167원을 대졸 이하가 평균 6,256원 순으로 사용하고 있다. 배우자별로는 온라인콘텐츠에 대해서 없는 사람이 평균 914원을 있는

〈표 9-8〉 2014년 온라인 콘텐츠 구매금액

2014년		1. 총액 (N=10,172)		1.1 신문/잡지/책 (N=10,172)		1.2 영상/영화 (N=10,172)		1.3 TV (N=10,172)		1.4 음악 (N=10,172)		1.5 게임 (N=10,172)		2.스마트콘텐츠 (N=870)	
		N	Mean	N	Mean	N	Mean	N	Mean	N	Mean	N	Mean	N	Mean
성별	남	4,647	861	4,647	189	4,647	211	4,647	79	4,647	229	4,647	154	420	6,438
	여	5,525	588	5,525	140	5,525	144	5,525	89	5,525	193	5,525	22	450	4,393
	ANOVA		***		–		**		–		–		***		***
연령	10대 미만	323	238	323	155	323	71	323	12	323		323		5	
	10대	1,326	849	1,326	164	1,326	168	1,326	51	1,326	322	1,326	144	132	5,083
	20대	887	2,308	887	202	887	470	887	150	887	1,092	887	393	180	8,522
	30대	1,316	907	1,316	89	1,316	291	1,316	184	1,316	261	1,316	82	193	4,850
	40대	2,086	886	2,086	264	2,086	253	2,086	129	2,086	151	2,086	90	242	3,798
	50대	1,621	426	1,621	245	1,621	76	1,621	67	1,621	37	1,621		92	4,826
	60대	1,101	173	1,101	74	1,101	65	1,101	19	1,101	15	1,101		22	8,045
	70대 이상	1,512	50	1,512	39	1,512	4	1,512	7	1,512		1,512		4	
	ANOVA		***		***		***		***		***		***		***
최종 학력	미취학	39		39		39		39		39		39			
	초졸 이하	2,344	131	2,344	85	2,344	23	2,344	10	2,344	6	2,344	7	33	2,939
	중졸 이하	1,225	304	1,225	48	1,225	54	1,225	80	1,225	81	1,225	41	61	5,623
	고졸 이하	3,420	682	3,420	174	3,420	200	3,420	98	3,420	149	3,420	61	318	4,258
	대졸 이하	3,004	1,331	3,004	237	3,004	299	3,004	118	3,004	491	3,004	186	434	6,256
	대학원 이상	140	1,714	140	621	140	536	140	329	140	229	140		24	7,167
	ANOVA		***		***		***		***		***		***		**

〈표 9-8〉 계속

2014년		1. 총액 (N=10,172)		1.1 신문/잡지/책 (N=10,172)		1.2 영상/영화 (N=10,172)		1.3 TV (N=10,172)		1.4 음악 (N=10,172)		1.5 게임 (N=10,172)		2.스마트콘텐츠 (N=870)	
		N	Mean	N	Mean	N	Mean	N	Mean	N	Mean	N	Mean	N	Mean
배우자	미혼/사별/이혼	4,054	914	4,054	141	4,054	190	4,054	72	4,054	383	4,054	128	394	6,807
	배우자 있음	6,118	579	6,118	176	6,118	164	6,118	93	6,118	94	6,118	52	476	4,200
	ANOVA		***		–		–		–		***		***		***
소득	소득 없음	4,651	635	4,651	142	4,651	127	4,651	74	4,651	214	4,651	79	361	5,271
	50만 원 미만	605	190	605	36	605	8	605	36	605	76	605	33	13	5,538
	50~100	814	360	814	111	814	98	814	70	814	57	814	25	26	3,923
	100~200	1,590	805	1,590	148	1,590	235	1,590	88	1,590	217	1,590	117	162	4,988
	200~300	1,298	1,058	1,298	252	1,298	328	1,298	85	1,298	317	1,298	76	155	6,265
	300~400	721	997	721	214	721	225	721	164	721	227	721	168	79	5,519
	400~500	301	997	301	183	301	246	301	130	301	359	301	80	48	5,438
	500 이상	192	1,125	192	557	192	339	192	151	192	78	192		26	4,923
	ANOVA		***		**		***		–		***		–		–
직업	있음	5,009	807	5,009	181	5,009	223	5,009	99	5,009	214	5,009	90	490	5,335
	없음	5,163	622	5,163	144	5,163	128	5,163	70	5,163	205	5,163	75	380	5,439
	ANOVA		**		–		***		–		–		–		–
	합계	710		160		170		080		210		82		5,380	

* 분산분석(ANOVA) 결과: * p-value 〈0.1, ** p-value〈0.05, ***p-value〈0.01.

사람이 579원을 사용하고 있으며, 스마트콘텐츠에 대해서 없는 사람이 평균 6,807원을 있는 사람이 평균 4,200원을 사용하고 있다. 소득별로는 온라인콘텐츠에 대해서 500만 원 이상이 평균 1,125원을 200만 원대가 1,058원을 사용하고 있으며, 스마트콘텐츠에 대해서 200만 원대가 평균 6,265원을 50만원 미만이 평균 5,538원을 사용하고 있다. 직업별로는 온라인콘텐츠에 대해서 있는 사람이 평균 807원을 없는 사람이 평균 622원을 사용하고 있으며, 스마트콘텐츠에 대해서 있는 사람이 평균 5,335원을 없는 사람이 평균 5,439원을 사용하고 있다.

둘째, 인구사회학적 요인에 따른 금액의 차이가 통계적으로 유의미한 차이인지 살펴보기 위하여 분산분석을 실시하였다. 분산분석 결과 대체로 디지털콘텐츠에 대해 인구사회학적으로 유의미한 차이가 나지는 않는 것으로 나타났다. 다만, 스마트콘텐츠의 경우 소득에 따라 구매액의 차이가 나타나는 것을 볼 수 있다.

(2) 스마트 기기의 사용과 디지털콘텐츠 구매액

디지털콘텐츠의 구매액이 스마트 기기의 사용 여부에 따라 차이가 날 것인지 살펴보았다. 먼저 스마트 기기 여부에 따른 디지털콘텐츠 구매금액의 기술통계를 살펴본다. 먼저 온라인상 콘텐츠의 경우 스마트 기기 사용자는 평균 998원을 사용하였고, 스마트 기기 미사용자는 평

〈표 9-9〉 2014년 스마트기기 사용과 온라인콘텐츠 구매

2014	1. 총액		1.1 신문/잡지/책		1.2 영상/영화		1.3 TV		1.4 음악		1.5 게임	
	n	mean	n	mean	n	mean	n	mean	n	mean	n	mean
스마트 기기 사용자	6,731	998	6,731	195	6,731	244	6,731	122	6,731	314	6,731	123
스마트 기기 미사용자	2,437	141	2,437	80	2,437	44	2,437	12	2,437	4	2,437	0
ANOVA		***		***		***		***		***		***

분산분석 결과(p-value): * p < 0.1, ** p < 0.05, ***p < 0.01

균 141원을 사용하였다. 스마트콘텐츠의 경우 스마트 기기 사용자는 평균 5,390원을 사용하였고 미사용자는 2,667원을 사용하였다. 스마트 기기 여부에 따른 온라인상 콘텐츠 구매 금액의 차이가 통계적으로 유의미한 차이인지 살펴보기 위하여 분산분석을 실시하였다. 분산분석의 결과 개별 온라인콘텐츠와 온라인콘텐츠 총액에서 스마트폰의 사용 여부에 따라 금액의 차이가 나타났다.

6) 2010~2014년 디지털콘텐츠 유료 구매 종합

(1) 인구사회학적 요인과 디지털콘텐츠 구매액

지금까지 인구사회학적 요인과 디지털콘텐츠의 구매와의 관계를 정리하면 〈표 9-10〉과 같다. 어떤 사람들이 디지털콘텐츠와 스마트 기기 어플리케이션 콘텐츠를 주로 구매하는가? 구체적으로 디지털/스마트 콘텐츠의 구매액은 성별, 연령, 교육 수준, 직업, 소득, 결혼 여부 등과 같은 인구사회학적 요인들에 의해 차이가 있을까?

첫째, 성별의 경우, 온라인상 콘텐츠의 경우 2014년도에만 유의미한 차이를 나타냈으며, 스마트콘텐츠의 경우 2013년과 2014년에 걸쳐 남녀 간 차이가 났다. 디지털콘텐츠 구매에 여자보다 남자가 좀더 많은 금액을 사용하였다. 둘째, 연령대별로는 온라인상 콘텐츠는 2011년에서 2014년의 모든 연도에서, 스마트콘텐츠는 2014년에 통계적으로 유의미한 차이가 났다. 이에 따르면 온라인콘텐츠의 주 구매층은 20대와 30대였으며, 스마트콘텐츠의 경우 20대와 10대가 주된 유료 소비층인 것으로 나타났다. 셋째, 학력별로는 온라인콘텐츠는 2011년에서 2014년까지, 스마트콘텐츠는 2013년과 2014년에 유의미한 차이가 있었다. 대체로 학력이 높을수록 디지털콘텐츠 유료 구매를 많이 하고 있으며 대졸 이상이 최대 구매 계층인 것으로 나타났다. 넷째, 소득별로는 온라인상 콘텐츠 구매에는 매년 유의미한 차이가 나타났으나, 스마트콘

〈표 9-10〉 2010년~2014년 온라인 콘텐츠 구매 금액

		2011		2012		2013		2014	
		온라인상 콘텐츠	스마트콘텐츠	온라인상 콘텐츠	스마트콘텐츠	온라인상 콘텐츠	스마트 콘텐츠	온라인상 콘텐츠	스마트콘텐츠
		평균구매액	평균구매액	평균구매액	평균구매액	평균구매액	평균구매액	평균구매액	평균구매액
성별	남	1,108	8,513	660	14,162	694	12,640	861	6,438
	여	1,017	11,462	723	11,254	608	10,699	588	4,393
	ANOVA	–	–	–	–	–	***	***	***
연령	10대 미만	90	37,000	128	500	270	3,000	238	
	10대	1,161	22,323	896	12,286	782	9,054	849	5,083
	20대	2,476	7,427	1,728	11,578	2,054	11,738	2,308	8,522
	30대	1,953	9,000	1,385	12,222	967	12,766	907	4,850
	40대	1,076	6,083	755	17,975	864	12,561	886	3,798
	50대	688	7,833	337	9,938	226	12,667	426	4,826
	60대	121		41	4,000	98	2,000	173	8,045
	70대 이상	139		19		21		50	
	ANOVA	***	–	***	–	***	–	***	***
최종학력	미취학					189			
	초졸 이하	184	22,500	103	17,941	82	7,071	131	2,939
	중졸 이하	648	6,857	347	11,652	238	6,960	304	5,623
	고졸 이하	1,143	15,710	726	11,226	594	11,179	682	4,258
	대졸 이하	1,879	7,515	1,329	13,332	1,350	12,639	1,331	6,256
	대학원 이상	3,103	8,000	1,322	12,656	966	10,955	1,714	7,167
	ANOVA	***	–	***	–	***	*	***	**

〈표 9-10〉 계속

		2011		2012		2013		2014	
		온라인상 콘텐츠	스마트콘텐츠	온라인상 콘텐츠	스마트콘텐츠	온라인상 콘텐츠	스마트콘텐츠	온라인상 콘텐츠	스마트콘텐츠
		평균구매액	평균구매액	평균구매액	평균구매액	평균구매액	평균구매액	평균구매액	평균구매액
배우자	미혼/사별/이혼	1,167	12,234	**797**	12,397	**864**	11,160	**914**	**6,807**
	배우자 있음	983	6,571	625	13,318	500	12,525	579	4,200
	ANOVA	*		*		***	–	***	***
소득	소득없음	913	12,354	634	12,313	570	10,322	635	5,271
	50만 원 미만	529	4,667	329	7,167	358	11,500	190	5,538
	50~100	549	5,286	431	6,722	410	9,750	360	3,923
	100~200	1,450	7,865	851	12,624	791	12,382	805	4,988
	200~300	1,273	9,422	822	16,435	844	11,563	**1,058**	6,265
	300~400	1,548	4,836	787	11,700	**882**	**15,618**	997	5,519
	400~500	1,896	14,227	**1,386**	13,583	774	**14,250**	997	5,438
	500 이상	1,460	6,957	**1,338**	14,190	**977**	13,875	**1,125**	4,923
	ANOVA	***	–	***	–	***	*	***	–
직업	있음	1,259	8,083	**778**	13,659	**739**	**12,975**	807	5,335
	없음	899	11,885	621	11,883	564	10,350	622	5,439
	ANOVA	***	–	*	–	**	***	**	–
	합계	1,060	9,680	690	12,800	650	11,780	710	5,380

* 분산분석(ANOVA) 결과 : * p-value 〈0.1, ** p-value〈0.05, ***p-value〈0.01.

텐츠의 경우 소득별로는 차이가 나지 않았다. 대체로 소득이 높을수록 온라인콘텐츠 소비액이 많은 것으로 나타났다. 직업별로는 온라인상 콘텐츠의 경우 직업이 있는 경우 구매액이 더 많았고, 스마트콘텐츠의 경우 2013년에만 직업이 있는 경우 더 높게 나타났다. 배우자 유무 경우에는 대체로 온라인상 콘텐츠의 경우 배우자가 없을 경우 콘텐츠 구매액이 많았다. 결론적으로 온라인상 콘텐츠의 경우 20~30대의 대학 졸업 이상의 학력을 가진 월 소득 400~500만 원대의 직업을 가진 미혼 남성이 유료 구매의 주 계층이라 할 수 있을 것이다. 반면, 스마트콘텐츠의 경우 온라인상 콘텐츠에 비해 인구사회학적 요인들에 의한 차이가 뚜렷하지는 않다.

(2) 스마트 기기의 사용과 디지털콘텐츠 구매액

스마트 기기의 확산은 디지털(온라인) 콘텐츠의 구매에 어떤 영향을 미칠 것인가? 스마트 기기를 가진 사람과 스마트 기기를 가지지 않은 사람은 디지털콘텐츠의 구매액에 차이가 있을까? 〈표 9-11〉에서 나타나듯이 2011년에서 2014년까지의 분산분석의 결과는 스마트 기기의 사용자가 미사용자에 비해 온라인상 콘텐츠들의 유료 구매를 훨씬 더 많이 하고 있는 것으로 나타났다. 유의할 것은 금액 크기의 경우 스마

〈표 9-11〉 2011년~2014년 스마트기기 사용과 온라인콘텐츠 구매

	2011	2012	2013	2014
	온라인상 콘텐츠 구매평균액	온라인상 콘텐츠 구매평균액	온라인상 콘텐츠 구매평균액	온라인상 콘텐츠 구매평균액
스마트 기기 사용자	2,630	1,248	1,000	998
스마트 기기 미사용자	850	347	145	141
ANOVA	***	***	***	***

* 분산분석 결과(p-value): * $p < 0.1$, ** $p < 0.05$, ***$p < 0.01$

사용자가 미사용자에 비해 온라인상 콘텐츠들의 유료 구매를 훨씬 더 많이 하고 있는 것으로 나타났다. 유의할 것은 금액 크기의 경우 스마트콘텐츠 구매액에 대한 설문자의 수(n)에 따라 평균구매액이 차이가 있어 그 크기를 직접적으로 비교하기는 어렵다.

4. 결론

이 연구는 스마트 기기가 도입된 이후 2011년부터 2014년까지 스마트 미디어 이용의 확산과 디지털콘텐츠의 유료 구매와의 관계에 관한 탐색적 연구이다. 먼저, 디지털콘텐츠 유료 구매의 주 소비층을 찾기 위하여 사회인구학적인 요인과 디지털콘텐츠(온라인/스마트콘텐츠) 구매액 간 분산분석(ANOVA)을 실시하였다. 분석의 결과 디지털콘텐츠의 유료 구매에 있어 대체로 남성이 여성보다, 20~30대의 젊은층이, 대학 이상의 고학력층이, 월소득 400만 원의 소득층이, 무직보다는 직업을 가진 사람이, 기혼보다는 미혼이 영화/영상, TV프로그램, 음악 등의 온라인상 콘텐츠를 많이 구매하고 있는 것으로 나타났다. 스마트콘텐츠의 경우 온라인상 콘텐츠만큼 인구사회학적 요인별로 유의미한 구매액의 차이를 보이지는 않았지만, 2013년이나 2014년의 최근 자료에서는 성별, 연령별, 학력별로 유의미한 차이를 보여 주고 있다. 둘째, 스마트 기기의 사용은 책/신문/잡지, 영상/영화, TV프로그램, 음악, 게임 장르의 온라인콘텐츠 구매에 어떤 영향을 미칠 것인지 살펴보았다. 분석 결과 스마트 기기 사용자와 미사용자 사이에 유료 콘텐츠 구매액에 있어 유의미한 차이를 보여 주고 있다. 즉, 스마트 기기의 사용은 스마트 기기 내의 유료 어플리케이션이나 앱 내 연관 콘텐츠의 구매뿐 아니라 전통적인 온라인상의 디지털콘텐츠의 유료 구매에도 기여하고 있는 것으로 보인다.

디지털콘텐츠의 유통 플랫폼은 아날로그 플랫폼에서 온라인 플랫폼으로, PC중심에서 모바일과 스마트폰 중심의 플랫폼으로 이동하고 있다. 이러한 유통 플랫폼의 변화는 유료 판매의 경우에도 유사하게 일어나고 있는 것으로 보인다. 최근 스마트폰으로 어플리케이션뿐 아니라 영화, TV프로그램, 잡지, 책, 음악 등의 다양한 디지털콘텐츠가 판매되고 있으며, 카카오톡과 같은 인스턴트 메신저를 통한 유료 아이템의 판매, 나아가 뱅크월렛카카오나 네이버페이, 삼성페이 등과 같은 오프라인 상품의 판매 통로로서 스마트플랫폼이 확장해 가고 있다. 특히, 최근 O2O(*Online to Offline*)의 활성화는 이러한 스마트 플랫폼으로의 진화를 가속화시킬 것이다.

참고문헌

강승철(2005), 모바일콘텐츠사용에 영향을 미치는 요인에 관한 연구, 제주대학교 석사학위 논문.

김근형·김시연·이봉규(2006), 모바일콘텐츠 서비스의 성공전략에 관한 실증연구, 〈한국콘텐츠학회논문지〉, 6(10), 89~98.

김기석(2013), 윈드러너 게임의 특성요인과 게임 실재감, 게임몰입, 지속적 이용의도 간의 관계, 〈e-비즈니스 연구〉, 14(3), 3~36.

김기옥(2000), 소비자의 정보격차 분석: 정보사회가 가져올 또 하나의 소비자문제, 〈대한가정학회지〉, 38(10), 97~115.

김민정·이기춘(2007), 여성소비자의 정보탐색유형별 화장품 구매성향연구, 〈소비자정책교육연구〉, 3(1), 1~15.

김봉철·안주아·최양호(2007), 소비자의 개인적 성격 특성과 휴먼 브랜드 애착 및 충성도와의 관계, 〈광고연구〉, 77호, 173~195.

김윤경(2005), 모바일인터넷 사용요인이 플로우(Flow)에 미치는 영향에 관한 연구: 라이프스타일 유형별 차이검증, 이화여자대학교 경영대학원 석사학위논문.

김재민·이영주·이혜원(2014), 모바일 소셜 네트워크 게임의 아이템 구매의

도에 영향을 주는 요인, 〈한국콘텐츠학회논문지〉, 14(1), 165~178.
김지영(2009), 소비자의 성격에 따른 선호이미지와 의복선택행동: Big-Five 성격특성을 중심으로, 2009 한국의상디자인학회 학술대회 논문집, 76~78.
김지영(2011), 외향성과 개방성 성격특성에 따른 의복선택기준과 선호의복이미지: 고등학생을 중심으로, 〈한국의상디자인학회지〉, 13(4), 139~151.
김형석 · 하성일(2010), 골프클럽소비자 성격의 Big 5요인과 브랜드 애착 및 구매의도의 관계, 〈한국체육과학학회지〉, 19(2), 325~340.
김화동(2003), 소비자 쇼핑가치 추구 유형별 인터넷 쇼핑몰의 선호요인 및 구매행동에 관한 연구, 〈상품학연구〉, 29호, 259~275.
김효정 · 유상진 · 강문식(2008), 모바일 인터넷 수용에 관한 기술수용모델과 플로우경험의 통합: 한국과 미국 사용자를 중심으로, 〈인터넷전자상거래연구〉, 8(1), 85~107.
마윤진 · 고애란(2001), 소비자의 성격유형에 따른 판매원 서비스 평가와 구매행동 특성, 〈한국의류학회지〉, 25(6), 1155~1166.
문숙재 · 이윤희 · 천혜정(2005), 인터넷쇼핑몰 이용 소비자의 쇼핑스타일 유형에 관한 연구, 〈대한가정학회지〉, 43(9) 1~13.
문재영(2014), 스마트폰 게임 선택요인에 관한 연구, 〈한국콘텐츠학회논문지〉, 14(10), 723~729.
박광희 · 김성희(2010), 대행 인터넷 쇼핑몰 이용자의 인구통계학적 특성에 따른 쇼핑성향, 가격지각 및 구매만족도의 차이 연구, 2010 한국의류학회 학술발표논문집, 118.
박은주 · 강은미 · 하명진(2005), 쇼핑성향에 따른 인터넷 패션 쇼핑몰 환경과 구매의도에 관한 연구, 〈복식문화연구〉, 13(4), 564~575.
박효원 · 김용숙(2006), 싱글 여성의 쇼핑성향과 패션지향성이 외국산 화장품 재구매 의도에 미치는 영향, 〈한국복식학회지〉, 56(5), 150~162.
신우철 · 김용규(2015), 모바일 메신저 이용과 이동통신서비스 및 콘텐츠 이용간의 상관관계 분석, 〈정보통신정책연구〉, 22(1), 123~147.
신정원 · 최상민 · 문태수(2009), 모바일콘텐츠서비스의 Flow 경험과 재구매의도에 관한 실증연구, 〈인터넷전자상거래연구〉, 9(3), 115~132.
심진보(2010), 핵심상품의 품질, 만족, 브랜드충성도가 결합상품 구매의도와 기대할인율에 미치는 영향: 통신 · 방송 결합상품을 중심으로, 〈한국콘텐츠학회논문지〉, 10(12), 243~253.
양정애 · 장현미(2013), 소비자의 인터넷 접근성 및 활용능력, 성격특성, 인구사회학적 속성이 상품구매 성향에 미치는 영향, 〈한국언론학보〉, 58(2), 160~190.
이상호 · 심창훈(2013), 디지털콘텐츠 유통플랫폼 진화에 따른 정책방향: C2C 유통플랫폼을 중심으로, 코카포커스, 69호.
이재영 · 김승인(2011), 스마트 모바일 환경에서 모바일 쇼핑에 대한 소비자의 인식, 〈디지털디자인학연구〉, 11(1), 399~410.
이제홍(2011), 스마트 모바일 서비스 품질이 사용자의 활용의도에 미치는 연구, 〈e-비즈니스연구〉, 12(3), 173~195.
이진희(2010), 온라인 브랜드커뮤니티가 소비자 태도에 미치는 영향-온라인 대학 브랜드 선택을 중심으로, 〈한국콘텐츠학회논문지〉, 10(12), 366~377.
임병하 · 김동현(2007), 모바일 인터넷 서비스의 고객만족도에 관한 연구, 〈인터넷전자상거래연구〉, 7(3), 131~156.
장은지 · 박용석 · 임걸(2012), 학습자의 교육용 어플리케이션 활용 만족요인과 구매의도에 영향을 미치는 요인 연구, 〈한국콘텐츠학회논문지〉, 12(8), 471~483.
정충식(2015), 《전자정부론》, 서울경제경영.
조진욱(2006), 모바일 콘텐츠 사용자 만족에 영향을 미치는 요인에 관한 연구, 영남대학교대학원 석사학위논문.
최혁라(2008), 인터넷 쇼핑에서의 정보격차가 전자상거래 성과에 미치는 영향, 〈한국전자거래학회지〉, 13(2), 23~54.
홍성태(1999), 소비자의 심리유형별 구매행동의 차이에 관한 실증적 연구, 〈소비자학연구〉, 10(4), 1~22.
홍성태 · 박은아(2005), 라이프스타일 유형별 여성 소비자의 소비형태 비교, 〈마케팅연구〉, 20(1), 55~89.
홍아름 · 이창준(2013), 스마트 미디어 환경에서 유료 콘텐츠 구매 요인에 대한 소비자 행동 분석, 제 1회 한국미디어패널학술대회 발표집.

Costa, P. T. & McCrae, R. R.(1985), The NEO Personality Inventory, Odessa, FL: Psychological Assessment Resources.
Darden, W. R. & Howell, R. D.(1987), Socialization Effects of Retail

Work Experience on Shopping Orientations, *Academy of Marketing Science*, 15(3), 52~63.

Digman, J. M.(1990), Personality Structure: Emergence of the Five-factor Model, *Annual Review of Psychology*, 41(1), 417~440.

Engel, J. F., Blackwell, R. D. & Miniard, P. W.(1990), *Consumer Behavior*(4th ed), Hinsdale, Illinois: The Dryden Press.

Keyes, C. L., Shmotkin, D. & Ryff, C. D.(2002), Optimizing Well-being: The Empirical Encounter of Two Traditions, *Journal of Personality and Social Psychology*, 82(6), 1007~1022.

Roberts, B. W. & Robins, R. W.(2000), Broad Dispositions, Broad Aspirations: The Intersection of the Big Five Dimensions and Major Life Goals, *Personality and Social Psychology Bulletin*, 26(10), 1284~1296.

Shim, S. & Kotsiopulos, A.(1993), A Typology of Apparel Shopping Orientation Segments among Female Consumers, *Clothing and Textiles Research Journal*, 12(1), 73~85.

Sprotles, G. B. & Kendall, E. L.(1986), A Methodology for Profiling Consumers' Decision Making Styles, *Journal of Consumer Affairs*, 20(2), 267~279.

Stafford, J. & Greer, T. V.(1965), Consumer Preferences for Types of Salesmen: A Study of Independence-dependence Characteristics, *Journal of Relatives*, 41(2), 27~33.

Stone, G.(1954), City Shoppers and Urban Identification: Observations on the Psychology of City Life, *The American Journal of Sociology*, 60(1), 36~45.

10

스마트 시대 전파자원 관리 및 규제의 법적 쟁점: 주파수 공동사용제도를 중심으로

김법연* · 박세진* · 권헌영**

1. 서 론

최근 IoT가 급속도로 상용화 되면서 초연결사회(*Hyper-connected Society*)의 가능성이 가시화 되고 있다. 초연결사회는 사회의 모든 인프라가 인터넷과 연결되어 개인, 사물, 시스템, 프로세스에 지능이 부여되는 스마트 사회를 의미하는데, 이는 모든 사회 영역의 연결이 가능하여 네트워크의 영향·대상의 범위가 확대됨을 의미한다. 따라서 초연결사회의 핵심기술인 사물인터넷(IoT: *Internet of Things*), 빅데이터 등은 결국 전파자원 기반의 활용을 그 필수요소로 한다고 보아도 무방하다. 또한 IoT와 빅데이터 등 초연결사회를 구성하는 콘텐츠의 가치는 결국 한정된 전파와 주파수를 누가 더 선점하고, 이를 효율적으로 사용할지에서 결정되므로, 전파자원의 효율적 이용과 활용기회는 스마트 사회, 초연결사회에서 매우 중요한 경제적 가치창출의 기회를 의미한다.[1 2]

* 순서대로 제 1, 2저자, 고려대학교 정보보호대학원 박사과정.

** 교신저자, 고려대학교 정보보호대학원 교수.

1 Cisco는 2013년 2013년~2022년간 사물인터넷 부문에서 19조 달러 경제효과가 발생할 것

이와 같이 전파자원의 창조적 가능성, 경제적 가치가 부각되면서 전파자원의 효율적 관리는 전에 없는 주목을 받고 있다. 불과 수십 년 전만 하더라도 개념조차 생소했던 전파를 국가의 대표적인 공적 자원으로, 또는 새로운 비즈니스와 경제적 가치창출의 필수요소로 인식하게 되면서 이를 어떻게 분배하고 얼마나 효율적으로 이용할 것인가에 대한 문제가 화두가 되기 시작한 것이다. 이 문제를 다루는 여러 가지 시각이 존재하겠지만, 한정된 공적 자원인 전파를 관리하는 국가의 법률과 정책이 어떤 내용으로 설계되어야 하는지도 중요한 쟁점의 하나가 된다.

최근 전파관리 및 규제에 있어서 핵심쟁점은 주파수 공동사용에 관한 문제이다. 한정된 전파를 어떤 우선순위에 따라 분배할 것인가가 과거 정책의 고민사항이었다면, 이제는 폭발적으로 증가하는 수요를 감당하기 어려운 상황을 대비하여 주파수를 공동이용하는 등의 방법으로 이용의 공백을 제거하는 것이 필연적인 당면 과제가 되었다. 그러나 과거 정부가 전파를 전적으로 통제하고 명령하던 전파관리체계와, 시장기반의 전파관리체계가 혼재한 상황에서 그 제도 방향과 설계가 법적으로 타당하게 정리되어 있는지는 다소 의문이 든다.

이 장에서는 위와 문제제기를 기반으로 국가의 전파 관리・규제의 정당성 또는 헌법적 근거, 그리고 전파관리 법률과 정책의 연혁적 특성 등을 검토하여 현행 주파수 공동사용 제도의 법적 문제점과 발전방향에 대해 간략히 정리하고자 한다.

으로 추정하고 있다(연합뉴스, "시스코 사장 "향후 10년간 사물인터넷 19조 달러 창출"", 2014. 10. 30, http://www.yonhapnews.co.kr/itu/2014/10/30/5201000000AKR20141030112300017.HTML).

2 Gartner는 IoT 단말기가 2009년 9천만 대에서 2020년에는 260억 대까지 확산 보급될 것이라고 예측하고 있다(Gartner, 2013).

2. 전파의 개념과 법적 근거

1) 전파의 개념과 의의

기술적인 의미에서의 전파란, 물리적으로 시간에 따라 변하는 전기장과 자기장의 상호작용에 의해 빛의 속도로 퍼져나가는 파동에너지로 정의되나(계경문, 2013), 법적 측면에서는 인공적인 유도 없이 공간으로 퍼져 나가는 전자파로서 국제전기통신연합(ITU)이 정한 범위의 주파수를 가진 것을 이르며(〈전파법〉 제 2조), 이러한 주파수를 이용하여 무선통신이 가능하게 된다.[3] 유선망을 통한 통신에 크게 의존하던 과거와는 달리 정보화의 고도화와 관련 기술의 급속한 증가로 무선통신과 무선기술이 일반화되면서, 전파자원의 이용은 사회 전반의 다양한 활동에 필수적인 요소로 자리매김하게 되었다.

전파는 그 정의에서 유추할 수 있듯이 무한정한 것이 아닌 한정적인 자원이다. 누군가가 전파를 이용하기 위해서는 원칙적으로 독립적인 주파수를 사용하여야 하므로, 한정된 전파의 주파수를 어떻게 분배하고 할당할 것인지가 전파 관리정책의 핵심적인 이슈가 된다. 그런데 국경이 없는 온라인의 특성상 전파자원은 국제적으로 한정된 공용자원으로 기능한다. 우리나라도 국제전기통신연합과 세계전파통신회의 등 국제기구를 통해 국내 전파자원을 할당받아 관리하고 있다.[4] 최근에는

3 〈전파법〉 제 2조 제 5호의2. "무선통신"이란 전파를 이용하여 모든 종류의 기호·신호·문언·영상·음향 등의 정보를 보내거나 받는 것을 말한다.

4 "국제전기통신연합(International Telecommunication Union, 이하 ITU)은 국제공용자원인 주파수의 대역별, 지역별 용도에 관하여 세계전파통신회의(WRC)를 통해 전파규칙(Radio Regulations)에서 구분하여 놓고 있고, 각국 전파주관청은 ITU의 전파규칙이 정한 범위 내에서 자국 주파수정책에 따라 주파수의 대역별 세부용도를 정하게 되는바, ITU가 1992년 세계전파통신회의를 통하여 우리나라가 속한 제 3지역 2.535~2.655㎓ 주파수대역(대역폭 120㎒, 이하 '이 사건 주파수대역'이라 한다)에 대하여 기존 1차 업무인 고정·이동·방송위성업무에다 DAB(*Digital Audio Broadcasting*) 업무를 1차 업무로

사용할 수 있는 전파자원은 한정적인 데 반해, 유한한 전파자원에 대한 재산적 가치와 경제적 중요성이 크게 부각되면서, 전통적인 법체계에서 전파자원이 갖는 법적 의미 또한 재차 관심의 대상이 되고 있다.

2) 전파자원 관리에 대한 국가규제의 정당화 근거

국가는 전파자원의 효율적 이용을 위하여 특정인에게 이용권한을 부여하고 그 용도를 결정 · 분배하고 있다. 이러한 국가의 관리권한을 정당화하는 근거가 무엇인가? 전파는 자연자원으로서 기본적으로 공공재적 성격을 가지고 있으므로,[5] 전파는 당초부터 특정인의 사유물이라 할 수 없고, 모든 국민은 정보의 전송, 에너지 전달, 탐지 등을 위하여 전파를 사용할 수 있는 자유와 권리가 보장된다. 따라서 특정인에 대한 전파독점이나 공공복리의 증진에 반하는 이용은 전파의 공공재적 특성에 따라 일정한 제한을 받을 필요가 있으며, 국가가 일정한 기준에 따라 전파자원의 이용권한을 부여하고, 규제 · 관리하는 정당성은 여기에서 출발한다.

국가의 관리와 규제를 정당화하는 근거에 대하여 국내에서는 주파수자원의 희소성, 주파수 분배와 할당의 효율성, 배타적 이용 등이 거론되어 왔다(나종갑, 2006). 그중 대표적인 첫 번째 견해는, 전파를 국가에서 관리하는 것에 대한 정당성의 근거를 전파의 희소성에서 찾는다. 전파자원은 희소하기 때문에 이용을 원하는 모든 사람이 이용할 수 없고 허가를 받은 자만이 이용할 수 있으므로 국가가 규율하여야 한다는 것이다. 이에 대해 두 번째 견해는 거의 모든 자원의 총량은 정해져 있

추가 분배하였다", 서울고등법원 2004. 6. 30, 선고, 2003누1501, 판결.

5 〈전파법〉 제 3조(전파자원의 이용촉진) 정부는 한정된 전파자원(電波資源)을 공공복리의 증진에 최대한 활용하기 위하여 전파자원의 이용촉진에 필요한 시책을 마련하고 시행하여야 한다.

고 그 희소성 또한 크게 다르지 아니하므로, 전파의 희소성을 근거로 국가규율의 정당성을 찾는 것은 설득력이 부족하다는 견해이다. 도리어 전파에 대한 효율적 분배의 필요성이 정부규제의 정당성 도출한다고 한다. 이 이론은 희소한 주파수 자원은 가장 가치를 많이 창출하는 용도로 사용되어야 하며, 가장 가치를 많이 부여하는 자에게 할당하는 것이 경제적으로 바람직한 결과를 가져온다는 점을 근거로 두고 있다. 또한 주파수 분배로 발생하는 문제는 정부의 규제가 아닌 시장기제(*market mechanism*)에 의해 해결하는 것이 바람직하다고 생각한다. 마지막 견해는 전파가 국가가 보유한 재산이므로 이를 공공의 이익에 부합하게 사용하기 위하여 국가가 규제하는 것이 당연하다고 판단하는 견해이다(정필운, 2010).

전파관리에 대한 국가규제를 정당화하는 근거로 제시된 위의 견해들은 그 나름대로의 타당성을 가지고 있다. 그러나 전파에 대한 국가규제의 정당성을 희소성이나, 경제적 효율성 측면, 국가재산의 공적 이용 등 단일한 사유에서만 찾는 것은 그 나름의 한계를 가지고 있다. 전파에 대한 국가의 규제는 희소한 전파자원의 효율적 이용, 혼신의 방지, 국민의 생명과 재산의 보호, 국가안전보장, 공공복리 등 어느 이론적 근거의 의해서만 정당성을 확보받는 것이 아닌 제시된 이론의 다양한 근거가 종합적으로 고려된 결과로 정당화되고, 그 근거에 따라 전파관리 정책의 다양한 수단들 또한 추진동력을 받을 수 있는 것이다.[6]

6 나아가, 전파와 주파수가 다양한 서비스에 이용되거나 이를 경제적 수익이 창출되기 이전에는 주파수 이용에 대한 규제가 큰 관심의 대상이 되지 아니하였다는 점을 고려할 필요가 있다. 주파수에 대한 수요가 증가하고 주파수 이용에 경쟁이 발생한 후 적절한 규제가 작동하지 아니할 경우 '공유지의 비극'(*tragedy of commons*)이 발생할 가능성이 크다. 이러한 측면에서 국가는 희소한 전파자원의 관리와 분배에 적극적으로 개입하여 체계적으로 이를 관리하고 이용할 수 있는 질서를 마련할 정당성을 부여받는다.

3) 전파와 주파수 관리 · 규제의 헌법적 근거

전파에 대한 국가규제의 정당성근거를 바탕으로 전파에 대한 국가규제의 헌법적 근거는 경제에 관한 사항을 다루고 있는 제 9장의 제 120조에서 찾는 것이 일반적이다. 견해에 따라서는 헌법 제 37조 제 2항에서 간접적으로 그 근거를 찾기도 한다.

헌법 제 120조는 제 1항에서 "광물 기타 중요한 지하자원 · 수산자원 · 수력과 경제상 이용할 수 있는 자연력은 법률이 정하는 바에 의하여 일정한 기간 그 채취 · 개발 또는 이용을 특허할 수 있다"라고 규정하고 있고, 제 2항에서는 "국토와 자원은 국가의 보호를 받으며, 국가는 그 균형 있는 개발과 이용을 위하여 필요한 계획을 수립한다"라고 하여 자연자원의 공공성을 전제로 국가규제의 근거와 방향을 제시하고 있다. 헌법 제 120조가 내포한 규범적 의미는, 국토의 일부를 구성하는 동시에 국민의 기본권실현과 보장에 핵심적 기반을 이루는 천연자원에 대한 국가의 보호의무를 명시하고, 자연자원에 대한 국가의 관리권한을 부여하는 동시에 무분별한 채취와 개발 이용 등을 방지하기 위한 목적으로 자연자원에 대한 특허 등 규제원칙을 밝히고 있다(성낙인, 2012; 권영성, 2006; 허영, 2006).

다만, 제 120조 제 1항에서 전파를 명시적으로 언급하고 있는 것이 아니기 때문에 제 120조 제 1항을 근거로 전파자원에 대한 국가의 규제와 정책을 정당화할 수 있느냐는 의문도 제기된다. 일각에서는 '경제상 이용할 수 있는 자연력'에 전파자원이 해당한다는 견해도 있고(정필운, 2010), 실정법상의 주파수할당이 강학(講學)상 공물의 특허사용이라고 볼 수 있으므로 헌법 제 120조 제 1항의 특허권 조항에 규정된 경제상 이용할 수 있는 자연력으로 평가받을 수 있다는 견해도 있다(유현용, 2010). 그러나 제 120조 제 1항에서 밝히고 있는 '광물 기타 중요한 지하자원 · 수산자원 · 수력과 경제상 이용할 수 있는 자연력'은 헌법적 관리대상에 속하는 천연자원의 예시에 불과할 뿐이므로 전파자원이 헌법적 관리대상으로서 자연자원의 개념에 포함되는 것으로 보는 것이 타당하다.

한편, 헌법재판소는 구 〈전파법〉 제 74조의2 제 1항에 대한 위헌소원 사건[7]에서 "전파를 사용하는 무선통신은 도입 초기부터 국민의 생명과 안전, 재산보호를 위한 중요한 수단이었고, 이러한 공적 과제의 수행은 헌법상 국가와 지방자치단체의 의무에 속한다"(헌법 제 10조 제 2항, 제 117조 제 1항)고 하여 전파자원에 대한 국가규율의 근거를 국가와 지방자치단체의 의무조항에서 찾고 있다.

결국 정리해 보면, 전파자원관리 및 주파수 분배정책은 자연력에 대한 국가의 특허, 공적 과제 수행을 위한 국가와 지방자치단체의 의무, 그리고 이를 현실적으로 구체화하기 위하여 국민의 자유와 권리를 법률로써 제한할 수 있다는 헌법적 근거가 종합적으로 투영된 결과로 그 당위성을 확보할 수 있으며, 현행 전파관리법제와 실제 현장의 정책이 이러한 헌법적 근거와 법적 기본원리를 근거로 설계되어 있는지에 대해 살펴볼 필요가 있다.

3. 전파관련 법제정책의 현황과 쟁점

1) 전파관리 정책 패러다임의 변화와 연혁적 특성

전파 관리정책은 전파자원의 사회적 수요나 통신기술의 개발과 발전, 통신시장의 경쟁 또는 활성화를 촉진하기 위한 방안들을 반영하면서 변화해 왔다. 전파관리 정책의 모델은 주로 3가지 모델로 나누어지

7 헌법재판소, 2000. 11. 30. 98헌바103.

는데, ① 국가지정모형(*command and control model*), ② 시장기반모형(*exclusive model*), ③ 공유모형(*common or open access model*)이 그것이다. 국가지정모형은 군용 또는 긴급구조용 주파수와 같이 정부가 공공목적으로 특정한 용도를 정해 주파수를 배분하는 것에서 출발했으며, 최근에는 방송 등 공익적 용도로 그 용도가 다소 확장된 모습을 보이고 있다. 반면 시장기반모형은 경제적 목적을 위해 주파수를 할당받은 사업자에게 배타적인 이용권을 설정해 주는 것으로, 할당받은 주파수는 지불한 대가에 따라 일정한 기간 동안만 사용이 가능하다(신종철, 2013). 공유 모형은 주파수 간섭의 문제만 없다면 최소한의 기술적 기준만을 설정하여 다수의 이용자가 주파수를 자유롭게 이용할 수 있도록 배분하는 것을 말한다.

우리나라의 전파관리 정책은 전파의 경쟁적 수요가 없던 1960년대에서 1980년대까지는 국가지정모형의 형태의 정책방식을 전파규제 정책과 전파해석의 기본철학으로 삼았지만, 전파이용의 증가와 관련 이동통신 등 관련 산업이 발전함에 따라 공정하고 투명한 자원의 할당, 효율적 이용촉진 등을 위하여 전파자원의 이용권 설정, 주파수 경매 및 거래 등 재산권적 성격을 강조하는 시장기반 모형을 도입하기에 이르렀고,[8] 최근에는 방송, 해상, 항공 등 공공목적의 통제 주파수는 그대로 유지한 채, 통신사업 등에 대해 시장기반 모형을, 기술발전에 따라 일부 소출력 용도 주파수를 시작으로 공유모형을 일부 도입하는 단계이다.

위와 같은 패러다임의 변화는 우리나라의 전파관리 법제 연혁에 그대로 반영되어 있다. 우리나라에서 전파관리를 위하여 최초로 제정된

---

8 국가지정모형은 주파수의 사용승인(우리 〈전파법〉 체계에서는 〈전파법〉 제 2조 제 1항, 제 7조 제 1항 및 제 2항, 제 19조 제 5항, 제 22조 제 1항 및 제 3항)의 이론적 근거가 되었고, 시장기반 모형은 주파수 이용대가의 반대급부로 특정한 주파수를 특정인에게 이용권한을 주는 주파수할당(동법 제 2조 제 1항 제 4호 및 제 10조)과 주파수를 배타적으로 이용할 수 있는 권한인 주파수 이용권(동법 제 14조) 등의 근거가 되고 있다.

〈표 10-1〉 전파관리 패러다임의 변화

구분	~1990년대 초	1990년대 초~	2000년 이후~
전파이용 환경	공급이 충분함 경제적 가치, 희소성 작음	수요가 급증함 가치 및 희소성 증가	전파자원이 부족함 가치 및 희소성 확대
전파 관리 이슈	혼신 및 간섭방지 (기술, 이용조건 규정)	혼신 및 간섭방지 + 공정한 배분 및 경제적 가치 환수	혼신 및 간섭방지 + 공정한 배분 및 경제적 가치 환수 + 신규 전파자원 확보, 이용효율의 극대화
전파 관리 유형	- 규제기관 중심 관리 (*command & control*)	- 규제기관 중심관리 + 시장원리 도입 (*property rights*)	- 규제기관 중심관리 + 시장원리 도입 + 공유모형 (*commons or open access*)

자료: 안준오, 2011.

〈표 10-2〉 전파관리 정책패러다임별 내용 비교

구분	국가지정모형	시장기반모형	공유모형
주요적용 대상사례	방송, 해상, 항공 등 공공목적 주파수 등	이동통신 등 사업 주파수(특정 대역) 등	Wi-Fi, 무선전화기 등 소출력 용도 주파수 등
주파수 분배	일반적으로 국제적 용도 고려해서 국내 용도 결정	글로벌통신, 규모경제 등을 위해 국제적 용도 고려해 국내 용도 결정	산업정책 등 각국의 전파이용 환경 고려해 주파수 용도 결정
주파수 할당	• 규제기관 중심 • 정부가 모든 권리할당 • 정부가 간섭보호 보장 • 기술기준 준수 필요 • 선착순 및 심사방식 할당 • 전파사용료 등 관리 비용 부과 • 5년 범위 내 재허가	• 이용자 중심 • 배타적 이용권 허용 • 정부가 간섭보호 보장 • 기술기준 준수 필요 • 경매방식(대가)할당 • 주파수 이용대가 및 전파관리 비용부과 • 장기간 사용가능 • 주파수 양도 · 임대허용	• 이용자 중심 • 정부가 비면허 대역 설정 • 혼 · 간섭 발생용인 • 기본적 기술제약 마련 • 누구나 이용 가능 • 이용대가 및 전파사용료 미부과 • 별도 재허가 또는 갱신 등 절차가 불필요

자료: 이승훈, 2011.

법률은 〈전파관리법〉이며, 당시 〈전파관리법〉하에서 우리나라의 전파관리는 전파자원의 효율적 이용보다는 주파수 이용 혼·간섭 위주의 무선국 중심의 관리체계를 유지해 왔다. 그러나 1990년대 이동통신 산업의 성장에 따라 전파이용이 확대되면서 1991년 〈전파법〉으로 전면 개정됨에 따라, 전파관리 및 전파진흥을 위하여 전파사용료와 전파진흥 기본계획 수립 및 시행 등 다양한 관리 제도가 도입되는 등 큰 변혁이 있었다. 이후 크고 작은 개정을 통해 전파관리의 실정법적 근거로 작용하고 있다.

이후 2000년에는 다시 한 번 법률의 전면개정이 있었는데, 이 개정을 통해 자원확보, 자원할당, 이용관리 등의 현행 〈전파법〉 체계가 마련되면서 전파자원의 이용 관련 권리와 의무 등이 보다 구체화되기 시작하였다. 특히, 이동통신 등 사업용 주파수에 대해 이용기간 설정, 주파수 이용(할당) 대가 부과, 주파수 양도·임대 허용 등에 관한 규정이

〈표 10-3〉 2000년 〈전파법〉 개정 시 주요입법내용

구분	근거 규정	주요내용	
이용계획	제 8조	전파진흥 기본계획 마련	전파이용 촉진과 전파와 관련된 새로운 기술개발과 전파방송기기 산업발전 등을 위해 5년마다 마련
자원확보	제 5조, 제 6조의 2 제 7조	신규 주파수 이용기술 개발	전파자원 확보를 위한 기술개발 등을 지속적으로 추진 회수재배치 요건 및 손실보상 산정기준 및 절차 규정
자원할당	제 9조, 제 10조 ~제 12조	주파수 분배 주파수 할당 (대가할당, 심사할당)	공공목적, 국제동향, 기술발전 추세 등을 고려하여 주파수 용도 등을 정하여 미래창조과학부장관이 고시 주파수 이용대가 부과 (대가할당, 경매제도 등)
이용관리	제 14조, 제 16조 제 17조, 제 19조 및 제24조	주파수 이용권 (양도 · 임대 허용) 주파수 재할당, 전환 무선국 개설 및 검사 등	주파수 양도 · 임대의 허용 재할당, 전환, 무선국 개설 등에 관한 근거 마련

신설되었다.

정리하면, 전파와 주파수관리 정책과 제도는 시대상황과 사회요구 등에 따라 서로 상이한 철학과 특징을 가지고 있다. 명령과 통제 모형은 정부의 통제와 의사결정하에서 정부 주도로 주파수가 분배 및 할당되므로 주파수의 공익 목적의 사용에 매우 효과적이다. 그러나 이용권의 범위를 단순 이용으로만 제한하여 임대·양도 등은 할 수 없으므로 사익추구나 효율적 이용에는 걸맞지 않으며, 관련 서비스와 기술이 발전하고 시장이 방대해짐에 따라 정부가 모든 관리와 판단을 내리는 것이 불가능에 가깝기 때문에 자연스럽게 한계가 있을 수밖에 없다.

반면 시장기반 모형은 시장경제원리를 기반으로 두고 주파수 할당이 이루어지며 많은 금액을 지불하는 이용자가 가장 주파수를 효율적으로 사용할 유인이 높은 자라는 인식에서 출발한다. 그러나 이 모형은 최적의 주파수 이용자를 선택할 수는 있지만 의도적으로 희소성이 강조되어 주파수의 가격이 지나치게 상승할 수 있는 문제점을 내포하고 있다. 결국 자본력이 풍부한 사업자에 의해 독점되거나 주파수를 할당받기 위해 지불한 비용이 결국 이용자에게 전가될 수 있다는 단점이 존재한다. 두 모델의 단점을 보완하고 급증하는 주파수 수요에 대응하기 위하여 주파수 공유 또는 공동사용 방식이 주목받고 있는바, 현재는 기존 체계가 완전히 사라진 상태가 아니라 전파이용의 효율성과 공익성 보장이라는 측면에서 대역별·이용목적 등에 따라 3가지 체계가 서로 공존하는 체계를 유지하고 있다.

특히 주파수를 공유 또는 공동사용 하는 모델은 주파수 이용을 원하는 모든 이용자가 주파수를 함께 사용하는 것이 효율적인 주파수 이용을 담보할 수 있을 것이라는 전제에서 출발한다. 급증하는 주파수 수요에 유연하게 대응할 수 있는 모델로 거론되고 있으며, 주파수의 효율적 이용과 독점방지 등 다소의 공익적 목적도 달성할 수 있다는 관점에서 주목받고 있다.

2) 새로운 대안으로서 주파수 공동사용 제도

주파수 공유모델에서의 주파수 공유 또는 공동사용은 동일한 주파수 대역이 복수의 이용자 또는 용도(서비스)에 이용될 수 있도록 해 주는 기술적 방식을 의미한다(신종철, 2013). 이러한 기술적 방식을 제도적으로 보장하고, 어떻게 설계할지가 최근 국내는 물론 해외 주요국들의 전파정책에 있어 주요 쟁점으로 부각되고 있다. 그도 그럴 것이, 한정된 전파자원의 특성상 주파수를 새로 확보하는 데에는 한계가 있을 수밖에 없고, 무선통신의 보편화와 관련 서비스의 증가로 전파의 경제적 가치와 수요가 폭증하고 있는 상황에서 주파수를 공유하거나 공동 사용하는 방법으로 그 이용 사각지대를 줄이는 것이 수요와 공급의 불균형을 해소할 수 있는 거의 유일한 대안이기 때문이다. 따라서 해외 선진국이 관련 기술적·정책적 노력을 경주하고 있는 점도 이와 무관하지 않다.[9]

미국의 경우 오래전부터 주파수에 대한 중요성을 인식하고 주파수의 확보와 활용에 대한 연구가 활발하게 진행된 덕분에 새로운 대역의 주파수 확보뿐 아니라 기존 대역에서 1차 사용자를 보호하며 공유할 수 있는 공유 주파수 자원 확보도 추진하고 있다(홍현진 외, 2012). 미국 FCC는 2010년 3월 모바일 관련 기술의 발달과 함께 요구되는 주파수의 확보를 위해 10년 이내 상업용으로 500㎒ 폭의 추가 주파수를 확보하는 것을 주요 내용으로 하는 NBP(National Broadband Plan)을 발표하였다. 하지만 2012년 7월 대통령 과학기술자문위원회(PCAST:

9 영국은 2014년 향후 10년간 주파수 관리 방향을 설정하고 핵심전략과 추진과제를 담은 UK spectrum strategy를 발표하였고, IoT 관련기기가 서로 다른 특성의 주파수를 요구하므로 이에 따른 전용 주파수(*dedicated spectrum*)나 공유 주파수(*shared spectrum*)의 적절한 제공이 필요함을 강조하고 있으며, 프랑스는 IoT기술 발달 및 관련 기기 증가에 따라 비면허 대역의 가용 주파수가 부족해질 것을 예상하여 가용 대역 확보와 공유를 통한 이용효율 향상을 도모하기 위한 정책 방향 설정을 주요 정책목표로 삼고 있다.

President's council of Advisors on Science and Technology)는 NBP가 기존 주파수를 회수하고 그것을 재배치하는 것을 내용으로 하고 있는 것에 대하여 기존 주파수의 회수 및 재배치에 과도한 시간과 비용이 소요된다는 점을 지적하면서 공공용 주파수를 민간에 공유하는 것을 허용하는 방식으로 진행할 것을 권고하였다(김상용 외, 2013).

PCAST보고서에 따르면 주파수를 독점적으로 사용하도록 하는 기존의 주파수 회수 및 재배치 방식보다 주파수 공유제도를 도입하게 되면 적은 비용으로 조기에 주파수 확보가 가능하고, 주파수 공유제도를 기반으로 주파수 대역을 충분히 공급하면 그 주파수 대역대에서 다양한 서비스를 제공할 수 있다고 한다. 또한 주파수를 공유하게 되면 많은 주파수 수요에도 불구하고 신속한 대응이 가능하게 되고, 주파수 회수 및 재배치에 소요되는 비용보다 훨씬 낮은 비용으로 주파수를 할당할 수 있게 된다는 장점이 있다는 것을 강조하였다(홍현진 외, 2012). PCAST 보고서에 적극적으로 반응하는 IT업계 덕분에 공공 주파수를 공유하려는 미국의 노력은 빠르게 결과물을 보이고 있고, Microsoft, Google, Dell, Hp, Intel 등의 기업들이 'White Space Coalition'이라는 단체를 구성하면서 관련 기술 개발 및 정책 제안을 주도하고 있다.

우리나라도 이러한 추세에 맞추어 주파수 공동사용 및 공유의 논의가 활발하게 이어지고 있는바, 최근 정부가 발표한 마련된 모바일 '광개토플랜 2.0'은 우리의 정책대응이 본격화되고 있음을 의미한다.[10] 광

10 모바일 데이터 트래픽의 수요가 급증함에 따라 주파수는 포화상태에 이르렀고, 이러한 이유로 이동통신 기술이 새로운 주파수를 사용에 대한 방향으로 발전됨에 따라 높은 주파수 대역을 이용하거나 단위 주파수당 정보 전달 효율이 높은 기술을 채용하기 위하여 정부는 2012년 1월 광대역 이동통신 주파수 중장기 확보계획인 '모바일 광개토플랜'을 의결하고 2020년까지 600㎒폭 이상의 주파수를 단계적으로 확보하기로 하였다. 그러나 당초 예상보다 높은 모바일 트래픽의 증가로 '모바일 광개토플랜'의 보완이 필요해졌고, 이에 새로운 주파수 확보계획인 '모바일 광개토플랜 2.0'이 수립되었다. 방송통신위원회 보도자료, 2012.1.20, '모바일 광개토플랜' 의결-20년까지 600㎒폭의 주파수를 확보·공급, 방송통신위원회; 미래창조과학부 보도자료, 2013.12.31, '모바일 광개토플랜 2.0' 확정-23

개토플랜은 새롭고 효율적인 주파수 대역대의 확보에 관한 문제뿐 아니라, '기존 주파수의 공유 및 양도·임대제도 활성화', '주파수 관리기관의 일원화' 등도 주요 정책적 관심사로 제시하고 있으며, 2015년 1월에는 〈전파법〉 개정을 통해[11] 주파수의 공동사용 제도의 근거조항을 신설하는 등 적극적인 대응을 시작하였다.

3) 현행 〈전파법〉상 주파수 공동사용 제도의 쟁점과 한계

정부의 적극적인 대응에도 불구하고 우리 주파수 공동사용 제도가 가진 문제점을 거론하지 않을 수 없다. 먼저 금년도 〈전파법〉 개정을 통해 도입된 〈전파법〉의 내용을 살펴보자.

〈전파법〉 제 2조 제 1호 제 4호의5에서는 "'주파수 공동사용'에 대해 둘 이상의 주파수 이용자가 동일한 범위의 주파수를 '상호 배제하지 아니하고' 사용하는 것을 말한다"고 정의하고 있다. 이렇게 보면 〈전파법〉상 주파수 공동사용은 엄밀히 말하여 기존에 '누군가 사용하고 있는 주파수' 중 효율적으로 사용되고 있지 않은 유휴자원이나, 전혀 사용하고 있지 않은 부분이나 대역 등을 누군가에게 제공하여 함께 사용하겠다는 의미로 이해하는 것이 합당하다. 현행 〈전파법〉이 운용하고 있는 주파수의 할당, 지정, 사용승인 등 주파수의 한정성을 기반으로 한 제도 등에 비추어 보면, 결국 주파수 공동사용은 필연적으로 기존에 누군가에게 제공된, 기득권의 근거가 된 주파수를 공유 또는 공동사용의 영역으로 정부가 다시 가져오는 절차가 필요함을 의미한다.

이렇게 〈전파법〉상의 각종 제도를 통해 주파수를 사용할 수 있는 권한을 적법하게 취득한 주체들의 주파수를 공동사용 하기 위한 요건과 절차는 제 6조의3에 반영되어 있다. 동조 제 1항에서는 미래창조과학

년까지 1,190㎒폭의 추가 주파수를 확보, 15년에 210㎒폭 할당.

11 시행 2015.4.21, 법률 제13012호, 2015.1.20, 일부 개정.

〈표 10-4〉〈전파법〉상 주파수 공동사용제도의 근거

구분	조문
정의	제 2조 제 1호 4의5. "주파수 공동사용"이란 둘 이상의 주파수 이용자가 동일한 범위의 주파수를 상호 배제하지 아니하고 사용하는 것을 말한다.
정책 수립 및 시행 권한	제 6조(전파자원 이용효율의 개선) ① 미래창조과학부장관은 전파자원의 공평하고 효율적인 이용을 촉진하기 위하여 필요하면 다음 각 호의 사항을 시행하여야 한다. 〈개정 2013.3.23〉 1. 주파수 분배의 변경 2. 주파수회수 또는 주파수재배치 3. 새로운 기술방식으로의 전환 4. 주파수의 공동사용 ② 미래창조과학부장관은 제 1항 각 호의 사항을 시행하기 위하여 필요하면 대통령령으로 정하는 바에 따라 주파수의 이용 현황을 조사하거나 확인할 수 있다. 〈개정 2013.3.23〉
집행 권한	제 6조의3(주파수 공동사용) ① 미래창조과학부장관은 주파수할당, 주파수지정, 주파수 사용승인을 받은 자에게 주파수의 전부 또는 일부를 주파수 공동사용에 제공하도록 할 수 있다. 다만, 제 6조의4에 따라 방송사업을 위하여 이용하는 주파수에 대해서는 방송통신위원회와 합의하여야 한다. ② 미래창조과학부장관은 주파수 공동사용의 범위와 조건, 절차, 방법 등에 관한 기준을 정하여 고시한다. 다만, 제 6조의4에 따라 방송사업을 위하여 이용하는 주파수에 대해서는 방송통신위원회와 합의하여야 한다.

부장관에게 주파수할당, 주파수지정, 주파수 사용승인을 받은 자에게 주파수의 전부 또는 일부를 주파수 공동사용에 제공할 수 있도록 권한을 부여하고 있다. 여기에서 나아가 동조 제 1항 단서규정에서는, 제 6조의4에 따라 방송사업을 위하여 이용하는 주파수에 대해서는 방송통신위원회와 합의하도록 하고 있다.

결국 〈전파법〉에 따라 주파수할당, 주파수지정, 주파수 사용승인을 받은 자의 주파수 일부·전부를 공동사용을 위해 제공하도록 하겠다는 것이 입법의 주된 취지인데, 현행 〈전파법〉상 주파수지정의 경우 무선설비나 무선설비를 조작하는 무선국[12]에서 이용할 특정 주파수를 정부

12 〈전파법〉 제 2조 제 1항 제 5호 "무선설비"란 전파를 보내거나 받는 전기적 시설을 말한다. 6호 "무선국"(無線局) 이란 무선설비와 무선설비를 조작하는 자의 총체를 말한다. 다만, 방

가 제공하는 개념이고, 사용승인의 경우 안보·외교적 목적 또는 국제적·국가적 행사 등을 위하여 특정한 주파수를 사용하는 개념임에 비추어 보면, 그러면 주파수의 할당·지정·사용승인 중 어느 범주에 마련된 주파수를 주된 공동사용의 대상으로 삼게 될지는 자못 명약관화하다. 즉, 사업용으로 분배된 주파수의 범위에서 사업자가 대가 또는 심사에 따라[13] 할당받은 주파수가 공동사용의 대부분을 차지하게 될 가

송수신만을 목적으로 하는 것은 제외한다.

13 〈전파법〉 제 10조(주파수할당)

① 미래창조과학부장관은 제 9조에 따라 다음 각 호의 어느 하나에 해당하는 사업의 용도로 정한 주파수를 특정인에게 할당하려는 경우에는 해당 주파수할당이 기간통신사업 등에 미치는 영향을 고려하여 할당을 신청할 수 있는 자의 범위와 할당하는 주파수의 용도 및 기술방식 등 대통령령으로 정하는 사항을 공고하여야 한다. 〈개정 2010. 3. 22, 2013. 3. 23, 2014. 6. 3〉

1. 〈전기통신사업법〉 제 5조 제 2항에 따른 기간통신사업

2. 〈방송법〉 제 2조 제 2호 나목에 따른 종합유선방송사업이나 같은 조 제 13호에 따른 전송망사업

② 제 1항에 따라 공고된 주파수를 할당받으려는 자는 대통령령으로 정하는 바에 따라 미래창조과학부장관에게 주파수할당을 신청하여야 한다. 〈개정 2013. 3. 23〉

③ 미래창조과학부장관은 주파수할당을 하려면 주파수할당을 받을 자 및 그와 대통령령으로 정하는 특수관계에 있는 자에 의한 전파자원의 독과점을 방지하고 적정한 수준의 경쟁을 촉진하기 위하여 대통령령으로 정하는 바에 따라 조건을 붙일 수 있다. 〈개정 2013. 3. 23〉

④ 미래창조과학부장관은 제 2항에 따른 신청이 제 1항에 따라 공고된 사항에 적합하지 아니하거나 신청인이 제 13조의 결격사유에 해당하는 경우에는 그 신청서를 되돌려 보낼 수 있다. 〈개정 2013. 3. 23〉

⑤ 삭제 〈2009. 3. 13〉

제 11조(대가에 의한 주파수할당) ① 미래창조과학부장관은 제 10조 제 1항에 따라 공고된 주파수를 가격경쟁에 의한 대가를 받고 할당할 수 있다. 다만, 해당 주파수에 대한 경쟁적 수요가 존재하지 아니하는 등 특별한 사정이 있다고 인정되는 경우에는 제 3항 후단에 따라 산정한 대가를 받고 주파수할당을 할 수 있다. (중략)

② 미래창조과학부장관은 제 1항 본문에 따라 주파수를 할당하는 경우에는 그 가격 미만으로는 주파수를 할당받을 수 없는 경쟁가격(이하 이 조에서 "최저경쟁가격"이라 한다)을 정할 수 있다. 〈개정 2014. 6. 3〉

③ 미래창조과학부장관은 제 1항 단서에 따라 주파수를 할당하는 경우에는 제 12조 각 호의 사항과 해당 주파수할당이 기간통신사업에 미치는 영향을 심사하여 할당할 수 있다. 이 경우 주파수할당 대가는 주파수를 할당받아 경영하는 사업에서 예상되는 매출액, 할당대상 주파수 및 대역폭 등 주파수의 경제적 가치를 고려하여 산정한다. 〈개정

능성이 크다. 더욱이 방송사업을 위하여 이용하는 주파수에 대해서는 방송통신위원회와의 합의가 없으면 이를 시행할 수 없도록 하고 있으므로,[14] 결국 현실적으로 통신과 관련된 사업 주파수가 주파수 공동사용의 대부분을 차지할 가능성이 커졌다.

결국 사업용 주파수에 대한 이용권을 적법하게 취득한 특정인의 주파수를 공동사용하게 할 경우 법리적으로는 재산권의 제한이 이루어지게 되는 것을 의미하는 것인데, 문제는 여기에서 시작된다. 첫째로, 〈전파법〉에 따라 적법하게 주파수를 이용하고 있는 할당, 지정, 사용승인의 객체들 중에서 유독 통신과 관련된 사업주파수에 대해 공동사

2014. 6. 3〉

④ 미래창조과학부장관은 제 10조 제 2항에 따라 주파수할당을 신청하는 자에게 다음 각 호의 구분에 따른 보증금을 주파수할당을 신청할 때에 내도록 할 수 있다. 〈개정 2014. 6. 3〉

1. 제 1항 본문에 따라 주파수할당을 하는 경우(최저경쟁가격을 정한 경우에 한정한다): 최저경쟁가격의 100분의 10의 범위에서 대통령령으로 정하는 보증금
2. 제 1항 단서에 따라 주파수할당을 하는 경우: 제 3항 후단에 따른 주파수할당 대가의 100분의 10의 범위에서 대통령령으로 정하는 보증금

⑤ 미래창조과학부장관은 주파수할당을 신청한 자가 주파수할당의 신청기간이 지난 후에 신청을 철회하거나 할당받은 주파수를 사용하지 아니하고 반납하는 경우 또는 담합, 그 밖의 부정한 방법으로 가격경쟁을 한 경우에는 제 4항에 따른 보증금을 방송통신발전기금 및 정보통신진흥기금의 수입금으로 편입한다. 〈개정 2010. 7. 23, 2013. 3. 23〉

⑥ 제 1항에 따라 주파수할당을 받은 자가 내는 주파수할당 대가는 방송통신발전기금 및 정보통신진흥기금의 수입금으로 한다. 〈개정 2010. 7. 23〉

⑦ 주파수할당 대가의 산정방법과 징수절차, 최저경쟁가격의 결정방법과 제 5항 및 제 6항에 따른 수입금의 배분 등에 필요한 사항은 대통령령으로 정한다. 〈개정 2010. 7. 23〉

제 12조(심사에 의한 주파수할당) 미래창조과학부장관은 제 10조 제 1항에 따라 공고된 주파수에 대하여 제 11조에 따른 주파수할당을 하지 아니하는 경우에는 다음 각 호의 사항을 심사하여 주파수할당을 한다. 〈개정 2013. 3. 23〉

1. 전파자원 이용의 효율성
2. 신청자의 재정적 능력
3. 신청자의 기술적 능력
4. 할당하려는 주파수의 특성이나 그 밖에 주파수 이용에 필요한 사항

14 제 6조의3 제 1항 단서에서는 단순 협의나 의견조율이 아닌 '합의'를 그 요건으로 하고 있다. 법적 의미에서의 합의는 단순히 논의를 요청하는 것으로 요건이 충족되는 협의와는 달리, 합의는 상대방의 동의를 반드시 확보하여야 한다.

용을 제공을 요구하는 경우 '같은 것은 같게, 다른 것은 다르게'라고 하는 헌법상 평등의 원칙에 기반을 둔 분쟁이 제기될 소지가 있다. 특히, 사업자가 대가할당을 위해 천문학적 비용을 지불하는 경우라면 그 가능성은 더욱 크다. 둘째로, 〈전파법〉 제 6조의3이 헌법 제 37조 제 2항에 따라 기본권을 제한하는 조항이라고 본다면, 그 재산의 수용 문제도 대두될 수 있는바,[15] 대가를 받고 할당한 주파수를 다시 보상하는 아이러니한 상황도 전개될 수 있다. 셋째, 이 제도를 현장에서 구현하는 과정에서 미래창조과학부가 주파수의 상호이용에 불편함이 없는 효율적인 방법이나 기술 등을 적극적으로 채용할 가능성도 있다. 그러나 현장에 적용될 구체적인 가이드를 마련함에 있어 투명하고 합리적인 절차가 부족한 점도 아쉽다. 제 6조의3 제 2항에 따라 주파수 공동사용의 범위와 조건, 절차, 방법 등에 관한 기준을 미래창조과학부 장관이 독립적으로 정하여 고시한다고 정하고 있는 한, 주파수 공동사용의 대상이 되는 주파수기득권층과의 잡음과 분쟁은 필연적일 것으로 예상할 수 있다.[16] 마지막으로, 전파자원관리 및 주파수 분배정책은 자연력에 대한 국가의 특허, 공적 과제 수행을 위한 국가와 지방자치단체의 의무, 그리고 이를 현실적으로 구체화하기 위하여 국민의 자유와 권리를 법률로써 제한할 수 있다는 헌법적 근거가 종합적으로 투영된 결과라고 앞서 설명한 바 있다. 현행 〈전파법〉상 주파수 공동사용 조문이 위와 같은 헌법 이념과 가치관을 충분히 반영하는 구조로 설계되었는지 재차 고민이 필요한 시점이라고 생각된다.

15 〈전파법〉 제 7조에서는 주파수회수 또는 재배치의 경우에만 손실보상을 하도록 하고 있다.

16 법률에 의한 기본권 제한을 천명하고 있는 우리 헌법 제 37조 제 2항에 비추어보면, 〈전파법〉 제 6조의3 제 2항이 주파수 공동사용의 조건과 절차 등을 미래창조과학부장관 고시로 위임한 것이 헌법에 합치되는 조문설계인지도 다소 의문이다.

4) 주파수 공동사용 제도의 개선방향

주파수 공동사용에 정부가 적극 개입하는 것은 주파수 이용의 효용성과 전파의 공공성 등을 근거로 그 타당성을 어렵지 않게 도출할 수 있다. 그러나 살펴본 바와 같이 그 개입의 방법과 절차가 제대로 제도화되어 있는지는 다소 의문이 든다. 특히, 이미 대가할당 등으로 배타적 이용권을 획득한 특정인 또는 사업자를 대상으로 행정주체가 공동사용을 의무화할 수 있는 권한을 일방적으로 부여한 제도설계는 많은 위험요소를 지니고 있다.

주파수 공동사용에 관한 내용을 상세히 법률에 직접 명기하는 것이 입법적 부담일 수 있다면, 도리어 정부, 사업자, 이용자 등 전파사용의 구성원들이 공론을 거치고, 서로 공감대를 형성할 수 있는 절차를 마련하는 것도 방법이다. 미래창조과학부를 포함해 많은 행정기관의 정책을 심의하고 자문해 주는 기존 위원회 제도를 활용하거나, 차제에 전파관리정책의 위상강화와 전파의 가치증대를 고려할 때 범부처급 전략위원회를 구성하는 것도 과히 나쁘지 않다. 또한 주파수 공동사용을 구체화하는 과정에서 제도적으로 풀어내기 어려운 숙제는 기술적인 방법으로 쉽게 해결되는 경우도 많다. 과학적인 검증과 현장의 타당성 검증, 적극적인 의견수렴을 통해 주파수 공동사용의 취지를 실질화하려는 노력이 필요하다.

4. 결 론

전파자원은 그간 국민의 편익의 증진과 국가경제발전을 지탱하는 근간이 되어 왔고, 앞으로도 전파의 이용범위는 단순한 라디오나 TV수신과 이동전화, 무선인터넷을 넘어 더욱 다양한 차세대 기술에 활용될 것이다. 나아가 우리가 예상하는 초연결시대에는 전파가 기술과 인간을 이어주는 연결자 역할을 하게 될 것이고, 인간의 삶도 전파를 통해 설명이 가능한 시대가 도래할 것이다. 전파자원은 그 가치와 중요성이 날로 부각됨에 따라 이를 관리하는 제도 또한 마찬가지로 큰 관심을 받고 있다.

전파자원 관리와 이용을 규율하는 규제의 근거는 전파자원의 가치와 중요성을 기초로, 효율적 전파자원관리를 통한 공익의 실현에 의하여 타당성을 얻을 수 있다. 또한 우리 헌법은 공적 자원이 올바르게 관리·분배되어 국민과 사회적 효용이 최대한 보장되는 방향으로 제도를 설계하고 운용할 것을 국가와 지방자치단체에 명하고 있다. 따라서 전파자원을 관리하는 정책의 목표는 국민 중심의 공익과 사회적 효용, 그리고 사회 구성원의 전반에 걸친 공론과 평등한 희생이 존중되는 방향으로 설계되어야 한다. 공론화 과정이나 투명하고 공개적인 절차적 정당성이 결여된 채, 공익추구라는 목표달성을 위해 구성원 일부에게 과도한 부담을 지울 경우, 그 부작용은구성원 전체에게 돌아간다는 점도 간과해서는 안 된다. 보다 과학적이고 정치한 제도 마련을 통해 선진 전파자원 관리가 이루어지기를 기대한다.

참고문헌

계경문 외(2013), 《전파법연구》, 법문사.

권영성(2006), 《헌법학원론》, 법문사.

김상용 외(2013), 주파수 공유기술 적용을 통한 주파수 자원배분 방안 연구, 정보통신정책연구원.

나종갑(2006), 주파수자원의 법적본질 및 주파수정책에 대한 의미, 〈저스티스〉, 91호, 26~62.

박균성(2010), 《행정법강의》, 박영사.

성낙인(2012), 《헌법학》, 법문사.

신종철(2013), 《전파법해설》, 진한엠앤비.

안준오(2011), 주파수 경매제도의 도입, 현황 및 시사점, ISSUE PRISM, 미래전파공학연구소.

유현용(2010), 전파의 법적 성질에 관한 고찰, 〈공법연구〉, 38(4), 203~233.

______(2011), 가격경쟁주파수할당의 시행에 따른 법적 쟁점과 개선방안, 〈행정법연구〉, 30호, 411~432.

이승훈(2011), 국가자원으로서의 전파와 번호 관련 법체계 비교분석, 〈연세 의료·과학기술과 법〉, 2(1), 25~57.

정필운(2010), 전파의 국가규제에 대한 공법이론적 연구, 〈공법연구〉, 38(3), 197~217.

조성규(2011), 주파수 할당대가의 법적 성질, 〈경제규제와 법〉, 4(1), 201~225.

허 영(2006), 《한국헌법론》, 박영사.

홍정선(2009), 《행정법특강》, 박영사.

홍현진 외(2012), 미국의 주파수 공유 활성화 관련 정책 동향, 〈전자통신동향분석〉, 27(6), 94~103.

Gartner(2013. 12. 12), Gartner Says the Internet of Things Installed Base Will Grow to 26 Billion Units by 2020.

11

IT ODA를 통한 개도국 정치체제의 민주적 전환 가능성과 실제 : 낙관적 기술결정론의 비판*

송효진(서울시립대 반부패시스템연구소, 연구교수)

1. 서론

"현대적 발전을 위한 아이콘"이라 불리는 정보기술(IT: *Information Technology*)의 등장은 낙후된 기술과 취약한 자본으로 인해 빈곤에 허덕이는 저개발국가로 하여금 경제적 '도약 발전'(*leapfrogging development*)의 가능성을 기대하게 하였다(Heeks, 2005: 15). 여러 선진국이나 국제기구, NGO 등은 이러한 기대에 부응하여 ODA(*Official Development Assistance*)를 통한 IT 이전에 적극적이다.

IT ODA는 일반적으로 개도국의 경제적 성장에 따른 빈곤 문제의 해결과 국가 간 개발격차 완화를 우선의 목표로 하나, 개도국의 정치적 상황을 개선하려는 동기도 간과할 수 없다(Harris, 2004: 이희진 외, 2007). 비정부기구나 원조 관계자들은 ODA의 동기와 목표에 수원국의 정치 상황에 대한 고려와 이를 개선하려는 지원 활동에 난색을 표한다. 수원국에서는 내정간섭으로 여기는 경우도 있다. 이들은 원조의 이행 동기에 있어 정치적 차원을 최소화할 것을 요구하며, 효과를 평가

* 이 글은 〈정보화정책〉, 22(1), 73~95와 〈지역발전연구〉, 23(2), 67~100에 실린 내용을 일부 수정·보완하였음을 밝힌다.

함에 있어서도 소극적인 태도를 보인다. 그러나 시민들의 정치적 권리나 자유는 국가의 구성원으로서 누려야 하는 기본권으로 아무리 경제적으로 삶이 안정되었다 하더라도 이의 보장이 불가능하거나 낮은 수준이라면 진정한 의미의 국가 발전을 거두었다고 보기 어렵다(송효진, 2015). 그러므로 민주적 정치체제를 확립하지 못했거나, 이를 가능하게 할 정부 역량을 가지지 못한 국가에 대한 지원은 국제사회가 함께 감당해야 할 중요한 과제가 아닐 수 없다. 이러한 맥락에서 미국은 클린턴 행정부하에서 민주주의의 세계적 확산을 주요 목표로 제시하고 이의 효과적 추진 전략으로서 정보화에 주목한 바 있으며(고경민, 2012: 32), UN이나 세계은행 등의 국제기구들 또한 개도국의 열악한 거버넌스를 개선하기 위한 도구로서의 IT 확산에 대한 기대가 크다. 이들은 권위주의적인 특성을 가지고, 정부 역량이 낮은 개도국에 IT를 확산시키면 시민들의 정부 정보에의 접근을 가능하게 하고, 정부의 책무성과 민주주의에 대한 요구를 높일 수 있다고 본다. 그리고 이러한 변화가 독재자 또는 정치엘리트들을 딜레마의 상황에 처하게 한다고 주장한다(Shultz, 1985; Kedzie, 1997; Gompert, 1999; 이희진 외, 2004: 189). 이러한 가정은 IT의 정치적 효과성에 대해 낙관적으로 접근한 것이며, IT의 이전이 개도국의 정치적 상황을 변화시킬 것이라고 믿는 기술결정론적 시각을 따르는 것으로 볼 수 있다.

그러나 IT가 비민주적이며 권위주의 체제의 정치적 변화를 이끌 핵심 동력이 된다고 단언하는 것 또한 무리가 있어 보인다(고경민, 2009a: 128~129). 양자 간의 상관성을 뒷받침하는 객관적 근거도 불충분할뿐더러 중국과 같은 국가의 경우에는 IT를 높은 수준으로 이용하고, 국가 차원에서 적극적으로 확산시키고 있지만 여전히 공산주의 체제를 유지하고 있기 때문이다. 게다가 중국은 경우에 따라 자신들의 체제를 선전하고, 공고히 하는 효과적 도구로 활용하기도 한다(Kalathil & Boas, 2003).

그럼에도 불구하고, IT ODA를 통한 '신근대화'(*new modernization*)의 움직임은 더욱 강화되고 있다. 이 장에서는 ODA를 통한 IT 이전이 개도국의 정치적 변화에 유의한 영향을 미치는지 살펴보고자 한다. 좀 더 구체적으로, IT 확산을 추구하며 IT ODA에 대한 수요가 높은 권위주의 국가들이 민주화의 정치적 압력에 직면하고, 결국 정치체제의 전환을 선택하게 될 것이라고 믿는 '민주화가설'을 객관적으로 검증해 보고자 한다. 그리고 나아가 민주화가설의 이론적 근거가 되는 낙관적 기술결정론이 선진국과 상이한 특성을 가진 개도국에서도 받아들여질 수 있는지에 대해 확인한다. 금전상의 지원 규모나 ODA에서 차지하는 비중이 지속적으로 커지고, 다양한 프로젝트와 프로그램이 운영되고 있는 상황에서 IT 이전이 개도국의 실제적 발전에 긍정적 효과를 가지는지에 대한 검증은 공여국의 국민들의 원조 피로도(*aid fatigue*)를 최소화하며 지속적인 이행을 위해 당위성을 갖는다. 뿐만 아니라, 수원국에게도 '죽은 원조'(*dead aid*)를 경험하지 않도록 하기 위해서도 필요하겠다.

2. 이론적 논의

1) 원조와 민주주의

국제사회는 다양한 경제·사회정치적 요인들에 따른 선진국과 개도국 간의 개발 격차를 해소하기 위한 사업의 일환으로 ODA를 이해하고 있다(이천우, 2011). 또한, OECD DAC는 ODA를 개도국의 경제개발과 복지증진에 기여하기 위해 중앙정부와 지방정부를 포함한 공공 부문에 공여하는 "개발재원의 이전"(*transfer of resources for development*)이라고 한다. 이러한 개념 정의에는 ODA의 경제적 동기만 반영되어 있을 뿐 정치적 측면은 반영되어 있지 않다. 이는 ODA를 통한 개도국의 정치체제 변화나 열악한 정치 환경의 개선을 ODA의 목표나 주요 동기로 제시되는 것이 자칫하면 수원국에 대한 내정 간섭으로 비춰질 수 있고, 불필요한 갈등 상황을 만들 수 있기 때문이라고 볼 수 있다. 하지만, 그럼에도 불구하고 ODA를 통한 정체체제의 민주적 전환이나 민주주의 발전 수준의 제고는 필연적으로 강조될 수밖에 없다. 시민의 자유와 평등은 기본권이나 복지와 밀접한 관련을 가지기 때문이다.[1]

ODA와 민주주의 관계에 대한 일반적 관점은 개발도상국의 민주주의를 신장시키는 것이 원조의 목적 중 하나라는 데서 출발한다. 그리고 원조와 민주주의 간 관계에 대한 연구가 시작된 것은 가난하고 전형적인 독재국가에 집중되었던 해외 원조 중 민주화와 관련된 원조 프로그램이 점차 많아지면서 이의 실제적 효과에 대한 관심이 높아졌기 때문이다(Kalyvitis et al., 2012: 2~4). 민주주의에 대한 원조의 효과는 이를 경험적으로 평가하고자 시도한 연구들로부터 분명한 결론을 얻어낼 수는 없었지만, 다양한 시각에서 의미 있게 논의되어 왔다. Goldsmith (2001)는 1975년부터 1997년의 데이터에 기초하여 사하라 이남 지역에

1 ODA의 주된 목적은 수원국의 경제성장과 복지향상에 있지만, 사실 공여국의 지원 동기는 매우 다양하다. 예를 들면, 긴급구호에 조력하기 위해, 수원국의 경제성장과 빈곤감소와 같은 개발 목표를 달성할 수 있도록, 공여국의 연대감을 보여 주기 위해, 공여국의 국익과 전략적 이익을 이루기 위해, 공여국의 상업적 이익을 증진하기 위해서 등 여러 가지이다(Riddell, 2007). 즉, 한 국가가 처한 입장과 시대적 상황에 따라 차이는 있지만 크게 "정치·외교적 동기, 경제적 동기, 인도주의 동기, 상호의존 동기" 등으로 분류될 수 있다(김복희, 2002). 그러나 실제 행해지는 ODA는 대부분 어느 한 목적에 국한되지 않고 다양한 동기가 혼재되어 나타났으며(유장희, 2005), 1980년대 들어서면서부터 전통적 동기 외에 세계화로 인해 지구반대편에서 일어나는 일들이 다른 국가에 지대한 영향을 미칠 수 있다는 인식이 확산되면서 국가 간 "상호의존성"이 중요한 동기로 부상되었다. 특히, 밀레니엄 선언 이후, 개도국의 빈곤문제가 21세기 국제사회가 당면한 최우선 과제일 뿐만 아니라, 개도국 내부에 국한되는 일국적 문제의 차원을 넘어 지구촌 전체의 문제로 규정되면서 ODA의 목표도 선·후진국 간 개발격차를 완화하기 위한 경제적 지원 사업에만 한정되지 않고, 개도국 국민의 인간안보나 인권과 같은 보다 근본적인 문제로까지 확대되고 있다(개경통 외, 2012: 84~86).

있는 48개국의 민주주의 수준과 ODA 간에 통계적으로 유의한 정(+)의 관계가 존재함[2]을 찾았고, Dunning(2004)은 민주주의에 대한 원조의 효과가 미약하고 냉전 이후의 제한된 시기에만 해당하지만, 유의한 정(+)의 관계를 확인할 수 있었다. Finkel et al.(2007)의 연구에서도 USAID로부터 원조받은 수원국을 대상으로 분석하여 원조가 민주화를 신장시켰음을 확인하였다.

반면, Djankov et al.(2006)은 원조가 민주주의에 부(-)의 영향을 미치고 있다고 하였는데, 원조가 지대추구 행위를 강화하도록 정치인들을 유도하고, 정치 제도로 하여금 덜 민주적 또는 덜 대표적이도록 손상을 가하기 때문이라는 것이다. 따라서 수원국의 원조를 통해 민주주의를 건설하려는 공여국들의 노력은 선거 절차를 개선하거나 인적 자원의 질적 제고, 소득 수준을 높이려는 방법으로 이루어져야 한다고 제언하였다. Kalyvitis et al.(2012)은 원조가 수원국의 민주화에 있어 부(-)의 영향을 미치며, 이는 수원국에서 보편적으로 나타나기보다 각각의 사회경제적 환경에 따라 다르게 존재한다고 하였다. 그는 원조가 수원국의 민주화에 직접적으로 정(+)의 영향을 가지는 경우는 '선거나 기술적 원조'(*technical aid*), 즉 정치적 목적을 가진 원조프로그램을 이행하였을 때라고 하였다. Brautigam et al.(2004)도 과잉된 원조는 개혁 시도들을 방해하여 민주화를 저지하고, 공여국과 수원국의 도덕적 해이를 낳거나 '공유지의 비극'을 영구화시키며, 시민이나 기업으로부터 거둔 세금에 대한 의존보다 원조 수입에 대한 의존도를 높여 책무성에 대한 요구나 압력을 약화시킬 수 있다고 보았다. 이처럼 원조는 권위주의적 체제의 민주적 전환에 기여하기도 하지만 정부의 비효율성이나 부패의 계기를 제공하고, 굿 거버넌스를 약화시켜 독재정권의 힘만 강화시키는데 기여할 수도 있다. 그리고 원조와 민주주의 간에는 유의한 관계가 형

2 Goldsmith(2001)는 원조가 시민의 자유, 정치적 경쟁, 참여 등을 이끌 수 있다고 한 바 있다.

성되지 않을 수도 있다(예: Crawford, 1997; Knack, 2004).[3] 이에 Easterly(2003)는 원조의 민주적 효과는 공여국에 따라서 또는 수원국의 국내적 상황에 따라 다르게 존재한다고 보는 것이 적절하다고 한 바 있다.[4]

2) IT ODA와 민주화 가설

개발원조의 관점에서 개도국에의 IT 이전이 주목받기 시작한 것은 OECD가 새천년개발목표(MGDs: Millennium Development Goals)를 달성하기 위한 방법으로서 IT의 주요 역할을 규정하고, 이 분야의 개발협력을 강조하면서부터라 할 수 있다. 또한, 1990년 중후반부터 IT가 새로운 민주적 질서, 그리고 국제적으로 조화와 협력의 새로운 질서를 가져온다는 데 대한 광범위한 가정이 형성되면서 IT ODA를 통한 개도국의 정치적 민주화를 위한 구체적 전략이 마련되었다. 대표적으로 미국은 권위주의 체제나 폐쇄 체제를 가진 개도국에 IT ODA를 늘림으로써 외부 세계와의 채널을 증대시키고, 국민들의 리터러시와 시민의식을 고취시켜 반체제 세력을 등장하게 하여 민주화에 대한 요구와 동력을 촉발할 수 있을 것으로 보았다. 이러한 낙관적 가정에 기댄 민주화 가설은 IT ODA를 통한 '신근대화론'(*new modernization perspective*)의 기초가 되고 있다.[5]

---

3 Crawford(1997)는 1990~1996년의 29개의 사례에 대한 계량 분석을 시도하였으나 원조가 수원국의 정치적 민주화를 이끌었다는 것을 검증해내지 못하였다. Knack(2004) 역시 1975~2000년의 횡단면 데이터를 활용하여 분석하였지만 원조와 민주주의 간 유의한 관계는 찾아볼 수 없었다.

4 Kangoye(2011: 15)는 원조가 경제적 불안정성(교역의 불안정성 등)이 민주주의를 저해하는 효과를 완화시키는 효과를 가진다고 하면서, 이런 시각에서 원조가 민주화에 기여한다고 볼 수 있다고 하였다. 같은 입장의 연구는 Chauvet et al. (2004; 2007), Collier et al. (2001; 2007) 등이 있다.

5 근대화 이론은 개도국의 빈곤 감소, 경제성장, 민주주의를 위해 서구적인 모델의 적용이

그런데, IT가 개도국의 경제적 발전을 이끌어내는 원동력이 된다는 기대는 신중한 접근이 필요한 상황이다(고경민, 2009a: 128). 통신 인프라가 잘 구축되고 안정적인 제도기반이 확충된 선진국과 달리 반대의 상황에 있는 개도국에서도 IT가 신산업육성 등에 따른 경제적 효과를 보이는 경우는 매우 제한적이기 때문이다(송효진, 2014: 71).[6] 그럼에도 불구하고, 민주화 가설과 신근대화론의 주장을 견지하는 미국을 비롯한 국제사회는 IT가 국가의 경제적 발전을 가능하게 하는 강력한 도구가 됨을 당연시하고, 이에 기초하여 권위주의나 폐쇄적 국가의 정치엘리트들이 경제성장을 위해 IT를 채택하게 되며, 이 과정에서 요구되는 체제의 민주적 전환을 수용할 수밖에 없게 된다는 객관적 근거도 없이 믿고 있다. 그리고 ODA를 통한 IT 이전을 양적으로 확대하는 한편, 이의 실질적 효과 평가에 대해서는 관심을 두지 않고 있다. 이는 학문적으로도 마찬가지로 정치적 차원에서 IT ODA의 효과성을 객관적으로 분석하거나 평가한 연구들은 경제적 효과성에 비해 상대적으로 많지 않으며, 몇몇 사례를 중심으로 한 담론 차원에 머물고 있다.[7] 이

어느 곳에서나 보편적으로 가능하며 이는 암묵적으로 그들의 발전 모델이야말로 가장 바람직한 이행경로를 보여 준다고 가정하고 있다. 그리고 신근대화론은 1950~1960년대의 근대화 이론의 논리와 주장을 거의 그대로 답습하는 것처럼 보이지만, IT를 새로운 매개로 한다는 점에서 차이를 갖는다.

6 Brasdshaw et al. (2005) 또한 가시적으로는 IT가 경제성장이나 물질적 삶의 질 제고로 이어지는 듯해 보이지만, 면밀히 들여다보면 IT가 국가의 경제발전을 이끌어낸다고 보기 어렵다고 한 바 있다. 또한, 멕시코의 MCTs사업이나 인도의 Gyandoot프로젝트 사례처럼 동일한 사업에서 반복적으로 제기되는 IT ODA의 근본적인 문제와 한계는 이의 실효성과 타당성에 의문을 갖게 한다. MCTs사업은 다양한 정보통신서비스에 대한 대중적 접근을 촉진하고자 하였으나 처음 구축된 23개의 텔레센터 가운데 2년 뒤에도 운영되었던 것은 고작 5개로 80%의 실패율을 보였다(Wade, 2002; UNDP, 2001; 고경민, 2009a: 132). Gyandoot 프로젝트는 인도의 다르(Dhar) 지역에서 벌인 인트라넷 구축 사업으로 정보격차가 심각한 농촌지역의 거버넌스 수준을 높여 주고자 추진되었으나 사업 종료 2년 뒤 상당수의 키오스크가 버려지거나 폐쇄되고, 고작 2~3일에 한 번 정도 사용되는데 그쳤다(Heeks, 2005: 11).

7 고경민(2007; 2009a; 2009b; 2012), 고경민 외(2010), 이희진 외(2007) 등의 연구에서는 IT 이전의 효과에 대해 의문을 제기하고는 있으나 몇몇 특정 국가의 사례를 통한 시사

러한 연구의 편중과 부족은 두 가지 점에서 이유를 찾아볼 수 있다. 하나는 개발을 위한 IT에 대한 관심이 산업의 성장세나 신경제에 대한 논의와 함께 증대되었기 때문에 다른 연구에 비해 중요성이 간과되었다는 것이다(김수진 외, 2012: 190). 그리고 다른 하나는 IT가 개도국의 경제적 거래를 촉진하고, 세계 경제와 연계시키는 등의 성장 동력이 될 수 있다는 낙관적 기술결정론에 따른 신화가 그대로 수용되고 있는 것이다(Singh, 1999: 203~214; 고경민, 2009a: 133~135).

3) IT확산 효과에 대한 주요 관점

IT의 확산과 민주주의 발전 간 관계에 대한 논의는 기술결정론과 사회결정론의 대립 구도를 보이는 듯 했으나 최근에는 도구주의적 관점이나 구성주의적 관점에서 논의되기도 한다(최고은, 2010: 36). 각각에서 IT확산과 민주주의 관계에 대해 취하는 입장을 살펴보면 다음과 같다.

(1) 기술결정론

기술결정론은 사회변화를 야기하는 요인 중에서 기술이 가장 중요하다고 보며, 기술이 그 자체의 고유한 발전 논리, 즉 공학적 논리를 가지고 있기 때문에 기술의 발전은 구체적인 시간과 공간에 관계없이 동일한 경로를 밟는다고 가정하고 있다(홍성욱 · 이장규, 2006: 75). 기술결정론은 두 가지의 가설에 기초하고 있는데, 하나는 한 사회의 기술적 기반은 사회적 존재의 모든 유형에 영향을 미치는 근본적 조건이라는 것이고, 다른 하나는 기술상의 변화는 사회에 있어 단일의 가장 중요한 변화의 원천이라는 것이다. 이에 따르면 인간의 주체성과 자율성은 기

점 도출로 한계를 가진다.

술의 발달과정에 큰 영향을 미치지 못한다(최고은, 2010: 40). 즉, 기술결정론에서는 인간의 의지와 노력 또는 사회구조가 기술 발전이나 사회변화에 미치는 영향을 부인하며, 기술 발전을 수용하는 사회의 특수한 맥락도 고려하지 않는다. 모든 사회가 동일한 형태로 기술을 수렴하게 된다고 믿는다.

인터넷의 정치적 효과에 대한 기술결정론의 시각은 낙관적 입장에서 더욱 두드러진다. 낙관적 기술결정론에서는 인터넷의 등장과 발전이 사회전반에 급격한 변화를 초래할 것이며, 정치적 발전을 촉진하여 직접 또는 참여민주주의가 가능해진다고 본다. Toffler(1995)는 정보사회에서는 다수결에 기반을 둔 대중민주주의가 아닌 소수세력의 다양성에 의한 '모자이크 민주주의'가 등장하며, 대의민주주의 대신 국민 스스로 대표자가 되고 주요 정책결정에 참여하는 반직접민주주의(*semi-direct democracy*)가 등장한다고 하였다. Naisbitt(1982) 역시 새로운 정보기술이 도입됨으로써 과거 시공간적 제약으로 인해 대규모 정치체제하에서 불가능했던 직접민주주의가 가능해질 것이라고 하였다. 이처럼 정보기술의 발달이 지금까지 사회적, 제도적으로 이전 사회와 다른 양상을 가진 새로운 사회를 형성하였다는 점에서 그 독자적 영향력을 어느 정도 인정할 수밖에 없다. 그러나 이 관점으로는 비민주주의 국가들이 인터넷을 효과적으로 통제하면서 기존 체제를 유지·강화시키는 수단으로 이용한 경우나 전체주의적 가능성(Ronfeldt, 1992: 6)을 설명하기 어려워 보인다.

(2) 사회결정론

아시아나 중동 등 많은 개도국에서는 인터넷의 도입과 확산을 위해 인프라에 대한 대대적 투자만 하는 것이 아니라 정부나 공공조직 차원에서 이의 이용확산을 위해 능동적으로 개입한다. 그러나 인터넷의 정치적 이용에 대해서는 법과 제도에 의해 접근과 콘텐츠 유통을 제한하는 공식적 방법과 관행 등에 따른 비공식 방법으로 규제하고 있다. 인터넷이 민주주의를 촉진시킬 수 있다고 보는 학자들의 대부분은 사실 시민사회의 역할에 주목하고 있다(정보통신책연구원, 2005: 16). 인터넷이 시민들의 참여를 위한 기회와 정보를 제공함으로써 시민사회가 국가의 통제에 대응하게 된다는 것이다. 하지만 비민주적이거나 권위주의 체제를 보이는 국가에서 인터넷은 개인적 편의수단을 넘기 어렵고 시민사회 역시 침체되어 있는 경우가 많다. 예컨대, 중국은 선진국과 마찬가지로 IT의 이용 수준이 높고 경제적 발전을 거두었지만 권위주의 체제가 민주주의로 전환에 직면하게 될 것이라는 가정과는 달리 여전히 확고한 권위주의적 통제 체제를 구축하고 있다(고경민, 2009b: 169; 2012: 40). 이는 기술의 발달이 사회변동을 유발시킬 수는 있으나 기술 자체로 사회적 관계나 제도를 변화시킬 수 없다는 사회결정론의 주장을 가능하게 한다. 즉, 사회결정론은 사회가 단순히 수동적으로 기술발전의 결과를 수용하는 것이 아니라 능동적으로 기술의 발달과 이용에 개입한다고 보고 있다(강정인, 1999: 168).

(3) 도구주의

도구주의 관점은 기술결정론과 대조적으로 기술 자체에는 아무런 독자적 행위성이 없기 때문에 가치중립적으로 보아야 한다고 주장한다. 가장 대표적인 학자인 다니엘 벨(Daniel Bell, 1987: 31)은 《탈산업사회의 도래》(*The Coming of Post-industrial Society*)에서 기술이 사회변화를 결정짓는 것은 아니며, 기술은 수단과 가능성을 제공할 뿐이라고 하였다(박홍수·김영석, 1995). 이 관점에서는 사람들이란 중립적인 도구인 기술을 자유민주적 이상을 실현하기 위한 수단으로 사용하기 때문에(정보통신정책연구원, 2005: 17~18), 기술은 '사회가 사용하기 원하는 대로' 고도의 권력집중화를 위해 이용될 수도 있고, 커뮤니케이션

양식의 다원성·다양성 등으로 거대한 탈집중화도 가능하게 한다고 본다(강정인, 1999: 165). 다시 말해, 기술은 단지 인간의 도구이기 때문에 누가 사용하느냐에 따라 그 용도가 달라질 뿐이다(김지연, 2013: 181~216). 이 관점에 따르면 현대사회에서 IT는 정치적 민주화에 긍정적 결과를 가져온다. 그러나 다른 한편으로는 정치적 갈등과 사회적 난국을 초래하거나 이를 사용하는 목적에 따라 고도의 권력 집중화를 초래할 수도 있다.

Kalathil & Boas(2003)나 Castells(2003), Rodan(2003), Shie(2004) 등은 IT 그 자체만으로 민주화의 압력을 만들어낼 수 없으며, 시민사회의 형성과 발전에 상당한 제약이 존재하는 권위주의 국가들에서 IT가 가지는 영향력은 제한적일 수밖에 없다고 하였다. 또한, 저개발국가들이 자신들만의 고유한 IT발전의 궤적을 갖는다(Madon, 2000)는 점에서 국가별 특수성을 고려하지 않은 과도한 일반화에 불과하다며 낙관적 기술결정론에 입각한 서구의 시각을 비판하고 있다. 사실 도구주의적 관점을 견지하면서 IT가 정치적 민주화에 기여할 것이라는 견해는 낙관적 기술결정론과 구별하기 어려울 만큼 이중적 태도를 취하고 있는 것처럼 보인다(강정인, 1999: 166). 그러나 도구주의는 IT의 발전이 자동적으로 민주주의 활성화나 직접민주주의를 가능하게 할 것이라고 기대하지 않는다는 점에서 낙관적 기술결정론과 분명한 차이를 가진다(정보통신정책연구원, 2005: 17~18).

(4) 사회구성주의

사회구성주의는 '기술은 사회적으로 구성된다'라는 데서 출발한다고 볼 수 있으며, 기술의 변화가 기술내적 요인들뿐만 아니라 기술이 속해 있는 사회의 형편이나 기술과 관련된 사회집단의 영향을 받는다는 의미를 담고 있다(손화철, 2003: 269~270). Castells(2000)은 국가나 조직들이 자신들의 사회문화적 또는 역사·제도적 맥락에 따라 기술을 서로 다르게 사용하기도 하며 정보기술의 발전이 국가마다 다른 역사적 변이를 보임에도 불구하고, IT의 정치적 효과에 대한 기술결정론적 시각이 이를 간과하고 있다고 비판한다. Kalathil & Boas(2003) 또한 아시아, 중동 국가들을 대상으로 지역·국가적 맥락에서 시민사회, 정치와 국가, 경제, 그리고 국제적 영역 등 4가지 요인에 따라 인터넷의 정치적 영향과 통제의 국가별 특성을 분석함으로써 인터넷의 확산과 민주주의에 관해 선형적 인과관계(*linear causality*)를 주장하고, 인터넷의 정치적 영향이 체제나 국가의 성격과 관계없이 획일적이고 균일하게 민주적 결과를 가져올 것이라는 '낙관적 기술결정론'은 성립되기 어렵다고 하였다. 이처럼 사회구성주의에서는 기술이 일정한 과정을 통해 이루어진다거나 가치중립적 또는 기술적 합리성이 존재한다는 것, 기술이 사회변화를 일으킨다는 것, 개도국이 선진국이 거친 기술개발의 전철을 밟아 발전한다는 등의 생각이 과도한 기술결정론이라고 비판한다. 그리고 기술의 발전은 개별 기술에 있어 어떤 점이 중요하고, 어떤 기준에 의해 효과를 가질 것인지 등이 불변의 객관적 기준에 의해서가 아니라 관련사회집단의 상호작용에 따라 결정된다면 기술의 발전이나 효과는 '우연적'(*contingent*)이라고 보아야 한다는 입장을 취한다. 즉, 기술의 발전과 그 영향력은 어느 한 관점에 의해서만 배타적으로 설명되기 어렵다. 행위주체들이 어떻게, 어떤 종류의 담론을 구성해내느냐에 따라, 또 어떠한 형태로 그 담론이 행위주체들을 구속하느냐에 따라 때로는 기술결정론이 보다 설득력을 얻을 수도 있고, 사회결정론이 설득력을 얻을 수도 있다(정보통신정책연구원, 2005: 19). Feenberg(1999)도 기술이 사회적으로 구성된다면 앞으로의 발전 방향도 사회가 규정할 수 있고, 그러한 영향력의 행사가 민주주의를 통해 가능하다고 하였다. 이에 기초하면, ODA를 통한 IT 이전이 개도국에서 가지는 개발 효과에 대한 검토와 논의는 낙관적 기술결정론의 시각에서 벗어나 비판적 도구주의나 사회구성주의 관점 등 다양한 시각에서 이루어질 필요가 있다.

3. 국제사회의 IT ODA 일반현황

1) IT ODA 일반현황

〈그림 11-1〉은 연구의 분석대상이 된 개도국에게 DAC 회원국이 2004년부터 2012년까지 제공한 전체 ODA 금액과 IT ODA 금액 자료를 제시한 것이다.[8] 이를 보면, IT ODA 총 금액은 2005년 264,543백만 달러에서 2010년 1,240,284백만 달러로 약 60배 증가하였고, 2000년대 후반부터는 장비 보급, 네트워크 설비 등과 같은 초기 인프라 구축 단계를 벗어나면서부터 IT확산을 위해 필요한 금액이 자연적으로 줄어드는 양상을 보였다. 그러나 다시 시민들의 실질적인 IT이용지원을 위한 소프트웨어의 보급이나 정보화교육/훈련, 정보시스템의 유지관리를 위한 비용 등이 필요해짐에 따라 2011년부터 다시 증가하기 시작했다. 더욱 주목할 것은 전체 분야의 ODA에서 IT ODA가 차지하는 비중이 2005년 0.08%이었으나 2006년에는 0.27%, 2007년 0.43%, 2010년에는 0.58%로 소폭 증가하였다가 2012년에는 2.69%로 2004년의 약 9배 수준으로 나타난 결과이다.

한편, 지역별 IT ODA는 〈표 11-2〉와 〈그림 11-2〉, 〈그림 11-3〉에서 보는 것처럼 2004~2012년 평균 아시아 지역에 이행된 금액이 22,603,540백만 달러로 가장 많았고, 그 다음은 아프리카로 19,329,342

---

8 OECD에서는 DAC 회원국이 제공하는 ODA 관련 통계를 온라인에서 제공하고 있다. ODA 관련 통계의 경우는 5자리 코드로 분류되며, 각 CRS 코드는 DAC5(3자리 코드) 내의 한 카테고리 안에 속하게 된다. 43개의 DAC5 중 ICT 관련 원조는 220 코드에 속한다. 여기에는 분류되지 않은 항목(*unclassified*, 22000), 통신정책 및 경영관련 분야(*communications policy and administrative management*, 22010), 통신관련 분야(*telecommunications*, 22020), 방송·미디어관련 분야(*radio/television/print media*, 22030), 정보통신기술 분야(*information and communication technology*, 22040)가 포함된다. 이 중 이 장에서는 정보통신기술 분야(22040)에만 한정하여 개도국에 대한 ODA의 금액 및 규모를 확인하였다.

〈그림 11-1〉 IT ODA 지원 규모 및 전체 ODA에서 차지하는 비중

단위 : %

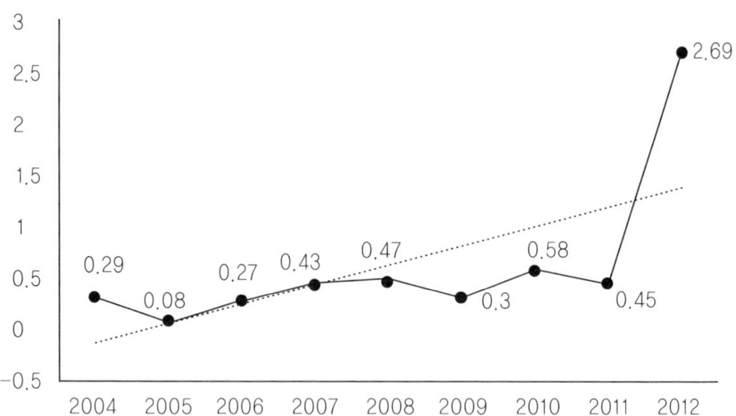

자료 : OECD의 통계자료에 기초하여 연구자가 작성.

〈표 11-1〉 연도별 IT ODA 이행규모

단위: 백만 달러

연도	전체 ODA	IT ODA	IT ODA 비중
2004	640,299,032	1,384,435	0.29
2005	675,395,000	264,543	0.08
2006	804,619,451	1,066,920	0.27
2007	808,869,765	2,452,407	0.43
2008	840,172,442	1,642,657	0.47
2009	781,371,667	1,788,417	0.30
2010	859,618,391	1,240,284	0.58
2011	969,592,692	2,295,576	0.45
2012	869,145,714	2,917,268	2.69
평균	805,453,794.89	1,672,500.78	0.62

자료 : OECD의 통계자료에 기초하여 연구자가 작성.

〈표 11-2〉 지역*연도별 IT ODA 평균액 비교

단위 : 백만 달러

	아시아	중동	유럽/CIS	중남미	아프리카
2004	2,595,959.64	12,981.00	230,940.00	151,463.83	1,562,928.13
2005	314,094.06	37,056.67	98,163.17	208,758.83	361,846.36
2006	2,784,693.04	848,336.44	102,523.63	294,807.73	624,165.28
2007	3,383,664.86	273,182.00	125,425.29	930,406.35	3,883,296.66
2008	3,942,551.32	813,886.14	410,500.36	339,544.43	1,487,570.00
2009	788,776.90	588,113.33	250,306.80	1,324,120.95	3,613,817.40
2010	2,264,707.10	1,968,562.13	1,638,905.00	456,539.63	790,595.94
2011	1,628,045.20	5,657,904.33	222,229.00	514,597.35	3,319,662.65
2012	4,901,047.56	300,381.67	285,399.67	1,042,089.45	3,685,460.04
평균	22,603,539.68	10,500,403.71	3,364,392.92	5,262,328.55	19,329,342.46

자료 : OECD의 통계자료에 기초하여 연구자가 작성.

〈그림 11-2〉 지역별 IT ODA의 규모

단위: 달러

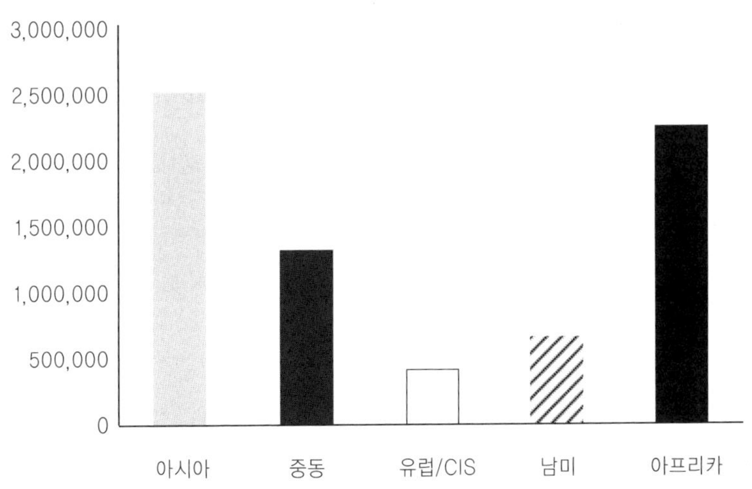

출처 : OECD의 자료에 기초하여 연구자가 작성.

〈그림 11-3〉 전체 ODA 대비 정보화비중

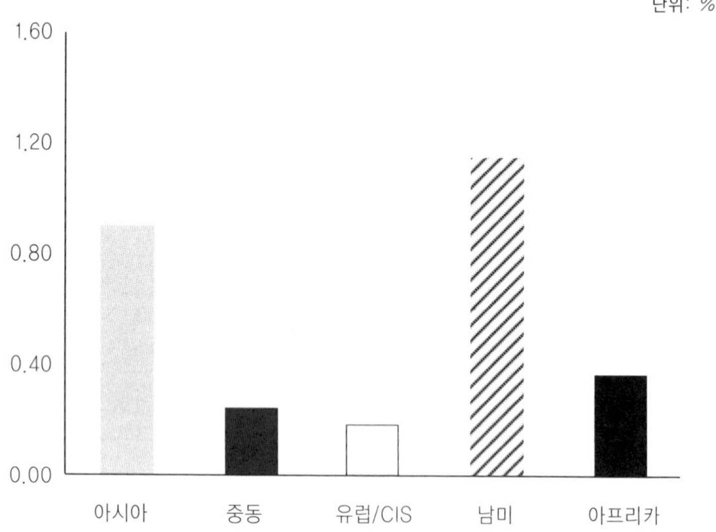

출처: OECD의 자료에 기초하여 연구자가 작성.

백만 달러, 중동 10,500,403백만 달러로 집계되었다. 중남미나 유럽/CIS지역에 대한 IT ODA 이행규모는 상대적으로 작았다.

4. 연구방법

1) 연구모형

이 장은 IT ODA의 규모와 원조에서 차지하는 비중이 증가하고 서구 선진공여국의 주장처럼 개도국의 디지털화(*going digital*)가 필연적으로 민주화(*going democratic*)를 이끌 것이라는 낙관적 기대가 지배적인 상황에서(Kalathil & Boas, 2003), 이것이 실제적으로도 객관적 근거를 확보할 수 있는 것인지를 확인하는 데 목적이 있다. 다시 말해, '민주화

가설'의 전제가 되며 IT의 확산 효과를 둘러싸고 만연되어 있는 낙관적 기술결정론이 타당한 것인지에 대한 검증을 위함이다. 그러므로 다음과 같은 질문들에 대한 답을 연구의 주요 내용으로 한다. 첫째, ODA를 통한 IT 이전이 수원국의 IT확산에 긍정적으로 기여하는가? 둘째, IT ODA 수원국에서 IT확산은 정치적 민주화에 있어 가장 강력한 동인으로 작동하는가? 셋째, IT ODA의 효과, IT확산과 민주주의 관계는 수원국의 상이한 특성과 상관없이 획일적이며 균질적으로 나타나는가? 그리고 이에 기초하여 연구모형을 제시하면 〈그림 11-4〉와 같다.

국가의 민주적 발전 요인에 대한 검토는 총체적인 시각에서 이루어져야 할 것이다. 국가의 발전과정은 여러 요인들이 다차원적으로 상호작용하는 구조적 복잡성을 지니고 있기 때문이다. 일반적으로 국가발전에 유의한 영향을 가지는 것으로 확인된 요인은 인구나 지정학적 위치와 같은 자연적 요인, 경제구조나 경제자유화 정도, 문맹률, 부패문제, 종교 등과 같은 사회·경제·문화적 요인이다. 여기에서도 수원국의 정치적 민주화에 대한 IT의 영향을 분석함에 있어 이들을 포함한다. 각 변수에 대한 조작적 정의, 측정 방법과 자료의 수집 등에 대한 구체적 설명은 다음에서 한다.

〈그림 11-4〉 연구모형

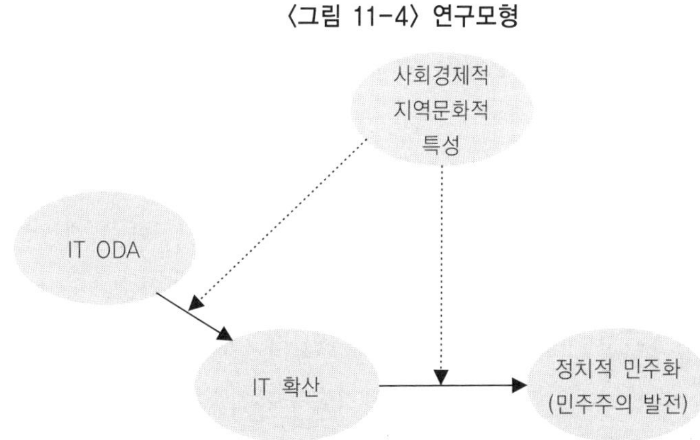

2) 변수의 조작적 정의 및 자료의 수집

연구의 주요 변수는 IT ODA와 IT 확산, 정치적 민주화이며, 객관적 검토를 위해 경제성장이나 경제자유화, 교육, 부패 수준 등 사회경제적 요인과 지리적 조건을 통제변수로 한다. 변수에 대한 설명과 자료의 수집은 다음과 같다.

첫째, 종속변수인 수원국의 '정치적 민주화'는 제도화된 민주주의의 수준을 의미한다. 구체적으로, 시민들이 정책 대안과 정치인 또는 관료들에게 자신들의 의견을 자유롭게 표현할 수 있는 정도와 이를 위한 제도적 장치와 절차의 유무(법의 지배), 정치지도자들의 권력 행사에 대한 제한 가능성과 정도(견제와 균형 시스템), 일상생활과 정치참여 행위에 있어 시민의 자유(언론의 자유)가 보장되는 정도를 말한다. 이를 분석하기 위한 자료는 Polity Ⅳ project에서 제공하는 민주주의 지표(*democracy indicator*) 값에 기초하였다. Polity Ⅳ project의 Democracy는 0점에서 10점으로 평가되었는데, 0에 가까울수록 민주주의 수준이 낮고, 10에 가까울수록 높은 수준을 의미한다. 즉, 10에 가까울수록 성숙하고 내적으로 일관성이 있는 민주주의 체제를 가지고 있다고 본다. 이를 테면 운영상에 있어 ① 정치참여가 제한되지 않고 개방되어 있으며 완전 경쟁적인 국가, ② 선거를 통해 지도자를 선출, ③ 정치인이나 고위관료들에 대한 제도적 제재 장치가 마련된 국가라 할 수 있다.

둘째, 정치적 민주화의 주된 독립변인으로 고려한 IT확산은 국가의 정보통신망 구축, PC의 보급과 같은 인프라 측면과 실제 이용 수준으로 정의한다. 이의 측정을 위한 지표와 통계자료는 ITU에서 제공하고 있는 '초고속통신망 가입률'과 '인터넷 이용률'에 기초하였고, 평균값을 활용한다. 그리고 주요 독립변수의 하나인 IT ODA는 IT확산의 특성을 고려하여 '전체 ODA에서 정보통신기술분야에 지원된 ODA 금액이 차지하는 비중'으로 하였다. 이는 IT ODA의 절대적 금액을 사용하는 것보다 각 국가마다의 IT ODA가 차지하는 중요성과 효과에 대해 보다 객관적으로 추정할 수 있을 것으로 보았기 때문이다. 그리고 통계자료의 수집은 김수진 · 장지용(2012)과 마찬가지로 OECD DAC의 CRS (Creditor Reporting System)에서 하였다.[9]

셋째, 사회경제적 및 지역적 변수에 대한 설명과 자료의 수집 방법은 다음과 같다. ① 경제성장과 민주주의 관계는 오래전부터 연구되어 온 것으로, Lipset(1959)은 부유한 국가일수록 민주적이라고 하며 경제성장이 민주주의의 결정 요인이 된다고 하였다. 소득이나 부, 도시화, 산업화 등의 수준이 높은 부유한 국가일수록 민주적 가치나 민주적 정치 규범인 관용(*tolerance*)을 더욱 신장시키려는 의지를 가진다는 것이다 (Kangoye, 2011: 5). 또한, 경제성장은 IT 확산에 있어서도 중요하게 고려된다. 국가 차원에서 IT 확산을 추진하는 것은 인프라에 대한 막대한 투자가 필요하기 때문에 모험이 될 수 있으며 따라서 국가의 재정적 여유가 충분한 국가들만이 일반 국민들의 IT에 대한 대중적 접근을 목적으로 확산을 추진할 수 있다. 뿐만 아니라 정보서비스를 이용할 수 있는 PC나 기기를 구입해야 하므로 개인적 차원의 경제적 부 역시 중요하다. 샤오밍과 케이(Xiaoming & Kay, 2004)도 중국이나 인도 같이 개인소득이 낮은 거대 경제체제들은 싱가포르나 홍콩 같이 1인당 소득 규모가 훨씬 더 큰 소규모 경제체제들에 비해 인터넷의 대중적 접근을 위한 인프라를 확보하는 데 훨씬 더 큰 어려움을 겪을 수 있다고 하였다.[10] 이

9 OECD DAC가 제공하는 ODA 관련 통계는 5자리 코드로 분류되며, 각 CRS 코드는 DAC5(3자리 코드) 내의 한 카테고리 안에 속하게 된다. 43개의 DAC5 중 ICT 관련 원조는 220 코드에 속한다. 여기에는 분류되지 않은 항목(*unclassified*, 22000), 통신정책 및 경영관련 분야(*communications policy and administrative management*, 22010), 통신관련 분야(*telecommunications*, 22020), 방송 · 미디어관련 분야(*radio/television/print media*, 22030), 정보통신기술 분야(*information and communication technology*, 22040)가 포함된다. 이 중 이 장에서 정보통신기술 분야(22040)만을 활용한다.

10 국가의 부를 상징하는 1인당 GDP는 1% 증가하게 될 때 인터넷 이용률이 0.5% 증가하며, 1인당 GDP 100만 달러 당 인터넷 이용자 수는 6.5명이라는 통계 결과가 있을 만큼

장에서는 경제성장 요인을 '1인당 GDP'로 파악하며, 세계은행 자료를 활용한다. ② Schumpeter(1950), Lipset(1959), Hayek(1960)은 경제적으로 자유로운 국가들이 자유로운 무역이나 자본의 흐름을 허가하면서 자원의 효율적 배분을 가능하게 하고, 소득의 증가와 경제적 발전을 촉진시켜 민주주의에 대한 요구를 조성한다고 하였다. 이는 민주화를 위한 변화과정이나 노력에 소요되는 자원이나 비용이 상대적으로 적기 때문이다.[11] 국제투자자들 역시 정치적으로나 경제적으로 불확실성이 높은 국가보다는 개방경제와 시장친화적인 정책을 추진하는 국가들, 그리고 정보의 자유로운 흐름을 보장해 주는 국가들을 더 선호하는 경향을 보인다(조화순, 2006; Perraton et al., 2000). 그중에서도 경제자유화는 네트워크화된 세계 경제에서 국제 투자자들을 유인하는 가장 기본적인 요소 중의 하나가 되고 있다(고경민 · 송효진, 2007: 117). 또한, 세계 경제의 상호 연계성 증가와 더불어 IT의 채택이 국제적인 확산 압력으로부터 영향을 받는다는 점에서도 중요한 요인으로 고려되고 있다(Milner, 2003: 27~28). 따라서 여기서도 경제자유화 요인을 중요한 사회경제적 변수의 하나로 정하였고, 해리티지 재단과 〈월스트리트저널〉(*Wall Street Journal*)의 경제자유지수 값에 기초한다. ③ 교육 수준은 민주주의 성취의 중요한 전제조건으로 간주되어 왔다(Lipset, 1959; 고경민 · 송효진, 2007: 130). 교육수준이 높은 사람들이 정치적으로 포함될 가능성이 높아지기 때문이다(Kangoye, 2011: 5, 13). 또한, 이는 IT

(Bezemen & Depken, 2004: 14) 인터넷 확산에 지대한 영향을 미치고 있다(Xiaoming & Kay, 2004),

11 Giavazzi와 Tabellini(2005)는 1960~2000년 140개 국가 자료에 기초하여, 경제 및 정치적 자유화 정도가 정부가 기존 제도를 혁신하고, 새로운 제도를 도입하려는 등의 구조화 정책에 긍정적인 영향을 준다고 하였고, Kalyvitis와 Vlachaki(2012: 4~5)는 원조가 민주화를 저해하는 영향을 완화시키는 효과를 가진다고 밝혔다. 즉, 원조의 유입으로 인해 부정부패나 지대추구 행위 등의 발생가능성이 높을 수 있는데 경제자유화 수준이 높은 국가들에서는 이러한 원조의 역효과가 오히려 줄어들고, 반대로 경제자유화 수준이 낮은 국가들에서는 원조가 민주주의를 손상시킬 가능성이 크다는 것이다.

보급과 이용의 동기를 부여하는 데에도 유의한 영향을 미친다고 지적된다(Madon, 2000: 91~92; Norris, 2001). 인터넷에 접속하기 위해서는 정보시스템에서 사용되는 언어와 컴퓨터 지식, 기술 등을 알아야 하며(Xiaoming & Kay, 2004; Bazar & Boalch, 1997) 새로운 기술을 받아들이는 것에 대한 심리적 장벽 또한 없어야 하기 때문이다. 이에 여기서는 교육 수준을 '수원국 국민들의 초등학교 진학 수준'으로 보고 세계은행이 공개하고 있는 자료 '초등학교 진학률'을 수집한다.[12] ④ ODA의 효과에 관한 연구 가운데 최근 관심이 높아지고 있는 것은 부패와의 관계이다. Tavares(2003: 100)는 만약 수원국에서 ODA의 효과가 나타나지 않는다면 이는 ODA가 수원국의 생산성을 높이고 빈곤을 감소하는 도구로 사용되지 못하고 어딘가로 새고 있음을 의미하는 것으로 볼 수도 있다고 지적한 바 있다. 이러한 관계는 IT ODA에서도 가정해 볼 수 있다. 부패 수준이 낮은 국가에서 IT ODA는 IT확산을 위한 기반을 제공하는 데 기여할 것이고, 보다 수준 높은 행정정보시스템의 구축이나 운영, 정보공개의 범위를 확장시켜 굿 거버넌스(*good governance*) 구축에 기여하겠지만, 부패 수준이 높은 국가에서는 엄청난 규모의 금전적, 기술적 지원이 정부에 대해 대응하는 시민사회에 배분되기보다 특정 정치인의 정치 자금으로 활용되거나 독재정부의 시민 감시와 통제강화도구 확보에 쓰일 수 있다. 이러한 점에서 수원국의 부패 수준에 따라 IT의 이전과 확산이 가지는 정치적 효과가 어떠한 변화를 보이는지는 흥미로운 연구 주제가 된다. 부패 수준 분석을 위한 자료는 국제투명성기구(TI)의 부패지수에 기초하였으며, 이는 국가의 부패 심각성에 대한 국민들의 인식 수준을 측정한 것으로[13] 10점 만점(2013년부터 100점 만점)

---

12 성인문맹률을 활용하고자 하였으나 누락된 수치가 많아 초등학교 진학률 통계로 대체하였다.

13 사실 국가의 부패 수준을 측정한다는 것은 쉽지 않다. 이 장에서 활용한 국제투명성기구(TI)의 부패지수 역시 부패에 대한 주관적인 체감 지수로 국가의 일반적인 부패 수준을 나타내는 것으로 실제 부패의 규모나 강도와는 다소 거리가 있을 수 있다(이상환, 2006:

을 기준으로 하여 10점에 가까울수록 심각한 수준의 부패를 의미한다. ⑤ 끝으로 Huntington(1991: 102)이나 Rustow(1990: 80), Przeworski et al. (1996: 43) 등은 민주화 연구에서 지역이 무의미한 요인이 아니라고 한 바 있다. 민주화와 지역의 연관성이 일종의 모방과 학습에 의한 민주화 효과를 의미한다고 볼 수 있기 때문이다(고경민 · 송효진, 2007: 117). 여기서는 비록 편의상 지정학적 위치에 따라 구분하기는 하였으나 같은 지역에 속한 수원국들이 비교적 유사한 역사, 종교, 문화적 특성을 가지는 것으로 보여 지리적 조건에 따른 구분으로만 한정하기에는 아쉬워 보인다.

5. 분석결과와 해석

1) IT ODA, IT확산, 그리고 정치적 민주화

IT의 정치적 효과에 대한 논쟁은 앞서 살펴본 것처럼 크게 두 관점에서 이루어지고 있다. 한편에서는 인터넷으로 대표되는 IT가 정보에 대한 시민들의 접근 및 참여 기회를 높이고, 시민사회의 형성을 이끌어 비민주적 체제를 민주적 체제로 전환시킬 수 있을 것이라는 낙관적 주장이 있다. 그리고 다른 한편에서는 특정 집단에 불균형적으로 분배되거나 이용되어 권위적이거나 폐쇄적인 통제체제와 세력을 공고히 하는데 기여할 수 있다는 주장이 맞서고 있다. 그러나 IT ODA 현장에 있어서는 선진 공여국의 개도국을 대상으로 한 IT 이전과 그 확산이 긍정적인 정치적 효과, 즉 정치체제의 민주적 전환이 가능할 것이라는 낙관적 시각이 우세해 보인다.

다음에서는 ODA를 통해 IT를 이전 받은 개도국에서 IT 확산과 정치

116). 그럼에도 불구하고 TI의 부패 지수가 국가의 부패 수준을 측정하는 자료로 가장 많이 활용된다.

적 민주화 간에 유의한 상관관계를 형성하고 있는지 확인한다. 먼저, 세 요인의 관계에 대한 분석에 앞서 IT확산이나 ODA, 정치적 민주화(민주주의) 등을 다뤄 온 전통적인 연구들에서 고려했던 주요 변인(예: 경제성장, 경제자유화, 교육수준, 부패수준 등)들을 모두 포함한 상관관계분석을 실시하였다(〈표 11-3〉 참조). 그 결과, 통계적 유의수준 $p < .05$를 기준으로 할 때 변수 간 상관관계가 가장 높게 나타난 것은 'IT 확산과 경제성장'(r = .756) 이었으며, 그 다음은 '경제자유화와 부패'(r = -.550), '부패와 경제성장'(r = -.509), '경제자유화와 민주주의'(r = .482), 'IT 확산과 부패'(r = -.474), '경제자유화와 IT 확산'(r = .363), '교육과 경제성장'(r = .363), '경제자유화와 경제성장'(r = .357), '교육과 IT 확산'(r = .354), '부패와 민주주의'(r = -.335), '경제성장과 민주주의'(r = .289), 'IT 확산과 민주주의'(r = .260), '교육과 부패'(r = -.229), 'IT ODA와 IT 확산'(r = .190), '교육과 민주주의'(r = .141), 'IT ODA와 경제성장'(r = .138), '경제자유화와 교육'(r = .128) 순으로 나타났다. 한편, 'IT ODA와 민주주의'(r = .071), 'IT ODA와 경제자유화'(r = .071)는 $p < .1$에서 약하기는 하나 유의한 상관관계를 가지는 것으로 확인되었다.

이처럼 IT ODA와 IT 확산, 정치적 민주화 간 관계에서도 통계적 유의성이 검증된 만큼 IT ODA를 통해 개도국에 정보화 인프라를 구축하고 IT의 이용률을 높임으로써 정치적 민주화를 이끌 수 있을 것이라고 보는 공여국의 낙관적 기대와 가정은 전혀 근거 없어 보이지 않는다. 다만, 수원국의 IT 확산과 정치적 민주화는 IT ODA로부터 직접적인 영향을 받기보다 경제성장이나 경제자유화, 교육, 부패 수준 등과 같은 국가의 경제적 환경에 의해 더 큰 영향을 받는 것처럼 보인다. 따라서 IT ODA와 IT 확산, 정치적 민주화 간 관계가 단순 선형적 관계냐 아니냐의 결론은 각 국가를 둘러싸고 있는 사회경제 또는 지역적 맥락 요인들에 대한 통합적 고려 위에 내려지는 것이 적절하겠다.

〈표 11-3〉 변수 간 상관관계 분석

		IT ODA	IT 확산	경제 자유화	교육	부패	경제성장	정치적 민주화
IT ODA	상관계수	1						
	유의확률 (양쪽)							
	N	676						
IT 확산	상관계수	.190**	1					
	유의확률 (양쪽)	.000						
	N	646	646					
경제 자유화	상관계수	.071	.363**	1				
	유의확률 (양쪽)	.075	.000					
	N	634	609	634				
교육	상관계수	.047	.354**	.128**	1			
	유의확률 (양쪽)	.320	.000	.008				
	N	443	430	429	443			
부패	상관계수	-.012	-.474**	-.550**	-.229**	1		
	유의확률 (양쪽)	.756	.000	.000	.000			
	N	646	617	617	429	646		
경제 성장	상관계수	.138**	.756**	.357**	.363**	-.509**	1	
	유의확률 (양쪽)	.000	.000	.000	.000	.000		
	N	660	630	618	442	636	660	
정치적 민주화	상관계수	.071	.260**	.482**	.141**	-.335**	.289**	1
	유의확률 (양쪽)	.075	.000	.000	.004	.000	.000	
	N	630	606	608	423	610	614	630

* $p < .05$, ** $p < .01$

2) 사회경제 및 지역적 요인별 IT ODA, IT 확산과 정치적 민주화 간 관계 분석

다음에서는 IT ODA의 전제가 되고 있는 것으로 보이는 민주화 가설과 낙관적 기술결정론의 가정이 충분한 설명력을 가질 수 있는지를 검증하고자 한다. 즉, ① ODA를 통한 IT이전이 수원국의 IT 확산에 긍정적으로 기여하는지, ② 수원국에서 IT 확산이 정치적 민주화의 동인인지, ③ IT 확산과 정치적 민주화의 관계가 사회경제적 구조나 맥락과 상관없이 획일적이며 균질적으로 나타나는지를 살펴본다.

(1) IT ODA와 IT 확산

앞서 실시한 상관관계분석에서 IT ODA와 IT 확산 간에는 미미하기는 하나 유의한 정(+)의 상관성이 통계적으로 확인되었다. 즉, IT ODA의 비중이 높아질수록 IT 확산 수준이 높아졌다고 볼 수 있다. 그러나 이러한 관계는 모든 사회에서 획일적이거나 유사하게 나타날 것이라는 기술결정론자들의 주장과 달리 사회경제 및 지역으로 상이한 특성에 따라 차이를 보이고 있었다. 보다 객관적 검증을 위해 Fisher Z Transformation을 실시한 결과를 보면, IT ODA와 IT 확산의 상관관계는 경제자유화 수준(z = -3.7284, p = .000)과 경제성장 수준(z = -1.8519, p = .0655)에 따라 통계적으로 유의한 차이를 보였다. 즉, 경제적으로 개방되고 자유로우며, 발전 수준이 높은 국가일수록 IT ODA와 IT 확산 간 상관관계가 그렇지 않은 국가에 비해 상대적으

〈표 11-4〉 사회경제적 요인별 IT ODA와 IT 확산 간 상관관계 비교 분석

		낮은 그룹	높은 그룹	z	p
경제성장	r	.052	.197**	-1.8419	.0655
	p	.367	.000		
	n	304	326		
경제자유화	r	-.044	.254**	-3.7284	.0002
	p	.447	.000		
	n	299	310		
교육	r	.112	.123	-.1160	.9076
	p	.103	.070		
	n	222	217		
부패	r	.226**	.249**	-.3008	.7635
	p	.000	.000		
	n	325	292		

* p < .05, ** p < .01

로 강하게 형성되고 있었다(〈표 11-4〉 참조).

지역별로는 라오스, 말레이시아, 몽골리아, 베트남, 북한, 인도네시아, 중국, 캄보디아, 태국, 동티모르, 필리핀 등이 속한 아시아(r = .322, p = .000)와 가나, 가봉, 스와질랜드, 말라위 등이 속한 아프리카(r = .237, p = .000)에서 IT ODA와 IT 확산 간 유의한 정(+)의 상관관계가 성립되는 것으로 나타났다. 이처럼 두 지역에서 IT ODA와 IT 확산 간에 유의한 상관성이 존재하는 것으로 확인된 것은 다른 지역들에 비해 IT ODA의 규모나 전체 ODA에서 차지하는 비중이 상대적으로 크기 때문인 것으로 보인다(〈표 11-5〉 참조).

〈표 11-6〉은 IT ODA와 IT 확산 간 영향관계에 대한 객관적인 검토를 위해 경제성장, 경제자유화, 교육, 부패 수준, 지역 요인 등을 통제변인으로 고려하여 실시한 회귀분석 결과이다. 유의수준 p < .05를 기준으로 할 때 IT 확산에는 IT ODA뿐만 아니라 여러 사회경제적 통제 변인들이 유의한 영향을 가지는 것으로 확인되었다. 구체적으로, '경제성장'이 IT 확산에 있어 가장 강력한 정(+)의 영향을 가지는 것으로 나타났으며(β= .606), 그 다음은 '경제자유화'(β= .120), '부패'(β= -.104, p = .000) 순이었고, 상관관계 분석 결과와 달리 회귀분석에서 IT ODA가 IT 확산에 가지는 영향은 .096으로 매우 미미한 수준으로 나타났다. 한편, 더미변수로 처리된 지역 요인 중에서 IT 확산에 유의한 영향관계를 가지는 경우는 중동(β= -.072, p = .000)과 유럽/CIS(β= .118, p = .000)이었다.

IT 확산에 미치는 IT ODA와 다른 사회경제적 및 지리적 요인의 영향을 보다 자세히 살펴보면, 먼저, 인프라 측면에서 IT ODA는 .126의 유의한 정(+)의 영향을 가지긴 하였으나 미미한 수준임을 알 수 있다. 인프라 수준을 높이는 데 있어 가장 강력한 선행요인은 '경제성장'(β= .648, p = .000)이었으며, '경제자유화'(β= .106, p = .000), '부패'(β= -.076, p = .013) 또한 약하지만 유의한 영향을 미치는 것으로 나타났다. 그리

〈표 11-5〉 지역별 IT ODA와 IT 확산 간 상관관계 분석

	아시아	중동	유럽/CIS	남아메리카	아프리카
r	.322**	.034	-.154	.073	.237**
p	.000	.814	.270	.381	.000
n	169	51	53	147	217

* p < .05, ** p < .01

〈표 11-6〉 IT ODA와 IT 확산 관계에 대한 회귀분석

	IT 확산			인프라(보급)			이용		
	표준화 계수	t	유의확률	표준화 계수	t	유의확률	표준화 계수	t	유의확률
	베타			베타			베타		
(상수)		-.117	.907		.163	.870		-.043	.966
경제성장	.606	18.729	.000	.648	20.295	.000	.575	17.299	.000
경제자유화	.120	4.290	.000	.106	3.838	.000	.125	4.350	.000
교육	.044	1.637	.102	-.020	-.772	.441	.054	1.961	.050
부패	-.104	-3.341	.001	-.076	-2.482	.013	-.121	-3.779	.000
IT ODA	.096	3.850	.000	.126	5.125	.000	.084	3.299	.001
아시아	제외됨			제외됨			제외됨		
중동	-.072	-2.615	.009	-.063	-2.292	.022	-.084	-2.956	.003
유럽/CIS	.118	4.296	.000	.084	3.099	.002	.122	4.315	.000
남아메리카	.009	.264	.792	-.015	-.458	.647	.005	.162	.872
아프리카	-.050	-1.581	.114	-.090	-2.878	.004	-.055	-1.684	.093
F	111.136			115.963			101.292		
p	.000			.000			.000		
R^2(Adj R^2)	.600(.595)			.610(.605)			.578(.572)		

p < .05

고 지역 더미변인 중에서는 남아메리카 지역을 제외하고 모두 통계적으로 유의했고, 중동(β= -.063, p = .022)과 아프리카(β= -.090, p = .004) 지역에서는 역(-)의 관계를 보였다.

둘째, IT의 이용 활성화 측면에서 IT ODA는 유의한 영향을 가지긴 하였지만 매우 약한 수준이었고(β= .084, p = .001), '경제성장'(β= .575, p = .000)이 가장 강한 정(+)의 영향을 미치는 것으로 나타났다. 이 밖에 '경제자유화'(β= .125, p = .000), '부패'(β= -.121, p = .000), '교육'(β= .054, p = .050)도 유의한 영향을 미치고 있었으며, 지역 요인 중에서는 남아메리카, 아프리카 지역을 제외하고 모두 유의한 영향을 가졌다. 한편, '중동'(β= -.084, p = .003) 지역은 인프라에 대한 영향관계와 마찬가지로 역(-)의 관계를 가지는 것으로 나타났다.

이상의 결과를 토대로 하면, IT ODA는 수원국의 인프라 및 IT 이용 촉진에 긍정적인 기여를 한다고 볼 수 있다. 그리고 경제적으로 발전하고, 정보의 흐름이 자유로우며, 교육 수준은 높은 반면 부패위험 수준이 낮은 국가일수록 IT 확산 정도가 상대적으로 높다고 볼 수 있겠다.

(2) IT 확산과 정치적 민주화

IT와 민주주의의 관계는 IT의 대중적 확산과 더불어 중요한 연구 대상으로 부상했다. 특히, 인터넷의 등장은 한 국가의 체제 전환이나 민주주의 증진은 물론 전 세계적으로 민주화의 물결을 일으킬 동력이라고 기대되어 왔다.

그렇다면, 정말 IT의 확산은 낙관적 기술결정론을 따르는 이들의 주장처럼 폐쇄적인 정치 체제나 열악한 수준의 정치 환경에 놓인 개도국을 민주적으로 전환하고, 발전시키는가? 그리고 이 정치적 효과는 국가의 맥락적 요인과 상관없이 획일적이거나 균질적으로 나타나는가? 이러한 질문에 대한 답을 찾기 위해 사회경제적 또는 지리적 요인에 따라 IT ODA 수원국을 구분하고 각 그룹 내에서의 IT 확산과 정치적 민주화에 대한 상관관계분석을, 그룹 간 상관성 차이 대한 유의성 검증을 위해서는 Fisher Z Transformation 분석을 실시하였다. 그 결과, IT ODA 수원국에서 분석된 IT 확산과 정치적 민주화의 관계는 수원국의 '경제적 성장'이나 '부패' 수준에 따라 상이한 차이를 가지는 것으로 나타났다(〈표 11-7〉 참조). 즉, 수원국이 높은 수준으로 경제적 성장을 거두거나, 부패의 위험성이 상대적으로 낮을 때 그렇지 않은 경우보다 IT 확산과 정치적 민주화 간에는 강한 정(+)의 상관성이 확인되었다. 특히, 부패가 심각한 수준으로 분류된 국가들에서는 양자의 관계에 유의성이 전혀 확인되지 못했는데 이는 부패가 심각한 국가에서는 아무리 IT의 보급이나 이용 수준이 높다 하더라도 여전히 정부 정보에의 접근이 어렵고, 폐쇄적인 정치체제가 변화하기 어려움을 예상케 한다.

한편 양자의 관계는 지역별로도 상이한 양상을 보이고 있다(〈표 11-8〉 참조). IT 확산과 정치적 민주화 간 관계에 대한 상관성이 유의한 것으로 검증된 지역은 중동($r = .357$, $p = .000$), 남아메리카($r = .294$, $p = .000$), 아프리카($r = .159$, $p = .018$)이었으며 아시아와 유럽/CIS 지역의 국가들에서는 통계적 유의성이 확인되지 않았다.

물론 단순히 두 요인 간의 상관관계를 분석 결과만을 가지고는 IT 확산이 수원국의 정치적 민주화를 이끄는 핵심 동인이라 보기 어렵다. 따라서 다음에서는 IT 확산이 수원국의 정치적 변화를 야기하는 주요 동인이라고 본 민주화 가설과 이러한 효과가 모든 국가에서 동일하게 지지된다는 낙관적 기술결정론의 가정이 객관적으로 검증될 수 있는지 확인하기 위해 경제성장, 경제자유화, 교육 및 부패 등의 사회경제적 구조 요인과 지리적 특성을 포함한 회귀분석을 하였다. 그 결과, IT 확산($\beta = -.087$)이 정치적 민주화에 미치는 영향은 $p < .1$하에서 유의하게 검증되었으나 역(-)의 관계를 보이는 데다 '경제자유화'($\beta = .397$)에 비해 매우 미미한 크기여서 IT의 정치적 효과에 대한 낙관적 가정들을 뒷받침하기는 어려워 보인다(〈표 11-9〉 참조). IT 확산 요인을 '인프

라'와 '이용'으로 나누고 이들을 함께 투입한 회귀분석 결과에서도 인프라나 이용 모두 수원국의 정치적 변화를 이끄는 선행변인이라 할 수 없었다. 더욱이 '인프라'(β=.111, p=.059)는 수원국의 정치적 발전에 미미하기는 하지만 정(+)의 영향을 미친 반면, '이용'(β=-.173, p=.003)은 부(-)의 영향을 미치고 있었다. 한편, 지역 요인은 마찬가지로 유럽/CIS 지역과 남아메리카만 통계적 유의성을 가졌다. 끝으로 '부패'(β=-.071, p=.085) 또한 추가로 실시한 회귀분석 결과에서는 미미하지만 유의한 영향을 미치는 것으로 나타났다(기준: p < .1).

좀더 논의를 확장하기 위해 각 지역별로 IT확산과 정치적 민주화의 관계가 어떠한지 심층적인 분석을 한 결과는 다음과 같다.[14]

〈표 11-7〉 사회경제 요인별 IT 확산과 정치적 민주화 간 상관관계 비교 분석

		낮은 그룹	높은 그룹	z	p
경제성장	r	-.075	.189**	-3.2189	.0013
	p	.203	.001		
	n	290	300		
경제자유화	r	.088	.201**	-1.3932	.1636
	p	.139	.000		
	n	286	302		
교육	r	.140*	.158*	-.1850	.8532
	p	.044	.024		
	n	206	204		
부패	r	.268**	-.031	3.6778	.0002
	p	.000	.605		
	n	311	276		

* p < .05, ** p < .01

14 지역별 분석에서는 '정치적 불안정'의 요소도 주요 독립변수의 하나로 추가했다. 이는 국가의 내외부적으로 분쟁이나 전쟁 등 위험에 노출된 정도를 의미하는 것으로 세계은행의 정부의 지출 중 분쟁/전쟁 등 관련 소요 비용 자료에 기초한다(http://databank.worldbank.org/data/home.aspx).

〈표 11-8〉 지역별 IT 확산과 정치적 민주화 간 상관관계 분석

	아시아	중동	유럽/CIS	남아메리카	아프리카
r	-.002	.357*	.211	.294**	.159*
p	.979	.020	.155	000	.018
n	163	42	47	145	221

* p < .05, ** p < .01

〈표 11-9〉 IT 확산과 정치적 민주화 관계에 대한 회귀분석

	표준화 계수	t	유의 확률		표준화 계수	t	유의 확률
	베타				베타		
(상수)		-1.162	.246	(상수)		-1.168	.243
경제성장	.081	1.539	.124	경제성장	.054	.970	.332
경제자유화	.397	10.693	.000	경제자유화	.396	10.674	.000
교육	-.003	-.085	.932	교육	.005	.139	.890
부패	-.067	-1.621	.105	부패	-.071	-1.725	.085
IT 확산	-.087	-1.731	.084	인프라	.111	1.888	.059
아시아	제외됨			이용	-.173	-3.021	.003
중동	-.043	-1.166	.244	아시아			
유럽/CIS	.075	2.066	.039	중동	-.043	-1.184	.237
남아메리카	.259	6.100	.000	유럽/CIS	.077	2.129	.034
아프리카	-.015	-.368	.713	남아메리카	.262	6.170	.000
				아프리카	-.010	-.241	.810
F	33.010			F	24.239		
p	.000			p	.000		
R^2(Adj R^2)	.308(.299)			R^2(Adj R^2)	.271(.260)		

p < .05

① 아시아

ITU에 따르면 약 30억 명에 이르는 글로벌 인터넷 사용자의 45%가 아시아에 있다. 중국의 경우 5억 명이 넘는 사용자가 스마트폰을 통해 인터넷에 접속하고 있으며, 한국은 명실상부 IT강국으로 불리고 있다. 그러나 동북아시아에 비해 동남아시아는 상대적으로 저개발국가의 비중이 높은 데다 정보화 수준 또한 떨어진다. 하지만, 동남아시아 국가들에서도 국가경쟁력 확보수단으로 IT의 도입을 적극적으로 추진하고 있으며, 동남아시아 국가 간 공동 대응과 발전을 위한 'e-ASEAN구상'을 추진하기도 하였다. 그리고 이에는 한국이나 중국, 일본과 같은 정보화수준이 높은 동북아시아 국가들이 동참하고 있기도 하다. 한국과 중국, 일본은 ASEAN내 전기통신 및 IT분야의 정보공유, 프로젝트 협력추진 등을 목적으로 ASEAN정보인프라 기반구축(AII), 정보격차 해소, 인재육성, IT정책의 조정 및 협조, IT분야에서의 무역투자 원활화에 협력하기로 협의하였다(이자성, 2009: 2~4).

분석을 위해 아시아 그룹에 속한 국가들은 방글라데시, 부탄, 캄보디아, 동티모르, 인디아, 인도네시아, 라오스, 말레이시아, 몽골, 미얀마, 네팔, 북한, 파키스탄, 필리핀, 스리랑카, 태국, 베트남, 카자흐스탄, 키르기스스탄, 타지키스탄 등으로 회귀분석 결과를 보면 다음 〈표 11-10〉과 같다. 이를 보면, 정치적 민주화에 대한 IT확산의 영향은 유의성이 확인되기는 하였으나 β= -.328로 부(-)의 관계를 가지는 것으로 나타났다. 민주화가설을 주장하는 서구적 시각에서는 IT의 확산이나 혁명이 시민사회와 결탁되어 권위주의 체제를 위협하고 정치적 민주화를 가능하게 할 것이라고 믿는다. 그런데, 정치적 민주화에 대한 IT확산이 가지는 역(-)의 영향관계는 오히려 아시아 지역에 있어서 IT는 권위주의 체제유지나 정부의 통제를 강화하는 도구로 이용될 가능성에 대한 검토의 필요성을 제기하며, 낙관적 기술결정론자들의 주장을 뒷받침하기 어려워 보인다. 한편, 아시아 지역에서 정치적 민주

〈표 11-10〉 아시아 국가에서의 IT 확산과 정치적 민주화 관계에 대한 회귀분석

	표준화 계수	t	유의 확률
	베타		
(상수)		-.333	.740
경제자유화	.475	6.658	.000
정치적 불안정성	-.132	-1.784	.076
교육	.118	1.630	.105
부패	-.212	-2.735	.007
IT 확산	-.328	-3.059	.003
경제성장	.005	.051	.959
F	10.805		
p	.000		
R^2(Adj R^2)	.280(.254)		

$p < .05$

화에 미치는 영향이 유의한 것으로 나타난 요인에는 경제자유화(β=475), 부패 수준(β= -.212)도 있었다. 이는 자유로운 경제활동을 보장하는 분위기나 불필요한 규제 등의 장벽이 없는 국가일수록, 그러면서도 자율적 통제시스템을 갖추어 부패개연성이 낮은 국가일수록 정치적 민주화의 수준 또한 높아짐을 의미하는 것으로 볼 수 있다.

② 중동

중동 지역의 국가들에 있어 IT의 정치적 효과에 대한 관심은 튀니지에서 시작된 민주화운동에서 출발한다. 소셜네트워크로 대변되는 디지털 매체를 통해 예상치 못한 속도로 중동 지역에 확산된 이른바 '아랍의 봄', '아랍혁명'이 대표적인 예다. 여러 학자들은 튀니지의 '재스민혁명'과 이집트의 무바라크 퇴진 사건을 분석하면서 인터넷이 젊은 세대들의 자발적이며 적극적인 정치참여를 이끈 데 주목하고, 향후 IT가 중동의 정치구조변화에 얼마나 더 기여할 수 있을지 궁금해 한다(김정명, 2011: 21).

중동지역에서 IT확산이 이들 국가의 정치적 발전에 어떠한 영향을

〈표 11-11〉 중동 국가에서의 IT 확산과 정치적 민주화 관계에 대한 회귀분석

	표준화 계수	t	유의 확률
	베타		
(상수)		1.519	.135
경제자유화	.279	2.191	.033
정치적 불안정성	-.468	-4.361	.000
교육	-.293	-2.473	.017
부패	.078	.612	.544
IT 확산	.321	1.879	.066
경제성장	.043	.280	.781
F	7.327		
p	.000		
R^2(Adj R^2)	.478(.413)		

p < .05

미쳤는지 확인해 보기 위해 실시한 회귀분석은 〈표 11-11〉과 같다. 구체적으로 보면, 정치적 민주화에 대해 IT확산은 .321의 정(+)의 영향을 가지는 것으로 나타났다. 그러나 중동의 정치적 민주화에 있어서는 국내외적 갈등이나 전쟁 등에 따른 정치적 불안정의 위험요소의 최소화가 더욱 중요해 보인다.

③ 유럽/CIS국가

아제르바이잔이나 알바니아, 크로아티아, 마케도니아, 우크라이나, 우즈베키스탄 등과 같이 유럽 지역에 속한 저개발국가들의 정보통신기술 ODA규모는 타 지역의 국가들에 비해 상대적으로 작다. 그러나 IT의 보급이나 이용수준은 상대적으로 높은 편으로 경제적 발전 수준에 미치는 영향 또한 긍정적인 것으로 나타났다. 구체적으로 〈표 11-12〉에서 보듯이, IT확산은 정치적 민주화에 대해 유의한 영향을 가지지 못했다. 대신 정치적 불안정성(β= -.361)과 부패(β= -.403) 수준이 중요한 선행요인으로 작용하고 있었다. 이러한 결과는 이 지역 국가들이 정치적 민주화를 구현하기 위해서는 국내외적 분쟁이나 전쟁 등의 불안정 요소

〈표 11-12〉 유럽/CIS 국가에서의 IT 확산과 정치적 민주화 관계에 대한 회귀분석

	표준화 계수	t	유의 확률
	베타		
(상수)		-.082	.935
경제자유화	.280	1.618	.112
정치적 불안정성	-.361	-2.614	.012
교육	.148	1.292	.203
부패	-.403	-2.323	.024
IT 확산	-.026	-.172	.864
경제성장	-.110	-.743	.461
F	6.223		
p	.000		
R^2(Adj R^2)	.438(.367)		

$p < .05$

를 최소화하고, 부패에 대한 대대적 근절이 우선 과제[15]임을 시사한다.

④ 중남미

브라질, 멕시코, 아르헨티나, 칠레, 베네수엘라, 페루, 콜롬비아 등과 같은 중남미 국가들에서는 통신시장의 민영화, 정부의 공공정보화사업 등에 따라 IT가 경제성장의 엔진으로 전망되기도 하였다. 따라서 선진공여국들은 표면적으로는 중남미 국가들의 경제성장과 글로벌 격차의 해소라는 인도주의적 동기를 내세우더라도 'IT시장의 개척'을 통한 자국의 국익을 위해 다양한 채널을 통한 기술 이전 및 협력 정책을 추진해 왔다. 뿐만 아니라 동구권의 몰락 이후 찾아온 경제위기로 자본주의적 관행이 불가피하게 도입된 상황을 틈타 사회주의 체제를 민주체제로 전환하려고 하는 목적에서도 IT 이전이 이루어지고 있다. 그러나 통계데이터에 기초한 회귀분석 결과를 보면(〈표 11-13〉 참조), 중남미 지역에서 IT확산이 국가의 정치적 민주화에 가지는 영향의 유의

15 2013년 CPI의 부패지수 평가결과, 카자흐스탄은 176개국 중 140위, 우즈베키스탄 168위, 투르크메니스탄 168위, 타지키스탄 154위, 키르기스스탄 150위 등으로 나타났다.

〈표 11-13〉 중남미 국가에서의 IT 확산과 정치적 민주화 관계에 대한 회귀분석

	표준화 계수	t	유의 확률
	베타		
(상수)		-.295	.768
경제자유화	.805	13.519	.000
정치적 불안정성	-.048	-.790	.431
교육	-.084	-1.477	.142
부패	.203	2.804	.006
IT 확산	.084	.975	.331
경제성장	.031	.357	.721
F	39.702		
p	.000		
R^2 (Adj R^2)	.609(.594)		

$p < .05$

성은 발견되지 못했다. 이 지역에서는 경제자유화가 정치적 민주화의 가장 강력한 선행요인으로 나타났으며, 부패 문제 또한 중요하게 고려해야 할 요인으로 제시되었다. 즉, 자유로운 경제활동이 보장되면서 공정하며 투명한 행정제도가 구축되어 있을 때 정치적 민주화의 가능성 또한 높아진다고 볼 수 있다.

⑤ 아프리카

아프리카는 50개 최빈개도국(LDCs) 중 34개국이 포함되어 있으며, 특히 사하라 이남 아프리카(SSA: Sub-Saharan Africa)에 총 아프리카 인구의 약 84%가 집중되어 있어 타 지역에 비해 심각한 빈곤 문제를 안고 있다. 취약한 국가발전 역량, 인적 자원의 부족, 잦은 분쟁과 갈등 등이 빈곤의 주된 원인으로 분석되고 있는데, '빈곤의 덫'에 빠진 아프리카의 개발은 국제 사회의 최대 당면과제로서 한국 역시 지원규모를 확대하고 있다. 아프리카 지역의 IT ODA는 아시아에 대한 지원 규모만큼이나 높은 수준으로 이루어지고 있지만, IT와 관련한 인프라 측면이나 실질적 이용 수준은 높지 않다. 그러나 〈표 11-14〉의 결과를

〈표 11-14〉 유럽/CIS 국가에서의 IT 확산과 정치적 민주화 관계에 대한 회귀분석

	표준화 계수	t	유의 확률
	베타		
(상수)		1.918	.056
경제자유화	.176	2.589	.010
정치적 불안정성	-.360	-6.119	.000
교육	-.005	-.090	.928
부패	-.150	-1.965	.051
IT 확산	-.147	-2.054	.041
경제성장	.166	2.120	.035
F	15.690		
p	.000		
R^2 (Adj R^2)	.295(.276)		

$p < .05$

볼 때, 아프리카 지역 국가들의 정치적 민주화에 대한 IT확산의 영향에 주목할 필요가 있다. 구체적으로, 정치적 민주화에 대한 IT확산의 영향은 유의성을 발견할 수는 있었으나 역(-)의 관계를 형성하고 있어 민주화가설을 수용하기 어렵게 한다. 특히, IT의 인프라적 요소보다 실질적인 이용 수준이 높아질수록 정치적 민주화 수준은 오히려 떨어질 가능성을 보여 주고 있어 IT의 도입과 적용이 사회의 긍정적 발전을 가져올 것이라는 주장에 도전하고 있다. 다시 말해, IT확산과 정치적 민주화의 역(-)의 관계는 IT가 아프리카 지역 국가들에서 권위주의 체제를 약화시키는 데 도움이 되기보다 오히려 기존 체제를 유지 또는 강화하는데 활용될 수 있는 것은 아닌지, 시민들의 활용이 일상적인 생활영위를 위한 수준에 머무르는 것은 아닌지 등 여러 측면에 대한 의문과 검토의 필요성을 갖게 한다.

6. 결론

미국과 같은 서구 선진국들은 자국의 경험과 시각에서 IT의 발전과 민주주의를 연계시키고 양자의 관계를 일반화하고자 한다. 이들은 IT가 개도국의 경제성장뿐만 아니라 정치적 민주화에도 기여한다고 보고(Adelman, 2001; Bezmen & Depken, 2004 등), ODA를 통한 이전에 힘쓰고 있다.

그런데, 최근 들어 ODA를 통한 IT의 이전이 개도국의 경제적 성장을 촉진하고, 정치적 변화를 이끌며 나아가 글로벌 개발 격차와 정보격차의 해소에 기여할 것이라는 데에는 회의적인 시각이 제기되고 있다. IT ODA의 효과성에 대한 평가가 많지 않다. 이는 'IT의 민주적 잠재력' 때문에 IT 확산과 통제 체제가 양립할 수 없다고 가정하는 낙관적 기술결정론에 대한 '맹신' 때문으로 사료된다(고경민, 2009b: 171). 그러나 개도국에서 IT의 긍정적 효과가 보고되는 사례는 충분하지 않다. 또한, IT의 정치적 효과는 인프라가 잘 구축되고 적절한 규제의 틀을 갖추었으며 시민사회의 활동이 보장된 선진국들에서는 나타났지만, 개도국에서는 찾아보기 힘들거나 제한적으로 나타나는 경우가 많다. 이렇게 본다면, IT는 도구주의론자들의 주장처럼 IT 자체가 혁명적이거나 자유로운 것이 아니며 고유한 정치적 논리도 갖지 않기 때문에 민주적 기술이 될 수도 있고, 민주적 질서를 침식시키는 데 이용될 수도 있다(Rosenau, 2000). 또한 각 국가의 상황에 따라 상이하게 나타난다는 점에서 사회구성주의적 시각에서의 설명이 더 적절해 보인다.

이 장에서는 ODA를 통해 지원 규모가 지속적으로 커지고, 전체 ODA분야에서 차지하는 비중이 늘고 있는 IT가 개도국의 정치적 민주화를 이끄는지, 그리고 이것이 국가의 상이한 상황이나 조건, 특성 등과 상관없이 모든 개도국에서 수용될 수 있는 것인지를 통계자료와 계량적 분석을 통해 확인해 보았다. 연구의 결과와 그에 기초한 논의 내용을 간단히 정리하면 다음과 같다.

첫째, ODA를 통한 선진국의 기술 이전은 수원국의 IT 확산에 긍정적으로 기여하는 것으로 나타났다. 비록 그 기여 정도가 크지는 않았으나 유의한 영향을 미치는 만큼 이는 IT ODA의 지속적인 이행을 뒷받침하는 결과라 할 수 있겠다. 다만, 여기서 생각해 봐야 할 것은 IT ODA와의 상관성이 인프라 측면에서 높게 나타난 것이다. 물론 정부 정보에 접근하고 정치에의 참여를 가능하게 하기 위해서는 기본적으로 통신망이 구축되고 PC등의 기기 보급 차원이 중요하다. 그러나 실제적인 정치적 민주화를 가능하게 하기 위해서는 인프라적 구축뿐만 아니라 정치적, 즉 민주적 목적으로의 실질적인 IT 이용을 지원할 수 있는 프로그램이 병행되어야 할 것이다.

둘째, IT 확산과 정치적 민주화에 대한 상관관계 분석 결과에서 유의한 상관성을 확인할 수 있어 선진공여국의 낙관적 기대는 지지받는 듯했다. 그러나 회귀분석 결과에서 개도국의 정치적 민주화를 이끄는 보다 강력한 동인으로 나타난 것은 '경제자유화'였고, IT 확산은 오히려 부(-)의 영향을 미치는 것으로 나타났다. IT 확산이 정치적 민주화에 대해 부(-)의 영향을 가지는 것은 수원국에서 IT의 이용이 개인의 편의적 수준을 벗어나지 못하고 있거나 수원국의 현 정권 유지, 국민들에 대한 통제, 부패네트워크의 공고화 등에 기여할 가능성을 내포한 것으로 이해할 수 있다. 이는 IT를 중립적인 기술로 보면서 그 영향으로 권위주의 체제와 민주주의 체제가 상호 독립적이거나 대립적인 형태로 발전될 수 있다고 보는 도구주의 관점을 지지하는 것으로 볼 수 있으며, 낙관적 기술결정론을 따르는 민주화 가설이 수정되어야 함을 시사한다.

셋째, 수원국에 있어 IT 확산의 정치적 효과는 경제성장 정도나 경제적 자유화, 부패 수준, 그리고 지역적 특성 등의 사회경제적 구조나 맥락에서 상이한 결과를 보였다. IT 확산은 수원국의 경제적 성장 수준이 높고, 자유로운 활동이 보장되며 교육수준이 높을수록, 그리고 부패의 심각성은 낮을수록 정치적 민주화에 상대적으로 강한 정(+)의 영향을 가지는 것으로 나타났다. 지역별로도 중동이나 남아메리카, 아프리카 지역에서는 유의하게 확인되었지만, 아시아와 유럽/CIS지역에서는 통계적 유의성을 확인할 수 없었다. 이는 IT와 국가의 발전이 역사·문화·제도, 그리고 지구적 자본주의와 IT에 대한 국가 나름의 관계에 따라 서로 상당히 다른 역사적 변이를 보인다는 Castells(2000)의 주장을 뒷받침한다. 다시 말해, 이러한 결과는 IT가 하드웨어나 소프트웨어의 조합으로 구성된 단순한 도구나 장비가 아니라 이를 이용하는 사람과 그들이 처한 사회문화적 환경, 구조, 여러 행위주체들의 상호작용을 통해 작동되는 사회적 시스템으로 이해해야 할 것을 제안한다(Liebenau & Backhouse, 1990; 고경민, 2009a: 134).

기술결정론은 오직 기술만이 사회 발전과 그 방향을 결정하는 독립변수로 간주한다는 점에서 인간의 의지와 노력, 또는 사회구조가 기술발전이나 사회변화에 미치는 영향을 부인하고 기술발전을 수용하는 사회의 특수한 맥락을 고려하지 않는다. 모든 사회가 동일한 형태로 기술을 수렴하게 된다고 본다. 그러나 개도국의 기술 발전은 그들만의 고유한 궤적을 가질 것이고 그 영향 또한 달라질 수 있다(Madon, 2000; 고경민·송효진, 2007). 따라서 IT ODA 현장에서 그 효과를 두고 서구적 가정을 수용할 수 있는지에 대해서는 특수한 시각에서 바라볼 필요가 있다. IT 확산이 수원국의 정치적 민주화를 촉발하기 위해서는 기술적인 발전이나 일상생활의 편의를 위한 사용을 뛰어넘어 정부 정보에 더 많이 접근하고 온라인상에서의 공론장을 형성하는 과정이 있어야 한다. 그리고 자유롭고 투명한 정보의 흐름과 공유가 보장된 사회문화가 뒷받침 되어야 한다. 그런데 비민주적이거나 권위주의 체제를 보이는 개도국에서 IT는 개인적 편의수단을 넘기 어렵고 시민사회 역시 침체되어 있는 경우가 많다. 그리고 그 영향력은 시민사회의 형성과 발전을 제약받는 권위주의 국가에서 상당히 제한적일 수밖에 없다(고경민, 2007: 188~189). 그러므로 IT ODA의 정치적 효과를 높이기 위해서는 해당 수원국의 IT에 대한 인식과 대응, 그리고 그에 대한 통제와 이용의 메커니즘에 대한 이해가 사회경제적 또는 지역적, 맥락적 차원에서 선행되어야 할 것이다(고경민, 2012: 28). 바버(Barber, 2000; 2001, 8)의 지적처럼 '민주주의가 생존하고 부흥하느냐의 여부는 우리가 사용하는 기술의 질과 특성에 좌우되는 것이 아니라, 정치제도와 시민들의 특성의 질에 달려 있는 것'일지 모른다.

요컨대, 이 장의 결과는 IT만으로는 정치적 민주화의 압력을 만들어 낼 수 없으며, 시민사회의 형성과 발전을 제약하는 권위주의 국가에서 이의 정치적 영향력은 제한적으로 나타날 수밖에 없다는 것을 보여 주고 있다. 이러한 점에서 낙관적 기술결정론에 대한 Kalathil & Boas(2003), Castells(2000), Rodan(2003), Shie(2004) 등의 비판적 견해를 지지한다. 그리고 IT 확산, 그리고 정치적 민주화에 대한 논의와 IT ODA를 계획·이행함에 있어 IT확산과 민주주의를 단선적이고 결정론적인 관계로 보기보다 국가별로 상이한 정치·사회·경제적인 특수한 맥락에 따라 달라지는 관계 구조로 보아야 함을 제언한다(고경민. 2007: 188).

끝으로 이 장은 IT ODA의 경제적 효과뿐만 아니라 정치적 기여에 대한 검증 작업이 중요함에도 불구하고 이론적·실무적 관심이 낮은 점을 지적하고, 이것이 낙관적 기술결정론에 대한 맹신 때문은 아닌지를 비판적으로 검토하고자 하였다. 이는 몇몇 특정 국가의 사례에 대한 비교가 아니라 OECD의 DAC회원국으로부터 IT ODA를 수원하는 거의 모든 개도국을 대상으로 한 계량 분석으로 IT ODA에 전제된 '낙관적 기술결정론'을 검증한 시론적 연구라는 점에서 의의를 가진다. 그러나 계량적 자료에 의한 통계적 분석을 시도하다 보니 IT 확산과 정치적 민주화 관계에 대해 보다 다양한 의미를 찾아내지 못하는 한계를 가진다. 예컨대, IT ODA 사업의 구체적 내용이나 하위 활동, 어느 부문에 어떻게 지원되고 있는지 등에 대한 파악이 부족해 IT ODA와 IT 확산, 그리고 정치적 민주화 간 관계에 대한 깊이 있는 해석이 어려웠다. 또한, 사회경제적 및 지역적 특성에 대한 차별적 검토를 시도하기는 하였으나 구분을 위한 기준이 좀더 구체적이며, 명료하게 제시될 필요가 있었다. 이러한 한계는 후속 연구를 통해 보완되어야 할 것이다.

참고문헌

강정인(1999), 《세계화, 정보화 그리고 민주주의》, 문학과 지성사.

개경통 · 정진섭(2012), 한국 공적개발원조(ODA)의 배분 전략: 한국의 대아시아 국가 ODA실증분석을 중심으로, 〈전문경영인연구〉, 15(3), 81~102.

고경민(2007), 국제적 압력, 시민사회의 역동성, 그리고 인터넷의 정치적 영향: 싱가포르와 말레이시아 사례, 〈한국정치학회보〉, 41(2), 185~205.

______(2009a), 정보기술과 발전, 그리고 북한 정보기술 개발지원, 〈통일정책연구〉, 18(2), 125~152.

______(2009b), 발전지향적 권위주의 체제의 인터넷 발전 모델? 중국과 베트남의 인터넷 확산과 정보통제, 〈한국정치학회보〉, 43(2), 169~191.

______(2012), 정보기술과 민주화의 패러독스?: 미국의 정보기술 수출통제정책 변화와 중국의 인터넷 발전, 〈평화학연구〉, 13(3), 25~49.

고경민 · 김순임 · 홍진혁(2010), 공적개발원조(ODA)와 국익: 한국 ODA 정책의 발전을 위한 함의, 〈한국과 국제정치〉, 18(2), 95~128.

고경민 · 송효진(2007), 인터넷 확산과 민주주의의 관계: 사회경제적 · 지역적 요인별 비교연구, 〈국가전략〉, 13(3), 113~141.

과학기술정책연구원(2014), 과학기술 · ICT ODA 현황 및 정책방향, 〈STEPI Insight〉, 145호, 1~37.

김복희(2002), 선진국의 공적개발원조(ODA) 동기와 유형에 관한 비교연구, 연세대학교 행정대학원 석사학위논문.

김수진 · 장지용(2012), ICT 분야에 대한 ODA가 아프리카 경제성장에 미치는 효과, 〈한국아프리카학회지〉, 37호, 189~217.

김정명(2011). 중동 신세대와 디지털 매체 아랍혁명 이끌었다, 〈통일한국〉, 29(4), 19~21.

김홍주(2013), 공적개발원조(ODA), 부패 및 그 상호작용이 국제 빈곤에 미치는 영향에 관한 연구: ODA 수원국을 중심으로, 〈한국부패학회보〉, 18(3), 1~28.

박재신·김병준(2013), 전자정부 ODA 사업의 지속가능성 제고 방안: 베트남 전자조달 시스템 시범사업 사례연구, 한국정책학회 추계학술발표논문집, 272~290.

박홍수·김영석(1995), 《뉴미디어와 정보사회》, 나남.

산업연구원(2011), ICT 분야 ODA 종합평가 및 개발효과성 제고 방안 연구.

손화철(2003), 사회구성주의와 기술의 민주화에 대한 비판적 고찰, 〈철학〉, 76호, 263~288.

송효진(2014), IT ODA를 둘러싼 낙관적 기술결정론의 비판적 검토, 〈지역발전연구〉, 23(2), 67~100.

______(2015a), IT ODA, 개발도상국의 민주주의 발전을 가져오는가?: 낙관적 기술결정론에 대한 도전, 〈정보화정책〉, 22(1), 73~95.

______(2015b), 개발도상국의 부패는 원조를 통한 민주주의 발전의 걸림돌인가?, 〈한국행정학보〉, 49(3), 333~359.

유장희(2005), 공적개발원조(ODA)의 이상과 현실-한국향후 정책방향을 위한 제언, 한국국제협력단·이화여자대학교 국제대학원 학술회의 발표논문.

윤종선(2013), ICT 분야에 대한 ODA가 중미 국가 경제성장에 미치는 영향 분석, 한국산업기술대학교 지식기반기술·에너지대학원 석사학위논문.

이미정·송효진·이선중(2013), 한국의 전자정부 공적개발원조(ODA) 사업 진단, 〈한국지역정보화학회지〉, 16(2), 27~61.

이상환(2006), 부패와 민주주의: 남아시아 사례에 대한 경험적 연구, 〈남아시아연구〉, 11(2), 113~138.

이자성(2009), 말레이시아의 IT정책과 전자정부 협력 전략, 〈한국지역정보화학회지〉, 12(3), 1~24.

이천우(2011), 국제 공적개발원조의 신조류와 한국의 ODA정책, 〈산업경제연구〉, 24(2), 777~808.

이희진·장승권·고경민(2004), 외국 사례를 통해 본 북한의 정보통신산업

발전전략: 소프트웨어산업 발전전략, 오픈소스 소프트웨어 개발전략, 인터넷 전략, 〈통일정책연구〉, 13(1), 187~219.

이희진·장승권·고경민(2007), 정보통신기술은 개발도상국 발전을 가져올까? 한국의 ICT4D프로그램 수립을 위한 고찰, 〈국제지역연구〉, 16(4), 113~141.

정보통신정책연구원(2005), 정보화시대의 전자민주주의 거버넌스 연구보고서.

정충식(2014), 전자정부 ODA사업의 지속가능성 제고를 위한 정책방안 연구: 파라과이 행정통신망 고도화 사례를 중심으로, 〈한국지역정보학회지〉, 17(3), 1~33.

조화순(2006), 정보화시대의 세계무역질서: 전자상거래 네트워크를 중심으로, 〈한국정치학회보〉, 40(5), 365~385.

최고은(2010), 사이버 공동체와 정치참여에 대한 기술철학적 접근: 사회구성론을 중심으로, 한국교원대학교 석사학위논문.

한국정보화진흥원(2015), 2014 국가정보화 백서.

한세억(2008), 정보통신부문의 공적개발원조와 협력에 관한 연구, 〈한국공공관리학보〉, 22(4), 205~228.

홍성욱·이장규(2006), 《공학기술과 사회: 21세기 엔지니어를 위한 기술사회론 입문》, 지호.

Adelman, I. (2001), Fallacies in Development Theory and Their Implications for Policy, in G. M. Meier and J. E. Stiglitz (eds.), *Frontiers of Development Economics: The Future in Perspective*, 103~134. Oxford and New York: Oxford University Press.

Bazar, B. & Boalch, G. (1997), A Preliminary Model of Internet Diffusion within Developing Countries, proceedings of the AUSWEB97 Conference, Southern Cross University, Gold Coast, http://ausweb.scu.edu.au/proceedings/boalch/paper.html (2014. 8. 28).

Bradshaw, Y. W. Fallon, K. M. & Viterna, J. (2005), Wiring the World: Access to Information Technology and Development in Poor Countries, *Research in Social Stratification and Mobility*, 23, 369~392.

Barber, B. R. (2000/2001), Electronic Democracy: Which Technology For Which Democracy? Which Democracy For Which Technology?, *International Journal of Communication Law and Policy*, 6 (Winter), 1~8.

Bräutigam, D. & Knack, S. (2004), Foreign aid, institutions, and governance in Sub-Saharan Africa, *Economic Development and Cultural Change*, 52(2), 255~285.

Bezmen, T. L. & Depken, C. A. (2004) The Macroeconomic Impacts of Information Technology Transfers: Empirical Evidence and Policy Implications.

Castells, M. (2000), *The Rise of the Network Society*, 2nd ed. Oxford: Blackwell.

Chauvet, L. & Guillaumont, P. (2004), *Towards Pro-Poor Policies: Aid, Institutions and Globalization, Also Policy, Economic Vulnerability and Political Instability*, World Bank-Oxford University Press.

Chauvet, L. & Guillaumont, P. (2007), Aid, Volatility and Growth Again: When Aid Volatility Matters and When it Does Not, *Review of Development Economics*, 13(3), 452~463.

Collier, P. & Goderis, B. (2007), Does Aid Mitigate External Shocks?, Working paper, CSAE WPS 2007-18, 1-35.

Collier, P. & Dehn, J. (2001), *Aid, shocks and growth*, Policy Research Working Paper 2688, Washington DC: World Bank.

Crawford, G. (1997), Foreign Aid and Political Conditionality: Issues of Effectiveness and Consistency, *Democratization*, 4(3), 69~108.

Djankov, S., Montavlo, J. G. & Reynal-Querol, M. (2006), Does Foreign Aid Help?, *Cato Journal*, 26, 1~28.

Dunning, T. (2004), Conditioning the effects of aid: Cold War politics, donor credibility, and democracy in Africa, *International Organization*, 58(2), 409~423.

Easterly, W. (2003), Can Foreign Aid Buy Growth?, *The Journal of Economic Perspectives*, 17(3), 23~48.

Finkel S. E., Pérez-Liñán, A. & Seligson, M. A. (2007), The Effects of U. S. Foreign Assistance on Democracy Building, 1990-2003, *World Politics*, 59(3), 404~438.

Giavazzi F. & Tabellini, G. (2005), Economic and political liberalization, *Journal of Monetary Economics*, 52, 1297~1330.

Goldsmith, A. (2001), Foreign aid and statehood in Africa, *International*

Organization, 55(1), 123~148.

Gompert, D. C. (1999), Right Makes Might: Freedom and Power in the Information Age, In Zalmay Khalilzad, John P. White, Andrew W. Marshall(eds), *Strategic Appraisal: The Changing Role of Information in Warfare*, 45~73, Santa Monica, Calif.: RAND.

Harris, R. W. (2004), *Information and Communication Technologies for Poverty Alleviation*, Kuala Lumpur, Malaysia: UNDP-APDIP.

Hayek, F. A. (1960), *The Constitution of Liberty*, *Chicago*, University of Chicago Press.

Heeks, R. (2005), ICTs and the MDGs: On the Wrong Track?, i4d (informatics for development), February.

Huntington, S. (1991), *The Third Wave: Democratisation in the Late Twentieth Century*, Norman: University of Oklahoma Press.

Indjikain, R. & Siegel, D. S. (2005), The Impact of Investment in IT on Economic Performance: Implications for Developing Countries, *World Development*, 33(5), 681~700.

Ishiyama, J., Sanders, K. & Marijke, B. (2008), Foreign Aid and Democratization in Post-conflict Societies, *Midsouth Political Science Review*, 2007-2008(9), 19~34.

Kalathil, S. & Boas, T. C. (2003), *Open Networks, Closed Regimes: The Impact of the Internet on Authoritarian Rule*. Washington: Carnegie Endowment for International Peace.

Kalyvitis, S. & Vlachaki, I. (2012), When Does More Aid Imply Less Democracy? An Empirical Examination, *European Journal of Political Economy*, 28(1), 132~146.

Kangoye, T. (2011), Does Foreign Aid Promote Democracy?, Aid, democracy, and instability from trade, Working Paper 2011/64, United nations university.

Kedzie, C. R. (1997), *Communication and Democracy: Coincident Revolutions and the Emergent Dictator's Dilemma*, Santa Monica, Calif: RAND.

Keefer, P. & Knack, S. (1995), Institutions and Economic Performance: Cross-Country Tests using Alternative Institutional Measures, *Economics and Politics*, 7(3), 207~227.

Keohane, R. (2003), Global Governance and Democratic Accountability, In Held, David, and Koenig-Archibugi, Mathias. (eds.), *Taming Globalization: Frontiers of Governance*, 130~159, Cambridge: Polity Press.

Knack, S. (2001), Aid Dependence and the Quality of Governance: A Cross-country Empirical Analysis, *Southern Economic Journal*, 68(2), 310~329.

Knack, S. (2004), Does foreign aid promote democracy?, *International Studies Quarterly*, 48(1), 251~266.

Liebenau, J. & Backhouse, J. (1990), *Understanding Information: An Introduction*, London: Macmillan.

Lipset, S. M. (1959), Some Social Requisites of Democracy: Economic Development and Political Legitimacy, *American Political Science Review*, 53(1), 69~105.

Madon, S. (2000), The Internet and Socio-economic Development: Exploring the Interaction, *Information Technology & People*, 13(2), 85~101.

Milner, H. V. (2003), The Global Spread of the Internet: The Role of International Diffusion Pressures in Technology Adoption, Paper prepared for the Conference on Interdependence, Diffusion, and Sovereignty, Yale University, May 2002 and the second conference at UCLA, March 7-9: 1-44.

Norris, P. (2001), *Digital Divide: Civic Engagement, Information Poverty, and the Internet Worldwide*, Cambridge, New York: Cambridge University Press.

Norton, S. W. (1992), Transaction Costs, Telecommunications and the Microeconomics of Macroeconomic Growth, *Economic Development and Cultural Change*, 41(1), 175~196.

Perraton, J., Goldblatt, D., Held, D. & McGrew, A. (2000), Economic Activity in a Globalizing World, In David Held and Anthony McGrew(eds.), *The Global Transformations Reader*, 287~300, Cambridge, UK: Polity Press.

Przeworski, A. & Limongi, F. (1993), Political Regimes and Economic

Growth, *Journal of Economic Perspectives*, 7(3), 51~69.

Rodan, G.(2003), Embracing Electronic Media but Suppressing Civil Society: Authoritarian Consolidation in Singapore, *The Pacific Review*, 16(4), 503~524.

Riddell, R. C.(2007), *Does Foreign Aid Really Work*, New York: Oxford University Press.

Ronfeldt, D.(1992), Cyberocracy is Coming, *The Information Society*, 8(4), 243~296.

Rosenau, J.(2000), The Information Revolution: Both Powerful and Neutral, In Thomas E. Copeland(ed.), *The Information Revolution and National Security*, 9~29. Carlisle, PA: Strategic Studies Institute.

Rustow, D. A.(1990), Democracy: A Global Revolution?, *Foreign Affairs*, 69(4), 75~91.

Schumpeter, J.(1950), *Capitalism, Socialism and Democracy*, New York: Harper Torchbooks.

Shie, T. R.(2004), The Tangled Web: Doest the Internet Offer Promise or Peril for the Chinese Communist Party?, *Journal of Contemporary China*(August 2004), 13(40), 523~540.

Shultz, G. P.(1985), New Realities and New Ways of Thinking, *Foreign Affairs*, 63(4), 705~721.

Singh, J. P.(1999), *Leapfrogging Development: The Political Economy of Telecommunications Restructuring*, New York, Albany: State University of New York Press.

Tavares, J.(2003), Does foreign aid corrupt?, *Economics Letters*, 79(1), 99~106.

UNDP(2001), Information Communications Technology for Development, Essentials, Evaluation Office.

Wade, R. H.(2002), Bridging the Digital Divide: New Route to Development or New Form of Dependency, *Global Governance*, 8, 443~466.

Xiaoming, H. & Kay, C. S.(2004), Factors Affecting Internet Development: An Asian Survey, *First Monday*, 9(2).

1인당 GDP, 교육수준(초등학교 진학률), http://databank.worldbank.org/data/home.aspx.

IT ODA 통계, http://stats.oecd.org/Index.aspx?datasetcode=CRS1#.

경제자유화 지수, http://www.heritage.org/index/explore.

초고속통신망가입률 및 인터넷 이용률, http://www.itu.int/.

부패인식지수, http://www.transparency.org.

민주주의 성숙도, http://www.systemicpeace.org.

찾아보기

ㄱ~ㄹ

ㅁ~ㅅ

ㅇ~ㅈ

기타

인명

저자 약력

가나다 순

권헌영
연세대학교 법학박사
고려대학교 정보보호대학원 교수

김기환
미국 인디애나대학교 정책학박사
서울과학기술대학교 행정학과 교수

김동욱
미국 오하이오주립대학교 정책학박사
서울대학교 행정대학원 원장

김법연
광운대학교 법학석사
고려대학교 정보보호대학원 박사과정

박세진
광운대학교 법학석사
고려대학교 정보보호대학원 박사과정

성욱준
서울대학교 행정학박사
서울과학기술대학교 IT정책전문대학원 교수

송효진
서울시립대학교 행정학박사
서울시립대학교 반부패시스템연구소 연구교수

신영진
성균관대학교 행정학박사
배재대학교 산학협력단 교수

윤상오
한양대학교 행정학박사
단국대학교 공공관리학과 교수

이광석
미국 텍사스 오스틴주립대학교 박사
서울과학기술대학교 IT정책전문대학원 교수

이주실
미국 애리조나주립대학교 행정학 박사
육군3사관학교 행정학과 교수

전대성
서울대학교 행정학박사
서울대학교 한국행정연구소 전임연구원

정충식
성균관대학교 행정학박사
경성대학교 행정학과 교수

조현석
서울대학교 정치학박사
서울과학기술대학교 행정학과 교수